盘口

看盘功力决定输赢

欧俊 编著

北京联合出版公司

Beijing United Publishing Co.,Ltd.

图书在版编目（CIP）数据

盘口：看盘功力决定输赢 / 欧俊编著 . —北京：北京联合出版公司，2013.1（2024.10 重印）

ISBN 978-7-5502-1236-7

Ⅰ . ①盘… Ⅱ . ①欧… Ⅲ . ①股票投资 – 基本知识 Ⅳ . ① F830.91

中国版本图书馆 CIP 数据核字（2012）第 288195 号

盘口：看盘功力决定输赢

编　　著：欧　俊

出 品 人：赵红仕

责任编辑：李　征

封面设计：韩　立

内文排版：潘　松

北京联合出版公司出版

（北京市西城区德外大街 83 号楼 9 层　100088）

德富泰（唐山）印务有限公司印刷　新华书店经销

字数：490 千字　700 毫米 ×1000 毫米　1/16　31 印张

2013 年 1 月第 1 版　2024 年 10 月第 6 次印刷

ISBN 978-7-5502-1236-7

定价：68.00 元

前 言

为什么大盘会突然变盘？

为什么有的股票持续上涨，而有的股票却总是不涨？

为什么同一板块的股票经常齐涨齐跌？

为什么卖单比买单大很多，股价却不跌？是谁在背后操纵？

为什么某只股票的买单和卖单都很大，但交易并不活跃？

股票为什么突然放量上涨？

买卖的信号是什么？

如何在盘中寻找到庄家的踪迹？

……

即使是股市高手，也时常会困惑：难道市场原趋势改变了吗？为什么出现了意想不到的上涨或下跌？谁在买入和卖出？大资金是在洗盘还是震仓，是增仓还是出货？这些问题就是关于看盘的问题。股票市场每时每刻都在发生着变化，学会如何看盘，掌握看盘的方法和技巧，对于每一位股票投资者尤其是短期投资者来说，是极其重要的必修课。因为它直接关系到投资者的成功与失败，关系到财富的获得或损失，不可等闲视之。

股市是一个充满风险的场所，股票操作也是一项非常复杂的工作。对于每个股民来说，当务之急是学会客观、冷静地看待股市，认真、细致地分析股市，准确、合理地把握股市。当你用自己辛勤劳动挣来的钱去炒股的时候，千万要对自己的投资行为负责，切不可盲目随意买卖股票。只有先提高自己的看盘本领，才能在未来的股市中获得更大的收益。为了帮助广大股民快速提高看盘能力，通过看盘解读盘口信息，从而更准确地预测股价走势，在股票投资中获得更大的胜算，我们在借鉴国内外证券投资专家的理论和方法，并且参考众多前沿理论以及业内资深人士的成功炒股经验的基础上，精心编写了这部《盘口：看盘功力决定输赢》。

本书由浅入深地讲解了看盘过程中的方方面面，在篇章的结构安排上，既遵循了由易到难的过程，也遵循了系统性的原则，力图使读者通过本书打开看盘之门、深入盘口背后，并能真正地应用到实战中去获取利润。它从最基本的看盘知识着手，系统介绍了看盘的整套环节，从开盘到收盘如何看，然后到如何关注盘中的重要细节，再到如何看懂量价关系、如何选准盘中买卖点、看懂庄家，最后达到不看盘也能赚钱的最高境界。其中，令股民们困惑的盘中各时段变化和庄家的各种动作，书中都给出了详细的解析，以帮助股民学习"盯盘"攻略，并"一眼识破"庄家动机。本书还侧重从短线投资者的角度，细致全面地讲解了股市中常用的短线看盘技巧和技术分析方法，包括分时走势看盘技巧、盘口看盘技巧、K线走势看盘技巧、均线看盘技巧、短线跟庄操盘技巧、短线选股技术、短线买卖点技术，以及各种见顶见底信号，各种K线形态、K线组合、均线形态及它们在实战中的具体应用，并对各种盘面语言进行解读，以此来制定操作策略，让投资者更快地理解和掌握各种看盘诀窍，更好地选择目标个股，准确把握市场投资动向，从而尽早尽快地获取实际收益。

本书内容丰富、通俗易懂，将深奥的炒股专业名词和技术指标简单化、通俗化、实用化，同时大量采用了沪深股市中的经典实战案例和最新图表，使全书图文并茂，一看就知，一学就会，便于模仿，即使是没有任何股票操作基础的投资者，经过学习也可以轻松地掌握。阅读本书，你将从新手到高手，逐渐学会破解盘面玄机，读懂盘面信息，准确预见股价走势，识别主力操盘的意图，选择好股票，精准把握最佳买卖点，增强实战投资能力，培养出良好的"盘感"，对盘面变化有近似直觉的本能反应，在炒股实战中拥有稳、准、快的高超技巧。本书是广大投资者参与股市投资的必读书，不仅适合于正准备入市的淘金者、初入股市经验尚浅的新股民作为入门指导书，在股市沉浮多年却仍旧困惑的老股民也可在本书中得到极有价值的解疑答惑。

目录

第一章　赢也盘口，输也盘口

第三章　盘口语言：如何成为读盘专家

第四章 盘口分析：赢家靠功夫，输家碰运气

第五章 盘口量价：量在价先，价随量动

第六章 盘口买卖点：买在低谷，卖在顶点

第七章　盘口主力行为：吃定庄家，看穿主力

第八章　看盘的误区和坏习惯：为什么你炒股赚不到钱

第一章

赢也盘口，输也盘口

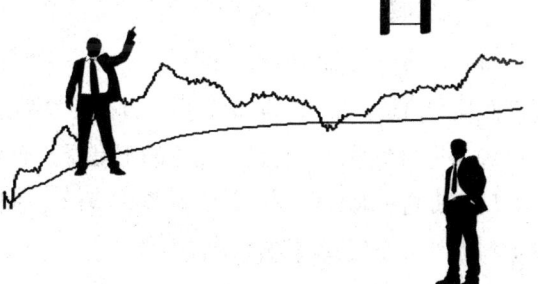

第一节
看盘入门

看盘基本知识

首先，我们来了解看盘的最基本信息——开盘时间。目前沪深交易所规定，每周一至周五上午9：30～11：30，下午13：00～15：00为交易时间。集合竞价是每个交易日第一个买卖股票的时机，这也是机构大户借集合竞价高开拉升或减仓，跳空低开打压或进货的黄金时间段，开盘价一般受前一个交易日收盘价的影响。

其次，我们来了解一下盘面的直观信息。盘面的主要信息：前一交易日的收盘价、开盘价、最高价、最低价、买入价、卖出价、买盘、卖盘、涨跌、买手、卖手、现手、成交量和总额，开盘时集合竞价的股价和成交额，开盘后半小时内股价变动的方向等，这些既是最基本的知识，也是后期对盘面进行分析的重要依据。当了解盘面基本信息，以及历时信息后，分析这些信息显得尤为重要。

再次，我们要明白，看盘，侧重的不是看，而是分析，预测未来走势才是目的。大盘的研判一般从以下三方面来考量：第一，股指与个股方面选择的研判（观察股指与大部分个股运行趋向是否一致）；第二，盘面股指（走弱或走强）背后的隐性信息；第三，掌握市场节奏，高抛低吸，降低持仓成本（这一点尤为重要）。

看盘中常见术语解析

对于初学者，首先需要了解这些概念，既是入门，也是必备。下面对这些术语按常见程度、难易程度，循序渐进地给以解释：

1. 集合竞价，开盘价，最高价，最低价，市价，买入价，卖出价，涨跌幅限制

集合竞价：是将数笔委托报价或一时段内的全部委托报价集中在一起，根据价格优先、时间优先的原则，以不高于申买价和不低于申卖价的原则产生一个成交价格，且在这个价格下成交的股票数量最大，并将这个价格作为全部成交委托的交易价格。

开盘价：指某种证券在证券交易所交易日开市后的第一笔交易的成交价。上海证券交易所规定，如开市后半小时内某证券无成交，则以前一天的收盘价为当日开盘价。有时某证券连续几天无成交，则由证券交易所的场内中介经纪人根据客户对该证券买卖委托的价格走势，提出指导价格，促使其成交后作为开盘价。首日上市买卖的证券经上市前一日柜台转让平均价或平均发售价为开盘价。

收盘价：指某种证券在证券交易所一天交易活动结束前最后一笔交易的成交价格。如当日没有成交，则采用最近一次的成交价格作为收盘价。因为收盘价既是当日行情的标准，又是下一个交易日开盘价的依据，可据以预测未来证券市场行情，所以投资者对行情分析时，一般采用收盘价作为计算依据。

报价：是证券市场上交易者在某一时间内对某种证券报出的最高进价或最低出价。报价代表了买卖双方所愿意出的最高价格，进价为买者愿买进某种证券所出的价格，出价为卖者愿卖出的价格。报价的次序习惯上是报进价格在先，报出价格在后。在证券交易所中，报价有四种：一是口喊，二是手势表示，三是申报纪录表上填明，四是输入电子计算机显示屏。

最高价：指某种证券当天交易中最高的成交价格。

最低价：指某种证券当天交易中最低的成交价格。

市价：指某种证券刚刚成交的一笔交易的成交价格。

买入价：证券交易系统显示的已经申报但尚未成交的买进股票的价格。

卖出价：证券交易系统显示的已经申报但尚未成交的卖出股票的价格。

涨跌幅限制：相关法规规定，在一个交易日内，除首日上市证券外，某种证券的交易价格相对上一交易日收市价格的涨跌幅度不得超过 10%。

2. 买盘，卖盘，涨跌，买手，卖手，现手，成交量，成交总额

买盘：当前申请买入股票的总数。

卖盘：当前申请卖出股票的总数。

涨跌：现在的最新价和前一天的收盘价相比，是涨了还是跌了。一般上涨用红色表示，下跌用绿色表示，和前一天收盘价相同用白色表示。有两种表示方法：一种直接标出涨跌的差额，另一种是给出涨跌幅度的百分数。

买手：比最新价低 5 个价位以内的买入手数之和。因为股票交易的最小单位是手，一手是 100 股。所以衡量交易量的大小，也就用手数代替数量。

卖手：比最新价高出 5 个价位以内的卖出手数之和。

现手：刚成交的这一笔交易的交易量的大小。

成交量：当天开盘以来该股票交易所有手数之和，换成股数要乘以 100。

成交总额：当天开盘以来该股票交易所有金额之和，其单位通常是万元。

3. 委比，委差，委买手数，委卖手数

委比：是衡量一段时间内场内买、卖盘强弱的技术指标。它的计算公式为：委比＝（委买手数－委卖手数）/（委买手数＋委卖手数）×100%。从公式中可以看出，"委比"的取值范围为 –100% ~ +100%。若"委比"为正值，说明场内买盘较强，且数值越大，买盘就越强劲；若"委比"为负值，则说明市场抛盘较强。

委差：即委买委卖的差值，是投资者意愿的体现，一定程度上反映了价格的发展方向。委差为正，价格上升的可能性就大；反之，下降的可能性大。之所以加上"一定程度上"，是因为还有人为因素的干扰，比如主力制造的假象等。

委买手数：现在所有个股委托买入下三档之手数相加之总和。

委卖手数：现在所有个股委托卖出上三档之手数相加之总和。

4. 量比

量比是衡量相对成交量的指标。它是当天开市后每分钟的平均成交量与过去 5 个交易日每分钟的平均成交量之比。其计算公式为：量比＝现成交总手 /[（过去 5 个交易日平均每分钟成交量）× 当日累计开市时间（分）]。当量比大于 1 时，说明当日每分钟的平均成交量高于过去 5 日的平均值，交易比过去 5 日火爆；当量比小于 1 时，说明当日成交量低于过去 5 日的平均水平。

5. 换手率

换手率也称"周转率"，指在一定时间内市场中某股票转手买卖的频率，是反映股票流通性强弱的指标之一。换言之，换手率就是某一段时期内该股票的成交总股数与流通总股数的比值。换手率太低，说明成交不活跃，如果是庄股，则

说明筹码已基本集中到主力手中，浮筹不多。换手率高，说明该股票交投踊跃，反映主力大量吸货或出货，有较大的活跃度。

另外，将换手率与股价走势相结合，可以对未来的股价做出一定的预测和判断。某只处在低位的股票的换手率突然上升，成交量放大，可能意味着有投资者在大量买进，股价可能会随之上扬。如果某只股票股价持续上涨了一段时间后，换手率又迅速上升，则可能意味着一些获利者要套现，股价可能会下跌。值得注意的是，换手率较高的股票，投机性较强，股价起伏较大，风险也相对较大，往往也是短线资金追逐的对象。

6. 外盘，内盘，成交量

外盘：以卖出价成交的交易。卖出量统计加入外盘。

内盘：以买入价成交的交易。买入成交数量统计加入内盘。

成交量："外盘"和"内盘"相加成为成交量。由于卖方成交的委托纳入"外盘"，如"外盘"很大，则意味着大多数的卖出价都有人来接，显示买势强劲；买方成交的委托纳入"内盘"，如"内盘"过大，则意味着大多数的买入价都有人愿意卖，显示卖方力量较大；如内外盘大体相当，则买卖方力量相当。

八种基本的股票价格指数

股票价格指数是描述股票市场总的价格水平变化的指标。它是选取有代表性的一组股票，把他们的价格进行加权平均，通过一定的计算得到的。各种指数具体的股票选取和计算方法是不同的。同时，股票指数是指数投资组合市值的正比例函数，其涨跌幅度是这一投资组合的收益率。但在股票指数的计算中，并未将股票的交易成本扣除，故股民的实际收益将小于股票指数的涨跌幅度。股票指数的涨跌幅度是指数投资组合的最大投资收益率。股市上流传着一句格言，叫作牛赚熊赔，就是说牛市中股民赢利，熊市中股民亏损。但如果把股民作为一个投资整体来分析，牛市中股民未必能赢利。下面按股票价格指数产生的时间顺序，由国外到国内逐一介绍在股市里有着重要地位的股票价格指数：

1. 道·琼斯股票指数（Dow Jones Indexes）

该指数是一种算术平均股价指数。道琼斯指数是世界上历史最为悠久的股票指数，也是世界金融市场上最有影响力的股票指数。原因之一是道·琼斯股票价格平均指数所选用的股票都有代表性，这些股票的发行公司都是在本行业具有重要影响的著名公司；原因之二是公布道·琼斯股票价格平均指数的新闻载体——《华尔街日报》是世界金融界最有影响力的报纸。通常人们所说的道琼斯指数有可能是指道琼斯指数四组中的第一组道琼斯工业平均指数（Dow Jones Industrial Average）。

2. 标准·普尔股票价格指数

该指数是美国最大的证券研究机构，即标准·普尔公司编制的股票价格指数。选取 400 种工业股票、20 种运输业股票、40 种公用事业股票和 40 种金融业股票编制而成。标准·普尔公司股票价格指数以 1941 ~ 1943 年抽样股票的平均市价为基期，以上市股票数为权数，按基期进行加权计算，其基点数为 10。以目前的股票市场价格乘以股票市场上发行的股票数量为分子，用基期的股票市场价格乘以基期股票数为分母，相除之数再乘以 10 就是股票价格指数。

3. 纽约证券交易所股票价格指数

该指数是由纽约证券交易所编制的股票价格指数。纽约证券交易所股票价格指数是以 1965 年 12 月 31 日确定的 50 点为基数，采用的是综合指数形式。纽约证券交易所每半个小时公布一次指数的变动情况。虽然纽约证券交易所编制股票价格指数的时间不长，但它可以全面及时地反映其股票市场活动的综合状况，因而大受投资者欢迎。

4. 日经道·琼斯股价指数

该指数是由日本经济新闻社编制并公布的反映日本东京证券交易所股票价格变动的股票价格平均指数。该指数从 1950 年 9 月开始编制。按计算对象的采样数目不同，该指数分为两种，一种是日经 225 种平均股价。其所选样本均为在东京证券交易所第一市场上市的股票，样本选定后原则上不再更改。另一种是日经 500 种平均股价。这是从 1982 年 1 月 4 日起开始编制的。由于其采样包括有 500 种股票，其代表性就相对更为广泛，但它的样本是不固定的，每年 4 月份要根据上市公司的经营状况、成交量和成交金额、市价总值等因素对样本进行更换。

5.《金融时报》股票价格指数

该指数是由英国《金融时报》公布发表的股票价格指数。该股票价格指数包括在英国工商业中挑选出来的具有代表性的 30 家公开挂牌的普通股股票。它以 1935 年 7 月 1 日作为基期，其基点为 100 点。该股票价格指数以能够及时反映伦敦股票市场情况而闻名于世。

6. 香港恒生指数

恒生股票价格指数以从香港 500 多家上市公司中挑选出来的 33 家有代表性且经济实力雄厚的大公司股票作为成分股，分为四大类——4 种金融业股票、6 种公用事业股票、9 种地产业股票和 14 种其他工商业（包括航空和酒店）股票。这些股票占香港股票市值的 63.8%，涉及香港的各个行业，该股票指数具有较强的代表性。

7. 上海证券综合指数

该指数是上海证券交易所编制的，以上海证券交易所挂牌上市的全部股票为计算范围，以发行量为权数综合。上证指数系列是一个包括上证 180 指数、上证 50 指数、上证综合指数、A 股指数、B 股指数、分类指数、债券指数、基金指数等的指数系列，其中最早编制的为上证综合指数。上证综指反映了上海证券交易市场的总体走势。

8. 深证指数

该指数是指由深圳证券交易所编制的股价指数，该股票指数的计算方法基本与上证指数相同，其样本为所有在深圳证券交易所挂牌上市的股票，权数为股票的总股本。综合指数包括深证综合指数、深证 A 股指数、深证 B 股指数；成分股指数包括深证成分指数、成分 A 股指数、成分 B 股指数、工业类指数、商业类指数、金融类指数、地产类指数、公用事业类指数、综合企业类指数。由于深证指数以所有在深圳证券交易所挂牌的上市公司为样本，其代表性非常广泛，且它与深圳股市的行情同步发布，是股民和证券从业人员研判深圳股市股票价格变化趋势必不可少的参考依据。

看盘过程中的要素介绍

在看盘过程中，以下几个要素是我们需要特别关注的：

1. 大盘分时变化，指数价量动态变化，黄白线变化，成交绝对值

研判大盘走向必须密切关注上面这 4 个超级大盘指标走势。大盘分时变化，

主要应注意早盘半个小时的变化。如果早盘比较强，则当日收阳概率大；如果早盘比较弱，则当日收阴概率大。具体到判断的时候，有一些盘面的变化可以作为依据，另外，早盘的大盘运行走势也可以作为依据。指数价量动态变化是指在指数的运行波浪中，每一个上行波浪和下行波浪的成交变化。一般而言，如果上行波浪是带着成交急剧放大的时候，那就是需要打起精神的时候。成交是否放大，以及成交放大能否持续，是判断能否产生大级别波段行情乃至大牛行情的关键所在。黄白线很有讲究。一般而言，指数上涨的时候，如果黄线在上，那么当日的小盘股会比较活跃，盘面也可能会非常好看；而相反，黄线在下的上扬则可能是大盘股带动的。如果黄线在上，白线突然抬头向上攻击合拢黄线甚至穿越，则可能是大盘股的诱多行为。成交绝对值，分单日成交量和单分钟成交量。单日成交较大，达到 1500 亿～2000 亿元，一般为强势市场，如果指数能连续两日保持在这个成交之上，则指数反转概率颇大。单日成交在 500 亿元以下为地量水平，当指数连续数日保持在该成交状况下，则指数蕴蓄反弹甚至反转可能。

2. 大盘的趋势，个股与大盘的密切程度，个股与板块的密切程度

依据上述这些相关性，选择出合适的个股或对已选的个股做出较准确的预测。即密切关注大盘趋势的变化。根据通道理论，股指一般会沿着某一趋势运行，直到政策面、宏观经济面发生重大变化，这一趋势才会逐步改变。特别要指出的是，趋势的改变不可能在一夜之间完成，这就是所谓的"惯性"作用。

3. 成交量

股谚云"量在价先""天量天价，地量地价"，说的就是"成交量比成交价更重要"这个道理，因为成交量可以决定成交价及其后的股价走势。一般来说，在股指上升的过程中，成交量应该有所放大，因为只有这样才能维持其原有的走势。如果把股指的上涨看作是列车爬坡的话，成交量就是列车的动力，列车上坡，没有动力是万万不能的；而下跌就好像是列车在走下坡路，不需太大的动力或根本不需动力，因为此时惯性会起到巨大的作用。

4. K 线技术分析

股价经过一段时间的盘整后，在图上即形成一种特殊区域形态，不同的形态显示出不同的意义。我们可以从这些形态的变化中摸索出一些有规律的东西。K

线图形态可分为反转形态、整理形态及缺口和趋向线等。从本章的第三节开始，我们将逐一对这些形态进行具体分析。

看盘的基本分析方法

虽然各有各的招数，但最核心的看盘方法，莫过于以下几种，我们按从宏观到微观，由远及近的步骤进行分析：

1. 政策分析法

对整个国民经济的运作，包括生产、流通、服务等各个部门作出详细的分析，以便了解国民经济各部门、各地区所处的增长阶段及其发展趋势，从而明确了解成千上万个具体的企业在经济大环境下和所属行业内所从事的具体经济活动。经济基本面、政策面、技术面乃至资金面共振必将造成股市趋势的转变，尤其在中国，政策利好或利空对股市短期有很大影响。股市在下跌趋势中，突发的政策利好，能短期令股市转跌回升，比如 2008 年初证监会新批 4 只基金，受此利好影响，当日大盘暴涨。中国政策对股市的影响力要大于外国，正因为如此，很多人才说中国股市是"政策市"，这是股市不成熟的表现。

决定股市长期涨跌的是基本面，即宏观经济面；决定股市中短期涨跌的是技术面和政策面，政策面与技术面发生冲突时，技术面服从政策面。明白了宏观经济面、政策面、技术面的辩证关系，我们才有可能对股市未来走势做出客观正确的判断，然后做出合理的预测。

2. 对盘面本身进行分析

这里主要分析大盘与个股的关系。一般来说，大盘与个股一荣俱荣，一损俱损，以大盘为主，毕竟大盘上涨的时候，个股下跌的相对较少。比如 2008 年大盘下跌的时候，多数股票都在跌。如果大盘小涨或者小跌，一定会有个别好的股票或者差的股票和大盘走势相反，这属正常情况。但是，大盘大涨大跌的时候，这种现象就不存在了。因为大盘大涨的时候，意味着绝大多数好股票价格都在快速上升，当然再好的股票也不可能一直涨。如果好股票价格过高，那么过去差的股票虽然差，但是性价比却很高，于是，就会有人来买这个差的股票，它的价格就上去了。如果大盘大跌，也是同样的道理。美国人用一个形象的比喻来简单明了地说明这个道理，那就是：强盗进屋抢劫，虽然他们只要钱，但是，临走的时候他们一定会把屋子里的所有东西翻得一团糟。

3. 技术指标法

技术指标法是依据一定的数理统计方法，运用一些复杂的计算公式，来判断汇率、期货、股市大盘或个股走势的量化的分析方法。主要有动量指标、相对强弱指数、随机指数，等等。技术指标分析是国际外汇市场上的职业外汇交易员非常倚重的汇率分析与预测工具，也是股票市场主力乃至散户研判大盘及个股走势的重要工具。技术指标虽然无法决定和预知长期股市走势，但对短线影响颇大。为了能够出奇制胜、获得较好的收益，有必要学习一下技术指标，至少能够简单使用，这对提高短线获利技术至关重要。

看盘时应注意的细节

股民在看盘时应注意以下细节：

在开盘时要看集合竞价的股价和成交额，看是高开还是低开。它表示出市场的意愿，能反映出当天的股价是上涨还是下跌。成交量的大小则表示参与买卖的人的多少，它对一天之内成交的活跃程度有很大的影响。然后看股价在半个小时内变动的方向。一般说来，如果股价开得太高，在半小时内就可能会回落；如果股价开得太低，在半小时内就可能会回升。这时要看成交量的大小，如果高开又不回落，而且成交量放大，那么这只股票就很可能要上涨。

看股价时，不仅要看现在的价格，而且要看前一日的收盘价、当日开盘价、当前最高价和最低价、涨跌的幅度等，这样才能看出现在的股价处在一个什么位置，判断其是否有买入的价值。下降之中的股票不要急于买，要等它止跌以后再买；上升之中的股票可以买，但要小心不要被它套住。一天之内股票往往有几次升降的波动。投资者可以看自己所要买卖的股票是否和大盘的走向一致，如果是的话，那么最好的办法就是盯住大盘，在股价上升到顶点时卖出，在股价下降到底时买入。这样至少可以卖到一个相对的高价和买到一个相对的低价，而不会买一个最高价和卖一个最低价。

通过买卖手数多少的对比可以看出是买方的力量大还是卖方的力量大。如果卖方的力量远远大于买方，最好不要买。现手能说明计算机中刚刚成交的一次成交量的大小。如果连续出现大量交易，说明有多人在买卖该股，成交活跃，值得注意；而如果某只股票半天也没人买，则该股票不大可能成为好股。

现手累计数就是总手数，总手数也叫作成交量，它是比股价更为重要的指标。总手数与流通股数的比称为换手率，它说明持股人中有多少人是当天买入的。换手率高，说明该股买卖的人多，容易上涨。但是如果不是刚上市的新股，却出现特大换手率（超过50%），常常会在第二天下跌，所以最好不要买入。

个股涨跌有两种表示方法，有时证券公司里大盘显示的是绝对数，即涨或跌了的钱数。也有的证券公司里大盘上显示的是相对数，即涨或跌了的百分数，你要知道涨跌的实际钱数时就要通过换算。

沪深两市盘面特点

投资者看盘时，要对沪深两市的盘面区别对待，因为沪市看盘重在观察主力的动向，深市看盘应注重技术指标的变化。所以，对于两个市场不可一概而论。

沪市投资者应注意捕捉庄股，早晨的开盘和尾市的收盘是观察主力动向的重要时机。开市的集合竞价如果跳空高开并伴随成交量放大，那么一定有资金在蓄意收集筹码；尾市的扫盘和砸盘是否有力也是观察主力是打压还是拉抬的重要标志。此外通过盘口买卖双方力量的对比，通过盘口是否有大手成交，还可以看出资金的动向及具体个股中多空力量的强弱。

深市投资者在炒股时应参照各种指标所发出的买卖信号，因为深市各股股价更多是随指数同涨同落的，所以在指数出现严重超卖时买进的个股胜率极大，而在指数出现严重超买时卖出的也稳赚不赔。

在沪市重点是做个股，所以需要了解主力动向；而在深市更多的是做指数，所以需要熟悉技术指标。也可以说，沪市凭感觉炒股，深市靠理性炒股。

看盘重点关注的几类股票

在看盘时，一般应重点关注以下几类股票：

1. 主流类股

主流类股汇集了最多的人气，吸引大部分投资人，当然成为多空对决的主战场。

在一个中期波段中，主流类股的涨跌往往能够牵动整个大盘的方向，尤其是其中的代表股，细微的变动都能马上对投资人的心理产生微妙的影响。

2. 龙头股

龙头大型股的知名度高，而且占分类指数的权值比重大，故其表现好坏不但会影响到类股的指数，也代表市场的多空看法，当然受到投资人的重视。绩优股业绩是最容易使人认同的题材，因此，绩优股与龙头大型股的涨幅虽然不一定要最大，但是绝对不能落后于其他同类股太多。万一出现这种情况，通常也只是业内或游资进行的局部性投机炒作，对其持续时间与幅度都不能期望太高。

3. 指标股

主流类股都会标榜某个炒作题材，而相关的股票经常领先上涨，成交量也较平日放大数倍以上，这类股票被称之为"指标股"。只要它持续上扬，类股与大盘便没有拉回的疑虑，但是当它逐渐转弱之后，若没有其他股票出来接棒，大盘极有可能进入整理。这是看盘时应该特别注意的股票。

4. 产业代表股

所有的上市发行公司依产业分为几十大类，若以产业的重要性与总市值两方面为考量，分居制造业与服务业龙头的机械、电子与金融，以及有色、煤炭、房地产，无疑为最重要的大产业。此外，仍然拥有重要地位，但是发展潜力明显减缓的 B 级主要产业，则包括营建、纺织、塑胶与钢铁等。

以上几个产业，我们若仔细回顾股市过去 20 年来轮流担纲的主流类股，几乎很少脱离这个范畴。因此，当主流类股稍事休息时，出面垫档的股票也经常出自此处。

为了把握类股轮动，看盘时绝对不能忽略了上述各主要产业的代表股；选择的重点也是一样，包括各产业的龙头大型股、绩优股，以及股性较活跃、具有炒作题材的股票等。

5. 当红的概念股

股票的价格并非反映过去的纪录，而是反映对未来的预期。因此，市场上常会流行一些炒作题材，并且为相关的上市公司编织美丽的梦，结果还真的吸引了不少投资人竞相追逐，造成量价齐升的荣景。

这些炒作题材，包括高股利、资产、转送、董监改选、借壳上市、防通胀概念、物联网概念、高铁概念等。

炒作题材这么多，当然不可能同时发动，而是采取轮流表现的方式。除非行情太差，否则通常都会有某些概念股出线，成为盘面的明星。

这种类型的族群中，往往都有主力的身影，因此，一旦启动，至少会有几天的荣景，不太可能只是一日行情。因此，当红流行的炒作概念，其代表股票也必须列入观察的重点。

当概念题材成为市场瞩目的焦点时，适当地选择一两档一线股，以及涨幅最大、成交量最高的相关股票，列为观察目标，才不会错失强势股。

6. 面临转折的股票

投资股票一定要通过完整的买卖动作才能产生效益，无论是先买后卖，还是先卖后买，必须要看对个股的多空趋势才能赚到钱。

上市、上柜的有价证券种类繁多，在盘面上此起彼落，涨跌无常。不过，若仔细加以分辨，几乎每一天都有部分股票结束跌势，开始进入波段上涨；同时也有一些股票翻多为空，进入中期的下跌修正。

这些出现转折的股票虽然为投资人提供了宽广的获利空间，但也会让选错方向者蒙受重大的损失。作为一个操盘者，目标既然设定为获取最大的利润，当然不能错过赚钱机会。

可是，一档正在持续上涨或下跌的股票，如何知道它即将反转呢？我们可以从空间与时间两方面加以判断，选择出一些符合条件的股票，并将之纳入观察的名单。

第一，空间的规划：在空间的规划上，黄金分割率的运用十分重要。

上涨的波段满足点，大约为前一波段的涨幅的 1 倍、1.382 倍、1.5 倍或 1.618 倍；反弹的波段满足点，大约为跌幅的 0.382、0.5 或 0.618；下跌的波段满足点，大约为涨幅的 0.382、0.5 或 0.618。

五大波涨势结束之后的中期大修正波，即使较为惨烈者，当股价下跌到大约一半的价位，也就是一般所谓"腰斩"时，通常也极有可能止跌翻升。

第二，时间的规划：在时间的规划上，一般都参考费波南希系数。

所谓"费波南希系数"，就是一组神奇的数字，包括 1、2、3、5、8、13、21、34、55、89、144 等。

当股价涨跌波段进行的时间达到上述的数字时，反转的概率很高，尤其以 5、8、13、21 四个数字最为典型。因此，短期波段进行到第 5 天、第 8 天、第 13 天或第 21 天的时候便应特别注意。同理，中期波段看周线、长期波段看月线，都值得详细观察。

根据空间与时间的规划，分别将条件符合的股票列出来，若成交量或技术指标也呈现背离，便可以选择其中较具市场认同度者，列为看盘的重点，以便掌握反转讯号与买卖的时机。

看盘需要注意的事项

盘面含有丰富的信息，而盘面背后的信息更是错综复杂。在这里，有几个需要注意的事项：

1. 当日涨幅排名表的分析

（1）在该表中有多只股票同属一个板块概念，说明该板块概念已成为短期市场热点，投资者应该注意其中成交量能较大的个股、涨幅不大的个股以及次新品种。

（2）没有明显基本面原因而经常出现在该排行榜前列的个股属于长庄股，可以中长线反复注意跟踪，配合其他指标注意其套利机会。

（3）因基本面情况出现在该排行榜的个股需要分析其题材的有效时间。

（4）前期经常放量的个股，一旦再次价量配合出现在该榜，有短线套利价值。

（5）在交易日偏早时间进入该榜并表现稳定的个股有连续潜力，在交易日偏晚时间进入该榜的个股连续潜力一般（剔除突发事件影响）。

（6）长时间不活跃的低价股第一次进入该榜，说明该股有新庄介入的可能。

（7）在K线连续上涨到高位后进入到该榜的个股，应小心主力随时可能出货。

2. 盘面的上下三档买卖盘语言

（1）上档卖盘较大，短线买盘较活跃，该股有短线上攻潜力。

（2）上档卖盘较大，短线买盘不活跃，该股有主力在短线诱多。

（3）下档买盘较大，并持续不间断上挂，该股有出货嫌疑。

（4）下档买盘较大，并跳跃有大买单出现，该股有短线上攻潜力。

（5）上下档挂盘均较大，波动幅度不大，该股有出货嫌疑。

（6）尾市单笔砸盘，短线有上攻潜力；尾市单笔上拉，短线有出货嫌疑。

3. 盘局突破情况

盘局突破有向上与向下两种可能，一般情况下，无论哪个方向，高位向下突破后应果断减仓，低位向上突破后应果断加仓。相对沪深股市来讲盘久必跌的可能性更大一些。

上面是盘面分析的一些注意事项。而看盘的目的是投资，在投资过程中还应注意：

恪守"绝不让赢利转为亏损"的格言，当赢利跌回买入价格附近时卖出。放弃"绝不将赢利转为亏损"的格言，改为用止损来搏大波段。进一步研究改善止损点位的摆放，同时找出由赢利转而跌破买入价而仍然可以继续等待的一些条件。

在看盘的过程中，会遇到诸多不同的形势。在意志和精神上不能畏惧。总有人在这个高风险的市场成功，要争取成为其中的胜者，勇敢地去面对各种波折。操盘第一难在看盘，第二难在控制情绪。一定要有统一的思路，多抓热点，跟着大盘的变化出击，还要保持平和的心态，并努力使这种思路形成习惯。良好的习惯是投资者的立市之本。

总而言之，学别人的理论，听别人的讲解固然重要，但关键还是要找到适合自己的方法和理论。每个失败者都是从自己的教训中吸取经验，聪明人则会从别人的经验中获益。除了在实战中磨砺以外，应该把主要精力放在研究市场、数据、图表和现象上，总结出符合市场规律、真正有实战价值的东西。任何成功人士都对现实市场有着深刻的认识和精辟的见解，这是真理，命运掌握在自己手中。

第二节
分时图的识别与运用

分时图是指大盘和个股的动态实时（即时）分时走势图，其在实战研判中的地位极其重要，是即时把握多空力量转化及市场变化的根本所在。在这里先给大家介绍一下概念性的基础知识。

大盘分时图

大盘分时图：又称大盘指数，是指上证综合指数和深证成分指数，其每一分钟的走势称为大盘分时走势。投资者如果能够看懂大盘分时图，就能够较好地了解大盘的运行节奏，做到心中有谱，应对自如。

（1）白色曲线：表示大盘加权指数，即证交所每日公布的媒体常说的大盘实际指数。

（2）黄色曲线：大盘不含加权的指标，即不考虑股票盘子的大小，而将所有股票对指数的影响看作是相同的而计算出来的大盘指数。

（3）红绿柱线：在粗横线上下有红绿柱状线，反映的是大盘即时所有股票的买盘与卖盘在数量上的比率。红柱线的增长缩短表示上涨买盘力量的强弱，绿柱线的增长缩短表示下跌卖盘力量的强弱。

（4）黄色柱线：在红白曲线图下方，用来表示每一分钟的成交量，单位是手（每手等于100股）。

（5）委买委卖手数：代表即时所有股票买入委托下三档和卖出上三档手数相加的总和（第一章有详解）。

（6）粗横线：即表示上一个交易日指数的收盘位置。它是当日大盘上涨与下跌的分界线。它的上方，是大盘上涨区域；它的下方，是大盘的下跌区域。

（7）量比：即衡量相对成交量的指标。它是当日开市后每分钟平均成交量与过去 5 个交易日每分钟的平均成交量之比。其计算公式为：量比 = 现在总手 ÷〔当前已开市多少分钟 ×（5 日总手数 ÷5÷240）〕。其中"5 日总手数 ÷5÷240"表示 5 日来每分钟平均成交手数。

量比是投资者分析行情短期趋势的重要依据之一。若量比数值大于 1，且越来越大时，表示此时成交总手数（即成交量）在放大；若量比数值小于 1，且越来越小时，表示此时成交总手数（即成交量）在萎缩。这里要注意的是，并非量比大于 1，且越来越大，就一定对买方有利。因为股价上涨时成交量确实会放大，而在股价下跌时成交量也可能放大，因此量比要同股价涨跌联系起来分析，才能有效减少失误。

个股分时图

个股分时图，同大盘分时图有诸多相似之处，同样，我们首先需要了解下面这些概念：

（1）白色曲线：表示该种股票即时成交的价格。

（2）黄色曲线：表示该种股票即时成交的平均价格，即当天成交总金额除以成交总股数所得的值。

（3）黄色柱线：在红白曲线图下方，用来表示每一分钟的成交量。

（4）成交明细：在盘面的右下方，动态显示每笔交易的价格和手数。

（5）外盘内盘：外盘又称主动性买盘，即成交价在卖出挂单价的累积成交量；内盘又称主动性卖盘，即成交价在买入挂单价的累积成交量。外盘反映买方的意愿，内盘反映卖方的意愿。

（6）量比：是指当天成交总手数与近期平均成交手数的比值，具体公式为：现在总手 ÷〔（5 日平均总手 /240）× 开盘多少分钟〕。量比数值的大小表示近期此时成交量的增减，大于 1 表示此时成交总手数在放大，小于 1 表示此时成交总手数在萎缩。

实战中的 K 线分析，必须与分时图分析相结合，才能真实可靠地读懂市场的语言，洞悉盘面股价变化的奥妙。K 线形态分析中的形态颈线图形，以及波浪角度动量等分析的方法原则，也同样适合分时走势图分析。具体实战研判技巧将另文探讨。

分时图的典型形态

由于股票自身的原因，盘面本身形势复杂，分时图的形态也多种多样，比较权威的有这么几种：

第一种："拉旗杆"形态。这种形态往往是主力在开盘后迅速在 15 分钟内抬高股价，然后全天横盘，让当日的换手成本比前一日高出一截。这种形态往往在股价上升时伴有大的成交量，是主力自买自卖对敲所致。出现这种形态时，可以迅速跟进，胜算较大。如果成交量显著放大，这种形态的股票有可能出现涨停。如图 1-1：

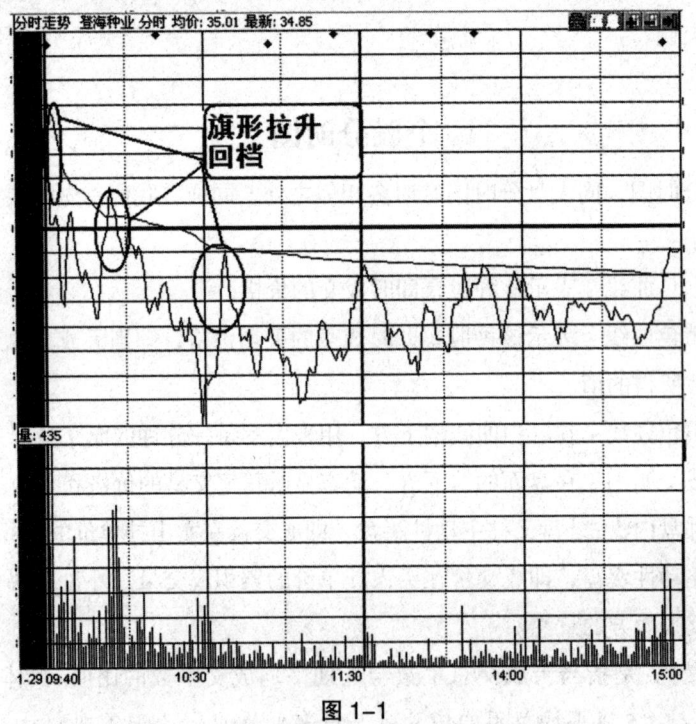

图 1-1

第二种：抢反弹的典型形态。不过，这种分时图走势不一定非要在抢反弹的时候才出现。上升通道中的个股也会有这种走势。横盘不介入，在白线突然向上穿过黄线，伴有大单成交时，迅速跟进。如图 1-2。

第三种：典型的弱势形态，黄色均价线与白色即时线开盘即同时向右下方一泻千里。当然，这种形态也有可能出现在上升通道中的震仓，但在对震仓或者回调等走势把握不准时，少碰分时图上这种形态的股。如图 1-3。

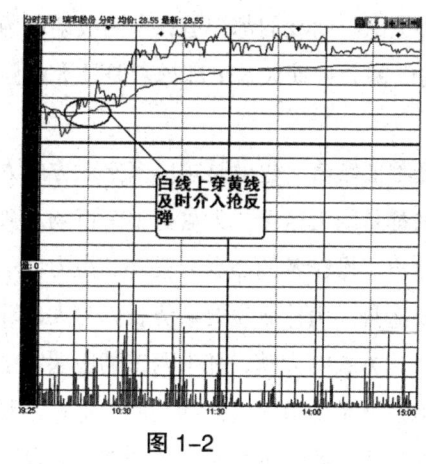

图 1-2

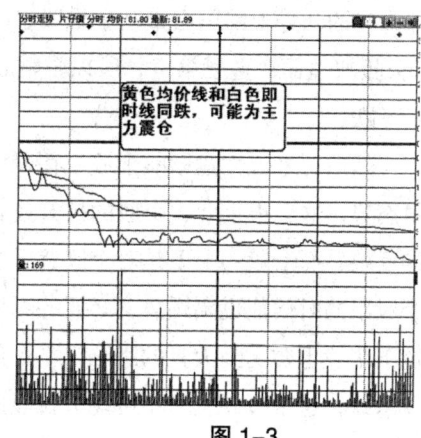

图 1-3

另外，按照现在股市每天走势，分时图分为三种形态：单边涨，单边跌，震荡。只要是单边涨跌，那就说明多或空极强。这种情况意味着全天分时图几乎不会出现拐点，或者出现了也会极强或者很快收回，震荡形态只是把全天涨跌节奏按时间进行分布而已，也是若干细化的单边形态。

股市上午开盘之后，就会出现上涨或者下跌。上涨之后必定有调整，因而上涨形态结束之后就必然是下跌形态。由于 A 股投机性较强，所以一般上午就能出现完整的上涨下跌或者下跌上涨。如果下午还出现了别的形态，那么可以把上午的形态并入较为高级的复合形态。

大盘分时图与个股分时图有时为什么不一致

大盘分时图与个股分时图在一致与不一致中形成了一个动态的平衡。要了解大盘分时图与个股分时图有时不一致的原因，我们需追根溯源。首先，来看看它们的形成过程。虽然个股指数的加权平均形成了大盘指数，但大盘不是个股的简单集合。就算我们逐一研究了所有的个股形态，也未必就能对大盘形成正确的判断。因为个股合成大盘后产生的综合效应，就像树木组合为森林后的效果一样，无论是内涵还是外延，都将大大超过个股的简单相加。而个股只要存在于大盘，就不能单纯地作为个股存在，其走势将不可避免地受到大盘的影响。

个股也能影响大盘。比如，工商银行在行情不好、几乎所有板块都在下跌的情况下，拉出了个 9% 或者 10% 的涨幅。因为工商银行的盘子大，在大盘上占有很大的比重或者是说有很大的影响力，而且它又是银行股的龙头或者说是标杆，那么它的强势上涨就会带动金融股票的强势上涨。而我们都知道，中国股票市场6大板块里面，金融第一，所以金融股的强势就会带动大盘上涨或者是让大盘停止下跌。

然后再来说大盘影响个股：在股票市场都要顺势，也就是顺应多空双方的力量态势，这个很重要，个股的拉升或者下跌都是因为这个。大盘是整个市场态势的反映，而个股的上下是对个股背后主力散户等操作者的心态的反映。主力做一个股票的时候他也要顺势，必要的时候还要造势。为什么说要顺势，因为大的环境下个股也要受到大盘的影响。举个例子，比方530大跌，几乎两市的股票都全线杀跌，这个时候主力不可能去拉股票，他拉就是给散户逃跑的空间，那你不是自己套自己吗？所以这种时候主力就会先跑，主力跑，散户跑，那股票不就跌下来了吗？这就是典型的大盘影响到个股。

大盘分时图与个股分时图是大盘与个股的形象反应，二者有时会出现不一致。

如何看大盘分时图

大盘全天的走势往往瞬息万变，有时上午走得很强劲，下午就可能突然跳水；而有时上午跌得很厉害，下午却可以力挽狂澜。所以正确预测当日大盘是收阴还是收阳，对于有些股民做T+0或是当日的短线买股至关重要。下面是出现各种情况时，比较准确的预测：

1. 当股指跳空高开

（1）股指跳空高开后半个小时内，一直运行在缺口上方，如出现此种情况，当日大盘判断收为阳线，可以在盘中回调时吸纳。

（2）股指跳空高开后半个小时内，股指先跌补完缺口后再上扬，在10点时股指处于上涨状态的话，也应判断当日大盘收阳，但准确率没有第一种高。

（3）股指跳空高开后半个小时内，股指一路下跌，在10点时股指处于下跌状态，则应判断当日收阴，当日应小心操作。

2. 当股指平开

（1）股指开盘半个小时内，股指一路强势上扬，则当日收阳。

（2）股指开盘半个小时内，股指一路下跌，则当日收阴。

（3）股指开盘半个小时内，股指如先跌后涨，10点时如股指出于上涨状态，则判断当日收阳。

（4）股指开盘半个小时内，股指如先涨后跌，10点时如股指处于下跌状态，则判断当日收阴。

3. 当股指低开

（1）当股指低开后半个小时内如一路下跌，则判断当日大盘收阴，且当日容易大跌。

（2）当股指低开后半个小时内马上补缺口一路上扬，则当日收阳的几率很高。

（3）当股指低开后半个小时内先反弹，但缺口没有补完，在10点左右又下跌，则当日收阴。

（4）当股指低开后半个小时内补完缺口再下行，则还是判断当日收阴。

以上的情况都属于预测，准确概率有高低之分，并不一定完全准确，另有两种特殊的情况：一、有时早上开盘后半个小时内，股指波动的幅度非常小，往往在一二个点之内，且红柱和绿柱都非常短，有时相互交错，如出现这种情况，则当日大盘容易出现大涨大跌的走势，一般以大涨居多。二、有时早盘开盘后半个小时内，股指波动幅度非常大，呈上蹿下跳的走势，则可以判断为当日大盘围绕开盘指数大幅震荡。

如何看个股分时图

前面已经了解了个股分时图的一些重要术语，下面我们直接通过盘面发掘重要信息，以下几点很关键：

1. 回调

（1）回调时间

①短时回调：回调时间远小于上涨时间，回调时间越短，再上涨力度幅度越大；

②中时回调：回调时间接近上涨时间；这时要看量能，是否再次充分放大；

③长时回调：回调时间远大于上涨时间，再上涨可能较小，主力可能在顺势出货，或者主力感到抛压沉重，难以继续作高，通过震荡化解抛压。

（2）回调力度

①弱势回调：回调不足上涨波段的1/3，再次突破前高点可以介入；

②中度回调：回调至1/2左右，这时要看量能能否充分放大；

③强势回调：回调幅度超过 1/2 或彻底回落，很难再创新高，要坚决回避。

（3）回调量能

①完美形态：股价上涨，成交量成正三角形；股价回落，成交量成倒三角形。

②无量上涨和放量回调的形态要坚决回避：无量上涨，中线主力控盘，短线是庄家出货完毕，抛压减少，主力追涨意愿不强，只有散庄在玩；放量回调，主动性卖盘增多，抛压逐步加强，有出货迹象。分时中需要关注的形态：弱势回调＋短时回调＋量能配合；弱势回调＋中时或长时回调＋量能配合；中度回调＋短时回调＋量能配合。

分时图中，首先看量能是否配合良好，其次看回调力度和回调时间。最好是回调幅度较弱、回调时间较短，如果不能同时满足，至少要满足一个，同时另一个不能变坏。

2. 角度

（1）上涨中继的角度分析：先分析完回调，回调有效的情况下，下一步是分析再次上涨的角度，再次上涨的角度越陡峭，说明拉升力度越强。再次上涨的角度可以分为：

①强势的再次上涨角度：经回调后，再次上涨角度远大于前次，这种形态比较容易涨停；

②平行的再次上涨角度：经回调后，再次上涨角度与前次平行，涨幅较大；

③弱势的再次上涨角度：经回调后，再次上涨角度远小于前次，上涨空间有限。

（2）反向的角度分析：先分析完回调，在回调无效的情况下，回调就变成了反转。反向角度的大小直接冲击现行的上涨趋势，如果反向波过于陡峭，说明反向能力很强，这常常是趋势反转的前兆。如果回调波已经不满足中继上涨的分析，特别是回调角度过陡（比前波上涨的陡）。幅度过大（1/2 以上）、回调时间长（超过前波上涨时间），且量能不配合，基本就可以判断是反转波了。因此可以进一步对回调上涨中继判定：最好的回调波是既平（角度小、幅度浅）又快（时间短）；其次是陡但时间短（幅度浅，不能超过 1/2），或是时间中长但平（确保幅度浅），以上情况应同时确保量能配合。

分时图中判断上涨中继的回调：首先看量能配合，其次看回调幅度。只要上涨有量能配合，而回调幅度又在 1/3 之内，都是安全的；如果超过了 1/2，一定要短时间内迅速拉回，至少要比上涨的时间短。最后看回调时间，当然短比长好。

（3）极限角度：即上涨极为陡峭，近90度。极限角度是分时中最后一波上涨，不成功则玩完；极限角度极为耗费资金，出现极限角度时往往是分时中的最大成交量。

①股价涨幅7%时出现极限角度，成交量最大，极有可能当天涨停；

②当极限角度过早出现，同时成交量最大时，一旦未能涨停，则难以再涨，勾头时一定要卖出。

3. 波长

分时上涨波一般可分为二段式上涨、三段式上涨和五段式上涨等各个不同的形态。分时上涨波的二段式上涨、三段式上涨是分时上涨波的常态，五段式上涨则是分时上涨波的非常态（极强形态）。三段式上涨是分时上涨波中较为常见的上涨波形态。这里，就以三段式上涨波形态为例，对分时上涨波做解析。

三段式上涨，每一段波长之间有延续性。如果再次上涨的角度相同，则三段波具有等长性；如果再次上涨的角度陡峭，量能跟上，则再次上涨的波长是前段波长的1.318倍或1.618倍；如果再次上涨的角度较缓，量能减弱，则再次上涨的波长是前段波长的0.318倍（即1/3长）或0.618倍（即2/3长）。分时下跌波形态与分时上涨波形态在分析上同理，在趋势上相反，这里不做细述。

4. 分时区间

将对上涨→回调→上涨/反转的特殊点的分析，延展到一天的分时图上，可以找到极为简洁的一种股价走势形态。这种形态仿佛是一个中继形态的放大，十分便于操作。这种形态就是区间是否清晰明显的分时形态。

（1）原势区间：股价在上升或下降通道内运行，此区间多为观望区间，不宜进行操作（上涨时不卖，下跌时不买）；

（2）转势区间：分时图中股价走势溢出原势区间，改变了上涨或下跌的斜率，此区间内股价既有按原趋势运行的可能，也有形成反转的可能，此区间是重要的决策区间；

（3）突破区间：分时图中，股价走势对转势区间进行突破，方向可以向上，也可以向下，此区间是最为重要的操作区间。

①在转势区间向上放量突破的第一时间买进；

②在转势区间向下突破的第一时间卖出；

③如果股价没有上涨或下跌，放弃操作该股。

5. 美感

流畅而具有美感的分时线是最有杀伤力的。当主动性买盘大于主动性卖盘时，并且在资金持续进场的推动下，分时线才会变得流畅。（注意：判断主动性买盘和主动性卖盘之间关系的定性分析，可以参考分时线是否流畅。）流畅简洁的分时线，无论对上涨或是下跌，都是致命的，务必谨慎，至简至利。

流畅的分时线具有以下特征：

（1）价格呈现连续向上或向下的成交变化，价格在同一位置极少反复；

（2）分时线呈某一角度圆滑运行，并且挺拔有力；

（3）价格上涨伴随着成交量的温和增加。

总之，线体的圆滑挺拔、价格的不停顿、成交量的配合是分时线流畅的标志。

运用分时图判断大盘的技巧

根据白黄二曲线的相对位置可知：

（1）当大盘指数上涨时，黄线在白线之上，表示流通盘较小的股票涨幅大于大盘股，一般是题材股主导的行情；反之，小盘股涨幅落后于大盘股，则是蓝筹股主导的行情。

（2）当大盘指数下跌时，黄线在白线之上，表示流通盘较小的股票跌幅小于大盘股，一般是蓝筹股走势偏弱，拖累大盘；反之，小盘股跌幅大于大盘股，题材股走势偏弱。

（3）当大盘指数上涨时，黄线在白线之下且在绿盘中向下运行，而白线则在红盘区域运行，这就是平常所说的二八行情，大多数股票下跌，少数股票上涨；反之则是八二行情。

运用分时图分析个股的技巧

本章前面已讲述了个股分时图的基本知识，及如何利用个股分时图分析形势，现在再来讲一些运用分时图分析个股的技巧。盘中运行状态一般有以下几种常见情况：

一是低开高走操作：盘中个股若探底拉升超过跌幅的 1/2 时，此时股价回调跌不下去，表示主力做多信心十足，可在前一交易日收盘价附近挂单跟进。

二是平开高走操作：大盘处于上升途中，个股若平开高走后回调不破开盘价，股价重新向上，表示主力做多坚决，待第二波高点突破第一波高点时，应加仓买进。

三是底位操作：大市低位时，个股如形成W底、三重底、头肩底、圆弧底时，无论其高开低走，或低开低走，只要盘中拉升突破颈线位，待其回调颈线不破颈线时，挂单买进。其中低开低走行情，虽然个股仍在底部，但毕竟仍属弱势，应待突破颈线，回调也不破位时才可买进。

四是箱体向上操作：个股低位箱体走势，向上突破时可以跟进，但若是高位箱体突破时，应注意风险。

五是箱体向下操作：个股箱体走势往下跌时，箱底卖出，无论高开平走，平开平走或低开低走，尤其在箱体呈现大幅震荡时，一旦箱体低点支撑失守，显示主力已失去护盘能力，至少短线向淡，暗示一轮新的跌势开始，应毫不犹豫斩仓出局。

六是顶部操作：个股如形成三重顶、头肩顶、圆弧顶时，应趁其跌破颈线时果断卖出，或在其跌破后股价拉回颈线处反弹无力时卖出。

七是强势操作：升势中，若高开低走，二波反弹无法创出最高，此刻若放出大量，应在二波反弹高位反转时卖出。这是主力利用高开吸引散户追涨跟风借机派发的惯用手法。

八是弱势操作：大盘趋弱时，个股高开低走翻绿后，反弹无法翻红时，宜获利了结，以免在弱势中高位被套。

九是新低操作：大盘下跌时，若个股低开低走，突破前一波低点，多是主力看淡行情，或有实质性利空出台；低开低走，反弹无法超过开盘，多是主力离场观望，若再次下破第一波低点，则应市价杀跌卖出。

上面我们讲的是利用分时图分析个股的一些技巧，下面来讲述如何利用现有的数据来分析形势：

1. 确定买入条件

（1）当天的换手率要达到 3% 以上，介入点在该股上涨 2% 之后，如果大幅高开，只要上涨 1% 就可介入。

（2）开盘后股价超过半小时上涨达 2%，认为是稳步上涨；在 10 分钟内上涨幅度超过 3%，认为是放量大涨。

2. 盘面出现以下情况，可即时介入

（1）股价稳步上涨，分四种情况：

股价在开盘半小时左右稳步上涨，换手率达到 0.6%；

股价在开盘一小时左右稳步上涨，换手率达到 0.8%～1%；

股价在开盘一个半小时左右稳步上涨，换手率达到 1.2%～1.5%；

股价在开盘两个小时左右稳步上涨，换手率达到 1.7%～2%。

（2）早盘放量大涨，分三种情况：

股价在开盘半小时左右放量大涨，换手率达到 0.8%～1%；

股价在开盘一小时左右放量大涨，换手率达到 1.2%～1.5%；

股价在开盘一个半时左右放量大涨，换手率达到 1.7%～2%。

（3）下午放量大涨，分三种情况：下午前半小时、一小时、一个半小时，涨幅在 2% 以上，换手率分别达到 1.8%～2.1%、2.2%～2.5%、2.7%～3%。

第三节
看盘应关注的重点

看盘绝对是一门高深的投资学问，如果进行研究，可能穷尽一生的精力也未必能研究透彻。因此，把复杂的事情简单化，是职业股民和任何一个职业操盘手要做的事，而且是必须具备的良好习惯。通过最简单的看盘方式，最快速地把握市场热点和主流资金动向，从而快速做出操盘决策，这样才能在股市中立于常胜之地。凡事都有重点，看盘也不例外，下面我们来看下看盘应关注的重点。

看盘应关注的重点一——内盘与外盘

内盘：以买入价成交的交易。买入成交数量统计加入内盘。

外盘：以卖出价成交的交易。卖出量统计加入外盘。

内盘、外盘这两个数据大体可以用来判断买卖力量的强弱。若外盘数量大于内盘，则表示买方力量较强，若内盘数量大于外盘则说明卖方力量较强。

积极关注外盘、内盘数量的大小和比例，投资者可从中发现主动性的买盘多还是主动性的抛盘多，由此判断趋势强弱的真实情况，这是一个较佳的辅助指标。但投资者在使用外盘和内盘概念时，要注意结合股价在盘中分时的低位、中位和高位的成交情况，以及所占该股的当日总成交量比例的情况。因为主力做盘存在客观性，所以，有些情况下，外盘大，股价并不一定上涨；内盘大，股价也并不一定下跌。了解这种分析技巧，就可以对日线、周线进行分析了。

（1）经过长时间的数浪下跌，股价处于较低价位，成交量极度萎缩。此后，若盘中成交温和放出，当日外盘数量增加，大于内盘数量，股价将可能上涨，此种情况较可靠。

（2）经过长时间的数浪上涨，股价处于较高价位，成交量巨大，并且不能再继续增加，当日内盘数量放大，大于外盘数量，股价将可能下跌。

（3）在股价持续阴跌过程中，时常会出现外盘大、内盘小的情况，此种情况并不表明股价一定会上涨。因为主力可能是用几笔抛单将股价打至较低位置，然后在卖一、卖二挂卖单，并自己吃掉卖单，从而造成股价小幅上升。此时的外盘将明显大于内盘，使投资者认为主力在吃货而纷纷买入，结果次日股价继续下跌。

（4）在股价持续上涨过程中，时常会发现内盘大、外盘小的情况，此种情况并不表示股价一定会下跌。因为可能是主力用几笔买单将股价拉至一个相对的高位，然后在股价小跌后，在买一、买二挂买单，让投资者认为主力在出货而纷纷卖出股票，此时主力层层挂出小单，将抛单通通接走。这种先拉高后低位挂买单的手法，常会显示内盘大、外盘小，欺骗投资者，待接足筹码后迅速推高股价。

（5）股价已有较大的涨幅，如某日外盘大量增加，但股价却难以大幅上涨，投资者要警惕主力诱多出货。

（6）股价已有较大的跌幅，如某日内盘大量增加，但股价却难以大幅下跌，投资者要警惕主力诱空吸货。

（7）当股价处于低位的上升初期或主升期，外盘大于内盘，则是大资金进场买入的表现。

（8）当股价处于高位的上升末期，外盘小于内盘，则是大资金离场卖出的表现。

（9）当股价处于低位的上升初期或横盘区，外盘远小于内盘，不管日线是否收阴，只要一两日内止跌向上，则往往是大资金假打压、真进场的表现，是在诱空。

（10）当股价处于高位的上升末期或横盘区，外盘远大于内盘，但股价滞涨或尾市拉升，无论日线阴阳，往往是大资金假拉升、真卖出的表现，是在诱多。

看盘应关注的重点二——K线与成交量

股市实战和操盘技巧中，K线分析无疑是最重要的一环。从K线图中，投资者可以捕捉到买卖双方力量对比的变化。根据K线图，可以分析预测股价的未来走势，把握买进卖出的最佳时机。经过海内外投资者长时期的研究，K线理论已成为一种具有完整形式和相当扎实理论基础的股票分析技术。K线理论中的两个核心理论：一是多空搏击理论，二是跳空缺口理论。

K线组合必须配合成交量来看。成交量代表的是力量的消耗，是多空双方博弈，而K线是博弈的结果。只看K线组合，不看成交量，其效果要减半。所以成交量是动因，K线形态是结果。以下是依据K线图并结合成交量做出的分析。

第一，在上升趋势中，成交量放大代表价格将持续走高，应该继续买进和加码。

第二，如果价格暴涨，而成交量大于平均水准的一倍以上，这可能是回光返照的爆发性走势，应该卖出。

第三，如果价格上涨到先前的阻力位置附近，而成交量明显相对偏小，这是空头背离，代表头部的出现，应该立即卖出。

第四，价格在恐慌性放量中暴挫，这类卖压高潮的底部通常会受到重新测试，应该停止卖出。

K线反应的更多的是价的关系，股票价格的变化，实质是量的变化所致，也就是说，量是因，价是果。依据K线与成交量的关系，还有另一些判断方法：

1. 价格正在涨

（1）放量：强势特征，当量放到最大时，一般会形成次高点，然后缩量，形成最高点。这是较常见的情况。

（2）缩量：缩量说明买的人少，但要注意这个时候卖的人也少，可以跟随但应小心谨慎。这种情况比较少见。

（3）平量：多空双方在表面达成平衡。其实质是价格正在涨，多方有暗中的力量支持，因此宜跟随，直到趋势停止。

2. 价格平衡

（1）一轮上升趋势后的平衡：缩量或者平量，趋势继续的可能比较大；放量则危险。

（2）一轮下跌趋势后的平衡：无论什么量，下跌趋势继续的可能是最大的。

3. 价格下跌

（1）缩量或者平量：继续下跌的可能最大。

（2）放量：表示多头开始抵抗，可以密切留意趋势能否反转。

下面再来说说成交量的意义：

第一，成交量可以说明个股的活跃程度与对当前股价的认可程度。个股的运动一般都要经历盘整——活跃——上升——盘整的循环过程，作为股价运动的第二阶段，即通常所说的股性被激活阶段，也就是成交量活跃的过程。当一只个股处于底部蛰伏期时，其市场表现不活跃，该阶段的成交量低迷。股价的上升必然导致获利盘与解套盘的增多，多空分歧加大，相应地，股价的进一步上升需要有更多能量的支持，而活跃的成交量正是对该现象的客观反映。多空双方对股价的认可程度分歧越大，成交量也就越大。理论上，多空双方对股价分歧最大的位置应该是在盘整区域的箱体顶部，从股价运行的实际情况看，在箱体顶部附近的放量也确实对股价的突破有一定参考意义。

第二，成交量的活跃还与个股突破后的爆发力度有关，表明市场的内在强度。换手率越高，参与的投资者越多，一旦市场向某个方向突破，原来巨大的多空分歧因一方的胜利使市场产生一边倒，迫使另一方返身加入，这种合力足以使市场产生巨大的波澜。另外，放量前的成交量走势也具有一定的参考意义。

第三，个股的活跃程度反映了进入该股中的主力是新主力还是老主力，主力的实力如何，这有助于对主力控盘程度进行判断。一般，新主力介入时，由于介入控盘过程较长，成交量会相对活跃，而一旦进入控盘阶段，主力又难以容忍其他投资者跟庄，不会长时间在其成本区域附近徘徊，会迅速拉高，这就会产生第一波的上升行情，即性质上为脱离成本区的行情。期间最主要特征是距离长期底部区域不远，即前面所论述的低位盘整。而一旦脱离成本区域，股价还会产生中级调整，这时调整可能以横盘为主，而最终的结果是在经过中级盘整后，股价继续向上，即整体走势呈现"之"字形形态，或者说，波浪理论中的主升浪阶段就是该阶段的真实反映。

第四，由于个股的流通盘、总股本都不相同，为便于考察，用换手率指标可对个股的活跃程度作出比较，需要指出的是，个股单日换手率意义不如一段时间累计换手率的参考价值大。

特别提出，依据K线与成交量的关系寻找向上突破的个股，首先需符合以下情况：

第一，个股近一年涨幅不大，最好在60%以内。

第二，近半年波动幅度在30%以内，在大盘波幅的70%以内，波幅越小，突破的力度越大。

第三，突破时，股价距离箱体顶部较近。

第四，突破前的箱体盘整中，有周K线配合。

第五，成交量的配合有助于提高突破的准确性。

精明的投资者总是很关心成交量（或成交金额）的变化，成交量是市场的能量，能源充足，价格才会上涨。成交量平均线可以如实记录成交量的变化趋势，结合价量关系的变化可研判价格未来的走向。

1. 公式

以 5 日均线为例：5 日平均成交量（MV）=5 日内成交量总和 /5。

2. 参数设置

成交量无须设置参数；成交量平均线短期可设定为 6 日，中期可设定为 25 日。

3. 研判方法

（1）量先价而行，如果短期量平均线在长期量平均线之上一起上升，说明近期能量充沛，价格将继续上涨；反之，如果短期量平均线在长期量平均线之下一起下降，说明近期价格将继续走弱。

（2）在盘整后期，如果价格上升，成交量也增加，表明市场买气旺盛，这种"价升量增"情形，是买进时机。

（3）上升过程中，价格回落，成交量随之减少；价格回升，成交量又随之增加，这种"价跌量缩"现象，是买进时机。

（4）在上升行情的后期，价格继续上升而成交量却开始萎缩，这种"价升量缩"现象是价格上涨乏力的征兆，是卖出时机。

（5）价格下跌而成交量却增大，这种"价跌量升"现象往往意味着市场信心崩溃，宜及早卖出。

看盘应关注的重点三——换手率与资金流向

换手率 = 某一段时期内的成交量 / 发行总股数 ×100%

（在我国：成交量 / 流通总股数 ×100%）

一般情况，大多股票每日换手率在 1% ~ 25%（不包括初上市的股票）。70% 的股票的换手率基本在 3% 以下，3% 就成为一条分界线。那么大于 3% 又意味着什么？

当一只股票的换手率在 3% ~ 7% 时，该股进入相对活跃状态；在 7% ~ 10% 时，该股成为强势股，股价处于高度活跃当中（广为市场关注）；10% ~ 15%，大庄密切操作；超过 15% 的换手率，持续多日的话，此股也许将成为最大黑马。

挖掘领涨板块首先要做的就是挖掘热门股，判断是否属于热门股的有效指标之一便是换手率。换手率高，意味着近期有大量的资金进入该股，流通性良好，股性趋于活跃。因此，投资者在选股的时候可将近期每天换手率连续成倍放大的个股放进自选股中，再结合一些基本面以及其他技术面精选出其中的最佳品种。

首先要观察其换手率能否维持较长时间，因为较长时间的高换手率说明资金进出量大，持续性强，增量资金充足，这样的个股才具有可操作性。如果仅仅是一两天换手率突然放大，其后便恢复平静，这样的个股操作难度相当大，并容易遭遇骗线。另外，要注意产生高换手率的位置。高换手率既可说明资金流入，亦可能为资金流出。一般来说，股价在高位出现高换手率则要引起持股者的重视，很大可能是主力出货（当然也可能是主力拉高建仓）；而在股价底部出现高换手率则资金大规模建仓的可能性较大，特别是在基本面转好或者有利好预期的情况下。投资者操作时可关注近期一直保持较高换手率，而股价却涨幅有限（均线如能多头排列则更佳）的个股。根据量比价先行的规律，若成交量先行放大，股价通常会很快跟上量的步伐，即短期换手率高，表明短期上行能量充足。形态上选择圆弧底、双底或者多重底，横盘做底时间比较长，主力有足够的建仓时间，如配合各项技术指标支撑则应该引起密切关注！

看盘应关注的重点四——分时线与分时量

1. 分时线

分时线是指每分钟的最后一笔成交价的连线。黄线是均价线，是当天开盘至当时所有成交总金额除以成交总股数得到的平均价的连线。左边数据是价格坐标，右边数据是与前一天收盘价格比较的百分比坐标。最下边部分是每分钟的成交量。在大盘指数分时图中，价格即指数的点位。

分时线的最佳买点，以均线支撑为切入点进行分析。均线支撑分为接近式、相交式、跌破式三种。

（1）接近式支撑：指股价线由上向下运行到均价线附近时就反弹。

（2）相交式支撑：指股价线向下运行与均价线向交的走势。

（3）跌破式支撑：这是指股价线向下跌破均价线后，在较短时间里，又被拉回均价线上的走势。

注意：首先，在第二次支撑时做多。在第一次支撑出现后，如果股价涨势平缓，没有出现急涨的走势（指涨幅没有超过 3%），在随后出现的第二次和第三次支撑走势时，均可放心买入。在第一次支撑出现后，如果股价大幅拉高，涨幅超过 3%，此后出现的支撑，应该谨慎或放弃。其次，在操作均线支撑时，应该审视该股中长线的走势，判断是否有获利的空间。有获利空间股票，才可操作。

2. 分时量

分时量是指股票交易时间内，每一个时间单位内，比如 1 分钟，5 分钟，10 分钟，20 分钟……所发生的交易的量。通过分析分时量来判断股价的涨跌，主要可以从以下三个方面来进行：

（1）观察主力。每只股票都会有波段行情，如果看中了某只股票，那么首先要看这只股票的前一波行情是怎样进攻的，打开那天放量上涨的日分时图，看大阳线上涨的分时成交量。假设最大量是 1500 手，那么这次如果也是 1500 手左右，就预示着主力又开始主动进攻了。因为相同的股票在一段时间内一般是同一主力在做。当然要排除最热门的那些股票。

（2）看保护价。当某只股票拉升时，那些突破大阳线的都有大成交量配合上涨，在分时图中找突破时的最大成交量，当这只股票在以后的强势回档中一般强支撑就是那天集中放量的价格，也是主力发动行情的保护价，那我们只要在保护价附近与主力共舞就可以了。

（3）分时抄底。在一般的分时图中，往往下跌的时候突然出现了大成交量杀跌，也预示着当天回调基本到位，可以在缩量时分批买入抄底（排除 10:30 没有翻红的股票）。

（4）分时止赢。同样，当一天行情中出现大量上升时，也就是当天上涨基本结束时，经常是开盘和上午 10:30 左右。往往有些股票，在开盘后几波大角度上涨，10:30 左右又有大量配合，其实那时就是这只股票的最后疯狂，当股票回调收在均价线下方，现价与最高价相差 3% 以上时要注意获利出局。

看盘应关注的重点五——市盈率与市净率

1. 市盈率

市盈率（P/E Ratio）指在一个考察期（通常为 12 个月的时间）内，股票的价格和每股收益的比例。投资者通常利用该比例值估量某股票的投资价值，或者用该指标比较不同公司的股票。计算方法是：

市盈率＝普通股每股市场价格／普通股每年每股赢利

市盈率对个股、类股及大盘都是很重要的参考指标。任何股票若市盈率大大超出同类股票，都需要有充分的理由支持，而这往往离不开该公司未来赢利将快速增长这一重点。一家公司的股票享有非常高的市盈率，说明投资人普遍相信该公司未来每股盈余将快速增长，直到数年后市盈率可降至合理水平。一旦赢利增长不理想，支撑高市盈率的力量无以为继，股价往往会大幅回落。

市盈率是很具参考价值的股市指标，容易理解且数据容易获得。市盈率通常用来比较不同价格的股票是否被高估或者低估，但也有不少缺点。比如，作为分母的每股盈余，是按当下通行的会计准则算出的，但公司往往可视需要斟酌调整，因此理论上两家现金流量一样的公司，所公布的每股盈余可能有显著差异。另一方面，投资者往往亦不认为严格按照会计准则计算得出的赢利数字能够忠实反映公司在持续经营基础上的获利能力。因此，分析师往往自行对公司正式公示的净利加以调整，比如以未计利息、税项、折旧及摊销之利润（EBITDA）取代净利来计算每股盈余。

2. 市净率

市净率指的是每股股价与每股净资产的比率。市净率可用于投资分析，一般来说，市净率较低的股票，投资价值较高；相反，则投资价值较低。但在判断投资价值时还要考虑当时的市场环境，以及公司经营情况、赢利能力等因素。市净率的计算方法是：

市净率＝股票市价／每股净资产

市净率要动态地看，比值越低意味着风险越低。因为会计制度的不同往往使得净资产与境外企业的概念存在着一定的差别。更为重要的是，净资产仅仅是企业静态的资产概念，存在着一定的变数。去年赢利会增加每股净资产，但如果今年亏损就会减少每股净资产。同时，每股净资产的构成基数不同，往往也会造成不同结果。比如说神马实业，每股净资产高达 5.989 元，不可谓不高，但是其净资产构成中有 12.11 亿元的应收账款，折合成每股 2.14 元，一旦计提坏账准备，其每股净资产就会大幅下降。

看盘应关注的重点六——筹码分布图

筹码分布图在K线图窗口的右侧，由紧密排列的水平柱状条构成。每根柱状条与K线图的价格坐标是相互对应的，同时，每根柱状条的长度表现为在这个价位上持股量占总流通盘的百分比。如果由于近期的交易使某个价格区间的筹码量增加，则其他价格区间的筹码量就一定会减少。在K线图上移动光标，可以看到筹码分布。

筹码分布图上还有一根蓝色的线，表示当日收盘价，它把筹码分布分成了两部分：蓝色线上方是指持股成本高于当日收盘价的筹码，属于被套牢的状态，简称套牢盘；蓝色线下方是指持股成本低于当日收盘价的筹码，属于正在获利的状态，简称获利盘。图中左上角和左下角分别标出了套牢盘和获利盘的比例。虚线上下的百分比数字则表示光标所指价位上下两部分筹码所占比例。

筹码分布的黄线称为包络线，表示60个交易日前的筹码状态。在筹码分布上显示历史筹码的位置可以用于判断筹码的转移状况以监视主力出货。

筹码分布颜色分为蓝色、紫色、粉色三种，蓝色的是"死筹"，即60个交易日还未发生交易的筹码；紫色的是"浮筹"，即指60个交易日中发生交易的筹码；当"浮筹"在当前股价大量密集，就会形成第三种颜色即"粉色"，粉色也是浮筹，但当粉色出现，一般意味着股票容易引起变盘，要不主力完成建仓，拉升待发，要不主力已经派发结束，股价将落。

筹码分布图的第一种用法是，看当前股价下方是否有大量蓝色的"死筹"沉淀。如果"死筹"离当前股票还比较远，获利也比较大，说明此类股票属于"锁仓拉抬"的股票，锁得越紧，股价越往上涨，说明主力实力越雄厚，一般在牛市的环境下会遇上较多此类股票。

第二种用法是看"死筹"的位置，去分析压力与支撑。如果"死筹"在上方，称为"压力"，在下方称为"支撑"，当然压力与支撑也可以相互转化。

第三种用法是看筹码密集峰的空隙，这称之为"筹码净空间"。如果当前股价正好落在这个净空间内，继续按原有的方向前进的概率较大。

第四种用法是看当前股价的获利盘与套牢盘，去估算股票上涨下跌的难易程度。

第五种用法去看筹码转移的过程。

看盘应关注的重点七——涨幅榜

市场量价要素排序的功能，是专业人士快速掌握市场真正情况的窗口，也是专业人士看盘的标准次序。

涨跌龙虎榜的第一板直接告诉我们当日、当时市场中最强大的主力的活动情况。

第一板中如果有 5 只以上的股票涨停，则市场处于超级强势，所有短线战术可以根据目标个股的状态坚决果断地展开。此时，大盘背景为个股的表现提供了良好条件。

第一板中如果所有个股的涨幅都大于 4%，则市场处于强势，短线战术可以根据目标个股的强、弱势状态精细地展开。此时，大盘背景为个股的表现提供了一般条件。

第一板中如果个股没有敢于涨停并且涨幅大于 5% 的股票少于 3 只，则市场处于弱势，短线战术应该根据目标个股强、弱势状态小心地展开。大盘背景没有为个股的表现提供条件。

第一板中如果所有个股的涨幅都小于 3%，则市场处于极弱势，短线战术必须停止展开。此时，市场基本没有提供机会，观望和等待是最好的策略。

每天两市均有个股涨幅榜，从实战看，个股登上涨幅榜大多是出于以下几种原因：

第一，外部原因，涨幅榜上的个股有很多是受到外在的利好消息影响，主要是一些有利于上市公司的各种市场传闻、消息。

第二，内部原因，由于公司自身的基本面得到改善，如：扭亏为盈，业绩大幅增长，或者上市公司实施优厚的利润分配方案、企业转型等。

第三，资金原因，由于受到市场主流资金的关注，或者大量游资的积极介入，使得股价短线迅速上升，因而进入涨幅前列。

第四，联动原因，由于受到市场热点的波及，有些公司虽然没有上述的各种涨升条件，但是，当恰好属于市场热点板块时，往往也有较好的涨幅。

还有一些比较特殊的原因，也会使个股名列涨幅榜。如：主力出货阶段，为了吸引投资者的注意，有时会故意通过尾盘拉高，使该股进入涨幅榜。而且，通常情况下，一旦个股进入涨停板以后，往往会得到股评的热情推荐，有利于主力的乘机出逃。在主力的众多出货手法中，就有一种凭借涨停板出货的方法。

通过上述对个股进入涨幅榜原因的分析，我们知道，个股进入涨幅榜后，最终演变成黑马的概率相对较大，但涨幅榜上也不是每只个股都能保持强势，真正能成为黑马的毕竟只是少数，大多数个股不具有可操作性，也不能继续保持原有的强势。如何在涨幅榜中寻找适宜操作的黑马，具体有以下一些方法：

首先是研判涨幅榜上个股得以迅速上涨的原因。对于刺激股价迅速扬升的各种传闻、消息、题材等，要具体情况具体对待。对于受到朦胧利好消息刺激的个股，在消息没有兑现前，可以积极介入参与，一旦消息兑现，则需要根据消息的具体内容另行分析。大多数情况下，受消息影响而上涨的个股，由于缺乏必要的主力资金建仓的过程，往往持续性不强，缺乏必要的可操作性和必要的获利空间。而且，主力资金在出货阶段，常常会引用利好消息来吸引买盘，从而达到顺利出货的目的。因此，对于单纯受消息影响而进入涨幅榜的个股，投资者介入时要谨慎。

其次是研判涨幅榜上个股是否属于当前热点。方法有两种，一是看该股是否属于市场已经热门的板块。如果该股属于热门板块中的一员，表明该股的上涨符合市场热点的潮流，投资者可以积极关注，这种方法比较明显，而且容易操作。另一种方法是看涨幅榜上，有没有与该股同属于一个板块的个股。有时候，市场中会崛起新的市场热点，和以前的热点截然不同。

再次是研判涨幅榜上个股是否曾经有过量能积聚过程。股市中资金的运动决定了个股行情的本质，资金的有效介入是推动股价上升的原动力，涨幅榜上的个股在未来时期是否能继续保持强势，在很大程度上与之前的资金介入状况有紧密的联系。通过资金流分析就可以发现，主流热点板块在启动之前都曾经有过增量资金隐蔽建仓的过程，而短暂行情的崛起往往比较突然，大多是受消息面的刺激和国际市场的影响，启动前没有增量资金大举建仓的迹象。所以，热点板块的量能积聚过程非常重要，只有在增量资金充分介入的情况下，热点行情才具有持续性。

看盘应关注的重点八——量比指标

与各种技术指标完全不同，量比指标依据的是即时每分钟平均成交量与之前连续5天每分钟平均成交量的比较，而不是随意抽取某一天的成交量作为比较，所以能够客观真实地反映盘口成交异动及其力度。从操盘的角度看，量比指标直接反映在区中，其方便快捷胜过翻阅其他的技术指标曲线图。看量比曲线应重点把握如下几点：

1. 量比曲线的方向

量比数值的缺陷是只表示出了某一时点上的量比数据，只能据此判断该点成交量相对过去几日平均成交量的变化，而不能依此确定当日盘口量能的相对变化。要解决这一缺陷，就必须查阅当日盘中过去时点上的量比。很明显，盘口任意时点的量比数值，只能从量比曲线上直观地看到。而量比数值变化表示当日量能变化的意义，从量比曲线的方向变化上看，更能一目了然。

2. 量比曲线对应的量比数值

目前人们在盘口已经开始普遍关注量比数值，量比数值的大小反映了当日某只股票盘口即时成交量相对过去几日成交均量的变化。量比数值的大小对于有效界定短线强势股，有非常重要的意义。量比数值的大小对应的是分时线的涨幅比例。

3. 量比曲线的流畅

量比曲线也可以有形态，实际上可以看作是量比曲线方向的进一步扩展。但这里我们想提出的是量比曲线形态的流畅问题，量比曲线的修正正是基于这种观念而设想的。

看盘应关注的重点九——板块分类与个股特性

1. 板块分类

股票板块主要是按行业、概念、地区分类的。其中行业是根据上市公司所从事的领域划分的，比如煤炭、纺织、医药等，地区主要是根据省份划分的，概念是根据权重、热点、特色题材划分的。

股票板块指的是这样一些股票组成的群体，这些股票因为有某一共同特征而被人为地归类在一起，而这一特征往往是所谓股市主力用来进行炒作的题材。

股票板块的特征有的可能是地理上的，例如江苏板块、浦东板块；有的可能是业绩上的，如绩优板块；有的可能是上市公司经营行为方面的，如购并板块；还有的是行业分类方面的，如钢铁板块、科技板块、金融板块、房地产板块等，不一而足。总之，几乎什么都可以冠以板块的名称，只要这一名称能成为股市炒作的题材。

2. 个股特性

每种股票都有某种习性，这种习性是在长期的炒作中形成的，是由于大众对它的看法趋于一致造成的，一般难于突变。但也不是永远不变，有时通过机构长时间的努力，或者由于经济环境的大改变，股票的股性就可能发生一些改变。

几乎所有的热门指标股，都有良好的市场性，这些股票筹码锁定性好，易大起大落，投资者高度认同这些股票，一有风吹草动即大胆跟风，往往造成股价疯涨。大众认同程度越高，其市场属性越好，而主力对于长期以来介入较多的股票的市场性很熟悉，常常选择同一只股票多次介入，这正是形成个股独特股性的重要原因之一。

很多主力介入操作的重要参考就是股本的大小。小盘股容易控制筹码，轻、薄、短、小的股票拉升容易，十分利于操作。有时，冷门股也会成为有惊人表现的个股。

股票的市场性是长期形成的，因而投资者也要长期了解才能全面熟悉它们。这对于预测个股态势是十分有利的。当然，这不是一天两天的功夫，就像你不能在一日内有几百个朋友，并一一都了解他们一样，你需要付出时间和精力，分别去与这些股票打交道，一一了解它们的性格。

因此，选择股票时首先要考虑的就是市场属性，落后于大势的弱势股不要去碰它，而热门的指标股是首选目标，某些冷门股经过长期的盘整，有可能会突然爆发，也可以考虑。

看盘应关注的重点十——十大流通股东进出情况

流通股股东是中国股市中的一个特有概念，就是指参与中国股市的持有流通股的投资人。

根据流通股东投资资金量的大小，通常将流通股股东分为"散户""中户""大户""机构投资者"。由于 2006 年以前，只有流通股能够在股市中流通，因此这四类流通股东成了中国股市早期运作的主要群体。

另外，根据资料分析，个人投资者在 A 股市场上的地位现在已经越来越明显，除部分企业的实际控制人和高管持有的可流通股份外，年报半年报中十大流通股东中超级散户也是层出不穷。

数据显示，到 2010 年 8 月为止，已经有 45 只个股的十大流通股东全部是个人投资者，而其中多数是中小板和创业板上市公司，或者是被特别处理的公司。根据 2010 年上半年报，已经有 18 只个股，其十大流通股东中散户持股超过流通股比例的 30%。国脉科技的十大流通股东中个人投资者控盘已经超过 60%。十大流通股东中散户占比超过 50% 的个股已经达到 67 只。和 2010 年年初对比，94 只个股的十大流通股东中个人投资者持股比例比年初有明显增加，增加幅度超过 10% 的有 8 只，而增加幅度最大的沃尔核材，比年初已经增加了 34.22%。

　　除部分个股的实际控制人以及高管的限售股开始流通外，市场超级散户也是不断涌现。例如盐湖钾肥和神州太岳等都被散户大幅持有。不过我们也可以看出，目前中小板和创业板上市公司不断增加的背后，个人持股也会越来越多，个人投资者以及公司控制人等持有的上市公司股份也将越来越多。

第四节
看盘中常见问题解答

我们在看盘中，时常会遇到很多问题，比如，每天看盘，却不知道一天中哪个时间段最重要；看着盘中花花绿绿的线，却不知道股市的实况是怎样的；资金到底流向了哪个板块，哪些个股，等等。在本章中，我们罗列了一些看盘中常见的问题并做了解答，希望对股民朋友有帮助。

什么时候是看盘的重要时间段

一般说来，一天中，看盘主要有以下几个重要的时间段：

1. 开盘

开盘时，主要是判断高开还是低开。

高开，说明人气很好。其中，如果高开很多，前面买入的人获利较多，市场就有回吐的压力。如果消息面好，高开很多的话，那有可能直接冲击涨停。如果高开一两个点，表明人气比较平静，暂时多空双方无恋战情绪。如果股票形态在底部出现高开，那表明多方占据优势，会有相当一段时间的上涨；如果股票形态在顶部出现高开，说明主力在趁最后的机会拉高出货；如果股票形态在底部，突然低开，这往往是空头陷阱，是主力利用最后一次低开，想拿到更加便宜的筹码。

2. 开盘后30分钟

这是最关键的30分钟，往往从这30分钟就可以看出主力今天想把这个股票做成什么样。把这30分钟分为三段，10分钟一段。第一个10分钟，此时参与的人少，主力很容易达到预期目的。第二个10分钟进入休整阶段，对前10分钟的趋势进行修正，这个时候是买入和卖出的转折点。第三个 10 分钟，交易人数增加，买卖盘变得实在，虚假的成分较少，可信度增加，这段时间的走势基本上为全天走向奠定基础。

为了正确把握当天的走势，需要画一个图，叫作开盘三线。以开盘为起点，以第 10、第 20、第 30 分钟指数为移动点连成三条线段，这里面包含一天的走势信息。可分为六种情况：

（1）如果开盘前 30 分钟直线上涨，则表示多头势强，后市向好的可能性较大，收阳概率为 90%。所以，大家如果看到开盘直线向上，中间出现回调，那都是买进的好机会。

（2）如果开盘先下后上又下，则行情走淡的可能性大。特别是先下后下再下，则表示空头的力量强大，借反弹出货，下跌的可能性较大。

（3）如果是先上后上再下，则表明多头强，空头压力也大。当天如果在某个位置得到支撑，向上的机会还是比较大的。

（4）先下后下再上，表明空头强，多头仍有力量反击，当天高位如果压力很大，那走淡的可能性较大。如果第三个上涨没有力，这种趋势更明显。如果第三个上涨超过了开盘，则属于拉高出货的行情，当天在高位盘整后，可能出现急跌。

（5）先上后下再下，则表明开盘为空头陷阱，走淡的机会更大。

（6）先下后上再上，则表明是获利的回吐，行情仍旧向上。

3. 上午收盘

11:30 是上午收盘的时间，收盘前为买入卖出股票的第三次时点。若热门股从趋势上发出抛货信号，上午走势随成交放大，一浪高于一浪，应立即抛货。若热门股从趋势上发出炒作信号，可能以最高价收市，随成交量放大，一浪高于一浪，可考虑买入。注意上午收盘股指、热门股价，此为重要信号。若上午收盘股指、股价高于或低于当日开盘股指、股价，那么当日收盘股指、股价可能高于或低于上午收盘股指、股价，预示多方或空方将取胜，热门股上午高收，也可能是搏中午的消息。

4. 下午收盘前半小时

收盘前半小时 14:30 ~ 15:00，这是当日最后一次买卖股票的时机。注意查询自己的买卖申报是否成交，该撤销的要做撤销处理，防止误买入、误抛出。在高位或震荡时，往往会发生相当重大的变化。收盘前，是买入强势股最高价、收盘价和卖出弱势股最低价、收盘价的最后机会。此时全日收盘形势明朗，可预知第二天大盘、个股走势，若高收，次日必高开高走，故投机者纷纷抢盘。有的投机者只作隔夜差价，当日收盘前抢入强势股，次日开盘后抛掉，稳稳当当地获利，风险也小，短线者切勿在此重要时刻擅自离开或分心，更不能委托他人处理，以免造成不如己愿的后果。

另外，再讲讲星期一效应与星期五效应。星期一收盘股指、股价收阳线还是阴线，对全周交易影响较大。因为多（空）方首战告捷，往往乘胜追击，连拉数根阳线（阴线），应予以警惕。星期五收盘股指、股价也很重要，关系到周线的阴阳，它不仅反映当日的多空胜负，亦反映当周的多空胜负。除特大的多空外，星期五股指、股价常低收，即卖盘大于买盘。原因是股民担心周五收盘后，有关层面可能会发布利空消息，到周一跑就晚了，故卖了股票，图个假日踏实。

个股涨跌家数能说明什么

涨跌家数的大小对比，可以反映大盘涨跌的真实情况。大盘涨，同时上涨家数大于下跌家数，说明大盘上涨自然，涨势真实，大盘强，短线操作可以积极展开。大盘涨，相反下跌家数却大于上涨家数，说明有人拉杠杆指标股，涨势为虚涨，大盘假强，短线操作视目标个股小心展开。大盘跌，同时下跌家数大于上涨家数说明大盘下跌自然，跌势真实，大盘弱，短线操作停止。大盘跌，相反上涨家数却大于下跌家数，说明有人打压杠杆指标股，跌势虚假，大盘假弱，短线操作视目标个股小心展开。

通过观察涨跌幅看盘的好处，主要有以下几点：

（1）能够快速发现当天盘面涨幅和跌幅状况，判断市场强弱；

（2）能够快速发现当天盘面主流热点板块和主要弱势板块，判断市场走向；

（3）能够快速发现当天盘面主力资金的流向，判断行情发展的趋势；

（4）能够快速发现当天盘面最强的龙头股票，即时做出跟踪和操盘决策。

由于在看盘时涨跌家数有着非常重要的意义，于是用一个专门的指标来反应。ADR 指标又叫涨跌比率指标，或上升下降比指标，和 ADL 指标一样，是专门研究股票指数走势的中长期技术分析工具。ADR 指标是将一定时期内上市交易的全部股票中的上涨家数和下跌家数进行比较，得出上涨和下跌之间的比值，并推断市场上多空力量之间的变化，进而判断市场上的实际情况。ADR 指标就是从一个侧面反映整个股票市场是否处于涨跌过度、超买超卖现象严重的情况，从而提醒股民进行比较理性的投资操作。一般而言，由 ADR 的数值大小可以把大势分为以下几个区域：

（1）ADR 数值在 0.5～1.5 之间是 ADR 处在正常区域内。当 ADR 处在正常区域内时，表明多空双方势均力敌，大盘的走势波动不大、比较平稳，股市大势属于一种盘整行情。这个区域是 ADR 数值经常出现的区域。

（2）当 ADR 数值在 0.3～0.5 之间或 1.5～2 之间是 ADR 处在非正常区域内。当 ADR 处在 1.5～2 之间的非正常区域时，表明多头力量占据优势，大盘开始一路上涨，股市大势属于一种多头行情；而当 ADR 处在 0.3～0.5 之间的非正常区域时，表明空头力量占据优势，大盘开始一路下跌，股市大势属于一种空头行情。这两个区域是 ADR 数值比较少出现的区域。

（3）当 ADR 值在 0.3 以下或 2 以上时是 ADR 处在极不正常区域内。当 ADR 处在极不正常区域时，主要是突发的利多、利空消息引起股市暴涨暴跌的情况。此时，股市大势属于一种大空头或大多头行情。

ADR 在各个区域的买卖决策如下：

（1）当 ADR 数值小于 0.5 时，表示大势经过长期下跌，已经出现超卖现象，很多股票价格可能会止跌企稳，并出现一轮反弹行情，投资者可以短线少量买入超跌股做反弹。

（2）当 ADR 数值大于 1.5 时，表示大势经过长期上涨，已经出现超买现象，很多股票价格可能已经上涨过度，将会出现一轮幅度比较大的下跌行情，投资者应以及时卖出股票或持币观望为主。

（3）当 ADR 数值在 0.5～1.5 之间时，表示大势基本处于整理行情之中，没有出现特殊的超买和超卖现象，这时投资者应更加关注研判个股行情。

（4）当 ADR 数值在 0.3 以下时，表示大势处在大空头市场的末期，市场上出现了严重的超卖现象，很多股票的价格已经跌无可跌，此时，投资者可以分批逢低吸纳股票，作中长线的建仓投资。

（5）当 ADR 数值在 1.5 以上时，表示大势处在大多头市场的末期，市场上出现了严重的超买现象，很多股票的价格已经涨幅过大，将面临一轮比较大的下跌行情，此时，投资者应及时卖出持有的股票。

大盘指数与个股之间有什么关系

一般而言，我国股票大盘指数是指沪市的"上证综合指数"和深市的"深证成分股指数"。这两市的大盘指数具体计算方法虽然有所不同，但均深受大盘股影响。从某种程度上说，掌握了大盘股的走势，也就了解了大盘的动向和起伏，所以在实战中，紧盯大盘股是把握大盘形势的一个可靠方法。占主要数量的八股对指数则影响甚微，因此在很多时候，个股和大盘并不同步，甚至背道而驰。

当大环境明朗，能基本判断出方向，也就是能基本判断出大盘后续走势时，要使自己的持仓个股和大盘后续走势保持一致。请注意是大盘的后续走势，而非当下大盘走势，这也就是说有时可能要领先于大盘行动，也就是短期的逆大盘行动。虽然投资者的总原则是要在方向上保持个股和大盘的一致，但局部还是要逆大盘的，特别是在建仓和清仓阶段。

开盘后看涨跌停板的股票有什么作用

涨跌停板制度，是指期货合约在一个交易日中的成交价格不能高于或低于以该合约上一交易日结算价为基准的某一涨跌幅度，超过该范围的报价将视为无效，不能成交。在涨跌停板制度下，前一交易日结算价加上允许的最大涨幅构成当日价格上涨的上限，称为涨停板；前一交易日结算价减去允许的最大跌幅构成当日价格下跌的下限，称为跌停板。因此，涨跌停板又叫每日价格最大波动幅度限制。涨跌停板的幅度有百分比和固定数量两种形式。如上海金属交易所的铜、铝涨跌停板幅度为 3%，涨跌停板的绝对幅度随上日结算价而变动；而郑州商品交易所绿豆合约则是以前一交易日结算价为基准，上下波动 1200 元 / 吨作为涨跌停板幅度。

涨跌停板制度源于国外早期证券市场，是证券市场上为了防止交易价格的暴涨暴跌，抑制过度投机现象，对每只证券当天价格的涨跌幅度予以适当限制的一种交易制度，即规定交易价格在一个交易日中的最大波动幅度为前一交易日收盘价上下百分之几，超过后停止交易。我国证券市场现行的涨跌停板制度是 1996年 12 月 13 日发布，1996 年 12 月 26 日开始实施的。制度规定，除上市首日之外，股票（含 A 股、B 股）、基金类证券在一个交易日内的交易价格相对上一交易日收市价格的涨跌幅度不得超过 10%，超过涨跌限价的委托为无效委托。我国的涨跌停板制度与国外的主要区别在于股价达到涨跌停板后，不是完全停止交易，而是在涨跌停价位或涨跌停价位之内的交易仍可继续进行，直到当日收市为止。

1. 涨跌停板量价关系分析

由于涨跌停板制度限制股票一天的涨跌幅度，使多空的能量得不到彻底的宣泄，容易形成单边市。很多投资者存在追涨杀跌的意愿，而涨跌停板制度下的涨跌幅度比较明确，在股票接近涨幅或跌幅限制时，很多投资者可能经不起诱惑，挺身追高或杀跌，形成涨时助涨、跌时助跌的趋势。而且，涨跌停板的幅度越小，这种现象就越明显。目前，在沪、深证券市场中ST板块的涨跌幅度由于限制在5%，因而它的投机性非常强，涨时助涨、跌时助跌的现象最为明显。

在实际涨跌停板制度下，要使大涨（涨停）和大跌（跌停）的趋势继续下去，是以成交量大幅萎缩为条件的。拿涨停板时的成交量来说，在以前，看到价升量增，我们会认为价量配合好，涨势形成或会继续，可以追涨或继续持股；如上涨时成交量不能有效配合放大，说明追高意愿不强，涨势难以持续，应不买或抛出手中个股。但在涨跌停板制度下，如果某只股票在涨跌板时没有成交量，那是卖主目标更高，不愿意以此价抛出，买方买不到，所以才没有成交量。第二天，买方会继续追买，因而会出现续涨。然而，当出现涨停后中途打开，而成交量放大，说明想卖出的投资者增加，买卖力量发生变化，下跌在即。

另外，如价跌量缩说明空方惜售，抛压较轻，后市可看好；价跌量增，则表示跌势形成或继续，应观望或卖出手中筹码。但在涨跌停板制度下，若跌停，买方寄希望于第二天以更低价买入，因而缩手，结果在缺少买盘的情况下成交量小，跌势反而不止；反之，如果收盘时仍为跌，但中途曾被打开，成交量放大，说明有主动性买盘介入，跌势有望止住，盘升有望。

2. 涨跌停板制度下量价分析基本判定

（1）涨停量小，将继续上扬；跌停量小，将继续下跌。

（2）涨停中途被打开次数越多、时间越久、成交量越大，反转下跌的可能性越大；同样，跌停中途被打开次数越多、时间越久、成交量越大，则反转上升的可能性越大。

（3）封涨停时间越早，次日涨势可能性越大；封跌停时间越早，次日跌势可能越大。

（4）封住涨停时买盘数量大小和封住跌停板时卖盘数量大小说明买卖盘力量大小。这个数量越大，继续当前走势的概率越大，后续涨跌的幅度也越大。

盯盘"盯"什么

看盘俗称盯盘，是股票投资者主要的日常工作。但股市新手往往把看盘仅仅理解为及时跟踪指数的涨跌，如此，是严重的失策，必然会丧失稍纵即逝的逐利避险的机会。看盘应注意以下要点：

1. 量价匹配情况

通过观察成交量柱状线的变化与对应指数的变化，判断量价匹配是正匹配还是负匹配。如果成交量柱状线由短逐步趋长，指数也同步走高，则表明推高动能不断加强，是正匹配，可跟进；反之，指数上涨，成交量柱状线却在萎缩，是负匹配，无量空涨，短线会回调。同样，当成交量柱状线由短逐步趋长，指数不断下滑，表明有大户、机构在沽出，是危险信号，通常股价短期很难再坚挺；成交量柱状线不断萎缩，指数却飞速下滑，是买盘虚脱的恐慌性下跌，此时若果断介入，短线获利丰厚。通过量价关系看盘的学问很大。由上述几种情况又可以衍生出以下几种情况：当成交量柱状线急剧放大，股价既未上攻又未下滑，则可能是主力在倒仓，此时投资者可观望；当某只股票股价处在高位，成交量柱状线放大，股价逐步下滑，说明主力在减磅；当某只股票成交量柱状线放大后持续萎缩，股价却不断下滑，有可能是主力在洗盘，此时投资者应"咬定股票不放松"。

2. 热点转换情况

通过观察当日涨跌幅排行榜第一板个股，判断是长线资金在积极运作还是短线资金在游荡式冲击。涨幅第一板如果多为价值型个股，则表明是中长线性质的资金在入市，可中长线跟随该类个股，此时大盘涨升态势往往也能维持一段时间；而涨幅第一板如果多为小盘壳资源股，则通常是短线热炒资金介入，该类个股的强势表现往往无法扭转大盘的疲态，因此，跟随这些个股宜用短线速战速决战术，且入市之前应先设好停损点。

3. 指数异动原因

盘口分时指数图，有时会突然出现飙升或跳水走势，因事先没有征兆，所以称为异动走势。如果不查出原因所在，而是跟随分时图走势做投资决策，极易出昏招。一般情况下，应该快速搜寻指标股，如宝钢股份、工商银行、中石油等，是否因该类个股突遇大笔买单或大批抛单，影响大盘走势。因现行市场规模已大幅扩大，一般一只指标股突然变化走势，虽然会影响即期指数升幅，但已难撼大盘趋势走势，所以可以不必理会。过些时间，大盘指数就会稳定。但是如果某天指数的突然跳水，是一批价值型的个股突然跳水引起的，则往往意味着大势已在变盘或将有利空消息出台。同样，某天指数的突然上涨，是价值型的个股遭遇连续大批买单造成的，则大盘将可能出现一段升势行情。

看盘获利有什么技巧

以下的看盘方法可能不是对每一个投资者都适用，也不是有了这些方法就能只赚不亏，希望大家理性地看待。

（1）每个板块都有自己的领头羊，看见领头的动了，就马上看第二个及以后的股票。

（2）密切关注成交量。成交量小时分步买，成交量在低位放大时全部买，成交量在高位放大时全部卖。

（3）回档量缩时买进，回档量增时卖出。一般来说回档量增是主力出货。

（4）RSI 在低位徘徊三次时买入。在 RSI 小于 10 时买，在 RSI 高于 85 时卖，RSI 在高位徘徊三次时卖出。股价创新高，RSI 不能创新高，一定要卖出。KDJ 可以做参考，但主力经常在尾市拉高达到骗线的目的，专整技术人士，故一定不能只相信 KDJ。在短线中，WR％指标很重要，一定要认真看。长线要多看TRIX。

（5）心中不必有绩优股与绩差股之分，只需有强庄和弱庄之分。股票也只有强势股和弱势股之分。

（6）均线交叉时一般有一个技术回调。交叉向上回档时买进，交叉向下回档时卖出，5 日和 10 日线都向上，且 5 日在 10 日线上时买进，只要不破 10 日线就不卖。这一般是在做指标技术修复。如果确认破了 10 日线,5 日线调头向下卖出，因为 10 日线对于坐庄的人来说很重要，这是他们的成本价，他们一般不会让股价跌破 10 日线。但也有特强的庄在洗盘时会跌破 10 日线,可 20 日线一般不会破，否则大势不好他无法收拾。

（7）追涨杀跌有时用处很大。强者恒强，弱者恒弱。炒股时间概念很重要，不要跟自己过不去。

（8）大盘狂跌时最好选股。就把钱全部买成涨得最多或跌得最少的股票。

（9）高位连续三根长阴快跑，亏了也要跑；低位三根长阳买进，这通常是回升的开始。

（10）在涨势中不要轻视冷门股，这通常是一匹大黑马；在涨势中也不要轻视问题股，这也可能是一匹大黑马。

（11）设立止损点。这是许多人都不愿做的。一般把止损点设在跌10%的位置为好。跌破止跌点要认输，不要自己用"压它几个月当存款"的话来骗自己。

什么时候下单好

上市公司在召开股东大会或进行信息披露时，交易所为维护"三公"原则，对上市公司挂牌股票予以停牌处理，并在规定停牌时间后予以复牌。停牌期间，证券交易所的工作人员会对系统做改动，在电脑中设停牌标志，显示该股票已停牌。

如果股民不知道股票处于停牌状态做出买入或卖出委托，券商的电脑系统仍接受委托并冻结股民的资金或股票，而这样的委托被交易系统确认为无效委托排斥在外，需券商在发现后给予解冻，否则，就会出现股票或资金被冻结一天的情况。

上面的问题还可以给投资者一个重要的启示，那就是虽然只有下单才能有机会获利，但准确无误地下单才会避免不必要的亏损。准确地下单必须以清晰、准确的市场判断为前提，以明确的操作指引为原则，并严格执行其策略，以自己订立的制度来约束、规范操作。

股市中只有少数人能持续稳定地获利，他们都拥有一个共同的优点，就是所犯的错误很少。有许多投资者的赢利次数很多，但为什么账户不能实现保值、增值，相反却亏损呢？原因在很大程度上是对的与错的数量相当，10次对的操作可能伴随8次失败，所以必须努力将错误减少在一定的安全范围内。世上没有十全十美的人，不断犯错是人类的缺点，在股市中减少下单错误是继续在市场上生存、不被淘汰的法宝。

如果对某股票下单后，却与主观愿望相反，走出数小时的回调走势，那么这笔单子在此时此刻是错误的，导致了浮动亏损的产生，就算往后如先前预期般上涨（数小时后可以以更佳、更低的点位买入），可能也不会坚持到迎来胜利的那一刻。浮动亏损最后经常会演变为真实亏损。由于买入的时机把握不当，也可能导致浮亏出现后，开始怀疑这笔单的正确性。随着继续回调的推波助澜，由开始的怀疑到最终的否定，就会在上涨前卖出股票导致亏损。所以，不要轻易下单，要学会耐心等待真正买入时机的来临。

如何了解当前股市实况

要想了解股市实况，先来看看以下四条最基本的市场原理：

第一项原理：市场总是走在前面。所有目前和潜在的投资者的总的看法通常不是某个人所能掌握的。要走在市场认识并且在价格上已经消化此认识之前，是项艰巨的任务。

第二项原理：市场是非理性的。市场可能对事件反应非常快，但这同样是主观的、感性的并且被狂想控制，这种狂想又被变幻的趋势左右。有时候，价格与投资者的经济情况和利率同步波动，在大众的疯狂和冷漠中摇摆不定，而不是由证券价值决定。每个投资者都试图理性，但实际上却表现出非理性行为。

第三项原理：环境是混沌的。宏观经济预测通常不太精确，尤其明显的是，由于经济间的相互关系常常受到小的但非常关键的细节影响，这种细节可能改变一切，但无人可以预测到。比较糟糕的是，这条结论适用于金融市场。

第四项原理：图形是自我实现的。这是由那些使用技术图形分析市场的技术分析师们创立的。如果许多人在相同的图形上画着相同的线，并且输入到装有相同决策软件的计算机中，则其效果是自我强化的。

在实际运用中，我们要结合市场情况进行综合分析，形成比较全面的分析结果。以下为市场分析的主要内容：

（1）优势分析：公司是做什么的，有品牌优势吗，有垄断优势吗，是指标股吗。

（2）行业分析：所处行业前景如何，在本行业中所处地位如何。

（3）财务分析：赢利能力如何，增长势头如何，产品利润高吗，产品能换回真金白银吗，担保比例高吗，大股东欠款多吗。

（4）回报分析：公司给股东的回报高吗，圈钱多还是分红多，近期有好的分红方案吗。

（5）主力分析：机构在增仓还是在减仓，筹码更集中还是更分散，涨跌异动情况如何，有大宗交易吗。

（6）估值分析：目前股价是被高估还是低估。

（7）技术分析：股票近期表现如何，支撑位和阻力位在哪里。

（8）分析汇总：分析结果如何，存在哪些变数。

如何看多、空力量

首先我们来了解多、空力量的含义，可以从四个层面来理解：

（1）买入或者准备买入者就是多方，卖出或者准备卖出者就是空方；

（2）空方和多方只是一个相对的概念，并不存在一个固定的多方范畴和空方范畴；

（3）上午你看多，你就属于多方；下午看空了，你就成了空方了。

（4）从另一个层面来理解，如果你手里有现金，那么你就是潜在的多方；如果你手里有股票，你就是潜在的空方。多方是指看好后市的投资者，空方是指不看好后市的一方。

为了更详细地了解多空方的概念，我们可以借助K线图来更形象地诠释：

（1）两阴夹一阳的K线组合图形的特征是：三根K线呈下跌趋势，阴线的顶部尽量低，阳线的实体尽量短。此形态的市场意义是：在多空双方的力量对比中，空方取得支配地位，多方虽有反抗，但力量微弱，明显不敌空方，后市看跌。

（2）两阴夹一阳的K线组合图形既可出现在涨势中，也可出现在跌势中。在涨势中出现，是见顶信号；在跌势中出现，继续看跌。

（3）在涨势已持续很长时间或股价有了很大涨幅后出现两阴夹一阳，是头部信号。第一天阴线可能是主力大量出货，将股价压低，由于长期的上涨使人们逢低即买，第二天买入盘涌入收阳线，第三天主力见高价再次大量出货，再收阴线。这样，股价会在大量抛售的情况下继续下跌。

（4）两阴夹一阳出现在跌势中，继续看跌。此时多方的力量已经十分微弱，下跌途中虽有反抗，但却改不了下跌的大局。

（5）股价在高位区域出现两阴夹一阳K线组合形态时，应立即卖出手中持股，以回避头部风险。

（6）两阴夹一阳K线组合形态中的阳线也可以是"十"字小阳线。若出现两根大阴线夹数根小阳线，且第二根阴线把前几根小阳线全收复的K线组合形态时，同样具有看空意义，应卖出手中股票。

如何判断资金流向

为了便于后面的理解，我们先了解一下最本质的东西。

股票价格的运动，从长期看受价值规律支配，价格总是围绕着价值波动。但从短期看，股价的变化是特定时期供求关系直接作用的结果，而某一特定的时期股票市场总供给和某一个股的总股本（或流通股）是相对不变的。因此，从某一时段来说，股价的变动主要取决于需求的变动，即资金的流向。资金的流向是影响股票价格最直接的因素，当资金大量流入时，股价就大幅度上升；当资金大量流出时，需求大幅度减少，股票供过于求，股价自然下跌。

正因为如此，投资者选股购股一定要看准整个股市里资金进出的总趋向，一定要看准你所选择的股票是否有大机构正在投入资金不断购买，即是否有资金不断有计划有组织地流入该股。股市的长期运作已经证明：某一个股的流通筹码只有完成弱者向强者的转移，方可能有强势的表现。对一个新兴的投机性较强的股市而言，如果某一个股流通的大部分筹码流入大机构手中（不论是因为承销、配股还是二级市场吸筹），则该股迟早将有惊人的表现；如果某只个股的流通股在主力炒作后多数筹码流入中小投资者的手中，则这只个股的市场将在相当长的时期里表现疲弱。因此，研究分析资金流向对投资者尤其是短线操作的投资者选股有相当大的参考价值。

那么，如何判断个股的资金流向呢？长期的实践经验表明，还是应从价格、成交量两方面入手。成交量、价格与资金运作存在着必然的联系，那么如何从成交量的变化和量价关系中去判断资金的流向呢？法则如下：

股票价格经过长期的下跌以后，成交量会逐步递减到过去的底部均量附近，此时，股价的波动幅度越来越小，并停止下跌，成交量也萎缩到极限。此后，成交量逐步递增，乃至出现放巨量的现象，说明可能有大资金介入该股，因此，投资者应特别关注成交量的形成过程。大幅度上升，成交量剧增，表示供求关系已经发生改变，已经有大资金在建仓吸筹了；指数跌，个股价格不跌的股票尤其应引起注意。在股价变动过程中的相对低位，形成双底、圆底等技术形态，突然有一天产生跳空缺口，配合成交量的有效放大，说明已经有大资金进入该股。在股价经历一定的跌幅后，某一个股价格率先开始温和上涨，或大盘指数下跌已有相当幅度，某一个股也在下跌，但换手率较高（明显高于大盘的换手率），这类个股有可能有大资金进入。一般来说，在低价区换手率较高，表示有大资金在建仓；

在高价区换手率较大，则可能有大资金在流出。由于特定的政策原因或其他原因，股价出现连续暴跌的情况，此时在低档出现大成交量而股价没有出现进一步下跌，此即表示有大资金在进货。股价在连续下跌 20%～30% 以后，股票已具有相当的投资价值，股价形成小箱体整理的局面，此时，股价忽然向下跌破箱底，同时出现较大的成交量，此后不跌，股价又回升到原先的箱体之上，要留心是否有大资金在建仓。5 天、10 天的成交量均线开始向上移动，或 5 天、10 天成交量均线横向移动，而某一天或连续几天成交量突破均线，表示有大机构在底部收集筹码。在某一个股的相对低价区域，市场平时交易不多，某日突然出现大手成交，如果大手成交出现且成交价比刚完成的成交价还高，显示有大机构愿意高价扫货，这类个股值得留心。在大成交量出现以后，有时个股会再现股价上升不需要成交量配合，价升量缩的情况，说明该股已经有大主力介入，且正在拉抬股价。此后，如大盘涨，这一个股不涨，且成交量非常小，表示大资金没有流出意愿，或无法流出，这时股价的震荡可能是机构的洗盘动作。如果产生大盘上涨而这一个股不涨甚至下跌，成交量不时放大的情况，应留心是否有大机构在出货。当股票价格持续上涨数日之后，出现急剧增加的成交量，而股价上涨乏力，甚至出现利好下跌的情况，或股价在高位大幅震荡，成交量放大时，有大机构的资金在流出市场。在股价经过大幅上升后，如果出现股价上升，成交量却逐渐递减的情况，此时的股价只是靠人们的信心在维持，显示有资金正在从这一个股撤离。在某一特定的股市运行阶段，个股表现强者恒强，弱者愈弱，几乎是证券市场的一个必然现象。仔细分析，强势股之所以恒强是大资金介入的必然结果。因此，判别个股是否有资金介入，可以用股价变化的强弱程度来衡量。

这里引用股票相对价格强度这一概念来衡量股票强弱的客观程度。其计算公式是：相对价格强度＝某一特定时期个股的涨跌幅度 / 某一特定时期大盘指数的涨跌幅度 ×100%。

某股相对价格强度的数值较大，说明股票走势强，有资金正在或已经流入该股；相反，如其数值较小甚至是负值，说明有资金正在流出或者该股无主力介入的迹象。当然，有时某一个股大资金介入后主力从某一策略出发考虑会实行洗盘或压盘等手法，使该股的市场表现暂时较弱，这一情况投资者应加以区别。一般而言，有头脑的投资人，其选中股票的相对价格强度就大。强势股往往是某一段行情的主题股，强势股在股市大盘上升时，会比大盘指数升得快，在股市下跌时则跌得慢，跌幅小；也不排除在大盘盘整下跌时，这些个股也会上升。而弱势股的市场表现正好相反。买入强势股，能避免大盘下跌的风险。有大资金介入的个股表现强势往往有其强的理由，有其内在的良好的基本因素作后盾，因此对一般投资者来说，最重要的是要摒弃个人的臆测、个人对某类个股的偏好，去正视市场正在发生的事实。股票的相对价格强度所代表的就是股市中最基本的现实，就是大资金的流向，可以认为，股票相对价格强度是股市投资中最重要、最客观的选择标准之一。

如何判断阻力位和支撑位

在判断支撑位和阻力位时，比较准确的办法就是观察个股 K 线图的历史价格，最高价是多少，最低价是多少，以及收盘价是多少？这些往往可以解决何时买进以及何时卖出这两个很大的问题。

这里重点要介绍一种简单但是非常有效的计算个股的阻力价位的方法：一的八分法。一的八分法就是将数字 1 进行八等分，$X_1=0.125$，$X_2=0.25$，$X_3=0.375$，$X_4=0.5$，$X_5=0.625$，$X_6=0.75$，$X_7=0.875$，$X_8=1$。

那么，怎样利用八分法的这些数字计算股票的阻力位呢？步骤非常简单：首先确定某只股票的一个波段最低点（按最低价确认最低点），然后用最低点这一天的收盘价（S）乘以 1.125，得出的结果用 P_1 表示，即 $S \times 1.125 = P_1$。价格 P_1 就是该股从波段低点起开始上涨遇到的第一阻力位，那么什么时候考虑卖出呢？从最低点那天开始往后一天接一天的观察，如果哪一天的收盘价大于 P_1 了，那么收盘价大于 P_1 的第二天就是最佳卖出时机。同理可以计算出第二、第三、第四等一系列阻力位，用这种方法往往可以卖在波段最高点。

下面就举几个例子演示这种方法的具体用法。

例 1：民和股份（002234）

该股在 2008 年 8 月 15 日波段低点那一天的收盘价为 14.98 元，那么计算阻力位 $P_1 = 14.98 \times (1 + X_1) = 14.98 \times 1.125 = 16.85$，也就是说从 2008 年 8 月 15 日那天往后依次观察，如果哪一天的收盘价大于 16.85 了，则第二天就是短线卖出的最好时机。通过观察我们不难发现，在 8 月 19 日这一天的收盘大于 16.85，是17.38。按照我们的方法，第二天（8 月 20 日）就要考虑减仓或者出货了。我们现在回头来看，8 月 20 日那一天果然是一个波段的最高点。

例2：保定天鹅（000687）

该股在2008年4月22日波段低点那一天的收盘价为8.32元，那么计算阻力位$P_2=8.32\times(1+X_2)=8.32\times1.25=10.4$，也就是说从2008年4月22日那天往后依次观察，如果哪一天的收盘价大于10.4元了，则第二天就是卖出的最好时机。通过观察我们不难发现，在5月5日这一天的收盘价大于10.4元，是10.67。按照我们的方法，第二天（5月6日）就要考虑减仓或者出货了。我们发现，5月6日那一天果然是一个波段的最高点！

其他几个阻力位X_3，X_4，X_5，用法和例一、例二一样。用这种方法计算个股的阻力位效果确实神奇，往往能让你卖在最高点上。但是也不要迷信这种方法，千万不要让自己形成思维定式，觉得不到某某价位坚决不卖。运用这种方法也要根据行情和大势来判定，大势好的话你可以放宽自己的赢利目标；大势不好的话就要顺势而为，有钱赚就走，千万不要刻意去等待目标价位的出现。

接下来我们再介绍另一种判断方法。

涨到一定价位以后涨不动了的价位就叫阻力位，跌到一定价位以后跌不动了的价位就叫支撑位。通常的定义是：支撑位是指在股价下跌时可能遇到支撑，从而止跌回稳的价位；阻力位则是股价上升时可能遇到压力，从而反转下跌的价位。阻力越大，股价上行越困难；而支撑越强，股价越跌不下去。对支撑与阻力的把握有助于对大盘和个股的研判，如当指数或股价冲过阻力区时，则表示市场或股价走势甚强，可买进或不卖出；当指数或股价跌破支撑区时，表示市场或股价走势很弱，可以卖出或不买进。市场中的顶部和底部往往构成阻力位或支撑位。

（1）利用心理价位来确定支撑位和阻力位，比如对于上证指数来说，3000点、4000点、5000点等一些整数关口，都会在投资者心理上形成阻力位和支撑位。大盘在整数关口，一般也会震荡整理较长时间。

（2）根据缺口判断：一些跳空缺口，也会形成阻力位和支撑位。

（3）价格回撤：即同当前走势相反的价格波动，比如大盘从2000点上涨到4000点，然后回撤至3000点，此后继续上攻。3000点便是行情的回撤点位，也说明3000点支撑强劲。

（4）前期密集成交区：如果市场密集成交区在当前价位之上，那么该区域就会在股价上涨时形成阻力，这就是所谓的套牢盘。反之，如果市场密集成交区在当前价位之下，那么该区域就会在股价下跌时形成支撑。

（5）技术指标，如 BOLL，是很不错的压力支撑指标，一般股票软件里面都有。此外，某些技术形态也形成压力和支撑，如上升三角形的顶边、头肩顶的颈线、通道的上下边及平均线等。支撑和阻力是客观存在的两个因素，它可随着市场的强弱相互转换。弱市时，股价遇到长期均线的阻力、密集成交区的阻力，一般会回落，应该是卖出的机会。强市时，股价放量冲过阻力区，回抽确认时，这个阻力位也就成了支撑位。压力与支撑说到底就是一个心理承受力在股票市场里的再次体现，主力就在此大做文章。当然，超强式的股票，冲阻力区就像百米跨栏，一冲而过，任何阻力都不在话下。

第二章

大盘盘口：读懂大盘，赢在个股

第一节
大盘分析是个股分析的前提

在很大程度上，大盘的涨跌影响着个股的涨跌。所以，在分析个股之前，我们最好对大盘有个基本的了解。掌握大盘的大方向，以利于对个股的分析。

影响大盘涨跌的主要因素是什么

对于影响大盘涨跌的根本因素这个问题，很多人可能会从政策、资金、国际环境等来寻找答案。这是对的，政策因素永远影响着股市的波动；资金有流入，股市当然就会涨，流出即下跌；国际环境，包括汇率、主要股票、期货市场价格的变化、战争等都会影响到国内股票市场的波动。但是，很多人都忽视了重要的一点——股票市场具有它自身的运行规律，就是说涨到一定幅度就会有个转势过程。下面来全面分析大盘涨跌的主要因素：

1. 国家政策

在我国市场，政策主导一切，因此政策的变化将决定市场主力的动向，所以最根本，也是最准确的判断大盘的方法恰恰是对国家政策的解读，也就是说，最终决定大盘涨跌的是政策！国家政策将主导大盘走向；同时国家政策的倾斜程度，将决定市场投资方向。当国家需要大盘上涨时，就会出台有利于大盘上涨的政策，否则就会出台政策打压股市。常用的手法就是：央票回笼策略（温和调控），调整准备金率，调整利率，发行新股，再融资，等等。

（1）国家 QFII 政策的影响

QFII 制度是指允许经核准的合格境外机构投资者，在一定规定和限制下汇入一定额度的外汇资金，并转换为当地货币，通过严格监管的专门账户投资当地证券市场，其资本利得、股息等经审核后可转为外汇汇出的一种市场开放模式。这是一种有限度地引进外资、开放资本市场的过渡性制度。在一些国家和地区，特别是新兴市场经济的国家和地区，由于货币没有完全实行可自由兑换，资本项目尚未开放，外资介入有可能对其证券市场带来较大的负面冲击。通过 QFII 制度，管理层可以对外资进入进行必要的限制和引导，使之与本国的经济发展和证券市场发展相适应，控制外来资本对本国经济独立性的影响，抑制境外投机性游资对本国经济的冲击，推动资本市场国际化，促进资本市场健康发展。QFII 制度的内容主要有资格条件、投资登记、投资额度、投资方向、投资范围、资金的汇入和汇出限制，等等。韩国等国家和地区在20世纪90年代初开始设立和实施这种制度。

（2）外资准入政策的影响

外资并购概念的炒作在最近几年相当盛行，这也受到国家政策影响的引导。国家发改委 2004 年制定了《外商投资产业指导目录》，对外商投资产业进行了明确说明；同时证监会、发改委、经贸委在 2002 年共同发布了《向外商转让上市公司国有股和法人股有关问题的通知》，规范了上市公司国有股和法人股的对外转让程序，对外商的条件做出一定的限制；对外贸易经济合作部联合税务总局、工商行政管理总局、国家外汇管理局在 2003 年发布了《外国投资者并购境内企业暂行规定》，对外国投资者并购境内企业过程中的相关问题进行了规范。这些政策对外资进入我国市场产生了重要影响。据观察，外资一般都青睐行业内有核心竞争力的上市公司，比如徐工科技、苏泊尔、双汇发展；同时也对价格低估的行业非常中意，比如钢铁、水泥等行业。随着金融行业的逐渐放开，外资对银行、证券、信托行业加快了进入步伐，深发展、民生银行、北京证券、爱建证券等外资参股已经占了相当大比例。投资者对参股金融行业的上市公司要格外留意。

（3）国家产业政策的影响

国家产业政策主要由国务院、发改委、财政部有关部门制定，是国家长期的发展规划，对我国经济的长期发展有重大影响，股市的提前预期功能以及对概念的追逐必然将国家产业政策的变动反映到相关股票价格的变动上。五年规划、全国人民代表大会、中央经济工作会议对全国整体经济布局的规划，以及发改委等部委针对具体行业的规划，对我国股票市场影响尤其重大。

国家产业政策变动将会引起相关行业估值的变化，股市由于具有提前预期的特点，相关股票价格可能因此而大幅变动。比如国家对开发天津滨海新区的重视引来了滨海新区概念股的火暴行情。国家发改委对甲醇汽油行业的扶持迅速带动了诸如泸天化等股票走牛。天威保变、航天机电、丰原生化等新能源概念股掀起了波澜壮阔的大行情，与石油价格的居高不下有关，同时也与国家对新能源行业的支持密不可分。国家对钢铁、氧化铝等行业的调控造成相关股票一路走熊，也证明了国家产业政策对股市影响是何其之大。投资者应对国家产业政策变动保持关注，对国家调控行业要增强风险意识，坚决回避，而对国家战略支持行业，可以在中长期里予以关注。如果是国家投入大量资金扶持的行业，那么这个行业未来一定会走出火暴的大牛市行情。

规避市场风险的方法就是建立起对市场资金流动方向的监控体系。市场的扩容增发会直接对业绩差于新增股票的公司的股票产生不利影响，导致这些股票重新定价；对业绩好于新增股票的个股也将在短期内产生不利影响，但经过长期的重新定价之后，资金会进一步转向好的股票。所以，对于长线投资人来说，如果是面向一个长期看好的牛市的话，就不必拘泥于短期的市场风险的规避，那样只会增加投资的难度，并增加患得患失的心理负担。在牛市中，最好的方法就是精选股票，不去理会市场的短期波动风险。此外，存款利率政策也会影响资金的供给，当降低利率的时候，存款会转向股市；提高利率的时候，资金会撤离股市。但是，当一个国家的币值被低估的时候，这种运动则成反向运动，也就是说主要矛盾会影响次要矛盾，这时，利率的提高只会更加吸引资金。此外，存款准备金的提高和降低也会对股市产生间接影响，国债等其他金融市场的变化也会影响市场整体资金的供求。总之，我们应该通过一个监控系统来科学地观测股市的变化，预测未来的市场方向。

比如，最常见的发行新股，其实其中蕴涵着很深的奥秘。如果大盘上涨到某个点位，国家开始发行新股，说明管理层开始认可当前股指点位，并对股指继续上涨进行温和打压。特别是到了 2008 年 11 月 5 日，国家出台了 4 万亿信贷，出手拯救经济危机，这是股市见底的一个重要标志，这个位置几乎是在股市的最低点位 1664 点附近。12 月份，国家再次下调存款准备金率，并且降幅是 11 年来最大的，随后在次年 2 月份鼓励银行加大信贷力度，并在 3 月份出台 10 大产业振兴规划。国家政策密集出台是实体经济和虚拟经济发生转折的信号，因此从 2008 年 11 月份开始，就预示大盘未来必然以上涨为主。大盘涨到 2900 点时，国家开始发行第一只新股：桂林三金。这表明 3000 点附近是管理层心中认可的点位，因此用发行新股进行调节。2009 年 6 月份信贷资金为 1.39 万亿，而 7 月份信贷规模锐减到 7000 亿，信贷规模的大幅萎缩，是国家宽松政策退出的标志之一。率先读懂国家政策的机构们开始大规模撤退，于是在 7 月底大盘展开调整（此时大跌绝非偶然）。在 8、9 月份不断有政府官员发表讲话，要保持货币政策的适度宽松，而不再是年初的鼓励银行加大信贷，政策论调开始转变；到了四季度，管理层抛出要防止通胀的言论，并率先打击房地产，紧缩政策开始了，因此股市不会大涨。原因很简单，一旦股市大幅上涨，锁定在股市中的数万亿套牢资金将会松动，而一部分会进入流通领域，这将会加速通胀，这是管理层绝对不愿意看到的。

2. 资金

资金的推动效应，是大盘涨跌核心因素之一。简单意义上说，有资金去买，股价就能上涨；反之，如果缺乏资金的持续性介入，价格自然也就难以维持了。大盘的涨跌就是整体资金的流动量比决定的，如果市场整体的买盘大于卖盘的话，相对来说指数应该是上涨的，反之则亦然。这是从市场大的群体容量所做的简单定位，实际过程中则另有奥妙，因为市值大，在指数成分里所占的比例就高，所以大盘股的涨跌在很大程度上往往能够左右指数走势。看盘过程中如果发现指数突然盘中大幅度上涨，这时候就需要去看看几大指标股的动向。主流权重股出现了加速上涨，顶部的随时到来应该是预期之中的事，而非主流个股的大幅度下跌同样是机会的出现，这就是说在权重板块即将见顶回落的同时，对那些非主流低价股来说很可能就意味着机会，股市当中的板块切换格局就是这样，一个是风险，一个是机遇。要想形成完全的做空动力是需要整体合力的，主流股对指数有带动作用，可非主流群体的做多效应也是不能忽视的，这从很大程度上就复杂了对市场的单边判断，所以边走边观察应该属于灵活的策略。

3. 心理博弈

大盘的涨跌主要是由于股票的买卖，就是买卖双方的心理博弈，说白了就是赌场上的下注，成交价格是买卖双方利益的暂时平衡点，所有的因素最终都通过买卖双方的心理和行为反映到价格上来。股票市场的运行是以市场信心为基础的，是市场众多人心理的具体反映。也可解释为：市场上取得了某种共识——平衡！虽然在股票市场中，不平衡是常态，但是偏离平衡太远了，它就要回归平衡。所有的因素都在这个基础上发挥作用，你可以打破趋势的进程，但不可以改变趋势。这就是规律的作用！我们每个人都有自己的心理高位和低位，而主流意见就是真理。头部是资金不再流入而流出形成，底部是资金流出萎缩而产生；头部与底部之间是趋势。当空方趋势形成时，资金在流出，持币者就会逐步增加，只有在资金流出枯竭时，也就是成交量萎缩时，资金才会考虑大规模入市，趋势也就会扭转。

简而言之，影响大盘的因素既有基本面的因素，也有市场本身的运行规律，有些时候基本面和政策因素影响大一些，更多的时候规律所起的作用大一些。对于大盘而言，高位容易形成头部，低位容易产生底部。应该说，市场的高与低是相对的，原来的高位随着时间的推移会变成低位，同样，原来的低位也可以变成高位。但是在一个时间序列（一波牛市行情）里，高的就是高的，低的就是低的。在股市中，我们每个人都有自己的心理高位和低位，都或多或少想从过去探知现在，从历史推导未来，那么，大盘的运行轨迹、时间、关键点位、支撑与压力等，都会深深地影响着我们的思维，影响着我们的判断，因为市场相信历史会重演，只是以不同的方式出现罢了。

为什么"只赚指数不赚钱"

"指数在涨却没有赚钱"是很大一部分投资人的困惑。根据一份投资者收益调查显示，即使在2007年的牛市行情中，散户投资人"只赚指数，不赚钱"现象依旧非常明显。当年指数上涨超过一倍，但是赢利的个人投资者中，只有5%左右的被调查者收益率超过100%，跑赢大盘；30%的人收益率为20%～50%；14%的人获利50%～100%。再看看2007年的情况，据之前的那份调查显示，2007年有48%的投资者在股市获利，但在全年指数涨幅超过90%的时候，只有7%的投资人全年收益率在100%以上，而且有高达51%的投资者居然没有获利。再把时间拉近到2009年，即使大盘涨幅非常高，但仍有80%以上的投资者赚到的报酬不如大盘涨幅。这种情况主要是以下原因造成的：一方面，可能你没有选对股票。很多人看到大盘每天在涨就觉得很开心，但其实自己的投资组合当中有很多股票根本没啥起色，甚至不涨反跌。另一方面，可能你在不恰当的时点进行了买入和卖出。

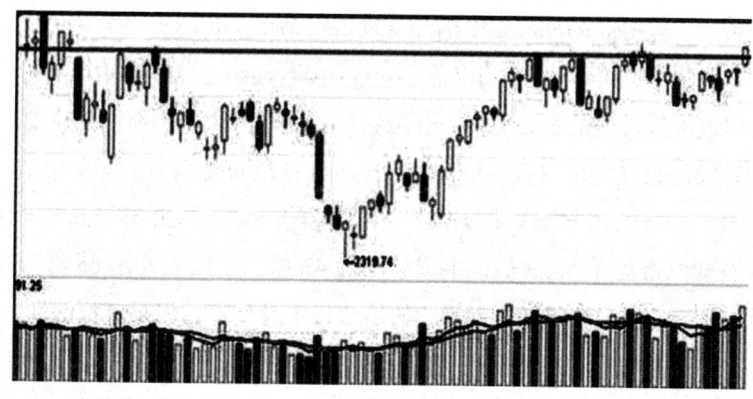

图 2-1

观察图 2-1，沪指已经走出了标准的头肩底形态。在 2010 年 8 月 19 日股指第一次突破 2700 点时，由于权重板块的低迷和成交量的不尽如人意，突破最终失败。

虽然股指放量突破了前期压力位 2686 点，但从跌幅榜来看，其实大幅杀跌的个股不在少数，而跌幅居前的以前期遭到爆炒的中小板和创业板为主。因此，投资者在市场明显分化的时候一定要及时离场、规避风险，哪怕错过了后期股价的疯狂上涨也要选择回避，因为在这个市场中，能够做到风险控制、持续赢利的投资者才是最终的赢家。

因此，投资者要把握好市场的节奏，按板块轮动调整自己的投资标的，避免"只赚指数不赚钱"的尴尬。

大盘蓝筹股

蓝筹股多指长期稳定增长的、大型的传统工业股及金融股。在中国香港股市中，最有名的蓝筹股当属全球最大商业银行之一的"汇丰控股"。有华资背景的"长江实业"等，也属蓝筹股。

在内地股市大盘蓝筹股是指股本和市值较大的上市公司，但又不是所有大盘股都能够被称为蓝筹股，因此要为蓝筹股定一个确切的标准比较困难。从各国的经验来看，那些市值较大、业绩稳定、在行业内居于龙头地位并能对所在证券市场起到相当大影响的公司——比如港股中的长实、和黄，美国的 IBM，英国的劳合社等，才能享有"蓝筹股"的美誉。中国现在大盘蓝筹有工商银行、中国石油、中国神华等。

权重股、蓝筹股的崛起是中国经济发展的结果。全球上市公司市值最新排名显示，前20强中，中国公司占有7席，其中中国石油超过美国通用电器排名第二。中国公司进入排行榜的都是能源、金融、电信领域的大型国有垄断企业。

蓝筹股讲稳健，讲回报，讲价值投资。上述最新排名显示，上榜第一名的美国埃克森—美孚的市盈率只有13倍，俄罗斯的一家上榜公司市盈率不到11倍，而中国石油的市盈率为23倍，中国移动为43倍，中国人寿是66倍。如果按照价值投资理念，国内权重股、蓝筹股的估值肯定是高了。但是其稳健性、成长性、持续性，乃至回报，至少到目前为止还处在有待检验的地步，没有成规成矩。因此，说到底，权重股、蓝筹股的炒作仍然脱不了"讲故事"的干系。

如何忽视大盘选个股

真正赚钱是靠个股而非大盘，最重要的是选择合适的股票。这里有一种最简单、最原始的投资策略，即以业绩作为导向，做价值投资而不是趋势投资。

例如，2010年7月业绩推股价上涨，许多人不看好大盘，认为当时股市的行情主要受两大因素的影响：一是欧美日等国家经济持续低迷，二是国家出台的房地产调控政策、银行债务等问题。这些对于二级市场都是利空因素。但是，国际方面，各国都在采取积极的营救措施，并尽力释放资金以维持社会稳定，国际经济并未出现恶化的迹象。至于国内调控房地产、防通胀、调配资金等对股市的影响主要表现在银行、房地产、钢铁等周期性产业上，但当时这些板块已经出现可喜的新现象：一是上市公司实际业绩高速增长，这对股价有支撑作用；二是我国经济的内生性十分强劲，这从2010年上半年上市公司中报平均利润40%的超预期涨幅就可以看出。这足以打破周期性板块持续"下台阶"的局面。值得庆幸的是，当时二级市场已经对2010年上半年业绩增长的超预期有正面反应，但还不够充分。在此之前，业绩超预期的利好仅仅表现在中小盘股内，尤其是部分业绩特别突出的上市公司，随后投资方向慢慢延伸到盘子较大的股票中，甚至蓝筹股里。蓝筹股一旦启动，那股市下跌的可能性就几乎没有。因此，有时做股票的策略并非以传统的"二八"来划分，而应该转为以业绩作导向。

选择个股也还可以走价值投资之路。延续这个思路，2010年9月份的行情不存在暴跌的可能性，甚至投资者在操作时可以无视大盘的走向，大盘跌到哪里都无所谓。只要盯着好的上市公司做，接下来投资者只需注意一件事，就是是否有突发的重大利空,只要没有,就无需顾及大盘的走向。在大盘方向不确定的情况下,最简单的投资策略就是寻找高成长的行业和其中超业绩的个股,将这种投资策略运用在大盘蓝筹股上,当时大盘中业绩好又被严重低估的股票相当多,投资者可以提前进入。2010年10月后,大盘果然有一波凌厉的上涨。

运用价值投资的方法,还要注意成交量。成交量上升意味着有大量资金流入盘子较大的板块中,而资金首先流入的应该就是业绩最佳的企业,所以投资者可按上市公司业绩增量的高低来判断下阶段的热点。

下面再来补充一下,选个股应注意的事项。如图2-2:

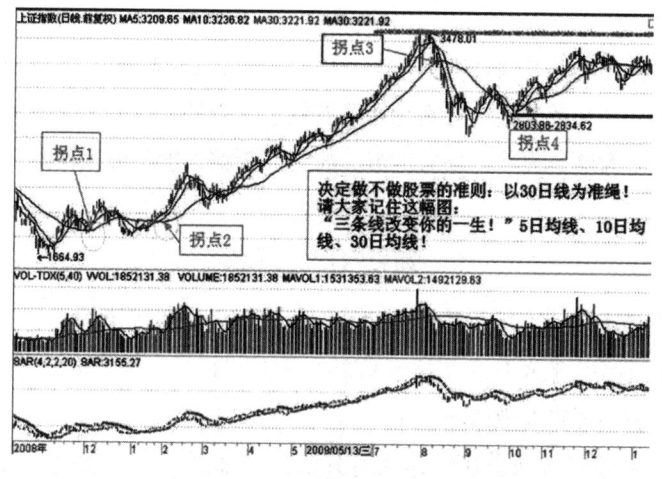

图2-2

大盘30日均线,横向走,没有明确的方向。意味着,如果你想做股票,得找30日均线向上的个股去做。下面有一个标准大家可以参考:

大盘30日线向上、个股30日线向上→首选;

大盘30日线走平、个股30日线向上→次选;

大盘30日线向下、个股30日线向上→次选;

大盘30日线走平、个股30日线走平→次次选;

大盘30日线向下、个股30日线向下→不选。

第二节
大盘强弱的识别

大盘的强弱主要有两种判断方法，一种是根据投资者获得的信息资料的不同，可以把市场分为 3 种类型，分别为弱势有效、半强势有效和强势有效市场；另一种是根据大盘的繁荣程度，分为牛市、熊市、盘整，本章分别详细讲述。

强势有效市场

强势市场（多头市场）是指股价长期保持上涨趋势的市场，其变动特征为一连串的大涨小跌。股价包含了所有信息，甚至包括只有少数人知道的内幕消息，这样的市场就叫强势有效市场。

显然，在强势有效市场里，任何分析预测都是没有意义的。当然，如果市场是强势有效的，绝大多数证券从业者都要失业，所以至今很少有人接受市场

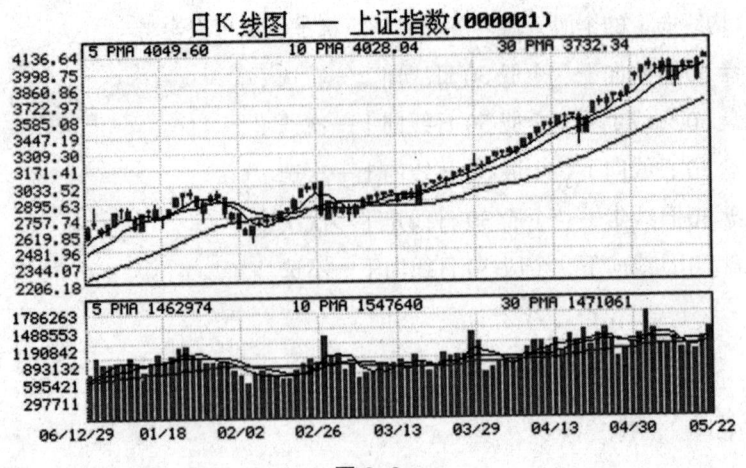

图 2-3

是强势有效的假定。在强势有效市场中，"公平原则"得以最充分地体现，资源配置更合理有效。达到强势有效市场的前提是：投资者具有加工、分析信息并据此作出正确判断的能力，所有影响价格的信息都是流动的。这里有一实例，如图2-3。

强势市场的战术策略：第一，注意股性不活跃的低价大盘股放量；第二，注意指数出现较大下跌时在涨的个股品种；第三，注意避免市场陷阱。

弱势市场

弱势市场（空头市场）是指股价长期呈现下跌趋势的市场，其变动特征为一连串的大跌小涨。如果价格、交易量、短期利率等市场交易信息已充分反映在股票价格中，这样的市场就被称为弱势有效市场。如图2-4：

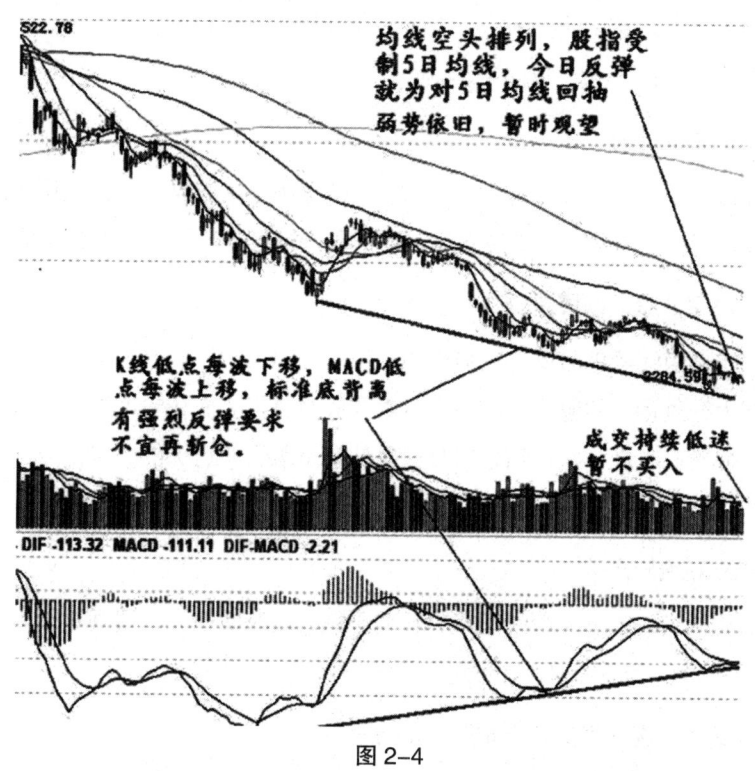

图2-4

弱市中不宜入市，清仓放假，观望为上策，这是投资专家对广大散户的公式式的训导。许多散户面对疲弱的市道也是茫茫然不知所措，吃进怕套牢，抛出又怕踏空。因此只好按着专家的训导作壁上观，退场观望。其实大可不必，散户在弱市中也可大有所为，清仓观望只能说是一种消极的做法，并不是什么上策。下面是从弱市实战操作中归纳出的操作策略，希望对投资者有所帮助。

1. 选好黑马，快骑速下

弱市中上下波动幅度一般很小，一般是在数十点或百余点范围内来回拉锯，大部分股票不会有太多利润可赚。这时，机构大户是不会甘于寂寞的，会想方设法从弱市中拉出匹黑马来，由此出现熊市牛股的现象。中小散户若能乘机骑上一程，利润也是极其可观的。通过观察，弱市中的黑马有以下特征：（1）盘小、股性活、价低、绩优、有题材。（2）弱市中主力制造的题材一般有主力套牢、配股、业绩成长、内部职工股上市、收购等。（3）再结合盘面来分析，庄股的运行速度一般比股指快，不受大盘影响走出独立行情，同时伴有价涨量增、价跌量减的走势。弱市黑马行情是短暂的，散户切忌贪婪，骑上黑马走一程，赚取一些差价后迅速下马，以防被套。

2. 弱市中少持仓

在强市中要敢于抓住机会，敢于持重仓甚至满仓；在弱市中，风险要比强市中大，要善于规避风险，减少持仓量。可采取分批吃进的方法，不能轻易满仓。

3. 买进超跌股，以搏差价

在弱市做短线的思路要与在强市中相反。在强市中人们要选一些技术图形好的。处在上升过程中的股票，因为强市中强股会更强。而在弱市中，要选一些跌无可跌的低价股吃进，而且建仓的时间要选在急跌后，这样的股票一般会走出反弹或补涨行情，若是该股有幸被主力看中很可能会有一段可观的行情。

4. 树立短线观念

在弱市中短线是金，中线是银，长线是铁。要坚决树立短线观念，可适当做些中线。

5. 若做中线应注意选好上市公司的行业

股市从经济低潮复苏过来，首先上升的是金融股和房地产股，随之是轻工业股票，当重工业股票利润大增时，牛市基本已经到顶了。弱市中散户股民可选一些地产股和金融股，以期待股市的扬升。

6.不宜频繁换股

摸清几只股票的股性、最高价和最低价，集中精力只做这几只股票。在弱市中若操作有方，同样会博得利润。尤其是中小散户，资金少、灵活、操作起来比机构便利，可以说在弱市中反而占有一定优势。弱市之中同样蕴藏着机会，抓住这种机会同样会赢利。

半强势市场

如果市场的交易信息以及所有有关公司发展前景的公开信息，都包含在股票价格之中，这样的市场被称为半强势有效市场。

经济学家所定义的公开信息，包括了公司产品、治理结构、财务报表、资本运作等一切见诸公司公告的信息。如图2-5：

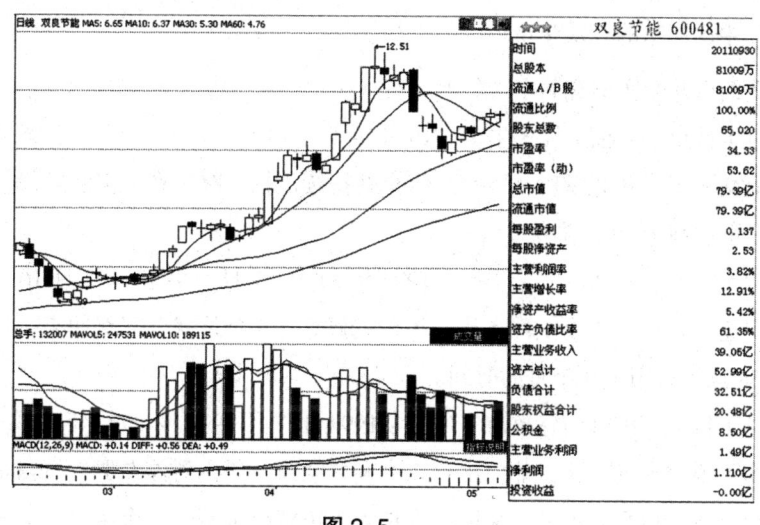

图2-5

半强势市场是处于强势市场与弱势市场之间的一种状态。根据对三种市场的定义，可以看出，我国证券市场仍然处于弱势有效市场与半强势有效市场之间，最多是半强势有效市场，因为我们的市场中仍然充满了内幕消息和内部操纵现象。我们经常发现一种现象，一只股票半年涨了好几倍，我们都不知道是什么原因，结果等到了最高点，公司宣布重组等利好消息。前期介入的人就借利好出货，他们早就知道了这个内幕消息，散户与机构在信息上处于不对等的地位。

牛市

牛市（Bull market）也称多头市场，指证券市场行情普遍看涨，延续时间较长的大升市。此处的证券市场，泛指常见的股票、债券、期货、期权（选择权）、外汇、基金、可转让定存单、衍生性金融商品及其他各种证券。在股票市场上，牛市意味着股票市场上买入者多于卖出者，股市行情看涨。其他一些投资和投机性市场，也可用牛市和熊市来表述，如房市、邮（票）市、卡市等。

股票市场形成牛市的因素很多，主要包括以下几个方面：一、经济因素，股份企业赢利增多、经济处于繁荣时期、利率下降、新兴产业发展、温和的通货膨胀等都可能推动股市价格上涨。二、政治因素，政府政策、法令颁行，或发生了突变的政治事件都可引起股票价格上涨。三、股票市场本身的因素，如发行抢购风潮、大户大量购进股票都可引发牛市。

1. 中国股市的几次牛市

下面以几个实例说明牛市的典型特征：

（1）特点：大幅上涨；牛市：1990 年 12 月 19 日～1992 年 5 月 26 日

上交所正式开业以后，历时两年半的持续上扬，终于在取消涨跌停板的刺激下，一举达到 1429 点高位。

（2）特点：波动极大；牛市：1992 年 11 月 17 日～1993 年 2 月 16 日

快速下跌爽，快速上涨更爽，半年的跌幅，3 个月就全部涨回来。从 386 点到 1558 点，只用了 3 个月的时间。

（3）特点：出台利好救市；牛市：1994 年 7 月 29 日～1994 年 9 月 13 日

为了挽救市场，相关部门出台三大利好救市：年内暂停新股发行与上市，严格控制上市公司配股规模，采取措施扩大入市资金范围。一个半月时间，股指涨幅达 200%，最高达 1052 点。

（4）特点：牛市极短；牛市：1995 年 5 月 18 日～1995 年 5 月 22 日

这次牛市只有三个交易日。受到管理层关闭国债期货消息的影响，3 天时间股指就从 582 点上涨到 926 点。

（5）特点：绩优股带头；牛市：1996 年 1 月 19 日～1997 年 5 月 12 日

崇尚绩优开始成为市场主流投资理念，在深发展等股票的带领下，股指重新回到 1510 点。从 1996 年 4 月 1 日算起，至 12 月 12 日，上证综指涨幅达 124%，深证成指涨幅达 346%，涨幅达 5 倍以上的股票超过百种。两只领头羊中深发展从 6 元到 20.50 元，四川长虹从 7 元涨至 27.45 元。

（6）特点：一度历史最高；牛市：1999 年 5 月 19 日～2001 年 6 月 14 日

这次的牛市俗称"5·19"行情，网络概念股的强劲喷发将上证指数推高到了 2245 点的历史最高点。"5·19"行情直接的爆发点是上海证券报记者李威的《网络股能否成为领头羊——关于中国上市公司进军网络产业的思考》。领头的是东方明珠、广电股份、深桑达等网络股。

（7）特点：调整时间最长；牛市：2005 年 6 月 6 日～2007 年 10 月 16 日

这一轮牛熊市波澜起伏，从 998 点到 6124 点的新高，让无数新股民做了一场一夜暴富的黄粱美梦，而梦醒时分，却在 3000 点的沼泽地里痛苦挣扎。经过这轮历史上最长时间的大调整，A 股市场的市盈率降到合理水平，新一轮行情也在悄然酝酿之中。

当然，牛市的典型特征还有以下几条，也可以作为判断标准：上证综指新高频现，月线 MACD 指标变为正值，成交量不断上升。

2. 牛市操作策略

针对牛市的操作策略主要要把握以下几种：

（1）"牛市"行情一旦爆发，大资金蜂拥而入时，必须敢于重仓跟进，仍采用三分之一仓位或半仓操作者，斩获肯定有限。

（2）一旦重仓介入，就要坚定持股，不要稍有震荡或稍有获利，即抛股走人，摆脱不了熊市中的"五分钱万岁"思维。

（3）"牛市"操作，必须敢追领涨股，不怕连涨 3 个涨停板，只怕你不敢在"涨停板"上排队。

（4）"牛市"操作，强者恒强，不能孤立等待回档再介入，而是要顺应时势，该追时坚决追，该观望时则观望。

（5）"牛市"操作，技术指标大多处于"失灵"状态。涨了还涨，连涨近 10 个涨停板的情况并不少见。

（6）"牛市"操作，散户要以"我是主力"的角色换位，来揣摸预测大资金的动向，不能仍站在小散户的立场上，为打一点差价而忙碌。

（7）"牛市"操作，个股都有机会，不可见异思迁，频追热点，结果顾此失彼，赚指数不赚钱。

（8）"牛市"操作，人气是股价的翅膀，人气愈旺，股价越高，分析太理性，常用市盈率作为选股标准的，往往抓不到"大黑马"。

（9）"牛市"操作，热点多，转换快，一天几十个涨停板是正常现象，领涨股不翻番，坚决不松手。

（10）"牛市"操作，升幅大而快，"一天等于两个月"，不轻言见顶，不轻言调整。

熊市

熊市指股市行情萎靡不振，交易萎缩，指数一路下跌的态势。如：2001年7月~2002年底，就是典型的熊市。这段时间管理层频频出台利好政策救市，但股市仍然下跌，成交额屡屡缩小，无热点板块炒作，入市人数减少。

熊市也称空头市场，指行情普遍看淡，延续时间相对较长的大跌市，也称跌市、淡市、空头市场、卖空市场等。通常当市场跌幅在20%以上时为熊市。

1. 熊市的特征

（1）轮跌效应。比如说，前期是地产股不断下跌，最近又变成了银行、券商和有色金属杀跌，之后煤炭股又出现杀跌。这种轮番杀跌效应，对大盘当然没有起到好作用，因为总是有领跌力量向下促使大盘走低。

（2）破位补跌效应。有些股票在熊市前期也处于比较抗跌的状态，但是好景不长，一旦K线连续击穿多条均线，出现破位状况甚至是跌停时，后面肯定要引发新一轮的杀跌。还有就是一些个股，因为业绩连年亏损而被戴上"*ST"帽子，往往非常容易引发几个跌停式的补跌。

（3）重图不重质效应。只要是熊市来临，质地好的股票也一样会下跌，不要因为股票质地好而一定看多，系统性风险是不会管股票质地如何的。

2. 熊市操作策略

（1）不要盲目杀跌。在股市暴跌中不计成本的盲目斩仓是不明智的，止损应该选择浅套而且后市反弹上升空间不大的个股进行，对于下跌过急的个股，不妨等待其出现反弹行情后再择机卖出。

（2）不要急于挽回损失。在暴跌市中投资者往往被套严重，账面损失巨大，有的投资者急于挽回损失，随意增加操作频率或投入更多的资金，这不仅是徒劳无功的，还会造成亏损程度的加重。

（3）不要过于急躁。在暴跌市中，有些新股民容易出现自暴自弃，甚至是破罐破摔的赌气式操作。但不要忘记，人无论怎么生气，过段时间都可以平息下来，而如果资金出现巨额亏损，则是很难弥补回来的。所以，投资者无论在什么情况下，都不能拿自己的资金账户出气。

（4）不要过于恐慌。在暴跌市中，恐慌情绪是投资者最常有的。其实，股市有涨就有跌，有慢就有快，这是很自然的规律，只要股市始终存在，它就不会永远跌下去，最终会有上涨的时候。投资者应该趁着股市低迷的时候，认真学习研究，积极选股，及早做好迎接牛市的准备，以免行情转好时又犯追涨杀跌的老毛病。

（5）不要过于后悔。后悔心理常常会使投资者陷入一种连续操作失误的恶性循环中，所以投资者要尽快摆脱懊悔心理，在失败中汲取教训，提高自己的操作水平，争取在以后的操作中不犯错误或少犯错误。

（6）不要急于抢反弹。在跌势未尽的行情里，抢反弹如同是火中取栗，稍有不慎，就有可能引火上身。投资者千万不要因为贪图反弹的蝇头小利而去冒被深套的风险。

盘整市

盘整是指股价在一段时间内波动幅度小，无明显的上涨或下降趋势，股价呈牛皮整理，该阶段的行情振幅小，方向不易把握，是投资者最迷惑的时候。盘整不仅仅会出现在头部或底部，也会出现在上涨或下跌途中。根据盘整出现在股价运动的不同阶段，我们可将其分为：上涨中的盘整、下跌中的盘整、高档盘整、低档盘整四种情形。以下是这四种盘整市的典型特征：

（1）上涨中的盘整：此种盘整是股价经过一段时间的急速上涨后，稍做歇息，然后再次上行。其所对应的前一段涨势往往是弱市后的急速上升，从成交量上看，价升量增，到了盘整阶段，成交量并不萎缩，虽有获利回吐盘抛出，但买气旺盛，不足以击退多方。该盘整一般以楔形、旗形整理形态出现。

（2）下跌中的盘整：此种盘整是股价经过一段时间的下跌后，稍有企稳，略有反弹，然后再次调头下行。其所对应的前一段下跌受利空打击，盘整只是空方略作休息，股价略有回升，但经不起空方再次进攻，股价再度下跌，从成交量看，价跌量增。

（3）高档盘整：此种盘整是股价经过一段时间的上涨后，涨势停滞，股价盘旋波动，多方已耗尽能量，股价很高，上涨空间有限，主力在头部逐步出货，一旦主力撤退，由多转空，股价便会一举向下突破。此种盘整一般以矩形、圆弧顶形态出现。

（4）低档盘整：此种盘整是股价经过一段时间的下跌后，股价在底部盘旋，加之利多的出现，人气逐渐聚拢，市场资金并未撤离，只要股价不再下跌，就会纷纷进场，由空转多，主力在盘局中不断吸纳廉价筹码，浮动筹码日益减少，上档压力减轻，多方在此区域蓄势待发。当以上几种情况出现时，盘局就会向上突破了。此种盘整一般会以矩形、圆弧底形态出现。

另外，盘整形态是一种横向的运动。这在市场中形成了一个支撑特征，这经常是一个强劲上升趋势持续的基础。整固期是建立持续趋势力量的重要组成部分。盘整带的形成是稳定趋势的重要特征，盘整带使上升趋势降低速度，而不是形成趋势方向的反转，盘整带防止了一个泡沫趋势的形成。

下面来讲述当盘整已经出现时，应该如何面对：

股市有句谚语，久盘必跌，意思就是股票盘整久了，股价就会下跌，事实上并非如此。如果在底部区域，盘得越久，可能今后的涨幅就会越大，这在股市里也有一句谚语，叫横有多长竖有多高。这也就验证了事物都有其两面性的特点，在股市里体现在股价上，也是一样的。

如何面对盘整，这就要看股价是在低位还是在高位。其实股市并没有绝对的低位，你认为的低位也许并不是低位，股价可能还会向下。在这种情况下就要考虑股票的估值。如果上市公司经营良好，业绩呈现增长态势，市盈率又相对较低，这种情况可以认为是低位。

如果股价在低位盘整，有可能时间会较短，有可能时间会很长，甚至超乎想象的长。股价可以盘整到你厌恶，可以盘整到你失望，但是这种股票一旦上涨，其力度和幅度将会非常惊人。一般人难以忍受这种盘整，黑马也就这样被放跑了。

如果你看准一只股票，它在低位盘整的时候，可能是一个好机会，你可以用自己掌握的技术做 T，做差价来摊薄成本，尽量让自己的持股成本降低，一旦股票启动上涨，就能获得超额收益。

如果股价在底部启动后上涨了一段开始盘整，我们可以称之为中间位置盘整。在这种位置盘整有几个原因：其一，短线指标过高，盘整是为了修复指标。其二，清洗获利盘，进行空中加油，有利于继续上涨。在图形上表现为旗形整理或者上升三角形整理形态。其三，上档压力强大，主力无心恋战或者行情半途夭折，那么这种盘整后股价就会下跌，图形中可能会出现下降三角形盘整的状态等，但有时下降三角形整理后也会向上突破。

如果在高位盘整，那就应该小心了，久盘必跌的概率较大。在这种状态下就要参考 MACD、RSI、布林线等技术指标，进行综合分析。在高位盘整的股票一般不要去买入，如今股市已经不像以前那样齐涨齐跌，指数涨高，没有涨的股票很多，可选择的股票也很多，不要在一棵树上吊死。在这种情况下，可以选择其他的股票操作，或者选择休息。

这个市场每天都在不断变化着，如果是初学者，不妨在股票盘整的时候用心记录一下，自己模拟判断一下今后的走势，过一段时间回过头来做个验证；也可以打开其他股票的 K 线图来观察个股盘整的几种形态和结果，其实这也是一种经验。

第三节
股价和指数的分析方法

股价是否涨得太高了？指数是在底部还是在顶部？在看大盘的时候，我们如何更好地分析股价和指数呢？本章中，我们将介绍几种分析方法。

股价与指数大阳线的形态市场意义

形态市场意义主要有以下几点：

股价与指数大阳线后出现放量宽幅震荡星线；

股价与指数大阳线后出现放量下跌；

股价与指数大阳线后出现缩量下跌；

股价与指数大阳线后出现缩量且窄幅小阳或小阴线；

股价与指数大阳线后出现缩量攀升；

股价与指数大阳线放量震荡后，出现缩量；

价位拉升后的获利盘、高位被套逢高减持的割肉盘、解套盘。

这里给几个例子来详细说明：

1. 股价与指数大阳线后出现放量宽幅震荡星线（如图 2-6 所示）

图 2-6

（1）股价的上涨使场内获利浮动筹码出局（如图2-7所示）

股价放量上涨突破均线的压制，由于股价长时间处于低位，刚刚走强时持股者心态不稳，逢高出局意愿较强。由于股价的上涨，吸引了场外资金参与，股价在第二天高开，前期的抄底资金获利出局，股价收成放量震荡星线。星线后的缩量小幅上涨的小阳线可以判断，空仓资金的介入较为谨慎，但股价浮动筹码较少，上行压力较轻。

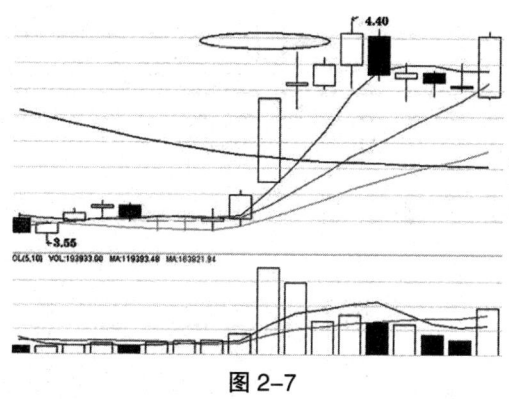

图2-7

（2）市场的多空分歧（如图2-8所示）

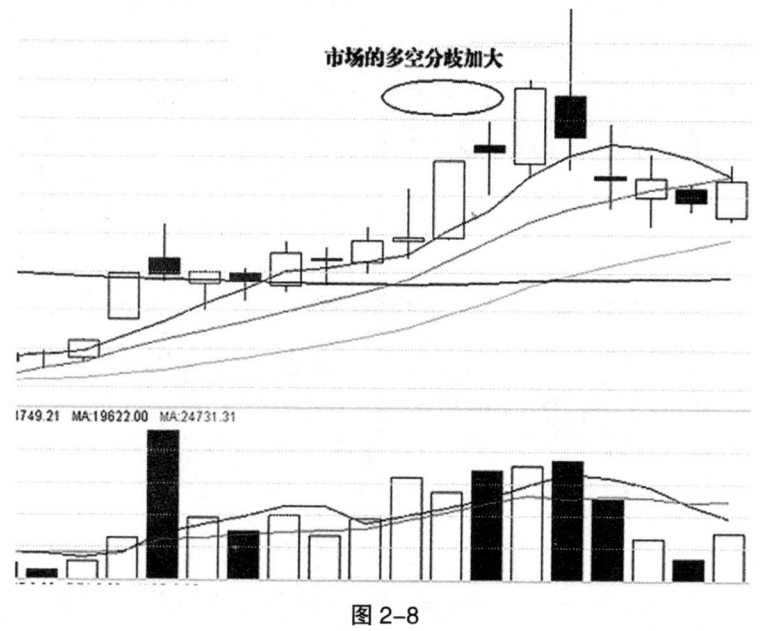

图2-8

股价经过较长一段的窄幅整理后，市场看多较为一致，出现了量能温和的大阳线。但第二天出现的放量震荡星线，说明以短线持股为目的的投资者较多，市场多空分歧较大，股价上行压力较重，需要调整。

（3）主力利用震荡星线清洗浮动筹码（如图 2-9 所示）

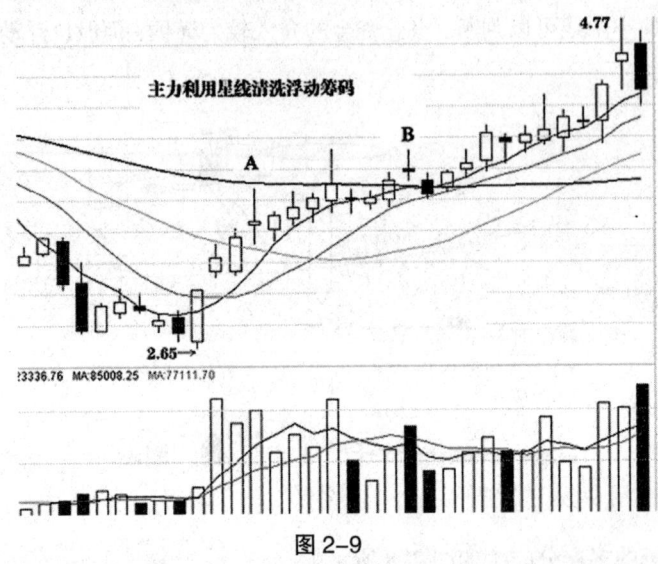

图 2-9

股价连续几天大阳线上涨，积累了较多的获利盘，前期被套资金也逢高出局，A 处出现放量震荡，浮动筹码进行有效的清洗。尤其在横盘后的 B 处出现放量震荡星线，其后股价缩量跳空下跌，说明浮动筹码出局较为彻底。

（4）消化前期被套筹码（如图 2-10 所示）

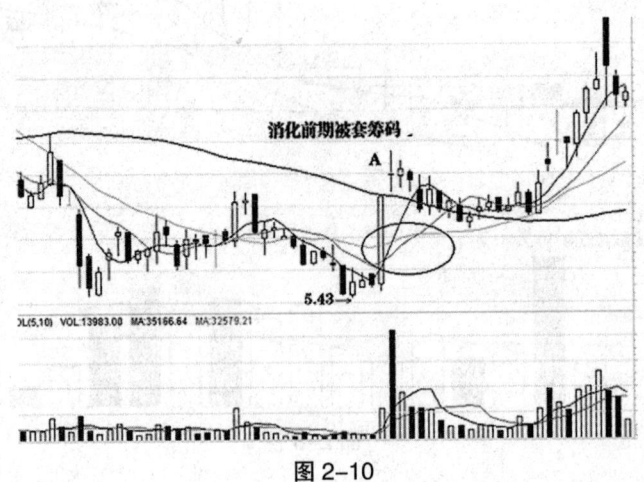

图 2-10

　　股价突然出现涨停，第二天出现了放巨量的震荡星线，其意义是一举消化了前期被套筹码。这种大幅拉升后的放量星线是主力的一种推高快速筹码收集。

　　（5）连续拉抬后，主力利用市场追涨意愿派发（如图2-11所示）

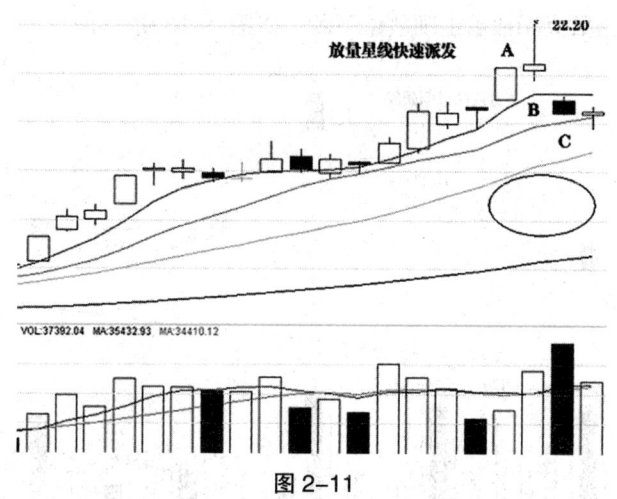

图2-11

　　由A处的缩量大阳线可以判断，市场一致看多，空仓的追涨意愿非常强烈，为主力高位拉高派发创造了有利条件。股价在B处大幅拉高，最后放量冲高回落，主力快速利用市场最高人气进行了成功的派发。由C处大幅跳空低开的放量下跌，可以看出主力出脱最后的筹码成功出局，头部特征就很清晰了。其形态内部所包含的市场意义，值得深思。

　　（6）下跌途中股价或指数出现大幅反弹，是空仓的积极买入（如图2-12所示）

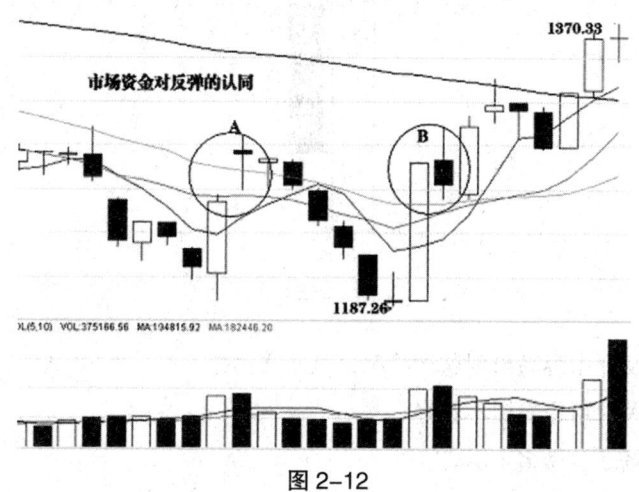

图2-12

在严重的下跌中，指数出现了单日大幅反弹，第二天指数大幅高开，收出放量震荡的星线，说明空仓资金对目前反弹位置的认同，从而积极买入。由 A、B 两个位置的放量震荡星线就可以判断，股指将会出现反弹行情。

2. 股价与指数大阳线后出现放量下跌（如图 2−13 所示）

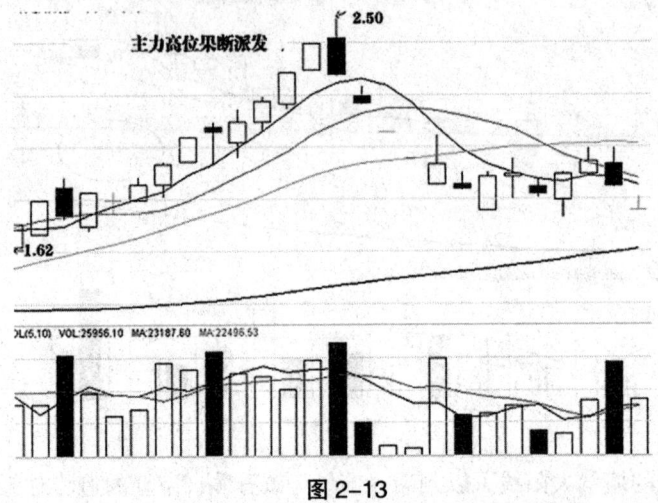

图 2−13

此形态特别是在大幅拉升后的相对高位，多是主力果断派发，容易形成倒 V 形反转。

3. 股价与指数大阳线后出现缩量下跌（如图 2−14 所示）

图 2−14

在弱市反弹中容易出现这种情况，其意义为：

（1）股民对后市发展不看好。

（2）市场缺少做多意愿。

（3）场内缺少承接盘。指数反弹后，不被市场投资者认同，缺少入市意愿，往往还有一定的跌幅。从这种简单的形态中可以分析下跌途中的反弹与后市方向。

4. 股价与指数大阳线后出现缩量且窄幅小阳或小阴线（如图2-15所示）

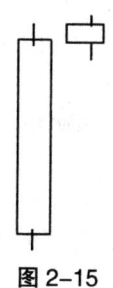

图 2-15

市场意义：股价或指数出现大阳线后，第二天却走出窄幅的小阳或小阴线，这种形态多出现在深幅下跌之后，一是高位筹码严重被套，低位缺少抄底资金的介入，股价或指数上涨的抛压不重；二是行情比较低迷，投资者缺少市场的方向感，入场意愿不强。

5. 股价与指数大阳线后出现缩量攀升（如图2-16所示）

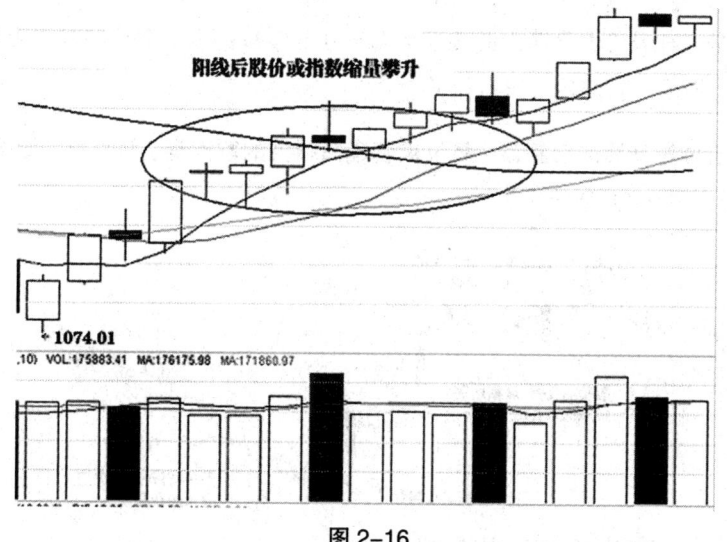

图 2-16

在多头行情发展中，股价或指数推高后，出现缩量上涨，是筹码稳定的一种表现，股民持股待涨，但是也说明市场参与较为谨慎，追高意愿不足，多出现在行情发展的中级阶段或市场经过一轮调整后。在下跌反弹中出现这种情况，是一种缺少人气的表现，一般不会反弹太高，而是重新走向下跌。

6. 股价与指数大阳线放量震荡后，出现缩量（如图2-17所示）

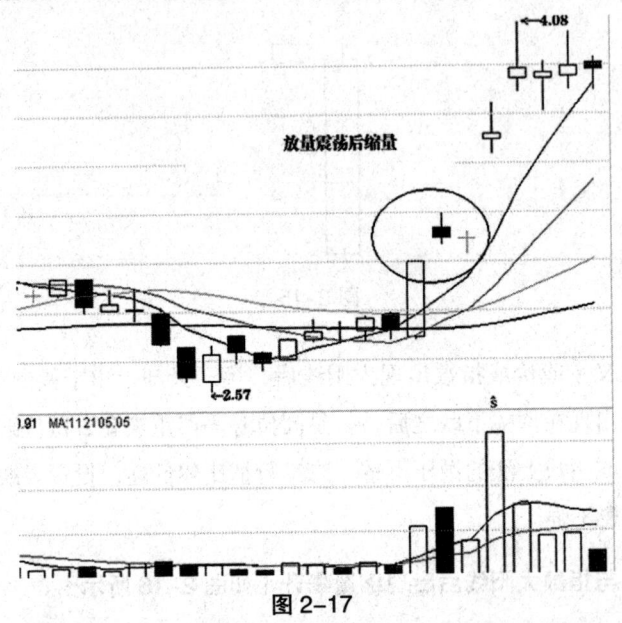

图 2-17

这是一种股价上升途中的洗盘形态，在放量震荡中前期获利筹码出局，股价通过充分换手、蓄势后会再行拉升。

7. 价位拉升后的获利盘、高位被套逢高减持的割肉盘、解套盘（如图2-18、图2-19、图2-20所示）

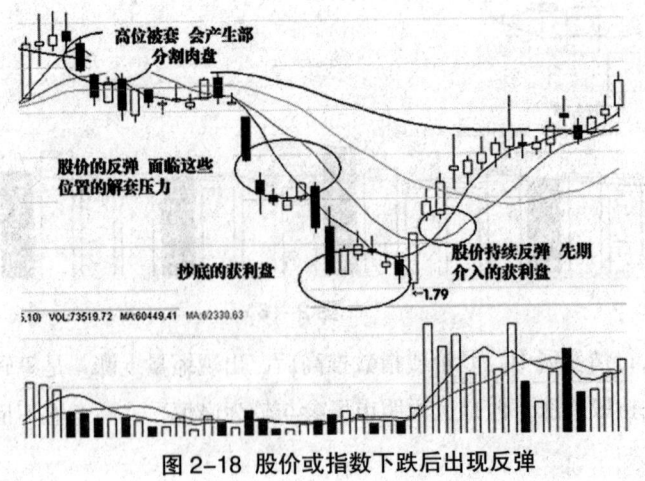

图 2-18 股价或指数下跌后出现反弹

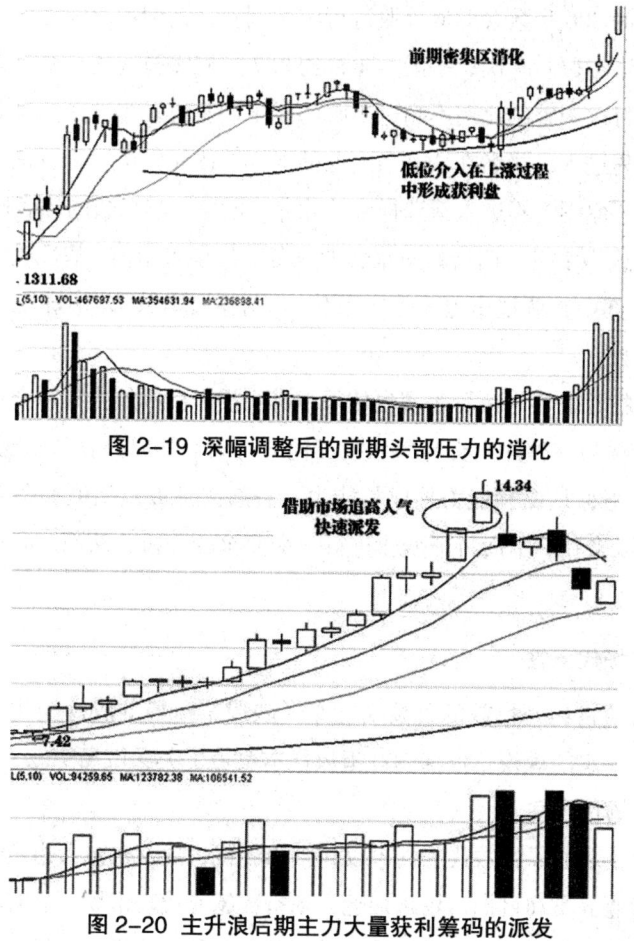

图 2-19 深幅调整后的前期头部压力的消化

图 2-20 主升浪后期主力大量获利筹码的派发

从沪深300指数能看出什么

沪深300指数是沪深证券交易所于2005年4月8日联合发布的反映A股市场整体走势的指数。沪深300指数的编制目标是反映中国证券市场股票价格变动的概貌和运行状况，并作为投资业绩的评价标准，为指数化投资和指数衍生产品创新提供基础条件。以下是沪深300的一些基本特征：

第一，沪深300指数是以2004年12月31日为基期，基点为1000点，其计算是以调整股本为权重，采用派许加权综合价格指数公式进行计算。其中，调整股本根据分级靠档方法获得。

第二，凡有成分股分红派息，指数不予调整，任其自然回落。

第三，沪深300指数会对成分股进行定期调整，其调整原则为：一、指数成分股原则上每半年调整一次，一般为1月初和7月初实施调整，调整方案提前两周公布。二、每次调整的比例不超过10%。样本调整设置缓冲区，排名在240名内的新样本优先进入，排名在360名之前的老样本优先保留。三、最近一次财务报告亏损的股票原则上不进入新选样本，除非该股票影响指数的代表性。

其计算公式为：报告期指数=报告期成分股的调整市值/基日成分股的调整市值×1000。其中，调整市值=Σ（市价×调整股本数），基日成分股的调整市值亦称为除数。

沪深300指数的良好市场表现也使得以其为投资标的的指数基金业绩表现较为突出，那么作为一种强调交易性和投资性的指数，其成分股基本面上的特征，主要基于财务指标从赢利能力、成长能力、分红派息以及估值等角度，对沪深300指数推出以来其基本面特征变化进行一个简单的分析。从而，我们可以从沪深300得出以下信息：

1. 指数市场代表性

（1）总市值占比。指数的首要功能是反映股票市场的股价变化情况，因此指数必须具备一定的规模。沪深300指数样本覆盖了沪深市场70%左右的市值，具有较强的市场代表性。

（2）行业代表性。指数代表性不仅包括市场代表性，也包含指数的行业代表性。指数的行业分布和目标市场越接近，则指数越能代表市场，越有利于指数化投资者较充分地分散组合的行业风险。以证监会的行业分类为依据，沪深300指数的成分股覆盖了全部13个行业；计算结果显示，沪深300指数总市值的行业偏离度仅为2.05%，同时，沪深300指数用较少的股票样本实现了指数行业比重与整体市场的高度一致。

（3）与其他指数的相关性。沪深300指数和证券市场上一些主要指数的相关性较高，具有较高的市场代表性，能够较好地反映整个A股市场的走势。

2. 指数的投资性分析

（1）沪深300指数成分股基本面良好。

（2）沪深300指数投资价值高，从市盈率和市净率两个指标来看，沪深300指数成分股的估值显著低于市场平均水平，凸现出良好的投资机会。

（3）指数市场表现，综合来看，沪深 300 指数的成分股体现了大蓝筹的特征，代表了沪深两市 A 股市场的核心优质资产，成长性强，估值水平低，其在整体经营业绩和估值水平方面对投资者具有很强的吸引力。

3. 指数流动性分析，指数的抗操纵性

从整体上分析，这些都可以反映整体的局势。

4. 绩优蓝筹股分析

自 2005 年 4 月沪深 300 指数发布以来，其所倡导的价值投资理念与机构投资者不谋而合。以沪深 300 指数板块为代表的绩优蓝筹股是基金等机构投资者重点关注的对象，因为这批上市公司整体赢利能力强、资产质地优良，投资价值高。统计显示，沪深 300 指数的成分股和基金的十大重仓股重合度非常高，且有不断提高的趋势。此外，上市公司定期报告也显示，其前十大流通股股东大都为基金、QFII、保险、社保和券商等市场上主要的机构投资者。

5. 跌幅水平分析

通过对比各个指数跌幅水平，可以判断导致沪深 300 指数上涨或下跌的股票类型，是以大盘蓝筹股为主的价值型股票还是以中小板为主的成长型股票。当成长型股票下跌而价值型股票走强时，沪深 300 指数最终还是上涨；如果成长型股票较强而价值型股票偏弱时，沪深 300 指数将下跌。由此从不同类型股票的走势，可以推断出沪深 300 指数上涨或下跌的幅度，从而为股指期货投资提供参考。

此外，沪深 300 指数走势对比还将提高股指期货套保策略的实施效果。如果投资者的股票组合以成长股为主，在进行股指期货套保时需关注价值指数的走势。如果价值指数走势明显强于成长指数，则不宜对股票组合进行套保；当价值指数与成长指数走势相近，则套期保值的安全性较高。对于以价值型股票为主的投资组合也是一样，同样需要兼顾成长指数的走势。由于有了两种指数间的对比，届时股指期货套期保值时机的选取将把握得更好，有利于提高股指期货套保的效果。

第四节
如何识别大盘和个股行情

一切理论的东西都必须落实到具体的项目上才能达成最后的成功。下面将详细地阐述快速掌握高明的专业技巧的方法，它们都有明确而合理的次序，可以帮助我们快速识别大盘和个股行情。

如何判断当日个股短线机会

可以用以下几种方法来判断当日个股短线机会：

1. 个股攻击力度要求

涨幅、量。如果当日盘中第一板个股涨幅没有超过5%的，则可以判定所有主力都慑于大盘淫威，不敢动作，因此不具备短线操作机会。量比排行榜上没有量比数值大于3倍且涨幅也同时大于3%的个股，则当日肯定不具备短线操作机会。

2. 群庄协同、分化情况

热点。当日盘中涨幅榜第一板的股票混乱，不能形成横向或纵向关联，也就是说热点散乱，则当日基本不具备短线操作机会。这种状况暗示的是盘面中基本都是游资在活动，集团大资金处于局外观望，我们也应该观望。

3. 敏感时段回避要领

技术敏感、时间敏感。在大盘处于敏感的技术位置，如高位巨量长阴、重大技术关口跌破以及关键的变盘时间窗时，实战操作必须提高警惕，考虑回避风险，临盘各种做多买进操作不允许展开。

如何判别见顶还是调整

主要有以下几种方法可以判断见顶还是调整：

1. 从价格变动的角度识别

上升行情中出现的强势调整一般有洗盘的目的，股价的跌势较凶狠，用快速、连续性的下跌和跌破重要支撑线等方法来达到清洗浮动筹码的目的。而大盘构筑顶部时期的下跌则是以清仓出货为主要目的，所以，其走势特征较温和，以一种缓慢的下跌速率来麻痹投资者，使投资者在类似"温水煮青蛙"的跌市中，不知不觉地陷入深套。

2. 从成交量的角度识别

强势调整中的成交量大幅萎缩，说明市场中实际的主动性抛盘并不重。见顶回落行情中的成交量明显放大，而且，在股价转入下跌通道后，成交量依然不见明显缩小，表明市场中的主力资金撤出。

3. 从 K 线形态的角度识别

强势调整时的走势常常以长线实体的大阴线出现，而构筑顶部的时候往往会在股价正式破位之前，出现一连串的小阴线或小阳线，使得投资者对后市仍抱有期望。有时在筑顶过程中，K 线实体虽然较短，但上下影线却较长，显示盘中震荡加剧。

4. 从尾盘异动的角度识别

强势调整时一般在尾盘常常会出现异动，例如：股价本来全天走势非常正常，但临近尾盘时，却会突然遭遇巨大卖盘打压，使得 K 线图上出现破位的走势。而在见顶过程中尾盘出现异动的现象相对要少得多。

5. 从调整持续时间的角度识别

上涨过程中的强势调整行情持续时间不长，一般 5 ~ 12 个交易日就结束。而见顶的过程中，股价调整的时间较长。

6. 从成交密集区的角度识别

强势调整还是构筑顶部往往与成交密集区有一定的关系，当股价从底部区域启动不久，离低位成交密集区不远，这时出现的下跌属于强势调整的概率较大。

如果股价逼近上档套牢筹码的成交密集区时遇到阻力，那么，构筑顶部的概率比较大。

判断见顶的方法无非两个要点：其一是上涨幅度，其二是换手率是否放大。这是人们熟知的道理。因为上涨幅度不大，控盘主力无所谓出逃的问题，除非大势不好，或者出了大事，或者出现了意想不到的其他事情。而主力要想成功出逃必然会伴随换手率放大的情况，无论主力的操盘水平如何高超，在出逃之前做出怎样漂亮的图形，其出逃的股票数量是遮掩不了的。有人认为除了上述两点之外，判断见顶的最简单最便捷的方法是心理分析法。主力出逃前一定会将图形做得好看，世界上没有这样愚蠢的主力或者说这样愚蠢的人，会在自己打算出逃之前将图形做坏的，因为谁都知道图形做坏以后自己就已经逃不出去了，或者说将图形做坏是为自己制造了巨大的外逃障碍。除非涨幅非常之大，主力可以毫无顾忌地出逃，出逃以后依然能够获取可观的赢利；或者出了大事顾不得盈亏了，否则绝不会出现先做坏图形然后出逃的怪事。

判断调整的信号无非也是两点：一是成交量的迅速萎缩。虽然这意味着多头的买盘力量有所衰弱，但相对应的则是卖盘力量也迅速衰弱，意味着做空能量的减弱，这自然会带来大盘的短线企稳契机。二是新股等代表着短线资金风向的品种会否出现止跌企稳。因为短线资金往往在热点中转换较快，所以，只要新股等品种出现强势，意味着市场的短多能量聚集，市场短线企稳的可能性就会迅速增强。

下跌中继平台的识别

下跌中继平台是指股市经历过一段时间调整后，自然地于某一位置暂时性出现的止跌企稳走势，市场运行多表现为平衡格局。股价的中长期下跌，往往是以下跌平台方式进行，其过程为下跌——平台抵抗——破位下跌——平台抵抗。一轮中长期下跌，通常会出现两到三个下跌中继平台。

1. 下跌中继平台的特点

（1）K线：股价在日均线系统（21、34、55）中上下震荡，K线形态为矩形整理形态。股价反弹时，在前期高点附近受阻回落，日K线组合上会出现流星线、十字星、乌云盖顶等反弹见顶信号。下探时，股价在箱底附近得到支撑，会有锅架底、早晨之星等见底 K 线组合信号。当股价第三次、第四次下探考验箱底支撑时，投资者就要小心，一旦股价向下突破箱底，则下跌中继平台就得到确认。

（2）成交量：股价在向上反弹时，成交量温和放大，而当股价上冲至前期顶部时，成交量会急剧放出，但没有持续性，随后成交量迅速萎缩，这往往是反弹见顶的信号。

（3）日均线系统（21、34、55）：在下跌中继平台中，均线系统由空头排列变为纠缠状。其过程为：空头排列——金叉——死叉——金叉——死叉——破位下跌。一般而言，日均线系统在二次死叉后，便会破位下跌。

（4）RSI、21 日 RSI 在 60 附近回落，7 日 RSI 与 21 日 RSI 死叉为反弹见顶信号；21 日 RSI 在 40 ~ 50 区域止跌回升，7 日 RSI 与 21 日 RSI 金叉为见底反弹信号。若出现在 40 ~ 50 区域震荡止跌后又继续下行，则股价可能将向下突破，重新进入下跌趋势。

2. 下跌中继平台识别的技巧

（1）关注宏观基本面与政策面。宏观基本面是制约股市走势的最基本因素，政策面则是影响股市的直接因素，因而投资者对此必须保持高度关注。政策面的明朗与态度将决定股市是见底，还是继续下跌中继形态。

（2）关注市场增量资金的入市意愿。资金运动是股市的本质，缺乏新增量资金介入的股市很难有上涨的空间，而增量资金的介入将会直接表现在市场的成交量方面。下跌中继平台在量能上的鲜明特点就是成交量的不断减少，常常以一种缩量上涨或无量反弹的形式，草草结束平台后的突破走势，然后继续沿着原有下跌趋势运行。这种量能上的不配合，揭示了增量资金入市并不积极，因而市场比较容易形成下跌中继平台。

（3）适当关注技术分析方面的因素。在均线系统方面，下跌中继平台受均线的压制往往比较明显，一旦股市稍有上涨就会触及多条均线构成的阻力区，导致大盘无功而返。而且，从常用的 RSI 指标和随机指标 KDJ 的角度进行研判，可以发现：如果从日线或近期指标分析，这两种指标已进入超卖区；但是，从周线或月线指标分析，则发现 RSI 和 KDJ 并没有完全见底，这时候也容易出现下跌中继平台。

下跌中继与底部的区分

下面从两个方面来分析，一个是下跌中继与底部的相同点，另一个是下跌中继与底部的不同点。先来讲相同点：

（1）下跌中继平台与阶段性底部都是在股市经历过一段时间的快速调整后，自然地于某一位置暂时性止跌企稳，出现平衡走势。

（2）成交量会不断减少。一般情况下，阶段性底部的量能至少减少到前期峰量的三分之一以下，下跌中继平台也同样会大幅度减少。

（3）当大盘即将进入阶段性底部时，指数在盘中表现多为窄幅整理状况，表现在 K 线形态上，就是 K 线实体较小，并且经常出现单个或连续性的小阴小阳线。

（4）盘中热点逐渐沉寂下来，只有少数板块或零星个股，表演自弹自唱的行情，但对市场人气起不到聚拢和带动作用。

（5）技术指标大多处于超卖区域，其中随机指标的 J 值至少低于 20，通常是跌为负值；心理线指标的 20 天移动平均线小于 0.4；13 日 W&R 指标线低于 -80。

（6）投资者的炒作热情趋于冷淡，投资心态较为冷静，一般不愿意采用追涨杀跌的激进操作手法，而多采用一些较为保守的投资策略。

虽然这些相同特征，增加了投资者区别下跌中继平台与阶段性底部的难度，但还是有些科学的方法能够准确辨别两者的差异。对于下跌中继平台与阶段性底部的识别，重点是通过平台走势之前和平台走势之后这两个阶段进行的。

通过对平台走势前的下跌过程中的特征进行识别。如果在平台之前的下跌过程中有明显的刻意打压迹象，这时形成的平台大多属于阶段性底部。其中，刻意打压的迹象主要有：

（1）移动成本分布研判。主要是通过对移动筹码的平均成本分布和三角形分布进行分析，如果发现大多数个股的获利盘长时间处于较低水平，甚至短时间内获利盘接近 0，而股市仍然遭到空方的肆意打压，则可以说明这属于主力资金的刻意打压行为。

（2）均线系统与乖离率的研判。股市偏离均线系统过远，乖离率的负值过大时，往往会向 0 值回归，如果这时有资金仍不顾一切地继续打压，则可以视为刻意打压行为。

（3）成交量的研判。当股市下跌到一定阶段时，投资者由于亏损幅度过大，会逐渐减少交易，成交量会逐渐地趋于缩小，直至放出地量水平。这时候如果有巨量砸盘，或者有前期主流品种纷纷跳水，但股市却并没有受较大影响，则说明这是主流资金在打压恐吓。

（4）做空动能的研判。如果大盘经历了较长时间的下跌，做空动能已经消耗将尽，但股指仍然不能摆脱下跌的命运。这时投资者就需要运用反向思维：大盘是否有实质性做空因素？做空的动力来自何方？空方的动机何在？如果大盘没有实质性做空因素，则不排除主流资金正在有所图谋地刻意打压。

（5）恐慌盘的研判。在下跌过程中如果有大量恐慌盘慌不择路地出逃，而大盘却能迅速止跌企稳，说明有资金正在乘机逢低建仓，后市将出现阶段性底部。主力资金刻意打压的目的就在于在低位收集廉价筹码，如果没有恐慌盘的退出，就会给主流资金发动行情带来困难。因此，调整的时间就会延长，而下跌中继平台出现的几率也将大为增加。

如果股市的下跌没有刻意打压的迹象，而是因为市场本身存在调整压力，或受到实质性做空因素的影响导致的自然性下跌，这时形成的走势大多属于下跌中继平台。

通过对平台走势后的突破过程中的特征进行识别：

（1）增量资金的介入程度。如果平台走势后的突破过程中，增量资金积极介入，成交量是处于有效放大的，那么，比较容易形成阶段性底部。如果平台突破后，成交量不但不放大，反而持续减少，显示增量资金入市不积极的，则比较容易形成下跌中继平台。

（2）技术形态与指标状况。平台走势后的突破过程中，如果各项技术指标严重超卖，包括日线、周线，甚至月线在内的技术指标均出现一定程度同步底背离特征，而且底部形态构筑比较坚实的，容易形成阶段性底部；如果指标没有严重超卖，或没有形成同步底背离特征的，以及底部形态的构筑没有经过反复夯实的，一般会形成下跌中继。

（3）领头羊的种类与表现。平台突破后，市场中涌现出的领头羊如果是具有一定市场号召力和资金凝聚力，并且能有效激发市场的人气，具有向纵深发展潜力和便于大规模主流资金进出的热点个股，则往往能成功构筑阶段性底部。相反，领头羊是没有号召力、凝聚力，不能激发市场人气，不便于大资金进出的小盘股、超跌股或补涨股，则往往会形成下跌中继走势。

二次探底与破位下行的区分

股市经历过长时间地深幅下跌以后，往往积弱难返，不能在一次见底过程中就扭转颓势，只有在第一次反弹中先延缓下跌的速率，然后通过二次探底再蓄势整理积累做多能量，重新发动一轮上升行情。表现在盘面中的走势形态类似于"W"，这是最重要的底部形态之一，W形底或称为双底。

众所周知，行情的启动必须以增量资金的介入为先决条件，在双底形态中量能的因素十分重要，没有成交量支持的形态是难以构筑成功的，即使从表面上走出双底，也往往不能走出理想的上升浪，有时甚至来不及突破颈线位就回落了。

对于双底的量能分析主要集中在其能否有效放量，其中需要重点观察以下四种情况：

（1）W形底的构筑过程中，右侧V形走势的成交量是否能超过左侧V形走势的成交量；

（2）完成右底后的右侧上涨过程中是否能有效放量；

（3）特别是在突破颈线位的关键时刻，是否能够带量快速突破；

（4）W形底的构筑过程中，均量线是否能向上移动，并处于发散过程中。

这些因素是决定双底形态能否构筑成功的关键因素。

识别行情见底的技巧

下面，分两步来解析如何识别行情见底：

1.提前见底股的4大特征

俗话说，任何的犯罪都有蛛丝马迹，想要寻找那些提前见底的股票，就要从蛛丝马迹入手，其实这类股票都有这么几个特征：

（1）在下跌阶段，锁仓良好，没有大规模出货，图形上主要表现为缩量。

（2）最后的下跌阶段，不但没有出货，如果用大机构系统的主被动买卖功能追踪一下，你会发现有主力加仓迹象，这个是最关键的。

（3）价格不高，后续有运作空间，当然，这个不是普遍特征，而是这样的股票更容易被主力炒作。

（4）行业和政策扶持，后续具备炒作的题材，这个也不是必需的，但是有类似题材的会更容易炒作。

2. 股价见底的 7 大特征

在实践中，股价初步见底一般有如下 7 大基本特征：

（1）长期趋势线逐渐平缓和改变。经历长期下跌后，股票开始变得跌无可跌，其基本特征就是持续的地量发生，随后出现 30 日均线逐渐走平，其他短期均线反复黏合，每天稀少清淡的买卖，让人对盘面失去观看兴趣，下跌力量衰竭。

（2）盘口买卖稀少，浮筹减少。市场成本接近，不少个股的买一、卖一价格差距扩大，很多股票连续几分钟、十几分钟无买卖盘出现。

（3）股票价格进入到一段相对平稳的市场环境里。股票不再继续下跌，个股股价经常以小阴小阳出现，盘中波动幅度不大，这样的时间长则几个月或者是半年，短线客完全没有操作机会，直到有一天，新的主力资金开始悄然关注，有计划分步骤地进行战略性建仓。先是中短期均线逐步向上，并且前期的长期压力线，比如 30 和 60 日均线也被攻克，说明主力对当前点位坚信不疑，敢于做多。

（4）长期技术指标都向上金叉，特别是 KDJ 等重要指标，如周线、月线。从沪深 A 股 20 多年来的周 K、月线结合看，一般指标向上处于接近负值，再重新往上发生金叉后，往往就是历史大底不远，其准确程度高于任何分析值，这主要是因为长期指标跨越时间长，几乎没有主力能够轻易改变和左右，此时，市场各方可以考虑连续调集资金准备入市，积极做多。

（5）宏观经济面改善，货币和经济政策从宽，经济周期变暖，市场资金充裕。例如 1992、1997 和 2007 年的大牛市都是在这些政策背景下产生的。

（6）流通股筹码开始集中。至少是连续 4 个财务报表中能够发现，个股流通股筹码不断分化，然后在新的一份财务报表中能够发现平均持股率上升，流通股股东开始减少，说明确实有主力资金开始收集筹码，表明主力对当前股价以及底部形态的认可。

（7）大小非和限售股解禁比例超过 70%。考虑到全流通时期大小非减持这个历史新问题的影响，若能增加一项衡量标准，那就是至少个股大小非和限售股解禁比例超过 70%，股票供求关系平衡，将不再存在其他可以打压股价的力量。

识别反弹与反转的技巧

识别反弹与反转之间的差异，对于研判大势至关重要，有下面几种技巧可以借鉴：

（1）从主力的炒作理念上看，是否推陈出新。在反转行情里，市场会形成一种全新的投资理念，同时还会有一些全新的题材和概念。而反弹行情里，缺乏新理念和新思维，反弹时市场只是在重复过去的一些陈旧的题材和概念。

（2）从领涨板块上看，大盘是否有做多的灵魂。反转行情中，必须有能够被市场认可的并且能激发人气的领涨板块，如1996年的绩优股和1999年的科技股。在反转行情里有一大批强势股屡创新高，高价股的火爆能够起到示范效应，使市场的整体价格重心抬高，将上升空间完全打开，大盘的热点连续，而且持续的时间较长。反弹行情中，热点杂乱无章，而且不连续，缺乏带人气的领涨板块，行情属于超跌反弹的性质。

（3）从成交量上看，是否量能充分。如果是反转的话，大盘在筑底完成后，向上突破时，成交量成倍放大，而且连续放出巨量，此时的量应当接近或超过上一波行情顶部的量，从底部向上突破时的量越大，说明量能越充分，反转的可能性越大。而反弹的成交量较小，即使放出巨量，也不能连续放出，无法维持量能，说明多头后续能量不足。

（4）要看底部构造是否充分。大盘经过大幅下跌后，成交量长期低迷，股价已经跌无可跌，市场对利好和利空已经麻木，在多次利空的打击下，几次探底，但下跌动力明显不足，无法再创出新低，底部形态明显，这是反转的首要条件。而反弹是在下跌趋势里的一种技术性回补，反弹的底部构造不充分。

（5）从基本面上看，是否有支撑一轮大牛市的环境。反转行情中，基本面会发生根本性的变化，各种因素都支持股市走牛。而反弹行情里，基本面没有根本性的变化，甚至基本面还在继续恶化。

（6）从资金来源上看，是否有大量的新资金进场。主要标志为：新股民是否纷纷入市。反转行情里投资者的队伍不断扩大，场外资金大量进场，多头有强大的生力军做后盾。而反弹行情里，入市的新股民不多，行情主要靠场内的存量资金维持。

（7）从技术上看，短、中、长期均线是否形成多头排列。反转行情中，大盘的短期均线的上升强劲有力，中期均线紧随其后，长期均线开始拐头向上，短中期均线有效穿越长期均线，形成金叉，大盘的整体均线系统构成多头排列。在反弹行情里，短中期均线虽然拐头向上，但长期均线仍然保持一定的速率向下运行，而且短中期均线无法有效穿越长期均线，反弹行情一般在长期均线处遇阻，成交量萎缩，股指无力有效突破长期均线。

第五节
中小板和创业板盘面分析

随着中小板指数的不断新高，创业板赚钱效应的不断显现，这两大板块也成为人们关注的热点。如何从这两板块中淘到金呢？也需要掌握其中的诀窍。

主板与中小板的差别在哪里

先来了解它们各自的定义，主板市场是指传统意义上的证券市场，是一个国家或地区证券发行、上市及交易的主要场所。中国的主板市场包括深交所和上交所。有些企业的条件达不到主板市场的要求，所以只能在中小板市场上市。中小板市场是创业板的一种过渡，在中国的中小板的市场代码是 002 开头的。

我们来比较一下创业板与中小板、主板的主要发行条件。

1. 相同点

一般情况下，成立时间均为 3 年以上；

注册资本足额缴纳及股东、发起人的出资要求相同；

持续赢利的要求；

生产经营符合国家产业政策的要求；

依法纳税，合法享受税收优惠，经营成果对税收优惠不存在严重依赖；

不存在重大偿债风险，不存在影响持续经营的担保、诉讼以及仲裁等重大事项；

股权清晰要求；

资产完整及独立性要求；

会计基础规范、内部控制制度健全、资金管理制度健全、担保管理；

董事、监事和高管熟悉相关规定等。

2. 创业板与中小板的不同点

（1）财务指标

①利润指标

创业板：最近 2 年连续赢利，利润总额不低于 1000 万元，且持续增长；或者最近 1 年赢利，且净利润不少于 500 万元，最近 1 年营业收入不少于 5000 万元，最近 2 年营业收入增长率均不低于 30%。

中小板：最近 3 个会计年度净利润均为正数且累计超过人民币 3000 万元，且最近 3 个会计年度营业收入累计超过人民币 3 亿元；或最近 3 个会计年度经营活动产生的现金流量净额累计超过人民币 5000 万元。

②净资产要求

创业板：最近一期末净资产不少于 2000 万元，且不存在未弥补亏损；

中小板：对最近一期末净资产未提出明确要求，仅要求最近一期末不存在未弥补亏损。

③股本总额要求

创业板：发行后股本总额不少于 3000 万元；

中小板：发行前股本总额不少于人民币 3000 万元；

④无形资产比例要求

创业板：对无形资产比例不存在限制；

中小板：最近一期末无形资产（扣除土地使用权、水面养殖权和采矿权等后）占净资产的比例不高于 20%。

（2）主营业务

创业板：发行人应当主要经营一种主营业务；

中小板：未对此有明确强制性规定，但一般也会发表主营业务突出的意见。

（3）稳定性要求的期限

创业板：最近 2 年内主营业务和董事、高级管理人员均没有发生重大变化，实际控制人没有发生变更；

中小板：最近 3 年内主营业务和董事、高级管理人员没有发生重大变化，实际控制人没有发生变更。

（4）公司治理结构

创业板：除建立健全股东大会、董事会、监事会以及独立董事、董事会秘书制度外，明确提出要建立审计委员会制度；

中小板：未明确要求建立审计委员会制度；

（5）重大违法行为的适用范围

创业板：适用范围为发行人及其控股股东和实际控制人，期限为最近3年内发行人及其控股股东、实际控制人最近3年内不存在损害投资者合法权益和社会公共利益的重大违法行为。发行人及其控股股东、实际控制人最近3年内不存在未经法定机关核准，擅自公开或者变相公开发行证券，或者有关违法行为虽然发生在3年前，但目前仍处于持续状态的情形。

中小企业板：适用范围仅仅为发行人。

3. 主板与中小板交易的不同点

（1）开盘集合

主板：9：15～9：25开盘集合竞价，9：30～11：30和13：00～15：00连续竞价，15：00～15：30大宗交易。

中小板：9：15～9：25开盘集合竞价，9：30～11：30和13：00～14：57连续竞价，14：57～15：00收盘集合竞价，15：00～15：30大宗交易。

（2）集合竞价

主板：在9：25的时候直接公布开盘价和成交量。

中小板：在9：15～9：25，交易系统会按照集合竞价规则对当前已收到的有效委托进行一次虚拟的集合竞价（每隔10秒揭示一次，不是实际开盘价，不产生实际成交），以确定截至目前的有效委托将产生的集合竞价成交价，这个价格就是虚拟开盘价。每次揭示的虚拟开盘价会随着新委托的进入而不断更新，这样投资者可以了解当前参与集合竞价的委托情况，增加开盘集合竞价的透明度。

具体来说，在五档行情下，如果集合竞价时匹配量为0，则在买一和卖一档分别揭示开盘参考价格和匹配量；如果集合竞价时出现未匹配量为卖方剩余，则除了在买一和卖一档分别揭示开盘参考价格和匹配量外，在卖二的数量位置揭示未匹配量，五档中的其他档均为空白，不揭示价格和数量；如果集合竞价时出现未匹配量为买方剩余，则除了在买一和卖一档分别揭示开盘参考价格和匹配量外，在买二的数量位置揭示未匹配量，五档中的其他档均为空白，不揭示价格和数量。

（3）撤单申报

主板：开盘集合竞价时，交易主机任何时间内都接受撤单申报。

中小板：开盘集合竞价时，9：20～9：25主机不接受撤单申报，除此之外都可接受撤单申报。

（4）收盘定价

主板：以当日最后一笔交易前1分钟所有交易的成交量加权平均价（含最后一笔交易）来确定。

中小板：14：57～15：00实施收盘集合竞价，以确定收盘价，收盘集合竞价不能产生收盘价的，以最后一笔成交价为当日收盘价。

如何骑上中小企业板的领头羊

中小板块即中小企业板，是相对于主板市场而言的，一些企业没有达到上主板市场的要求，在中小板市场上市。它指的是流通盘在1亿以下的创业板块。该板块是在2004年6月25日揭幕的，是深交所为鼓励自主创新而专门设置的中小型公司聚集板块。该板块的主要特点是：普遍具有收入增长快、赢利能力强、科技含量高的特点，而且股票流动性好，交易活跃。

选择中小企业板块个股必须具备的优势有：

（1）在行业产品方面要有独特性，在行业地位方面要处于行业龙头，在行业背景方面要有良好的发展前景。

（2）在市场特征方面要有低价优势。目前中小企业板中的主力资金规模不大，流通盘越小，股价越低，就越便于各种资金操作。因市场中存在着普遍的"恐高症"，所以投资者选股应尽量选择价位偏低的。

（3）在技术特征方面要有坚实的底部支撑优势。底部是否坚实主要取决于底部形态的构筑时间及形态特征的完整性，还有就是中小板块新股在底部区域的换手情况，换手越充分，则表明该股的筹码交换过程越顺利，将来该股的上涨空间就越大。

图2-21为轴研科技（002046）在2005年5月26日到2005年11月24日的走势图。该股是在2005年5月26日上市的，总股本为6500万股，流通盘2500万股，首次上市流通为2000万股。轴研所是轴承行业唯一的国家一类科研院所，

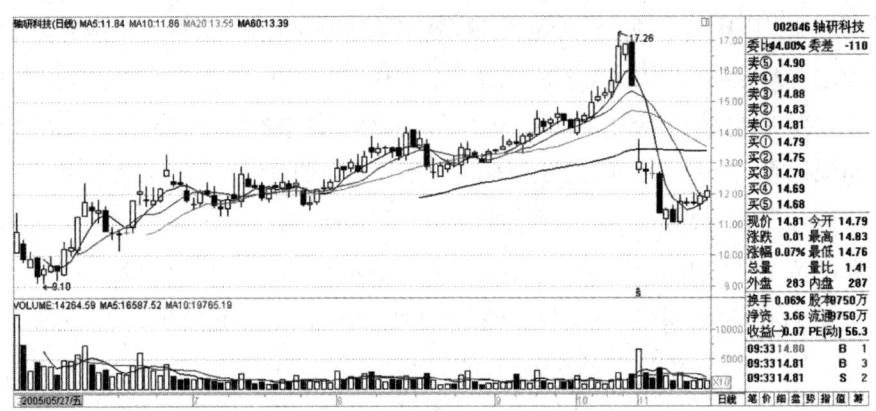

图 2-21 轴研科技（002046）2005 年 5 月 26 日到 2005 年 11 月 24 日的走势图

是轴承业技术创新的龙头，大股东科技实力雄厚，行业地位突出。公司生产的航天特种轴承处于市场垄断地位，它的垄断地位将使得公司获得稳定的利润来源和增长。该股发行价格为 6.39 元，公司 2004 年每股收益 0.3257 元。从该股的趋势图表现来看，该股的股价会有一个很好的表现，后来的走势也证明了这一点。

图 2-22 苏宁电器（002024）2004 年 8 月 2 日到 2005 年 4 月 11 日的走势图

图 2-22 为苏宁电器（002024）在 2004 年 8 月 2 日到 2005 年 4 月 11 日的走势图。苏宁电器于 2004 年 7 月 21 日，登陆深圳交易所的中小企业板，上市后股价连续上涨了 3 天，同时引领中小企业板块的所有股票全面上涨。此次苏宁电器共发行 2500 万股股票，筹集资金 4 亿元，主要用于 11 家门店的建设，同时保持增加苏宁电器在一级市场的市场份额，从而加速市场的扩张。与此同时，2003 ～ 2004 年中国的家电连锁销售行业正处于高速发展时期，家电连锁销售在整个家电流通中的比重不断上升，但是专业家电连锁占整个家电销售的比重仍然

较低。如果中国的市场能够达到国外成熟市场连锁业的程度，那么中国需要专业的家电连锁行业以继续保持较快的增长。2003年底，我国家电流通企业超过了3.9万家，而美国的同类企业不足1000家，美国前三大电器零售商控制了高达80%的市场份额。行业集中度的提升，将有助于该行业的良性发展。而我国家电零售行业的行业集中度还远没有达到美国市场水平，此后数年，家电零售行业展开新一轮洗牌。苏宁电器作为家电连锁业的第一梯队，竞争力强，发展迅速。

由于苏宁电器满足行业优势、流通盘子小等特点，并且它的首日发行在技术形态方面又有支撑，在综合该股的基本面方面的优势后就可以大胆地选择该股了。从该股的日线图可以看出，该股的后市行情很好，股价在短短的8个月里涨了2倍多。

对于中小板，我们需要关注以下几方面的因素：

（1）由于资金性质的不同导致投资中小企业板的风险要大于主板市场。

中小企业板新股的上市安排是在严格地监管下有序进行的，所以在中小企业板的开创初期会出现资金过剩局面；又因为中小板市场的容量很小，这就容易造成流动性强的短线投机资金，这部分资金的操盘手法凶悍，目的是短线套利，所以很容易造成股价剧烈震荡。

（2）市场规模较小容易增加系统性风险。

因为中小企业板块的市场规模较小，所以容易引起指数的大幅波动，而且中小企业板被投资大众广泛看好，会产生要将中小板股票炒到高价的舆论，这些都会增加该板块的市场风险。

（3）存在市场运作风险和投资风险等多方面的非系统性风险。这往往是由中小企业板的上市门槛降低，中小板上市公司的经营状况、技术含量、业绩增长情况，以及上市公司的诚信道德等方面原因的引起的。

创业板和创业板指数

创业板又称二板市场，即第二股票交易市场，是指主板之外的专为暂时无法上市的中小企业和新兴公司提供融资途径和成长空间的证券交易市场。

在中国发展创业板市场是为了给中小企业提供更方便的融资渠道，为风险资本营造一个正常的退出机制。同时，这也是我国调整产业结构、推进经济改革的重要手段。对投资者来说，创业板市场的风险要比主板市场高得多，当然，回报可能也会大得多。各国政府对二板市场的监管更为严格，其核心就是"信息披露"。

除此之外，监管部门还通过"保荐人"制度来帮助投资者选择高素质企业。二板市场和主板市场的投资对象和风险承受能力是不相同的，在通常情况下，二者不会相互影响，而且由于它们内在的联系，反而会促进主板市场的进一步活跃。

创业板指数，也称为加权平均指数，就是以起始日为一个基准点，按照创业板所有股票的流通市值，一个一个计算当天的股价，再加权平均，与开板之日的"基准点"比较。

2009 年是中国创业板元年，根据创业板已披露完毕的业绩快报或年报统计，已上市的 58 家创业板公司 2009 年整体业绩同比增长了 47.49%，这是一个令人欣喜的数据，因为这是 A 股上市公司业绩增速最高的一个板块。统计显示，58 家公司 2009 年实现营业收入 179.06 亿元，实现归属母公司股东的净利润为 33.79 亿元，同比分别增长 33.61% 和 47.49%。58 家公司加权平均每股收益为 0.87 元。创业板股票经过爆炒和回归之后，估值水平逐渐进入合理区域，最重要的是创业板公司业绩的高增长将提升这些公司的投资价值，这也是 2010 年 2 月份以后创业板股票出现较大幅度反弹的原因。

创业板的交易规则

除上市首日交易风险控制制度外，创业板交易制度与主板保持一致，仍适用现有的《交易规则》。

在交易规则上，除上市首日增加停牌指标外，创业板与主板相同。当创业板股票上市首日盘中成交价格较当日开盘价首次上涨或下跌达到或超过 20% 时，深交所可对该股实施临时停牌 30 分钟；首次上涨或下跌达到或超过 50% 时，深交所可对其实施临时停牌 30 分钟；首次上涨或下跌达到或超过 80% 时，深交所可对其实施临时停牌至 14 时 57 分。临时停牌期间，投资者可以继续申报，也可以撤销申报。股票临时停牌至或跨越 14 时 57 分的，深交所将于 14 时 57 分将其复牌并对停牌期间已接受的申报进行复牌集合竞价，然后进行收盘集合竞价。

另外，在停牌制度方面，相对于主板，创业板主要在三方面加以改进：一是披露年度报告、业绩预告等重大事项不实行一小时例行停牌；二是出现异常情况如预计重大事项策划阶段不能保密、市场有传闻且出现股价异动的情况等，公司可主动提出停牌申请或由深交所直接实施盘中停牌；三是长期停牌公司每 5 个交易日必须披露停牌原因及相应进展情况。

投资创业板的策略

投资策略的选择，研究来，研究去，就发现如果上市公司的质量没有保障，资源不丰富，产品质量不好的话，创业板的选择肯定要失败。

选择创业板上的上市公司有以下几个基本步骤：

首先，这家公司的产品是否有足够的市场空间，该公司所在的行业竞争的激烈程度如何，是否门槛较低，因为这些关系到利润水平。

其次，公司的毛利水平有多高，其利润增长的源泉何在等问题则与该公司在行业内的竞争能力有关。在此基础上，还要注意辨识该公司的增长是否属于周期性增长。有些周期性公司从低谷向顶峰过渡时业绩增幅通常相当迅速，投资者如果不能辨识公司的周期性，往往会跟随公司跌入低谷。

当然，并不是每一个小公司都能够成长为业界巨人，微软、可口可乐这样从纳斯达克成长起来的企业毕竟只是少数。同时，以主板作为参照物，投资者对于创业板企业的成长性也应该有一个理性的认识。

创业板在制度设计上有一点和中小板、主板都不同，那就是公司没有重组的可能性，因此，高速成长就意味着高风险。到2010年8月份，创业板整体市盈率为62.65倍，与沪深300成分股市盈率的比值为3.85倍，显然处于高位。业内人士认为，从目前发行的市盈率来看，一些公司的估值仍然过高，建议投资者继续等待高估值风险的进一步释放。

当然对创业板的投资还有另一种策略，即申购创业板新股。一般来讲只要申购到了，是赚钱的可能性还是很大的。申购有以下步骤：

（1）投资者在申购新股之前，应办妥证券账户的开户手续，到证券公司开立资金账户，并根据自己的申购量存入足额的申购资金。

（2）申购日（T日），投资者以发行价格委托买入该股票。

（3）交易所以实际到位资金作为有效申购，由电脑系统自动进行连续配号，每500股配一个申购号，并在当日收市后将申购配号传给各证券公司。

（4）申购日后第二天（T+2日），由主承销商组织摇号抽签，并于T+3日公布中签结果。

（5）申购日后第三天（T+3日），投资者可以到参与申购的证券公司营业部查询申购是否中签，也可在本所指定信息披露网站查询公司的中签结果公告，同时可通过本所的语音查询电话查询中签情况。

创业板市场，是相对主板市场而言，它是专门为成长性企业进入证券市场开辟的一个新渠道。与主板市场相比，创业板市场的上市公司主要有以下特点：

（1）规模不同。在沪深交易所（主板）上市交易的公司，其股本总额不得少于5000万元；而创业板市场主要为中小企业服务，这些企业规模较小，股本总额只要达到2000万元即可。入市门槛低，使得不少有潜力的中小企业能到资本市场一展身手。

（2）对公司上市之前的赢利要求不同。主板市场的上市公司在上市之前有一定规模，在本行业中有一定的地位，企业经营已进入稳步发展期，企业赢利能力较为稳定，新的利润增长点较为可靠；而创业板的上市公司大部分是高科技企业和具有成长性的中小型企业，经营前景不明朗，企业规模小，经营历史短，生存能力和赢利能力还没有经受足够的市场考验。

（3）控股主体不同。主板市场的上市公司绝大多数由国家控股，而创业板的上市公司控股主体一般是民营企业或个人。

（4）风险不同。与主板市场相比，创业板的上市公司更具有成长性，但风险也更大。香港创业板开设之初曾有过指数上冲1000点的辉煌，但也有下探至300多点的时候；号称国内"第一新闻网"的新浪网也有在数月间从每股58美元跌至5美元的经历。创业板的风险之大可见一斑。

基于创业板的特点，普通市民在投资这一品种时，应注意以下几点：一要对上市公司的基本情况进行分析，注意选择那些在新技术开发、新材料应用上占有优势，且有竞争实力的企业。二要对上市公司的财务状况进行分析，主要分析其负债及偿债能力、获利能力、资金周转等情况。三要掌握国际市场动向。由于全球创业板市场的龙头是美国纳斯达克，它左右着许多国家创业板的走向，因此研究、了解纳斯达克的走势成为创业板投资者的必修课。四要注重稳健操作，以分散投资、组合投资为主，保持理智、冷静、果断的投资心态。

创业板投资中应明确的风险

创业板是对主板市场的有效补充，在资本市场中占据着重要的位置。在创业板市场上市的公司大多从事高科技业务，具有较高的成长性，但往往成立时间较短规模较小，业绩也不突出。创业板市场最大的特点就是低门槛进入，严要求运作。投资创业板企业股票应注意规避以下风险：

首先是信息风险。这个问题容易被许多人忽视，因为创业板企业成立时间短，企业信息少，如果企业缺乏诚信，很容易造成企业信息单一，甚至不排除虚假的信息，投资者把握不好，风险极大。中国有股市以来，信息不对称的问题长期没有被解决。上市公司内幕消息成为一个神秘的炒作题材，由此带来的法律问题、股民损失问题、监管不善问题相当严重，也是造成股民资产损失的一大原因。

然后是股价风险。就我们目前的证券市场来看，股票的价格和企业的赢利能力以及基本面并没有十足的关联。公司的基本面可以远远脱离市场，而所谓的消息、所谓的二级市场做庄就可以令股票价格飞天。创业板公司的盘子小且高度依赖技术——盘子小意味着股价容易被操纵，依赖技术意味着炒作不缺题材，二者一结合便给"忽悠"留出了巨大空间。

再次是道德风险。按照创业板的进入标准，既然创业者创立企业三年就挣得了亿万身家，暴富引发的在二级市场的套现行为已经不是秘密。在既得利益的驱使下，有些上市企业的实际控制人不顾一切地套现。国家对于目前违规套现处罚的制度并不完善，特别是有些规定在细节上依然不够严密。在打击上也是管理手段单一，方式僵化。如何采取最严厉的措施一步到位地进行打击并且有效进行防范，这一课题一直摆在管理层的面前。

最后是退市风险。企业的快速成长本身就难以持续，再加上市场波动、技术更新、团队离散……创业板上的企业注定活得小心翼翼，其根源便在于创业板的"直接退市"规定。该规定指出，企业即便没有出现亏损，只要出现以下情形之一且限期内不能改善的则将启动退市程序：被会计师事务所出具否定意见或无法表示意见的审计报告，净资产为负，股票连续 120 个交易日累计成交量低于 100 万股。这些办法和措施相信现在已经开通了创业板的股民并不一定真正了解，股民们关心它的投机成功率、收益率，却往往忽视了存在的巨大风险。

第三章

盘口语言：
如何成为读盘专家

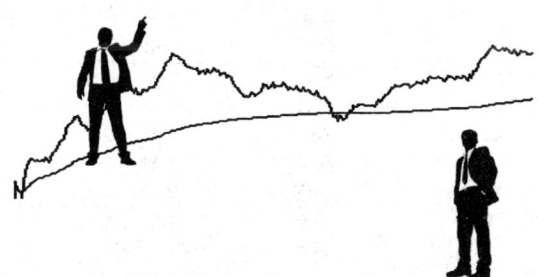

第一节
买卖盘的学问和细节

为什么会出现挂单突增

挂单突增是指在极短的时间里，买盘和卖盘双边挂单都突然增加的现象，比如原来的接抛盘基本上都是两位数，也就是几千股，但突然间二位数全部或者是几乎全部都变成了三位数，这就是典型的挂单突增。图 3-1 就是一个典型的挂单突增的实例。

☆☆☆	百科集团 600077	
委比	-89.32%	-7713
卖⑤	7.55	5839
卖④	7.54	1700
卖③	7.53	463
卖②	7.52	85
卖①	7.51	87
买①	7.50	1
买②	7.49	67
买③	7.48	103
买④	7.47	41
买⑤	7.46	249
最新	7.51 开盘	6.86
涨跌	+0.62 最高	7.57
涨幅	+9.00% 最低	6.85
振幅	10.45% 均价	7.32
总手	50715 量比	0.57
金额	3714.31万 换手	3.86%
市盈	364.13 市盈(动)	亏损
涨停	7.58 跌停	6.20
外盘	36121 内盘	14594

图 3-1

挂单突增是一种典型的非自然交易状态，它值得我们关注。

从概念上说，接抛盘多说明交易比较活跃，买卖双方参与意愿很强。但现在这些接抛盘是突然出现的，所以这只能是主力的单方面所为。主力将大量的筹码突然挂出来又是为了什么？

市场显然不可能因为挂单突然增加就突然冲进来很多买单或者卖单，所以主力一直将挂单放在那里是毫无意义的。单子是用来进行交易的，因此主力的后续动作就一定是自己交易这些单子，起码是其中的相当一部分。

主力自己交易就是对倒，对倒的目的往往是拉升股价。如果我们继续观察就会发现随后交易开始活跃，成交量比前面明显放大，股价出现上涨。

当然这只是一次盘中的预备上涨时段，是一个很小的环节，对判断股价未来的走势所起的作用有限，但如果正在考虑买入这家股票的话，这是一个比较好的买点。

挂单突增一般出现在指数盘中下跌以后的回稳阶段。如果指数接着出现一波更猛烈的下跌，那么主力即使不逆势拉升，起码也会维护原来的价位，等到指数回稳后再拉升。

由于接抛盘一起挂有明显的造市假象，而且主力会进行对倒交易，所以主力应该不在建仓期。

小单的真实感

从沪深两市交易所传出来的交易信息中，有上下各五个价位的买卖挂单，这是投资者最为看中的，它对于我们了解股票特性起着重要的作用。比如该股是否有主力，主力是否在活动，主力是否被套，主力资金是否充沛，主力是否有推高股价意愿等等。

就正常的交易过程而言，一旦出现大单就表明有更多的资金或者筹码介入，也就说明该股的基本面将会发生一些变化，或者是市场的整体会发生一些变化，这就提示股民朋友买进或者卖出。作为主力来说自然是深知这一点的，因此为了吸引市场的关注就必须要一些手段。K线图是主力与市场对话的唯一方式。也就是说，主力只有通过K线图才能与市场进行对话，才能告诉市场一些东西。而K线图的原始数据就是上下五个价位的挂单，这样一来，主力要与市场进行对话的第一步就是在挂单上做文章。

尽管主力可以有多种方式在挂单上做文章，但有一点是可以肯定的，那就是只能增加市场挂单的数量而不能减少市场挂单的数量。反过来说，如果所有价位的挂单都非常小，那么该股应该是没有主力参与的了。这似乎是一个否定的结论，但实际上还是可以得到一些肯定的结果的，只是我们要灵活运用。

某股在一段时间内一直有主力活动，某一天也不例外，股价在 8.26 元以下波动，上档最高看到 8.30 元，五个价位全部都是几万股的挂单，下方的接单也是同样的数量级，而以前该股的正常挂单只有几千股。随着交易的进行，情况发生了变化，万股以上的买单开始进场扫货，逐步将股价往上推，这时，原来看不到的价位出现了，从 8.30 元一直到 8.40 元，而且其中并非每隔一分钱都有挂单。特别值得注意的是上档的挂单除了 8.40 元以外都是几千股以下的小单子！显然，这才是真正的市场上的挂单，才是市场的真实情况。我们可以肯定，该股当天并没有大量的抛单要出来，至于前面的大单子，应该是主力刻意所为。原因有两个：一个是主力自己挂单，目的是掌握股价的运行节奏；另一个是主力与大单子之间的交易，比如某张大单子要出货，主力压在该区域进行消化。

这里有两种情况需要说明。一种是在以前的庄股时代，即使挂单非常小也完全有可能是主力所为。因为有些主力做过了头，外面几乎没有筹码，如果主力连小单也不挂出去的话，可能上下挂单都没有了，那是非常悲惨的。现在这种情况还有，只是非常少罢了。另一种是有些主力会在股价上推的过程中一路将大单子挂上去，这样也就不会有小单的情况出现了。

显然，当我们将主要精力都放在研究大单子的同时，也不要忽视了小单子的现象，无论怎么说，小单子的真实感更强。

挂单为什么突然变了

面对某些股票的走势，我们经常会问：有人在其中活动吗？这里所谓的"有人"其实就是"主力"的意思。要得出最终的结论确实比较难，每个人会有每个人的判断标准，但有一些基本的方法是具有共性的，比如我们在演变过程中所看到的上下五个价位的接抛盘是否真实就是一个基本点。如果挂出来的接抛盘有很多是主力故意挂出来的，那就是有人在其中活动了，因为这些挂单不是市场的自然挂单。

从性质上来说，挂单可以分为静态和动态两种。当我们看到盘面上的接抛盘时，其实只是看到了一种静态的状态，但交易一直在进行，因此挂单会出现变化，特别是某些大单会突然出现或者消失，这往往是我们更需要关注的。

某股时价为 6.74 元对 6.75 元，上方每一个价位都在万股以上，而底下的接盘都在万股以内，感觉是市场抛压沉重，特别是在大盘不好的情况下。但也有可能给我们一个暗示：似乎有主力故意压盘。接着伴随大盘的下跌，该股的股价也继续下跌，一直到 6.70 元才停止。这时上档的抛盘价位是从 6.70 元到 6.74 元，其中并没有超过万股以上的压盘。注意，原来 6.75 元以上有大抛盘的价位已经看不到了。随着大盘出现盘中回升，照理该股也应该有所回升，但正当 6.70 元的压盘被打掉之际，却在该价位上又压出了 2 万余股。也许这是市场的散单，但也有可能是主力希望股价慢一些回升，以便让主力有时间做一些其他的事情。最终这笔大单也全部成交了。随着买单的进场，股价逐级回升，不久价位回升到原来的 6.75 元，这时一个奇怪的现象出现了：上档的五个价位居然没有一个价位的压盘超过万股！如果我们没有注意到这个细节的话就会被主力蒙骗过去。当然，有可能随着大盘的回升，市场的抛单纷纷撤掉，但这取决于两种情况：一种是大盘飙升，一种是大抛单离开低位比较近。但这时大盘回升的力度并不大，可以排除第一种情况。股价的前一个低点在 6.70 元，在当天交易的范围内 6.75 元以上的价格已经远离该点。因此这种撤单的现象只能解释为非市场性的，也就是说前面的挂单应该是主力所为，而这时主力趁股价还没有回升之际已经将上面的大单撤了下来。这种利用股价下跌时看不到挂在上面的大单，然后秘密撤单的手法，是一种比较好的方法，很容易欺骗市场从而掩盖自己的目的。

从整个压单到撤单的过程我们可以得到如下一些信息：有主力在运作，主力不愿意对倒，主力并不是仓位十分重的强庄，主力不愿意在此价位将筹码让给市场，主力有可能在增加仓位或者是让他人增加一些仓位。

显然，以上这些结论对于我们的具体操作是十分有益的。

单向整数抛单与买单的意义

（1）单向连续出现整数（多为 100 手，视流通盘大小而定）抛单，而挂单持续的较小（多为单手），且成交量并不因此出现大幅的改变，此种盘面一般多为主力在隐蔽式对敲所致，尤其在大盘成交稀少时极为明显，此时应是处于吸货末期，进行最后打压吸货之时（当然应结合股票的整体趋势来判断）。

例如，云南城投（600239），在低位曾经持续突然出现 100 手连续抛单，且每隔几日便突然出现，而成交却并不活跃，换手率仍处在 1.30% ~ 0.3% 之间，翻开该股的月线图表，可清楚地看到该股自见到中期大顶之后，一路下行，连续阴跌 13 个月之久，与大盘的跌幅进行比较，该股跌幅超过 43% 以上，周线日线技术图表也表明该股处于历史低价区域，再加上日线图中经常出现上下影线，可初步判断有资金被套。在如此低的价位，此种表现，可判断为其主力正在小仓位吸货，后续在技术面配合下，出现短线拉升。

（2）单向连续出现整数（多为 100 手，视流通盘大小而定）买单，而挂盘并无明显变化，交易全为主力对倒所致，一般多为主力拉升初期的试盘动作，或派发初期激活追涨跟风盘的启动盘口。

上压板是怎么回事

在报价栏里出现大量的卖单而少量的买单现象，俗称"上压板"。如果空头真要出货，往往不会挂在报价栏里，即使其大卖单只成交了部分而剩余的挂在卖单上档处，也会马上撤单，重新照现有的买单申报。将大量的卖单挂在盘口，只会使其他交易者以更低的价格赶紧成交而轮不到挂单者。迫使散户交出筹码或阻止股价暂时上升，是上压板的真正用意。

当股价处于刚启动不久的中低价区时，如果出现了上压板而股价却不跌反涨，则主力压盘吸货的可能性较大，这种现象往往是股价上涨的先兆，当交易者发现上压板被撤掉或被大口吃掉时，则要考虑跟进了。当股价的上涨已经有一定的幅度时，而此时上压板较多且上涨无量，则意味着主力想迫使获利盘看到股价受压制而快速出局；同时想看这笔压单有没有人会买，如果有，是散户在买还是大户在买；顺便也看有没有人会跟着抛，如果有，是散户在抛还是大户在抛。通过这种试盘，主力能摸清市场状况并调整操作思路。

☆	ST明科 600091	
委比	-65.51%	-1642
卖⑤	5.30	299
卖④	5.29	602
卖③	5.28 头重脚	351
卖②	5.27 轻	510
卖①	5.26	312
买①	5.25	12
买②	5.24	199
买③	5.23	30
买④	5.22	151
买⑤	5.21	40
最新	5.24 开盘	5.25
涨跌	+0.02 最高	5.27
涨幅	+0.38% 最低	5.20
振幅	1.34% 均价	5.24
总手	12237 量比	0.61
金额	640.73万 换手	0.36%
市盈	124.84 市盈(动)	亏损
涨停	5.48 跌停	4.96
外盘	4972 内盘	7265

图 3-2

图 3-2 就是 ST 明科（600091）在 2011

年11月11日收盘时的盘口。卖①到卖⑤都是过300手的大单，买①到买⑤均为100手左右的小单，属于上压板的情况。

下托板是怎么回事

在报价栏里出现大量的买单而少量的卖单现象，俗称"下托板"。交易者如果真看好该股，通常会朝现有的卖单直接申报，甚至直接照卖二、卖三的价位挂单，很难在盘面上出现有大量委买单的现象。委买单越多，只会迫使其他交易者以更好的价格买入，而挂在盘口的买单是无法很快成交的。所以，迫使散户抢单或阻止股价下跌，是下托板的真正用意。

当股价处于刚启动不久的中低价区时，如果主动性买盘较多而盘中出现了下托板，往往预示主力有积极做多的意图，交易者可考虑逢低介入；当股价升幅已大且处于高价区时，如果盘中出现了下托板，此时交易者要注意主力是否在诱多出货。通常是看下面的托单是否在频繁更换，如果是，那么说明主力在不断撤掉自己的单子而把其他交易者的单子推在了前面，然后用自己的卖单来成交。这往往是不祥之兆，一旦大托单被撤销或被吃掉，交易者就要考虑避避风头了。

图3-3就是万业企业（600641）在2011年11月11日收盘时的盘口。买②挂2031手，而卖单都是几百手，属于下托板的情况。

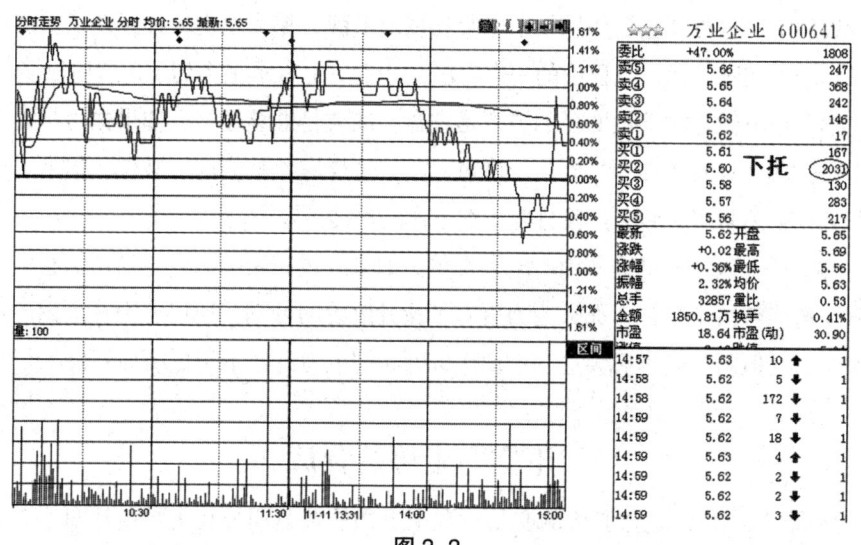

图3-3

111

"夹板"突然消失的奥秘

当天的股价变动幅度很小，成交也显得比较清淡，但在接近的几个价位中挂单却相对比较大，给人一种"上有阻力下有支撑"的感觉，一般称这种情况为"夹板"（并非上下各一个价位有大单才叫"夹板"），即股价的波动范围已经被这些夹板夹住。然而转眼间上下大单子都消失了，同时伴随着几笔巨大的成交量，显然，这不是市场的自然交易状态。

如果类似的交易是单向的，比如单向买进或者单向卖出，那是正常的，但几乎同时进行双向交易就值得注意了，而且这种情况一般都是先有大卖单，后有大买单。

股价的短暂平衡靠的是供求关系的平衡，大卖单的抛出必然会引起股价的向下破位，而且市场新的买单应该挂在下面，而不会主动往上面打，所以接着立刻出现的大买单就一定是非市场性的单子，换句话说，大买单事先是知道前面的大卖单要砸出来的。既然买卖单子都很大，那么我们就有理由相信这是盘中主力在进行运作。

主力的目的是我们所关心的。不失一般性，可以假设这些大的单子一共是两笔，一笔卖出接着一笔买进。现在我们来分析主力的意图：

（1）建仓。建仓从来都是小心翼翼的，根本就没有必要搞这么大的动作，可以排除。

（2）减仓。主力经过计算后发现市场上的挂单中买单多于卖单，因此采用一买一卖的手法进行减仓。如果接下来交易恢复平静，那么就是这种意图了。当然这只是主力在股价运作过程中的一个阶段，并不一定表示主力到了出货阶段。

（3）往下做。往下做的目的或者是洗盘，或者是继续建仓。如果主力是为了往下做，那么只要前面一笔大卖单就可以了，这样股价就会向下破位，但主力还有一笔大买单紧跟在后，这就排除了往下做的可能。

（4）往上做。关键是前面一笔大卖单。如果经过一卖一买后，新增的仓位有限甚至还能够减少仓位，那么主力就有了拉升股价的冲动。所以主力往上做的可能性很大，但同时先卖后买这一个动作告诉我们主力已经不想再增加筹码了。

"下空"走势的背后

所谓"下空"，是指股价的交易过程中下档的接盘明显比上档的压盘小，至于"下空"走势是指股价在一路上升过程中一直处于"下空"状态。

比如，2005 年 6 月 15 日，堪称股改第一股的三一重工（600031）出现"下空"走势。当天跳高开盘之后股价在 15 分钟内直接冲到涨停价 23.82 元，随后回落震荡，并最后仍然报收涨停价。在这前 15 分钟里，上档 5 档价位的压盘全部都是黑黑的一片，每一个价位上的压盘都在 5 万股以上，但反观下档的接盘，5 个价位没有 1 个是超过 1 万股的，是标准的"下空"走势。

以当时三一重工（600031）6000 万股的流通盘来看，如此大的成交量是值得探讨的。果然，通过 K 线图发现，股价已经创出了一年来的新高，在基本面有重大变化的情况下出现大量换手也是可以理解的，因此会有上档大量的压盘。

另外，既然是大量换手，那么市场上的单子为什么都直接对准卖盘打进而就是不愿意在下面接？其实这里所谓的"下空"也不是真正意义上的"下空"，由于现在行情刷新的速度可高达 1 分钟 10 次，也就是每 6 秒钟一次，因此我们可以更细致地进行行情的实时分析。在三一重工（600031）这 15 分钟的"下空"走势中，下档是出现过万股以上的接盘的，甚至有几次还有过 2 万多股的接单。但最多在 1 分钟之内，有时甚至快到下一笔单子传过来，这笔相对大一些的接单就没有了。

结论是很明显的，就是说这只股票是有主力深度介入的，上档的压盘一定会有很大一部分是主力自己的盘子，"下空"走势的目的就是告诉市场该股的题材不错，现在正在放量上冲。至于上档的压盘，有人买更好，没有人买就自己买。因为股价已经明显高于主力的持仓成本，所以在下面挂大接单是不可能的，万一市场有大单砸出就会无故增加仓位。但为了营造热烈的氛围，在下面挂万股以下的接单还是可以的。在一路往上扫货的过程中，尽管有自己的压盘，也会有市场的主动性买单，但总体来说，出现大接单就立马砸掉也是必然的。既然确认了三一重工（600031）的庄股性质，有些结果就是水到渠成的了。

从其大股东在第一时间声称要增持流通股这一点来看，其主力或者至少是主力中的一部分很有可能具有大股东的背景，因此最后所谓的增持无非是把流通筹码从 A 字账号换到大股东账号，只不过多了一次对倒而已。从这个角度考虑股改方案的高票通过也就顺理成章了。

大买单的真实信息

在股市上，买卖双方通过报价来获得成交的机会。报价时既需要报出价格，也需要报出数量。在个股盘面上就会形成买价最高的前五位和卖价最低的前五位，如下图所示。我们在报价的时候经常会参考报价单，以辅助我们对多空双方力量进行判别：股价处于高位时，若卖单远高于买单（在成交量上），则说明卖压强大，后市暗淡无光；而股价处于低位时，若买单远高于卖单，则说明买方力量强大，会将股价抬高。

但是，当股价与上面所说的情况不符时，就需要投资者特别注意了。这可能是主力资金在进货和出货前故意做的盘面，引诱投资者上当。一般来说，主力资金在卖单上挂大单，制造出卖压，投资者连忙卖出，在此过程中，主力资金趁机吸货。若在买单上挂大单，使人对该股票充满信心，仿佛有人撑盘，但实际上主力要趁机卖出手中股票。

☆☆☆　中视传媒　600088

委比	-29.83%	-247
卖⑤	17.38	77
卖④	17.37	60
卖③	17.36	34
卖②	17.35	57
卖①	17.30	309
买①	17.29	150
买②	17.28	61
买③	17.27	26
买④	17.26	28
买⑤	17.25	25
最新	17.33 开盘	17.33
涨跌	+0.00 最高	18.20
涨幅	+0.00% 最低	17.03
振幅	6.75% 均价	17.55
总手	12.82万 量比	0.74
金额	2.25亿 换手	3.87%
市盈	72.04 市盈(动)	102.58
涨停	19.06 跌停	15.60
外盘	61825 内盘	66336

14:59	17.35	38 ↑	1
14:59	17.34	138 ↓	1
14:59	17.35	196 ↑	1
14:59	17.35	15 ↓	1
14:59	17.35	43 ↓	1
14:59	17.35	6 ↓	1
14:59	17.35	10 ↓	1
14:59	17.36	26 ↑	1
14:59	17.30	711 ↓	1
15:00	17.30	11 ↓	1
15:00	17.33	--	0

图 3-4　中视传媒某日的盘面情况图

如图 3-4 所示，盘面上的图形显示的是实时的买单和卖单的情况。判断是否为大单并没有统一的标准，因股而异。我们可以考察该股在过去各阶段平均的委托数量，若挂出的单的量明显高出平均水平，则属于大单，高出水平越多，越需要密切关注。

图 3-5 为葛洲坝（600068）在 2011 年 11 月 24 日的盘面情况。我们看到图中箭头所指之处，挂出了一个 1473 手的大单，给人带来强大的压力，持股人担心股价仍然会下跌，可能会就此卖出，而持币者则可能就此看空，持观望态度。

市场主力有可能利用这种方法压制住股价的上涨，当股价被成功打压时，在低价位处买进该股，股价的走势到底是如何呢？作为普通投资者，此时不应该怀有"赌一把"的心理，而是应该重点关注像这样的大单是否会消失。如果大单消失，表示买盘顶住了压力，那么股价可看高一线；而如果大单不消失，且价格仍保持下降趋势，则持币者还不应买入，因为就算此时是主力资金在压低价格吸货，价格也会被一直压制，因此应等到价格开始上升时再买入。

在操作时，我们需要注意以下两方面：

（1）价格的位置是判断主力行为的重要因素之一

判断是否为主力资金的行为，一定要观察价格所处的位置。主力资金只有在相对低位时才会大量进货，也只有在相对高位时才会出货。

（2）灵活运用，适时变化

主力资金是狡猾的狐狸，经常会进行反技术操作。因此对于本节内容不可死记硬背，而应理解其中的分析思路。

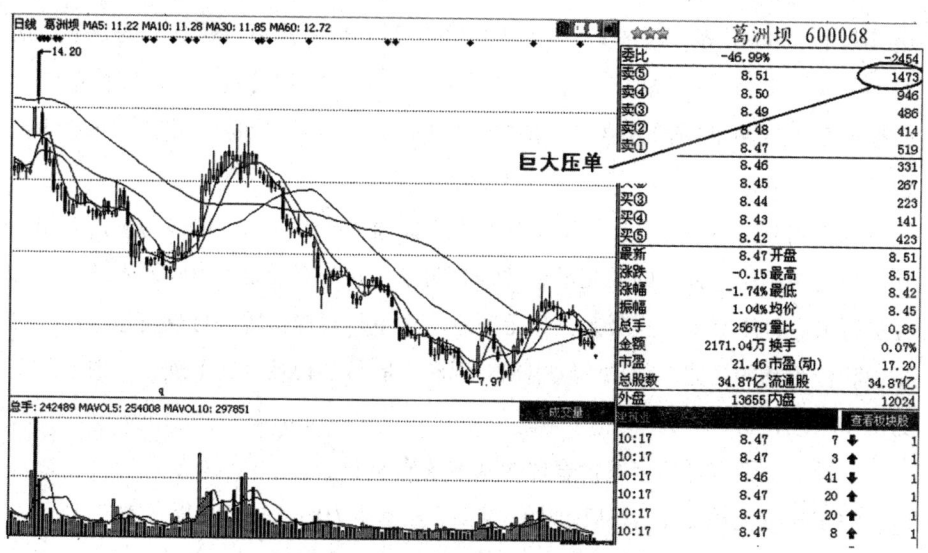

图 3-5 葛洲坝（600068）2011 年 11 月 24 日的盘面情况图

第二节
盘口中的成交信息解读

为什么会出现多笔大单瞬间成交

一般的行情软件，都把 500 手作为划分大单和零星小单的分界线。一笔数量大于 500 手的成交称为大单成交。连续且单向的大单成交显然非中小投资者所为，而大户也大多不会如此轻易买卖股票而滥用自己的钱，我们几乎可以肯定是主力所为。大买单数量以整数居多，但也可能带零数，但不管怎样都说明有大资金在活动。比方说，用大的买单或卖单告知伙伴自己的意图，像 4500 手、连续两个 1200 手等，这是他们早已约好的暗号。或者用有特殊含义的数字，比如 1818 手、2345 手、6666 手、6868 手等，一般投资者是绝不会这样挂单的。如果连续出现两笔同样数值的三位数以上的成交，则可能是使用软件下单的机构操盘手所为。

大单相对挂得较少，但成交量却并不因此而大幅萎缩，一般多为主力对敲所致。与前期相比，稀少的成交量意义较为明显，此时应处于主力吸筹末期，主力在进行最后打压吸筹，且吸筹已显得艰难。大单相对挂得较多且成交量增加，是主力积极活动的征兆。如果涨跌幅相对温和，股价小幅抬升或下跌，一般多为主力逐步增减仓所致。

大单成交情况与后市股价表现的基本规律如下：

（1）连续大单成交，将股价大幅推高，显示主力愿意高价吃货，是扫盘行为，该股后市看涨（如图 3-6）。

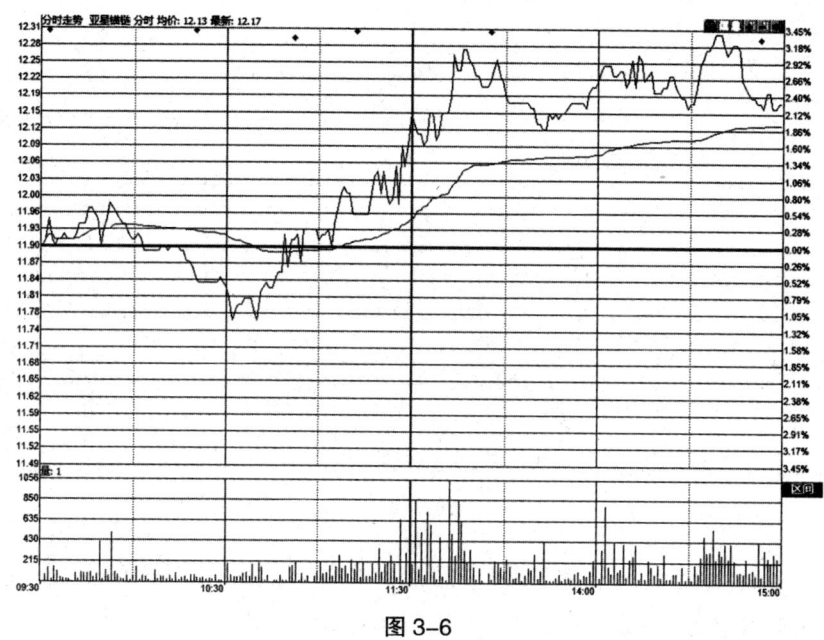

图 3-6

（2）股价下跌后，大单成交仍连续不断，显示主力愿意低价卖出，是出货行为，该股后市看淡（如图 3-7）。

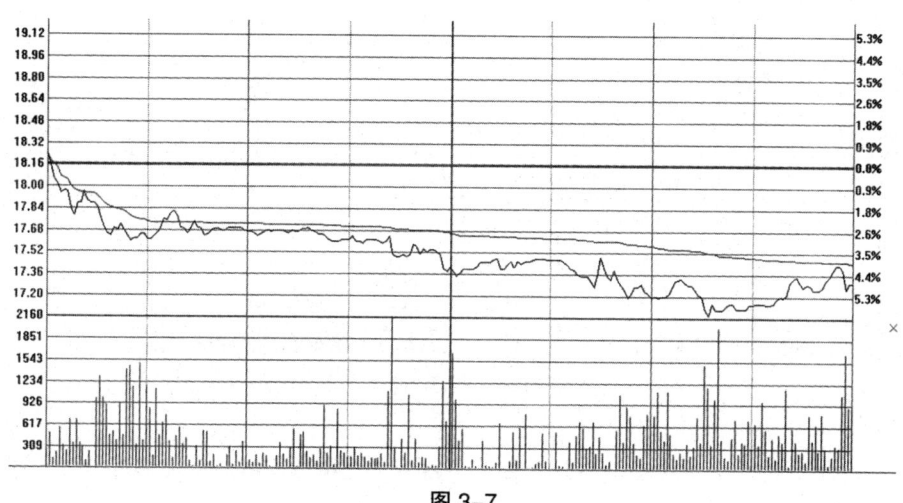

图 3-7

（3）股价随大单成交而上涨，如稍回调再上涨时大单成交（笔数或单笔数量）增加，说明股价上升的动力加强，该股后市继续上涨的可能性大（如图 3-8）。

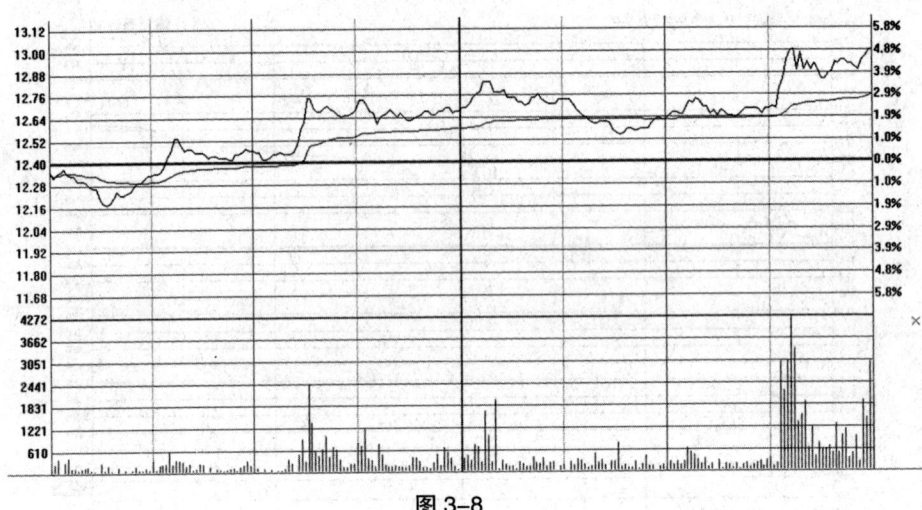

图 3-8

（4）股价随大单成交而下跌，如随后大单成交增加，说明股价下跌的动力增强，该股后市继续下跌的可能性大（如图 3-9）。

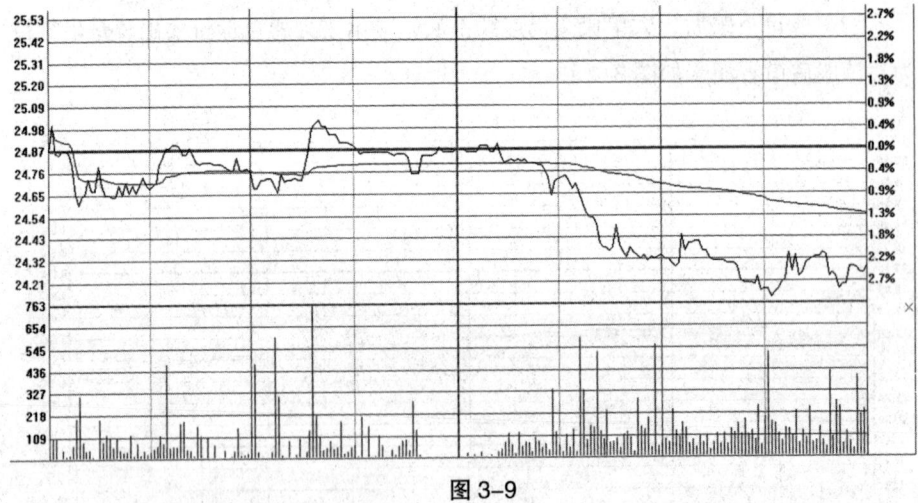

图 3-9

（5）股价随大单成交而有较大幅度下跌后，大单成交减少后又慢慢增加，股价上升，说明股票的承接力增强，是跌势将尽的信号。

（6）股价总体下跌，但大手成交时的价位都是上升的，这是打压吸货的行为，后市将向上反转。

为什么会出现单笔大单大幅提高股价

盘中以一笔或数笔交易拉起巨大升幅，但瞬间又回落到原价位附近，如图 3-10 所示。其目的是试盘，测试上方抛盘是否沉重，以决定是否拉升。如测试出上方压力还很大，就不会立即拉升，先消化浮筹再说；如测试出上方压力很轻，则可能很快展开拉升。

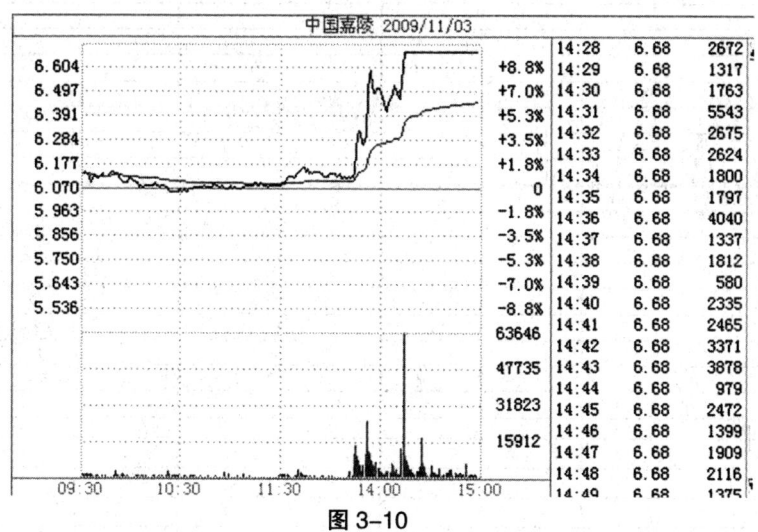

图 3-10

在股价已有一定涨幅后，瞬间以几笔大单将股价笔直拉升至涨停（ 如图 3-11 ）。此为弱主力的投机性拉升，减轻抛压，同时也可以减少跟风盘，以利后续拉升。

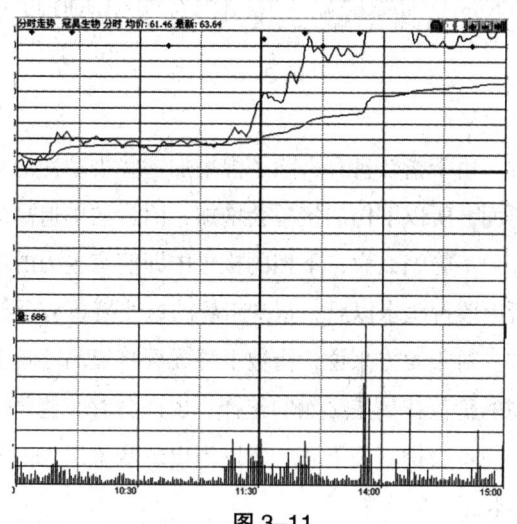

图 3-11

为什么会出现多笔大单使股票瞬间跳水

个股瞬间跳水一般是从瞬间砸掉下档大笔接单开始的，所以跳水的同时伴有较大的成交量出现（如图3-12）。

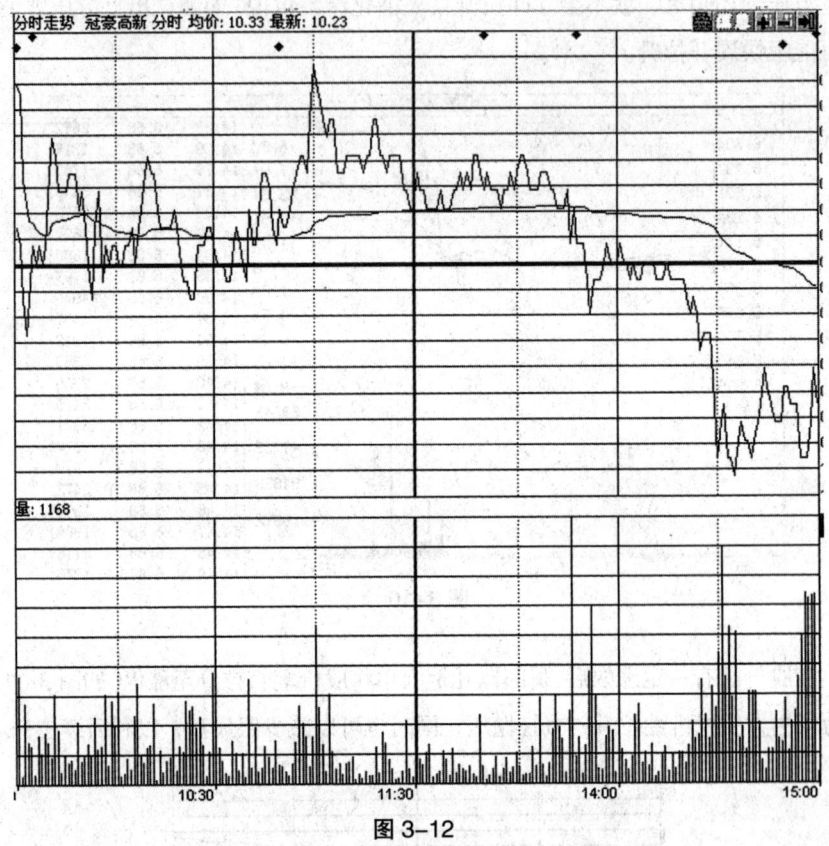

图 3-12

（1）先看买方。由于指数盘升，除了会增加一些主动性的买单以外，更多的市场买单会挂在下面，所以下档的接单会增加，因为散单追高的意愿一般低于在下档挂单的意愿。但不管怎么说，下档的接单中即使有主力的单子，也一定有不少市场的接单，所以股价跳水以后，至少市场的这些接单将全部成交。

（2）再看卖方。对于卖方来说，指数上涨无疑将提高心理上的卖出价位，所以悄悄往上面更高的价位挂单是必然的选择。也许会有一些坚定卖出者的单仍会挂在当前的价位，但不会拼命往下砸。所以当出现几笔巨大的抛单将多个价位的接单悉数砸掉，是非正常的卖单。

（3）对于这类大卖单我们可以将其划分为两类：盘中主力的单子与某张大单子（可能属于机构、私募或者大户）。这样分类是为了区分是否属于一次性卖单。如果是主力的单子，那么只要主力愿意，理论上就会有源源不断的卖单出来。而对于某一张大单子来说，抛完以后应该就没有了。也许这张大单子原来有足够多的筹码，但应该早就开始出货了，而这一次的砸盘是最后一些筹码，否则就不可能采取逆势跳水的方式，所以这是一次性的卖单。

（4）从跳水后的成交量以及股价的走势进行分析。

第一种可能性：跳水后成交量缩小，股价又快速回到原位甚至继续跟着指数上涨。显然，因为跳水使股价出现低位，而市场买单只会在低位挂单，因此股价回归原位只有依靠主力。同时由于跳水会引来市场的跟风卖单，这些卖单虽然不会马上适应跳水后的低位，但会降低目标价，会挂在比跳水前的价位要低的位置。毫无疑问，为了使股价恢复至原位，主力必须买进一些筹码，不过与前面跳水卖出的筹码相比要少很多，因为成交量萎缩很快。

结论：跳水是主力在卖，目的是减掉一些仓位，但仍然在运作股价。

第二种可能性：跳水后成交量依然不小，股价略有回升后继续下跌。由于指数在上涨，大幅下跌的股价就会吸引市场的接单。但这些挂单大多只是逢低接纳，而市场卖单一时还难以接受跳水后的价位，所以仍然挂在上面。因此，真正的交易状态应该是短时间内成交稀少。然而，现在则是成交活跃，而且大都是在跳水后的相对低位，所以只能理解为主力在继续卖出。

随着时间的推移，指数的上升波段会结束，市场上的卖单将增加，跳水后的价位也会逐渐被卖方接受，所以股价回升到跳水前的价位将会越来越困难。主力很清楚这一点，所以在跳水后趁低位有买单时继续尽可能地卖出。

结论：主力进入大量出货阶段。

第三种可能性：跳水后成交量恢复原状，股价在低点随大盘指数起伏。如果是主力将股价砸了下来以后又放任自流，显然是非理性的。

结论：跳水只是某张大单子所为。

如何判断是主力买单还是普通买单

市场上常常会出现一些较大的买单，这些买单有一些是主力的，还有一些不是主力的，它们可能来自一些大户或实力不强的机构。我们把大户或实力不强的机构一次计划买入的总数量统一归结为一张大买单的范畴。二者虽然在买入数量上都比较大，但主力的买单与普通的大买单在运作的方向和时间上是有本质区别的。

第一，从方向上来说，普通的大买单只是一张买进的指令单，交易员可以将这张大买单分解成一批稍小的买单，但原则上他的权限不能超出这张单子，所以只能买进而不能卖出，在方向上呈单一性。而主力就不同了，尽管主力也有买入阶段和卖出阶段，但在具体的操作中始终是双向的，即使是在建仓阶段也不例外。建仓的目的是为了在某一个价格区域尽可能多地买进筹码，为了达到这一目的，有时候主力会卖出一些筹码来打低股价，吸引更多的抛盘，以在低位吸到更多便宜筹码。

第二，从时间上来说，普通的大买单多则几天少则当天就可以完成，以后就会人去楼空。而主力的运作短则数月，有时长达数年。

在发现有连续性的较大买单出现时，要判断是一张普通的大买单还是主力的买单，可以从以下细节着手研判：

1. 急或者不急

手拿指令单的交易员一定是比较着急的，想尽快完成这张大买单，在具体的操作上就会体现出来：比如一路向上扫货，将上档抛盘尽数纳入囊中；比如每当有稍大卖单出来就打掉，使得上档好像总是没有什么大的卖单。对于主力来说，股价运作绝不是一天两天的事，所以不会着急，而且不管是属于建仓、拉升或者出货中的哪一个阶段，一般都会在上方挂一些较大的卖单。所以可以从买单的积极程度，是否有抢筹迹象来判断是主力买单还是普通的大单。

2. 对敲或者不对敲

普通的大买单的单向性决定了交易员只有买进的权利而没有卖出的权利，因此普通大买单在实施的过程中绝对不会出现对敲现象。而主力运作则不同，因为市场喜欢成交量活跃的股票，所以主力会大量使用对敲的手段。对敲与否就可以作为判别是主力买单或普通的大买单的一个依据。

3. 护盘或者不护盘

护盘就是希望股价的运行在自己的掌握中。主力的愿望是在建仓的时候尽量砸得低一点，而在拉升的时候尽量拉得高一点，而且主力也有这个护盘的能力。但普通的大买单就不一样了，从投资的角度上讲，普通大买单与我们普通投资者的小买单是一样的，就是买进后等待股价上涨然后卖出获利。至于买进以后股价的走势怎样，要么完全交给市场，要么完全交给盘中的主力，一般不会去干涉股价的运行态势。所以通过观察盘中股价的走势是否受到人为因素的干扰，即是否有人在护盘，也可以作为判断是普通大买单还是主力买单的一个依据。

4. 顺势或者逆势

大买单与普通投资者的小买单的主要差别就是数量大小，因此运作大买单的交易员在操作时也会体现出与普通散户一样的心态，其中最重要的一条就是追涨杀跌。主力则正好相反，在建仓完成后，没有打算拉升前，是期望通过不增加仓位的买卖方式来维护股价的，因此当大盘向好时有可能会卖出一些筹码，而在大盘回落时买进一些筹码以阻止股价的进一步回落，这样也可以高抛低吸，做些差价，以降低成本。所以说，这些盘中的买单成交时的股价趋势是我们研判是普通大买单还是主力买单的一个重要依据。

对倒交易与大单成交的比较

对倒交易是指主力或大户因做盘需要在盘中用大单成交进行自买自卖。从本质上说，对倒交易是一种典型的主力行为。如图3-13所示：

对倒交易有两个主要特征：

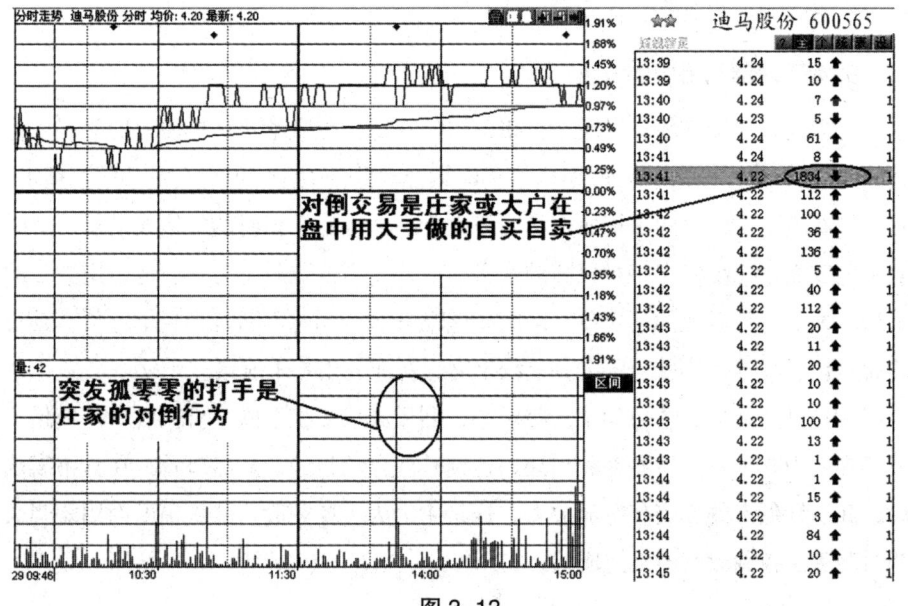

图 3-13

第一，交易状态为大单成交；

第二，主力或大户的自买自卖的交易行为。

强化对倒交易技术研判对于盘面交易分析和决策具有重要的意义。主力利用对倒交易有四个方面的目的：

1. 利用对倒交易骗量

股市中有这样一句话："股市中什么都可以骗人，唯有成交量不会骗人。"放量对倒，人为制造成交量的状态，是主力反技术操作的重要手法，这使得对成交量深信不疑的投资者屡屡上当受骗。

2. 利用对倒交易制造市场人气

当主力吸筹完毕进入拉升阶段时，希望有人追涨捧场。为此，主力利用对倒放量，制造该股成交活跃的假象，吸引投资者追涨，以达到借力上行的目的。主力利用对倒交易制造该股票被市场看好的假象，提升股民的期望值，减少日后该股票在高位盘整时的抛盘压力。

这个时期散户投资者往往有买不到的感觉，需要高报许多才能成交。从盘口看，小手笔的买单往往不容易成交，而每笔成交量明显有节奏放大。强势股的买卖盘均有 3 位数以上，股价上涨很轻快，不会有向下掉的感觉，下边的买盘跟进很快，这时的每笔成交会有所减少。

3. 利用对倒交易吸筹洗盘

主力通过对倒交易打压股票价格，以便在低价位吸纳更多更便宜的筹码。这期间 K 线图的主要特征是：股票价格基本是处于低位横盘，但成交量却明显增加，从盘口看股票下跌时的每笔成交量明显大于上涨或者横盘时的每笔成交量。这时的每笔成交量会维持在相对较高的水平。另外，在低位时主力更多地运用夹板的手法，即上下都有大的买卖单，中间相差几分钱，同时不断有小买单吃货，其目的就是让股民觉得该股抛压沉重上涨乏力，从而抛出手中股票。

在拉升过程中，主力为了清除浮筹，利用大成交量下跌，打压股价，使投资者感到主力在出货，纷纷杀跌出局，达到其洗盘的目的。从盘口看，在盘中震荡时，高点和低点的成交量明显放大，这是主力为了控制股价涨跌幅度而用相当大的对敲手法控制股票价格造成的。

4.利用对倒交易引人注目

有些对倒具有突发性质。实时盘中股价小幅震荡整理，突发大单成交，让投资者感到该股的异动是主力的行为。当此类股票技术形态良好之时，往往是主力准备拉高出货的征兆。

对倒交易与大单成交具有相同的表现形式，较难区别和判断，但还是有一定的规则可循，具体表现在以下六个方面：

（1）实时盘中成交量一直不活跃，突然出现大单成交。这种大单成交可能只有一笔或连续几笔，但随后成交又回到原先不活跃的状态。这种突发性孤零零的大单成交是主力的对倒行为。

（2）当卖一、卖二、卖三挂单量较小，大单成交虽然将它们全部扫清，但大单成交的量过大，有杀鸡用牛刀之感，且股价并未出现较大的升幅。这种上涨状态的大单成交是主力的对倒行为。

（3）当股价出现急跌，大单成交连续出现，有排山倒海之感，往往是主力为洗盘故意制造恐怖气氛。这种大单成交的放量下跌是主力的对倒行为。

（4）股票刚启动上攻行情不久，涨幅不大，当日盘中以大单成交开盘且高开低走，跌幅较大。这是主力洗盘的对倒行为。

（5）前一个交易日成交并不活跃的股票，当日盘中以大单成交开盘，是典型的主力对倒行为。

（6）整日盘中呈弱势震荡走势，买卖盘各级挂单都较小，尾盘时突然连续大单成交拉升。这是主力在为明天做盘，是典型的主力对倒行为。

第三节
看透多笔大买卖单的玄机

突然进出的大买单

某股盘子 8000 万，挂单一般以几手和几十手居多。某日挂单正常，第一买卖价位在 13.30 元和 13.31 元。这时突然出现一笔开价 13.35 元的 900 手大买单，在合计成交 200 余手后还有 600 余手大接单挂在 13.35 元上面，而第二买价还是原来的 13.30 元。不过虎视眈眈的 600 余手接单瞬间就消失了，第一买卖价位换成了 13.30 元和 13.36 元。如果这个现象只是偶尔出现一次，那么我们可以完全忽略不计的，不过现在这个现象已经多次出现，所以就很有必要对此做出解释。

根据一般的市场心态，对于买方来说由于第一买价仍然在 13.30 元，所以新的买单不会提价，通常不会超过 13.31 元。对于卖方来说，尽管第一卖出价位从 13.31 元提高到 13.36 元，但由于第一买价并没有明显的提高，所以卖方仍然会在 13.36 元及以下的价位挂出。这样在大买单撤掉以后只是第一卖出价位出现了一些变动，总体上变化不会很大。显然这张单子是想买筹码的，可别扭的事情就出现了。

在大单扫货时上面只有 200 余手的挂单，这是谁都能够看得到的，所以就没有必要用 900 手的单子扫货，最多 300 手就足够了。也许是嫌麻烦而挂一次性大单？那为什么又在成交完 200 余手后又立刻撤单呢？

假设这 600 余手大接单不撤单，结果又会如何？除非立刻有大抛盘将其砸掉，否则市场的买单将会提高买价。现在大接单瞬间被撤掉了，市场买单自然就不会提高买价。不过对于时刻准备卖出的大抛盘来说，是不可能忽略这张瞬间消失的大买单的，尤其是在几次出现以后，大卖单会猛然醒悟：只要将大单子挂在上面是会有大买单来扫的。

现在我们能够解释了，有人希望在市场买单不提价的同时能有更多的大卖单挂出来以便买进。显然，这是有大资金希望在短期内大量建仓，而交易员正在与大单持有者进行对话。

有一个常识提一下，清淡交易中大卖单是不能轻易挂出来的，否则市场卖单会将股价压下来，最终大卖单无法成交。

无征兆的大单解读

一般无征兆的大单多为主力对股价现有运行状态实施干预所致，如果是出现连续大单的个股，现行运作状态有可能被改变。如出现不连续的情况也不排除是资金量较大的个人大户或小机构所为，其研判实际意义不大。

（1）股价处于低位（复权后），买单盘口中出现层层较大买单（视流通盘大小而定），而卖单盘口只有零星小单，但突然盘中不时出现大单砸掉下方买单，然后又快速扫光上方抛单，此时可理解为吸货洗盘。

例如，某股买一在 6.58 元挂出 200 手买单，卖一在 6.60 元挂 100 手卖单，然后股价重心出现振荡上移，但始终是在卖一、买一中间相差一分钱，一旦出现 6.59 元单子便被资金迅速吃掉然后不再向上高挂，以此手法显示上档抛压较为沉重，诱使投资者抛出筹码，以达到迅速建仓的目的。

（2）股价处于高位（复权后），卖单盘口中出现层层较大卖单（视流通盘大小而定），而买单盘口只有零星小单，但突然盘中不时出现小单持续吃掉上方大卖单，然后又快速砸掉下方出现的较大买单，此时可理解为主力诱多减仓。

例如，某股在卖一 12.92 元只有 17 手小手挂单，买一 12.91 元有 5 手小手挂单。成交价为 12.92 元，成交量为 331 手，而卖一处只减少了 14 手，显然此次成交是盘中资金对倒行为所致，配合该股出现在高位持续三日换手率达 62%，可以判断主力开始大幅对倒减仓，其后该股跌至 8.15 元，跌幅惊人。

诱人的大手笔买卖单

股价大幅上升或下跌是由主力资金推动的，主力资金不可能一手两手地买卖股票，因此真正的热门股应该是盘中大买卖单成交活跃的个股。大单，即每笔成交中的大手笔单子。当委托买卖中出现大量买卖盘，且成交大单不断时，则往往预示着主力资金动向。假如一只股票长期极少出现连续大手成交卖买单，基本上可以认定为散户行情，易跌难涨。

一般而言，委卖盘越大，说明市场抛售欲望强烈，股价看跌；委买盘越大，说明欲买进的投资人众多，股价看涨。

1. 买一卖一的解读

例如，某股卖一 6.82 元只有 20 手挂单，买一 6.80 元有 5 手挂单。成交价 6.80 元，成交 250 手，而卖一处只减少了 15 手，显然此次成交是盘中对倒行为所致。

例如，某股买一在 9.98 元挂 2000 手，卖一在 10 元挂 1000 手大单，然后不断上移，总是在卖一、买一中间相差一分钱，一旦出现 9.99 元便吃掉然后不再向上高挂，以显示抛压沉重。这是诱使投资者抛出筹码，以达到迅速建仓的目的。

2. 买二、买三、卖二、卖三的解读

在盘面中不断有大挂单在卖三、卖二处挂，并且不断上撤，最后出现一笔大买单一口吃掉所有卖单，然后股价出现大幅拉升，此时主力一方面显实力，一方面引诱跟风者买单，二者合力形成共振，减少拉升压力。

3. 小规模暗中吸筹

有时买盘较少，买一、买二、买三处只有 10 ~ 30 手，在卖单处也只有几十手，但大于买盘，却不时出现抛单，而买一却不是明显减少，有时买单反而增加，且价位不断上移，这是主力同时敲进买、卖单。此类股票如蛰伏于低位，可作中线关注，在大盘弱市中尤为明显，一般此类主力运作周期较长，且较为有耐心。

4. 经常性机会大买单

多指 500 手以上而卖单较少的连续向上买单。卖一价格被吃掉后又出现抛单，而买一不见增加反而减少，价位甚至下降，很快出现小手买单将买一补上，但不见大单，反而在买三处有大单挂出，一旦买一被打掉，小单又迅速补上，买三处大单同时撤走，价位下移后，买二成为买一，随后的买三处又出现大单（数量一般相同或相似），且委比是 100% 以上，如果此价位是高价位，则可以肯定主力正在出货。小单买进，大单卖出，同时以对敲维持买气。

5. 低迷期的大单

首先，当某只股票长期低迷，某日股价启动，卖盘上挂出巨大抛单（每笔

经常上百、上千手），买单则比较少，此时如果有资金进场，将挂在卖一、卖二、卖三档的卖单吃掉，可视为是主力建仓动作。注意，此时的卖单并不一定是有人在抛空，有可能是主力自己的筹码，主力在造量吸引注意。例如，曾经的大牛股中海发展在启动前就时常出现这种情况。

6. 盘整时的大单

当某股在某日正常平稳的运行之中，股价突然被盘中出现的大抛单砸至跌停板附近，随后又被快速拉起；或者股价被突然出现的上千手大买单拉升然后又快速归位。表明有主力在其中试盘。主力向下砸盘，是在试探基础的牢固程度，然后决定是否拉升。该股如果一段时期总收下影线，则向上拉升可能大，反之出逃可能性大。

7. 下跌后的大单

某只个股经过连续下跌，在其买一、买二、买三档常见大手笔买单挂出，这是绝对的护盘动作，但这不意味着该股后市止跌了。因为在市场中，股价护是护不住的，"最好的防守是进攻"，主力护盘，证明其实力欠缺，否则可以推升股价。此时，该股股价往往还有下降空间。但投资者可留意该股，因为该股套住了庄，一旦市场转强，这种股票往往一鸣惊人。健特生物就曾出现这种情况，明显是主力护盘行为，后来该股从 17 元涨至 24 元附近。

阻截式大单的背后

所谓阻截式的大单是指这样一种情况：当上档抛盘较大时，在第一接盘出现了十分明显的大单。比如某股现在的价位是 7.93 元对 7.94 元，从 7.94 元到 7.98 元的五档压盘 1 万股左右，第一压盘 7.94 元更是有 10 万余股；接盘方面，下档四个价位全部为数千股接单，唯有第一接盘 7.93 元出现了 10 万余股的接单。显然，一般情况下至少短时间内 7.93 元以下的接单是不可能成交的，因此我们把 7.93 元的大接单称为"阻截式大单"。

由于下档除了第一接盘以外，其他的接盘都比较小，所以市场上要抛出来的筹码绝不会因为第一接盘大而不敢出来，反而会更愿意对着第一接单砸下去。但我们没有看到大单砸出来，因此我们可以得出这样一个结论：市场上想抛的大单不多，或者干脆说市场的大单已经不多了。再分析买盘。既然第一接盘比较大，而且短时间也没有变化，那么要想挂在下面的话比较难以快速成交，如果希望在短时间内成交的话就应该对准第一卖单去打，因为第一卖单本身的抛盘量也不小。由于再上面的抛盘不大，如果这个价位不买进的话，说不定被别人买了以后股价就上去了。这种心态在大盘回升的时候会经常出现。从这里我们又得出一个结论：市场上真正想买的单子会对准上档的第一大抛单打。

再进行深入分析。说市场上想抛的大单子不多，只不过是一种理论上的结论，其实不论股价在什么位置，哪怕是多少年来的最低价，市场上永远会有想出来的大单子。确实没有大单子抛出来的真正原因只有一个，就是真正的所谓市场上的大单子已经很少了，或者说大量的单子已经被主力封存，所以结论就是主力已经进驻这只股票。

"阻截式大单"只是主力的一种操作手法而已，其真正的目的无非是希望市场能够将第一卖单打掉。至于上面的抛盘到底是市场上的还是主力自己的，仅从"阻截式大单"这一点还很难看出来，但有一点很明显，目前不是主力的建仓阶段，否则主力不会愿意让市场买。另外这与主力的成本区也没有关系，主力的成本也许更高也许更低，反正主力希望市场买盘跟进就是不愿意增加过多仓位的信号。但由于"阻截式接单"还是有可能成交的，至少会有一部分成交，因此目前的价位主力还是觉得比较低，即使迫不得已增加一部分筹码也是可以接受的。

如果"阻截式大单"只是偶尔出现一次，或者出现以后股价并没有出现向上的推升，那么我们所谓"阻截式大单"的有关结论并不一定成立。

五档大委托单的可能原因

在股价盘中波动的时候，总会在买卖五档显示里出现手数较大的委托单，这些委托单的变化对于股价后期走势有着至关重要的影响，它们的撤单与挂单都有着不同的意义。只有正确理解这些大单的含义以及相应的对策，投资者才可以对股价后期的波动进行准确把握，从而为实现赢利打下基础。

文山电力在股价波动的过程中上方出现了一笔1014手的大单。大单的定义并不是固定的，它与股价的流通盘的大小和当前成交的大小有着密切的关系。如果个股的流通盘很大，用固定的数值来说明委托单的大小就不合适了；同样，如果个股的流通盘很小，用固定的数值来进行区分是根本行不通的。因此，对于大单的定义是这样的：是最近5档买卖单的数倍，且倍数越大则这笔委托单的分析意义就越重。

比如长江投资3270手委托单是图中显示委托单的平均5 6倍左右（如图3-14所示），因此这笔单子就是一笔大单，它的存在对股价后期的波动将会有重要的影响！在股价上涨的途中，如果在股价上方出现较大的委托卖单，股价运行到此处不放量吃掉这笔大卖单，股价往往就会停止上涨；有的时候甚至还没有涨到大卖单的价位处股价便停止了上涨。如果股价在此时想涨上去，一是放量吃掉大卖单，再就是这笔大卖单主动撤掉。

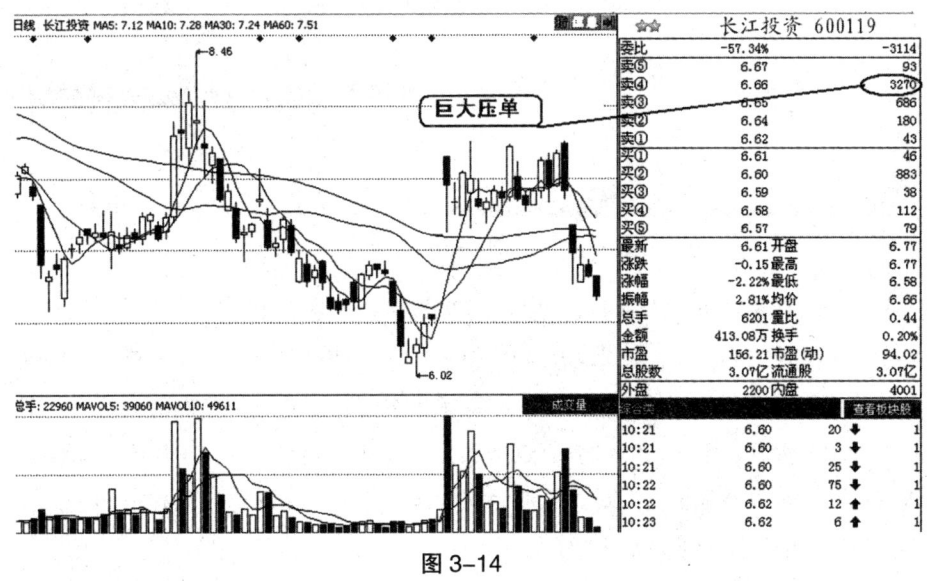

图 3-14

一般来讲，这些大卖单是主力人为放上去的，目的就是压住股价的上涨，从大卖单出现的操作原理来讲，是主力不想让股价上涨过快，从而人为地控制股价的涨幅，因此股价在碰到大卖单时往往会停止上涨的步伐。但如果主力改变策略，又想让股价涨上去，这时就会主动撤掉这笔大卖单，没有巨大的压力，股价的上涨就会容易得多。

因此，在股价上涨的时候如果碰到股价上方出现较大的卖单，投资者就应当进行如此的计划：如果大卖单没有撤掉，并且没有出现较大的买单将它吃掉，股价将会在大卖单的价位处停止上涨，出现调整或是下跌；如果大卖单撤掉，或是有较大的买单一笔将它买下，那股价后期还会继续上涨。

浙江东方的股价在上涨的时候（如图 3-15 所示），除去二笔大单外，平均委托数量在 50 手左右，而大单的数量则是平均委托手数的好几倍。

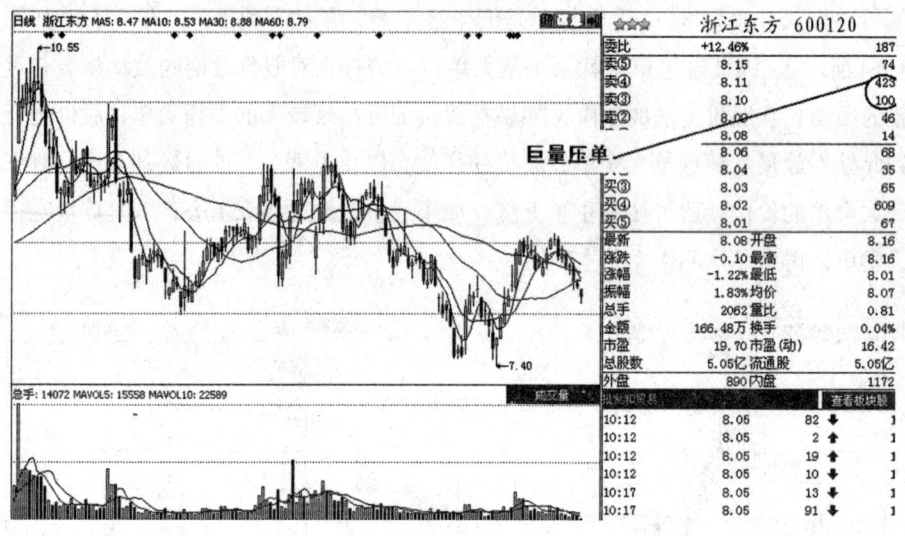

图 3-15

如果放这笔大单的人真的想卖掉手中的股票，为什么不低挂一些以便顺利成交？把卖单挂的那么高，让别人花高价格去买，这种卖的方法实在不可取，因此这样的挂单背后必定有目的！二笔大单如果全部吃掉需要约 100 万的资金，一般的投资者谁会有这个实力？就算有这个实力，谁又敢一笔买下，将操作行为彻底暴露？除了主力是不会有人敢这么明目张胆地操作的，因此这二笔挂单是主力为了压住股价的上涨而故意放上去的。

如果在股价上涨的途中发现出现大笔卖单，只要大单不消失，或被吃掉，或是主动地撤掉，那股价就往往很难突破巨量压单所在的价位！巨量压单的出现往往意味着主力这样的目的：压制股价上涨，为洗盘打下基础；压制股价上涨，控制股票价格降低建仓成本；放上大卖单让投资者误认为是洗盘，从而达到出货的目的。这是主力放上大卖单最主要的三个原因。对于进行短线操作的投资者而言，只要大单没有撤掉，或没有被一笔买下，投资者是不可以入场进行操作的！

大的委托单不仅出现在股价的上涨途中，也会出现在股价下跌的途中，只不过委托单的性质是买入的性质。在股价下跌的时候，主力为了稳住股价，往往会在下面放上数量较大的买盘，买盘的出现顶住了盘中连续出现的抛盘，因此股价便会停止下跌。

一般情况下，一旦巨量托单出现，股价就会在巨量托单处企稳。如果股价出现连续的杀跌走势，下方出现巨量托单的时候，股价就会止跌出现上涨。只要巨量托单没有消失，就会对股价的下跌起到抑制作用。因为如果股价过分下跌，对主力的后期操作也是不利的，股价跌的太多，主力就需要花费更多的成本重新把股价拉上来。而利用巨量托单，只需要一笔大单就可以成功地阻止股价的下跌，因此可以省去很多麻烦。

当投资者面对巨量托单的时候可以采取以下的操作策略：如果股价近期下跌幅度较大，在当天股价也有了较大的跌幅，于低位出现巨量托单，股价跌不到的时候可以逢低介入。

巨量托单并不是每一次都可以成功的托住股价，有的时候如果盘中的抛盘非常多，托单也是会被打掉的（如图 3-16 所示）。如果托单出现，成交的卖单很少的话，那说明托单产生了效果；但如果巨量托单出现，成交反而越来越大，那说明盘中一旦有买盘就有人疯狂地出货，出现这种情况，投资者就不应当入场操作了。如果巨量托单无法成功地托住股价，那股价就只能向下跌，此时的托单只能起到延缓下跌速度的作用，一笔托单托不住股价的时候，在下跌的途中往往还会有多笔托单出现，只有当托单可以有效地顶住抛盘的压力时，股价才可以停止下跌转为上涨。

有的时候主力也会利用托单进行骗线，让投资者认为巨量托单是为了掩护主力出货，当投资者纷纷卖出的时候，主力却是利用巨量的托单进行建仓。巨量压

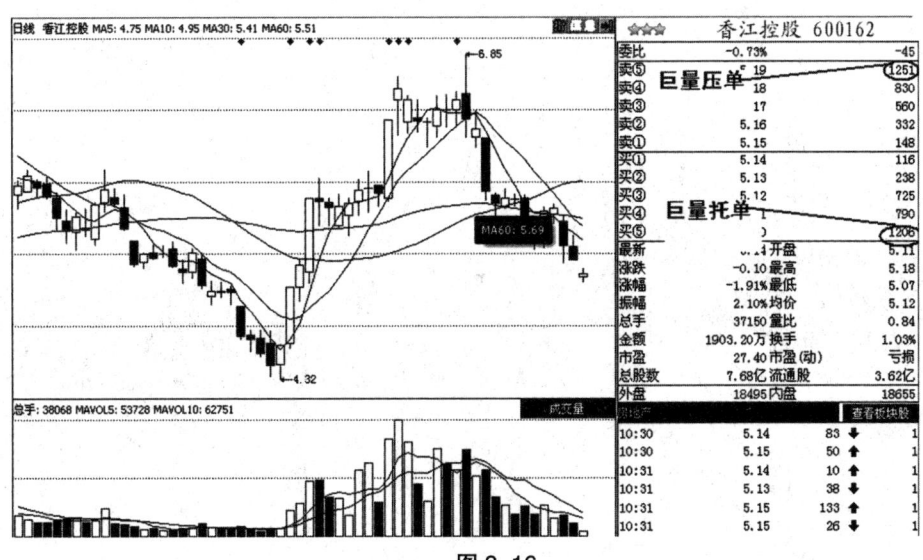

图 3-16

单与巨量托单其实都是主力为了控制股价而采取的操盘方法，通过大单优势把股价控制在自己预定范围内进行波动。只要大单不消失，股价便会按主力的控制进行波动。

面对巨单的出现，其操作难点其实就是巨单的消失。如果是巨量卖单消失了，股价往往会出现上涨走势；如果是巨量买单消失了，股价则往往会继续下跌。巨单是操作超级短线的一个方法，通过巨单的变化，我们可以很轻松地判断出主力的操作意图。

第四节
涨跌幅榜的看盘要点

从当日涨幅榜能看出什么

从当日行情的涨幅榜，我们可看出以下几方面的内容：

（1）当日排行榜第一板中，如果有 8 只以上股票涨停，则市场处于强势，大盘背景尚可。此时短线操作可选择目标股坚决展开。

（2）第一板中如所有个股的涨幅都大于 5％，则市场处于稍强势，大盘背景一般可以。此时短线操作可选择强势目标股进入。

（3）第一板中如果个股没有一个涨停，且涨幅大于 6％的股票少于 5 只，则市场处于弱势，大盘背景没有为个股表现提供条件。此时短线操作需根据目标个股情况，小心进行。

（4）第一板中如所有个股涨幅都小于 5％，则市场处于极弱势，大盘背景不利。此时不能进行短线操作。

从涨跌股只数的对比能看出：

（1）大盘涨，同时上涨股只数多于下跌股只数，说明涨势真实，属大盘强，短线操作可积极进行。若大盘涨，下跌股只数反而多于上涨股只数，说明有人在拉抬指标股，涨势为虚，短线操作要小心。

（2）大盘跌，同时下跌股只数多于上涨股只数，说明跌势自然真实，属大盘弱，短线操作应停止。大盘跌，但下跌股只数少于上涨股只数，说明有人打压指标股，跌势为虚，大盘假弱，短线操作可视个股目标小心展开。

从大盘涨跌时的成交量能看出：

大盘涨时大量，跌时缩量，说明量价关系正常，短线操作可积极展开。大盘涨时小量，跌时放量，说明量价关系不利，有人诱多，短线操作宜停或小心展开。

常规短线技法条件总则：目标股3日均线带量上扬。

（1）3日均线朝上。

（2）股价涨幅大于3%。

（3）盘中量比放大到1倍以上。

（4）股价运行在日线、周线低位。

（5）成交量大于5日均量1倍以上。

（6）实战可于放量当日买进1/3仓位。

（7）若股价冲高回落既可获利出局，也可在回落2天后补仓。

如何搜索短线目标股？

（1）第一步：从涨幅榜上寻找：大盘上涨时，个股涨幅大于3%者。大盘震荡调整时，目标个股走势强于大盘有异常波动者。

（2）第二步：在量比排行榜中，寻找量比放大1倍以上的股票，越大越要关注。

（3）第三步：确认第一、第二步都符合条件的目标。

（4）第四步：打开已确认的目标个股的日K线图检查。该目标股：3日均线是否带量上扬，前期是否有一组止跌K线，当日该股是否是最近时期第一次放量。

（5）上述条件如获满足，则打开目标股的周K线图检查：目标股的周K线KDJ是否刚刚低位金叉或正在强势区向上运动。

（6）如符合，则可确定该股已具备短线攻击条件，获利机会来临。

（7）若出现误判，该股3日均线一旦走平、失去向上攻击能力，就必须撤出。

从跌幅榜能看出什么

大多数参与股市的人，都喜欢盯着涨幅榜看，眼看哪个股票涨幅大，便会产生追入的冲动，这是人的本性，难以克服的本性。不仅是散户投资者这样，就连大多数分析人士也是这样，似乎两市只要还有翻红的个股，他们就会向广大投资者竭力推荐，就会看好后市，而不会考虑到自己言行的后果。这样做的结果，在牛市行情里面很管用，往往追进去都会获利，甚至有时获利极其丰厚，那是因为市场大环境配合，处于浓厚的多头氛围，股价正在快速冲向不断被高估的价值区域。但是，在调整市道或者熊市里面，就不适用了。

因此，在看盘的时候，除了关注涨幅榜之外，还必须关注跌幅榜，从跌幅榜同样可以窥见市场主力资金的动向，找到具有拉升潜力的股票进行投资。

例如，2010 年 9 月 28 日，江西铜业（600362）出现在跌幅榜上，但是从图 3-17 中椭圆位置，我们可以看出，成交量巨大，说明资金进出明显，而此时股价又处于相对低位，这种情况下，投资者可适当关注。

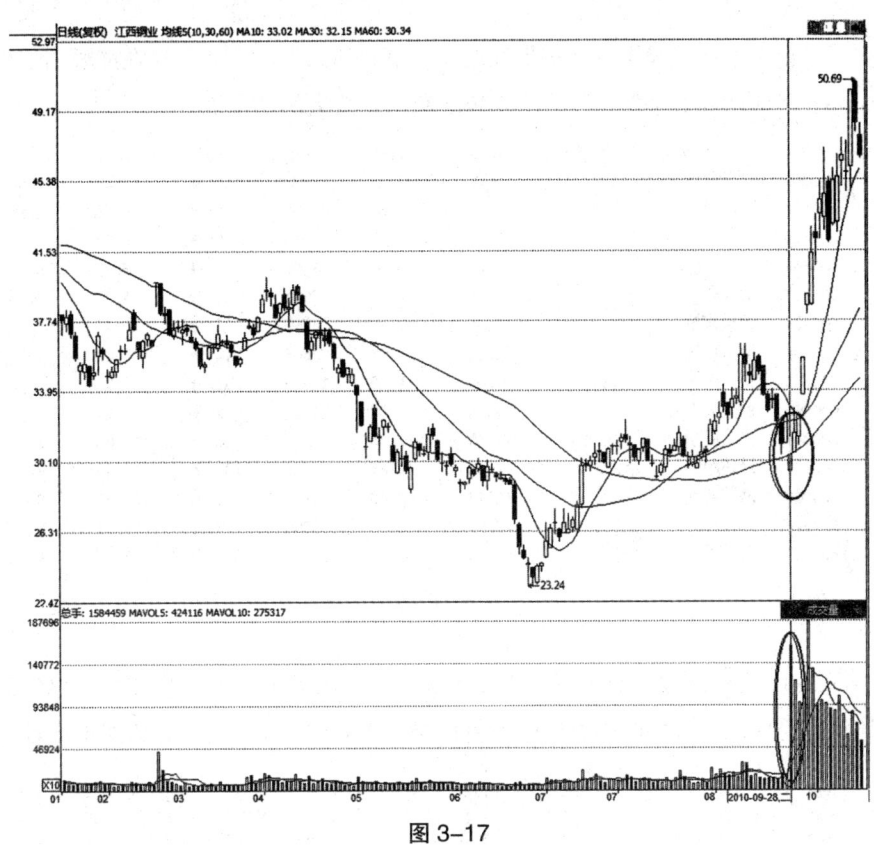

图 3-17

涨跌幅榜排名中的短线赢利机会

涨跌幅排名指的是按照当日涨跌幅大小的顺序进行排列的个股。根据涨跌幅排名，可以从中确定短线上涨幅度最大（小）的个股及板块，及时把握短线赢利的机会（需要做空的个股或板块）。此外，只有龙头股才可以形成盘中最大的涨幅，对涨幅排行榜进行分析就可以很直接地找到当天的龙头股与龙头板块，从而为准确选股打下基础。

这里以涨幅榜作为分析的重点，对跌幅榜的分析与此类似，投资者可以作为学习后的练习。

图 3-18 为 2011 年 12 月 27 日开盘 10 分钟沪市 A 股的涨幅排行榜，我们可以观察到这个排行榜中有许多 ST 个股出现在了涨幅榜的前列，投资者可以根据排行榜的这个信息，在短线操作上对 ST 板块进行重点关注。如果一个板块构成了上涨的动能是比较安全可靠的，因为推动一个板块的上涨远比推动一只个股需要更多的资金，所以投资者在根据涨幅排行榜进行选股时，要关注在涨幅榜前列同时出现最多的同类个股，往往这类板块蕴含着重大的投资机会。

	代码	名称	星级	涨幅%↓	现价	总手	现手		昨收	开盘
1	600397	安源股份	☆☆	+6.24	13.10	6236	102	⬇	12.33	12.50
2	600170	上海建工	☆☆☆	+5.99	8.85	57907	212	⬇	8.35	8.99
3	600818	中路股份	☆☆☆	+5.21	9.49	6072	50	⬆	9.02	9.05
4	600604	*ST二纺	☆☆	+5.01	6.50	8796	5	⬇	6.19	6.42
5	600207	ST安彩	☆☆	+3.65	4.26	8961	62	⬇	4.11	4.13
6	600784	鲁银投资	☆☆☆☆☆	+3.55	10.78	28509	31	⬆	10.41	10.69
7	600284	浦东建设	☆☆	+2.86	7.90	8565	14	⬆	7.68	7.75
8	600381	ST贤成	☆☆☆	+2.65	5.43	11003	35	⬆	5.29	5.35
9	600860	ST北人	☆☆	+2.58	3.97	1016	1	⬆	3.87	3.84
10	600841	上柴股份	☆☆☆☆	+2.40	12.35	921	16	⬇	12.06	11.99
11	600251	冠农股份	☆☆☆	+2.23	18.81	7726	131	⬇	18.40	18.41
12	600267	海正药业	☆☆☆☆	+2.14	33.45	1847	13	⬇	32.75	33.18
13	600698	*ST轻骑	☆☆	+1.97	3.62	1760	3	⬆	3.55	3.55
14	600146	大元股份	☆☆	+1.92	10.09	20053	385	⬆	9.90	9.80

图 3-18

图 3-19 为沪深股市 2011 年 12 月 27 日的涨幅排名榜。从图中我们可以分析出该涨幅榜中出现最多的同类个股为科技类股票，如果说只是一只股票形成较大

	代码	名称	星级	涨幅%↓	现价	总手	现手		昨收	开盘	最高	最低
1	002544	杰赛科技	☆☆☆	+9.97	12.90	25170	9	⬇	11.73	12.20	12.90	12.05
2	000629	攀钢钢钒	☆☆☆	+7.44	5.64	49.80万	56	⬇	5.24	5.76	5.76	5.55
3	002424	贵州百灵	☆☆☆	+6.67	14.72	12520	12	⬇	13.79	13.62	15.17	13.62
4	600397	安源股份	☆☆	+6.57	13.14	5536	12	⬆	12.33	12.50	13.30	12.48
5	000570	苏常柴A	☆☆☆	+6.35	5.17	13031	45	⬇	4.88	4.95	5.37	4.94
6	600170	上海建工	☆☆☆	+6.35	8.87	56132	46	⬇	8.35	8.99	9.00	8.51
7	002032	苏泊尔	☆☆	+6.25	17.85	1512	5	⬇	16.80	17.08	18.27	17.00
8	000938	紫光股份	☆☆☆	+6.08	12.95	88274	50	⬇	12.17	12.70	13.22	12.50
9	600818	中路股份	☆☆	+5.54	9.55	5448	8	⬇	9.02	9.05	9.60	8.96
10	000628	高新发展	☆☆☆	+5.25	6.67	7360	10	⬇	6.28	6.29	6.70	6.29
11	600604	*ST二纺	☆☆	+5.01	6.50	8255	62	⬇	6.19	6.42	6.50	6.19
12	002242	九阳股份	☆☆☆☆	+4.67	7.83	13186	1	⬇	7.49	7.61	8.17	7.61
13	000573	粤宏远A	☆☆	+4.54	3.91	8157	3	⬆	3.74	3.75	3.94	3.73
14	000586	汇源通信	☆☆☆☆	+4.49	5.59	72689	11	⬇	5.35	5.33	5.72	5.28
15	600784	鲁银投资	☆☆☆☆☆	+3.94	10.82	26318	314	⬆	10.41	10.69	10.97	10.69

图 3-19

的涨幅可能属于偶然的情况，但是如果多只同类股票都进入涨幅榜的前列，那么这个板块在短期内形成较强走势的信号就非常明确，投资者可以根据涨幅榜提供的这个信息，在该类板块中进行选择。

图 3-20 为贵州茅台（600519）在 2006 年 12 月～2007 年 8 月的股价趋势图。该股的股价走势可以印证上述说法，股价从 2006 年 12 月 14 日的 71.30 元涨到 2007 年 1 月 22 日的 116 元，并且后来的股价走势也呈现上涨的趋势。虽然经过短暂的整理走势，但是股价还是在比较短的时间内再创新高。此外，很多白酒类股票都纷纷展开了上涨行情，可见用涨幅榜排名的方法选择当前和后期最有上涨潜力的板块，是一个很具可靠性的选股方法。

根据涨幅榜排名选股，需要考虑以下几方面的内容：

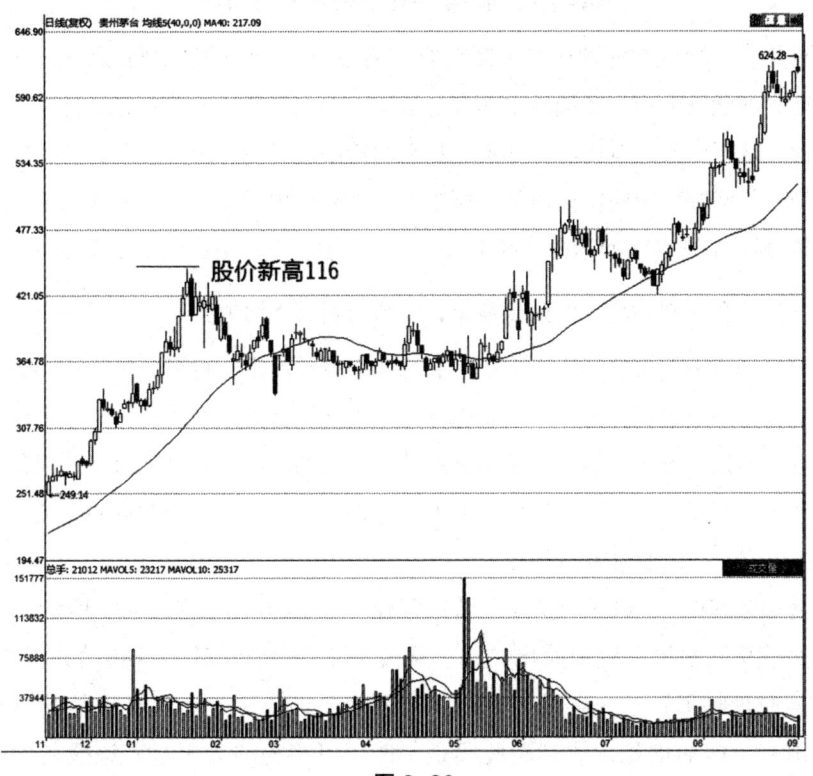

图 3-20

1. 热门板块的判定，需要根据板块容量来确定

在涨幅榜中具体需要同一板块中的股票出现多少只，才能算是新崛起的热门板块。这是一个很难量化的东西，但是基本原则是要对板块的容量有个基本的掌

握，如果有的板块的容量较大，就应该根据实际的情况适当的提高标准；如果是像金融板块、玻璃板块等这种容量小的板块，投资者对这个选择标准就要灵活运用了。

2. 结合对增量资金的充分判断

投资者在对涨幅榜进行判断的时候，要对选出的热门板块和个股进行资金增量的判断，因为股市中资金的有效介入是推动股价上升的原动力，热门板块的量能积聚过程非常重要，其行情的可持续性要在增量资金充分介入的情况下，才可以得到保证。

如何在涨幅榜中选择大牛股

近年来，随着沪深两市的不断扩容，两市的股票数已达 2000 余只。在这样一个庞大的股票市场，要选择出具有上涨潜力的大牛股，的确不是一件易事。尽管如此，选择牛股也有窍门，那就是从涨幅榜中去寻找。因为，所有的牛股，基本上都是从涨幅榜中脱颖而出的，所以，从涨幅榜中寻找牛股，能起到事半功倍的效果。那么如何从涨幅榜中寻找牛股呢？这就要根据以下的因素来具体研判了。

1. 密切关注涨幅榜中的陌生股票，认真分析其上涨原因

沪深两市中每天的涨幅榜中都会有一些新面孔涌现，对涨幅榜中这些新冒出来的个股要格外重视，说不准它就是一匹大黑马。首先，要认真分析它上涨的原因，看是不是新形成的热点，是不是因什么重大的利好刺激而上涨。如果是受偶然的消息刺激而上涨，那么行情一般不可能持续；如果是一个热点的形成，那么接下来就会有一波非常有力的狂飙。

例如，2009 年 11 月 13 日，菲达环保（600526）（如图 3-21 所示）一开盘就突然从涨幅榜中脱颖而出，并一路震荡盘升，直至涨停。我们分析发现，此股是在盘整了长达一年的时间后，突然放量向上的，而且在漫长的盘整过程中都有量能的堆积，故判断此股是一匹不可多得的大黑马。该股其后的走势确实非常凌厉，在大盘的大幅震荡调整中连拉涨停板。一般来说，如果在上涨前没有量能的配合，股价不可能走得很高。只有在量能的配合下，才会形成一个新的热点。菲达环保就成功地带动了整个节能环保和低碳经济板块个股的上涨。

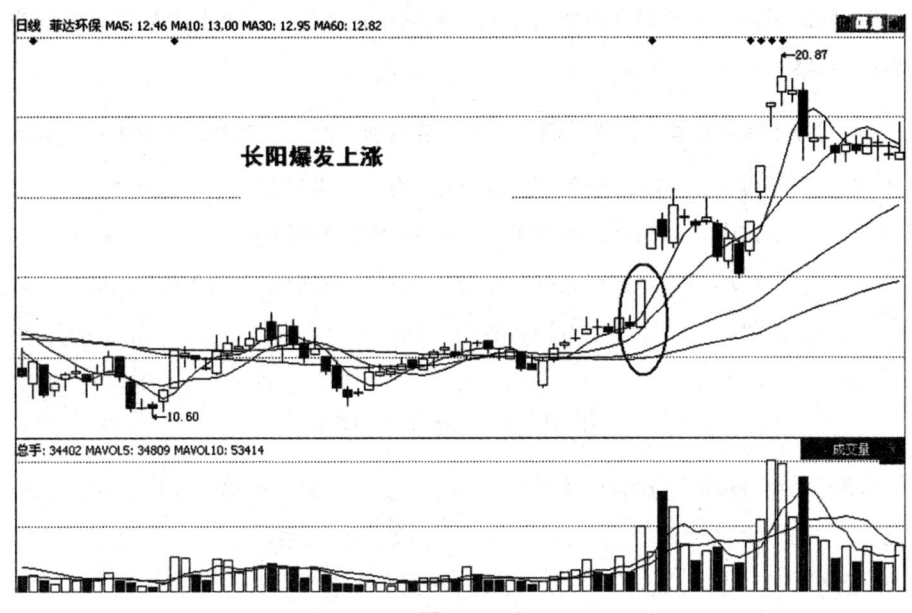

日线 菲达环保 MA5: 12.46 MA10: 13.00 MA30: 12.95 MA60: 12.82

长阳爆发上涨

总手: 34402 MAVOL5: 34809 MAVOL10: 53414

成交量

图 3-21

2. 研判闯入涨幅榜前面的个股所处板块其他个股的表现情况

一般来说，如果个股能够成为龙头的话，那么它的上涨势必会带动板块内其他个股的上涨。如果只是上涨个股的独立行为，那么则与形成板块热点无关，这样的个股只是其本身具有上涨的动力，此时就只能看个股本身的特点了。

3. 看涨幅榜前列的个股是跟风上涨还是自身带动同类个股的上涨

通常在涨幅榜前列的个股既有龙头的出现，也有跟随龙头股上涨的个股，那些跟风上涨的个股，一般不能够像龙头股一样出现连续飙升的行情；而一旦进行调整时，这些个股往往又比龙头股跌得更快。所以，从涨幅榜里面筛选个股，还是以捕捉到龙头股为好。举个典型的例子，当甲流概念出现时，如果能在 2009年 8 月 24 日的涨幅榜上发现华兰生物（002007），那么，你就能获得翻倍的利润。因为该股正是甲流的龙头个股。如果你介入的是其他跟风上涨的甲流概念股，那么利润就要小得多。那天，华兰生物开盘就向上冲击，随后一路盘升，直到涨停。从这只股票的 K 线走势上看，前期除权后，成交量迅速放大，表明有资金在积极抢筹建仓。所以，当它一旦突破时，就会带来一波力度非常强劲的涨幅。从华兰生物的翻番走势中，我们可以清楚地看到，它是一只正宗的甲流龙头股，它不断上涨，带动其他的甲流概念股跟着上涨，而它一旦调整，其他的甲流概念股就纷纷展开调整。

4. 对涨幅榜中新涌现出来的概念板块，要有敏捷的反应能力，要敢于及时跟进

在沪深两市中，一旦有什么新的概念板块诞生，总要被充分炒作一番。所以，只要发现涨幅榜中有新出现的概念股领涨，就要迅速跟进，尤其是要及时跟进龙头个股。证券市场不管是在熊市还是牛市，都会不断涌现出新的热点、概念、题材，只要我们留心，就能够把握到各种投资机会。

如何从跌幅榜中选黑马

我们这里所说的到跌幅榜中选择股票进行投资，并不是鼓动投资者去为那些正在出货的主力当"库管员"，恰恰相反，对跌势已经展开、主力正想尽一切办法出货的股票，原则应退避三舍。只有选择那些在上升过程中稍事休息的回调股票介入，才可能获取较大的收益。因此，判断是出货还是回调便成为投资成败的关键所在。

那么，跌幅榜中哪些股票才值得关注呢？

1. 股价刚刚启动不久，升幅不大的个股

一般而言，主力在刚刚开始拉升后不久都会进行一次震荡洗盘，而这正是一个非常好的吸纳良机。由于升幅不大（根据当时的市场状况而定，在强势中以不超过30%为好，市场稍弱时则最好不超过15%），主力若在此时出货将无利可图，因而股价的走低只能理解为消化短线获利盘或者仅仅是为了修复超买的短线指标，介入后获得利润的可能性将大于所要承担的跌价风险。

2. 当日跌幅较大的个股

需要注意的是，这类个股只有在大牛市中出现时才值得我们关注，因为熊市中常常会有跳水的个股出现，此时应该是我们空仓观看跳水表演的时候，决不应该进场为主力接货。而在牛市中，跌幅较大的股票往往说明其调整有"矫枉过正"之嫌，买进后往往当天就有利润。只要我们此时能保持冷静，就可以发现主力只是意在"吓唬"散户而非真正意义上的出货，主力的洗盘行为可看作是给我们发奖金的"红包行情"。

3. 在回调之时形态未坏

多数情况下，主力在洗盘的同时并不希望将自己用均线系统精心织就的"多头趋势网"破坏掉。他可以将股价打至 5 日、10 日、20 日或者 30 日均线以下，但却不会打至 60 日均线下方，甚至连破 30 日均线也只是做做样子，探一下就回头。在这种情况下，股价一旦瞬间击穿 30 日均线，当可视为抄底的较佳机会。

4. 从成交量的角度进行研判

虽说主力洗盘的手法多种多样，但在成交量上不外表现为两种方式：一种是成交量迅速萎缩，而在稍前的上涨行情中成交量却放大明显。只是现在的散户一个比一个精，这种调整的效果实际上并不十分明显。另一种是现在较为普遍采用的方式即跳空高开后收巨量阴线（有时是小阴或小阳十字星），由于这样能够给不少投资人以"主力大规模出货"的印象，因而洗盘较为彻底。但对于市场老手来说，这依然是一个大机会。只要此时股价上升幅度不是太大，那么只有两种可能：第一当然是洗盘，第二则可能是由于大势转坏，主力弃庄而逃。只要能够排除第二种情况，那么，放量打压的个股也可以进入我们的"菜谱"中，并且此类实力机构在洗盘结束后的拉升动作将会较为猛烈。要是后者，则应该果断逢高离场，而空仓者则绝不入场。

第五节
换手率的看盘要点

换手率透露的信息

判断是否属于最近热门股的有效指标是换手率，换手率高，说明近期有大量的资金进出该股，该股流通性良好。

投资者观察换手率，最应该重视的是换手率过高和过低时的情况，过低或过高的换手率在大多数情况下都可能是股价变盘的先行指标。

一般而言，在股价长时间调整之后，如果连续一周多的时间内换手率都保持在极低的水平（如周换手率在 2% 以下），往往预示着多空双方都处于观望中。由于空方的力量已基本释放完毕，此时股价基本上已进入底部区域，此后即使是一般的利好消息，也可能会引发较强的反弹行情。

对于高换手率的出现，投资者首先应该分析的是高换手率出现的相对位置。

如果此前这只股票是在成交长时间低迷之后出现放量的，且较高的换手率能维持几个交易日，一般可看作是新增资金介入较为明显的迹象，高换手率的可信度较大。由于是底部放量，加上换手充分，因此，这只股票未来的上涨空间相对较大，成为强势股的可能性也很大，投资者有必要对这种情形作重点关注。

如果一只股票在相对高位突然出现高换手率，成交量也突然放大，一般而言，下跌的可能性较大。这种情况大多伴随有个股或大盘的利好出台，此时，已经获利的筹码会趁机出局，利好出尽是利空就是在这种情形下出现的。对于这种高换手率，投资者应谨慎对待。

除了要分析高换手率出现的相对位置之外，投资者还要关注高换手率的持续时间，是刚刚放量，还是放量时间较长。在大多数情况下，部分持仓较重的机构会因无法出局而采取对倒的手法来吸引跟风盘，所以对于那些换手充分但涨幅有限的品种反而应引起警惕。但对于刚刚上市的新股而言，如果开盘价与发行价差距不大且又能在较长时间内维持较大的换手率，则可考虑适时介入。

从盘中的情况来看，主力机构若看中某只新股，他会利用开盘后的5分钟、15分钟趁广大散户犹豫、观望之际，快速介入。所以，前5分钟、前15分钟及前半小时的换手率及其股价走势，往往能说明该新股是否有市场大主力介入，还可预示后市股价的走向。

有强庄介入的新股从换手率角度看往往具有以下特征：

（1）5分钟换手率在20%以上且5分钟K线收阳线（有时大盘极弱，不排除5分钟K线收阴线，但第二个5分钟K线必须收阳线）。

（2）15分钟换手率在30%以上且收出阳线。

（3）30分钟换手率在40%以上。

（4）全天换手率在57%～77%最为理想，过高或过低的换手率均不理想。如果换手率过低，说明该股首日无大主力关照；若首日换手率过高（大于78%），往往说明散户过于抢盘。此种情况往往首日收出大阳线或上影线较长的大阳线，预示着单日行情的可能性极大。

对以上给出的换手率标准应灵活掌握。一般地，小盘股指标应高一点，流通盘偏大的股票指标可低一点。

实际上，无论换手率过高或过低，只要前期的累计涨幅过大，都应小心对待。从历史看，当单日换手率超过10%时，个股进入短期调整的概率偏大，尤其是连续数个交易日的换手超过7%以上时就更要小心。

如何看待个股的换手率

尽管我们比较关注成交量这个指标，但对于更为专注短线和技术面的投资者来说，换手率指标远比成交量重要，因为换手率是一个相对指标而成交量是一个绝对指标。成交量没有反映个股流通盘的大小，因此在个股之间没有可比性，而换手率是成交量与流通盘的比值，所以能够在个股之间进行比较。

不过换手率的可比性是有一定限制的，对于流通盘差异较大的个股来说就不合适。比如两只个股换手率相同而流通盘相差200倍，那么其成交量的差异也在200倍。假设小盘股成交100万股，那么大盘股就要成交2亿股，但这并不是常见的。现在市场的换手率在 2% ~ 3%，但是很多大盘股特别是特大盘股的换手率比较低，有的甚至不到 0.5%，而一些小盘股的换手率则会远高于市场平均值。所以换手率只有在流通盘差异不大的情况下才有可比性，比如我们可以把这个差异限定在 5 倍以内。

值得注意的是，盘中主力资金的参与会在换手率这个指标上反映出来。反过来也可以这样说，换手率的突然变化也往往意味着主力资金在其中进行运作。一般来说主力资金的参与会导致换手率的大幅度提升，但不能说换手率低就一定没有主力资金在运作，有时候很小的换手率也是主力资金运作的结果。

不过换手率的大幅度变化有时只是缘于一些意外，它并不会影响股价的原有运行态势。比如运作主力资金的操盘手被换了，而前后两个操盘手的操盘风格不一样——前一个喜欢顺势而为，排斥对倒之类的手法，因此换手率就会比较低，接近市场的自然交易结果；而后一个操盘手喜欢堆量，这样换手率就会大幅度攀升。这种非主流的偶然性因素很多，需要我们在研判中仔细观察。

换手率作为一个对成交量最为敏感的指标，其作用是显而易见的，特别是它的大幅上涨更应该引起关注。不过如果单靠分析换手率我们会得出很多结果，也就是没有结果，所以还需要结合其他指标一起进行研判，一般我们不会放弃对股价本身的研判和对同期大盘走势的研判（相对强度之类的指标）。

对一些特殊的换手率变化我们更有兴趣：

（1）换手率激增，股价波动不大，大盘变化不大。这是一种出现概率并不低的现象，表明有大量的筹码在特定的小区域内换手，一般来说这是事先约定的换手，很有研究价值。

（2）股价大幅上涨后换手率回落，股价随大盘波动。这种现象现在也很多，一般出现在成长股身上，表明大量筹码已经被锁住，主力资金长线运作，随着时间的推移股价将再上台阶。

（3）连续多天换手率处于高位，股价随之大涨并远强于大盘。这种现象一直存在，不过结果却有多种，有主力拉高建仓的可能，也有短线游资炒一把的可能，还有老主力出货的可能，需要进一步研判。

从换手率巧看个股走势

一般投资者（尤其是新手）在研判个股走势时，往往执迷于技术指标或热衷于打听各种消息，而忽略了最常见、最实用、亦最具参考意义的一个数据——换手率。

换手率又叫周转率，它是反映个股的交易状况是否活跃、衡量买卖盘流通程度的一个重要指标，通常以某股的交易股数与总股本的百分比来表示。例如某股的总股本是1000万股，在成交股数累积也达到1000万股时，我们就说该股的换手率是100％，亦即是说理论上该股的所有股票都被买（卖）了一遍。但在中国股市由于有流通股与非流通股（如国有股、法人股）之分，因此计算时应以实际发生交易的流通股作为基准，否则不能真实地、精确地揭示其交易状况。除以股本（成交量）计算换手率外，还可以用另外一种方法来表达的，那就是成交额——以某一时段（例如一个月）的交易金额总量与其间的股本市价总值（在中国是流通股市价总值）的百分比来显示。这里的市价总值由于是不固定的，其获取办法要求又各有不同，这里暂不赘述。一般投资者取前一种办法，按股本数计算。

那么如何利用换手率来判断个股走势呢？形象一点说，换手率好比物理学中功率的单位马力：马力越大，汽车跑得越快；换手率越大，个股的动力也就越足。所以换手率高的个股，其股价的活跃程度亦高；反之，则是"冷门股"。我们在深沪股市中常常可以见到一些被称为"死亡板块"的个股，趴在某一价位长期不动，一天成交只有不足十来万甚至几万股，就属于这种情况。

但是正所谓"静极思动"，如果某一只长期横盘、已被打入"被遗忘的角落"的股票，在经过充分的换手后（比如说换手率已高达百分之五六十以至七八十），突然放量，那就意味着这只个股可能要"不飞则已，一飞冲天"，或起码也要有所表现了。因为长期的大量换手，使不同时期购入的投资者成本趋于高度一致，杀跌动力几近于零，已是跌无可跌了。这时候如有可以触发的契机、题材，很容易"轻轻一炒就起来"。不过介入这类的"冬眠股"，最好在放量启动时再跟进，免得太早买入被发往"无期徒刑"的"冷宫"。股价一旦启动，攀高更离不开换手率的支持。换手越是积极、越是彻底，股价升得越是轻快、越是欢腾。因为获利盘不断在换手的过程中被清洗，平均成本不断地提高，上行所遇的沽压也大为减轻。这时候的换手率好比飞机上的油量计，越是充足股价走得越远。

既然如此，能不能笼统地说：换手率越高，股价就升得越高呢？不能。在股价升得还不是很高，还处于拉升阶段时，这样说是对的。但当股价已升得相当高（例如已翻了一番乃至几番），已远离主力建仓的成本线时，这样说就不见得对了。不但不对，而且恰恰相反：这时高换手率成了出货的信号。我们常说的"天量见天价"，指的正是这种情况。

高换手率的背后

换手率是反映股票流通性强弱的指标之一。

（1）股票的换手率越高，意味着该只股票的交投越活跃，人们购买该只股票的意愿越高，属于热门股；反之，股票的换手率越低，则表明该只股票少人关注，属于冷门股。

（2）换手率高一般意味着股票流通性好，进出市场比较容易，不会出现想买买不到、想卖卖不出的现象，具有较强的变现能力。

（3）相对高位成交量突然放大，主力派发的意愿是很明显的，然而，在高位放出量来也不是容易的事儿，一般伴随有一些利好出台时，才会放出成交量，主力才能顺利完成派发，这种例子是很多的。

（4）新股上市之初，换手率高是很自然的事儿，一度也曾上演过新股不败的神话。然而，随着市场的变化，新股上市后高开低走成为现实。显然已得不出换手率高一定能上涨的结论，但是换手率高也是支持股价上涨的一个重要因素。

（5）底部放量的股票，其换手率高，表明新资金介入的迹象较为明显，未来的上涨空间相对较大，越是底部换手充分，上行中的抛压越轻。此外，在局部反弹行情里，换手率高有望成为强势股，强势股就代表了市场的热点，因而有必要对它们加以重点关注。

如何用换手率来判断个股的投资价值

（1）日换手率小于3%，该股属于冷清不活跃，但有两种不同情况需要细心区别。

①无庄的散户行情。

②曾放出巨量成交上涨后，却在高位以极小换手率横盘者，有可能是主力已控盘，他不放量，说明他还不想出货，期望创新高。

（2）日换手率在3%～7%，属活跃。表示有主力在操作，主力的意图是什么，则必须结合前期走势来判断。

（3）日换手率大于7%，常常超过10%为热烈。这表明筹码在急剧换手。

如果发生在高位，尤其是在高位缩量横盘之后，很可能是主力出货（此时往往有相应消息配合）。如果发生在低位，尤其是通过第一个阻力区时，很可能是强庄积极进货。

（4）我们可以据此将 10 日平均换手率大于 3% 作为一个选股的基本条件，重点研究那些比较活跃的股票，以提高选股效率。尤其对那些已被高度控盘的股票，10 日平均换手率大于 5%，而后又缩量至换手率小于 3% 的股，要重点关注。

如何利用换手率抓住盘中即时启涨的个股

盘中快速计算换手率在实际操作中非常重要，因为当一只股票某天有比较大的换手的时候，也就意味着有较大的涨幅，如果直到收盘才能得知其当天的换手，势必会错过当天的行情，而等到第二天再介入的话，往往又有追高之嫌了。或者说，当盘中换手达到我们介入的要求时，股价已经上涨到较高的位置了，此时再介入往往会增大风险。所以，在盘中能够粗略、快速计算换手率非常重要。

那么在盘中计算当天换手的方法有哪些呢？

1. 用小时量计算

首先我们来看小时量，小时量就是每小时的成交量。因为一天的成交量是 4 个小时的小时量之和。如果知道小时量，那么一天的成交量就能粗略地计算出来了。

现在可以把股市上涨分为以下几种情况：一是稳步上涨直到尾盘；二是早上放量上涨下午价格小幅波动；三是下午放量上涨而早盘却波动很小；四是分别只在每个小时内放量大涨。

股价在半个小时左右上涨的最大幅度在 3% 附近时就可以认为是稳步上涨，当然这半小时主要是上涨的。在 10 分钟内上涨幅度超过 3% 的时候，可以称为放量大涨。

首先需要制定一个操作底线，假定日换手率达到 3% 时，我们才能入场。那么当小时量达到多少时，才能满足日换手 3% 的量呢？

下面我们来看上面这几种形式的上涨与操作中小时量的关系。

（1）稳步上涨直到尾盘

经过大量的实例研究，我们总结出下面的结论：在缓慢上升的情况下，半小时满足条件的，此时换手需要达到 0.6%；1 小时达到条件的，换手需要达到

0.8% ~ 1%；1.5 小时满足条件的，换手需要达到 1.2% ~ 1.5%；两个小时满足条件的，换手需要达到 1.7% ~ 2%。我们再来看一个例子就清楚了。

山西焦化（600740）（如图 3-22 所示）2010 年 9 月 30 日，该股走出稳步上涨行情，从跌 2% 上涨到 10:00，此时换手率 2%，超过最低换手要求，所以可以进场买入。

（2）早上放量上涨下午价格小幅波动

从前面我们已经知道,小时量和股本大小关系不大。假定日换手率达到 3% 时,且涨幅过 2% 时，我们才可以进场。这里要强调的是，放量上涨必须是 10 分钟内上涨幅度即达到 3%，否则，只能视为稳步上涨。

那么早盘的小时量该到达什么程度才可以粗略判断当天的换手率能达到 3% 呢？经过大量研究，我们得出以下结论:在早盘拉升的情况下,半小时满足条件的,此时换手需要达到 0.8% ~ 1%;1 个小时满足条件的,换手需要达到 1.2% ~ 1.5%;1.5 小时满足条件的，换手需要达到 1.75% ~ 2%。

（3）下午放量上涨而早上却波动很小

在这种走势下，我们可以分为三个阶段。分别为下午前半小时、1 小时和 1.5 小时放量攻击的，就是 10 分钟涨幅超过 3%。

同样，当全天换手达到 3% 和涨幅在 2% 以上时可以买入。这样其相应换手

图 3-22 山西焦化（600740）2010 年 9 月 30 日分时走势图

分别为：1.8% ~ 2.1%、2.2% ~ 2.5%、2.7% ~ 3%。

2. 用每分钟量计算

在操作股票中，往往遇到这样的问题，某股从一开盘即向上攻击，上涨到2%时只有5 ~ 10分钟，此时换手率很小无法计算，所以此时就不能用小时量来计算了。如果一定用小时量计算，那么就必须等到其第二波上涨时介入，此时换手率一定符合，但是往往丢失了大幅利润，所以我们引入分钟量。

这种方法难度稍大一些，可靠性也略差，但是却可以提供比较早的介入点。现在将股价上涨分为三种：一种是稳步上涨，一种是早盘放量上涨，一种是下午放量上涨。

统一一下买入条件：第一是当天换手率达到3%以上，第二是介入点在该股上涨2%之后（如果高开，只要上涨1%即可介入）。

（1）全天稳步上涨

首先来看流通股在5000万 ~ 1亿股附近的个股分钟量的情况。

此时再把买点一分为二：一个是买点在前一个小时出现，另一个是买点在后一个小时出现。

下面是具体分时量数据：在假定买入条件的前提下，前者分时量需要达到200 ~ 400手；后者需要达到300 ~ 500手。

其次来看流通股2亿以上的个股。在前一个小时的分钟量要达到500 ~ 2000手，对于超级大盘股分钟量可能需要达到万手以上。在后一个小时的话，分钟量需要达到700 ~ 2500手。如果放量均匀的话，相对的最大量可能需要小一些。

（2）上午上涨，下午整理

还是要把买入点分为早盘一个小时出现和最后一个小时出现。首先，我们来看股本5000万 ~ 1亿的个股。在前期买入条件达到的情况下，前者分钟量需要达到300 ~ 500手，后者需要达到400 ~ 600手。同样当成交比较均匀时，分钟量可以小一些。

其次，我们来看流通股在2 ~ 3亿的个股，当然还有10亿以上的超级大盘股。在前期买入条件满足的情况下，前一个小时分钟量达到800 ~ 2500手，超级大盘股需要3000手以上。后一个小时出现买点时，成交分钟量需要达到1000 ~ 3000手，超级大盘股需要4000手以上。

（3）早上盘整，下午上涨

把午后的买入点分为前一个小时和后一个小时。

首先，流通盘在5000万~1亿的个股，在买入点出现时，前一个小时分钟量需要达到450~700手，后一个小时分钟量要达到550~800手。同样，如果成交量比较均匀的话，所需的量可以小一些。如果该股早盘量已经很大，那么此时分钟量也可以适当降低。

其次，来看股本2亿以上的大盘股，包括10亿以上的超级大盘股。在达到买入条件的时候，午后前一个小时的分钟量需要达到1200~3000手，超级大盘股需要达到3000手以上。后一小时出现买点时，成交量需要达到1500~4000手，超级大盘股需要达到5000手以上。还需要强调一点，如果早盘量有所放大，此时分钟量可以适当降低。

最后需要说明的是，应用此方法，需要结合K线形态与趋势的研判，对盘口语言的把握非常重要。希望应用此方法者先进行模拟操盘，等到熟练后再以少量资金进行实战操作，只有熟练地掌握此方法，才能在股市中获得比较好的收益。

第六节
解读筹码分布图，洞悉主力持仓成本

巧看盘面筹码分布图

我们先来做一张图。

在这张图上，我们把股票换成像麻将牌一样的筹码，在图的右边，我们先把价位标清楚，从 10 元一直标到 14 元，共 5 个价位，然后我们把这些筹码按照当时股东们买它的成本堆放到它相应的价位上，于是就形成了图 3-23 的样子：

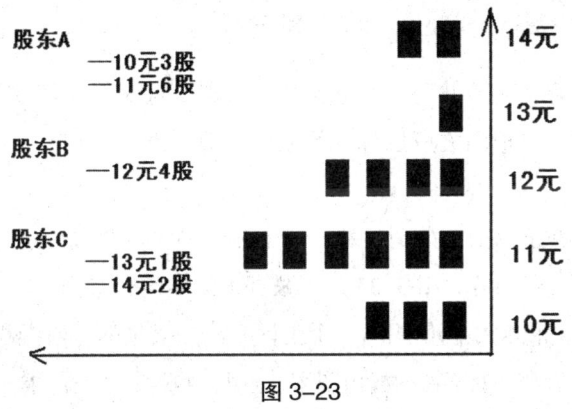

图 3-23

从这张图上我们可以清楚地看到：这只股票在 11 元价位上，投资者的筹码比较重一些，12 元与 10 元次之，13 元以上筹码量就不多了。此外，除了上面所说的股东 A、B、C 以外，曾经还有一位投资者 D，在 9 元左右买过这只股票，后来又以 11 元转卖给了股东 A，于是 D 先生提出了一个问题：我 9 元钱的历史交易怎么没有在这张筹码分布图上得到反映？其实这个问题不难讲清楚，大家注意到图上的筹码总共只有 16 股，而这只股票的流通盘也是 16 股，筹码分布只去表现这一天所有在册股东的建仓成本，由于 D 已经卖掉了自己的股票，所以他的筹码在筹码分布图上就看不见了。这是筹码分布的一个重要特征：即它反映的是一只股票的全体投资者在全部流通盘上的建仓成本和持仓量，它所表明的是当前盘面上最真实的仓位状况。

随着交易的继续，筹码会在投资者之间进行流动，因而筹码分布也不是一成不变的。假定随后发生了一个交易：股东 B 把他的 12 元价位建仓的 4 股股票卖掉了 3 股，成交价是 14 元，由股东 D 承接，于是筹码分布就成了图 3-24 的样子。

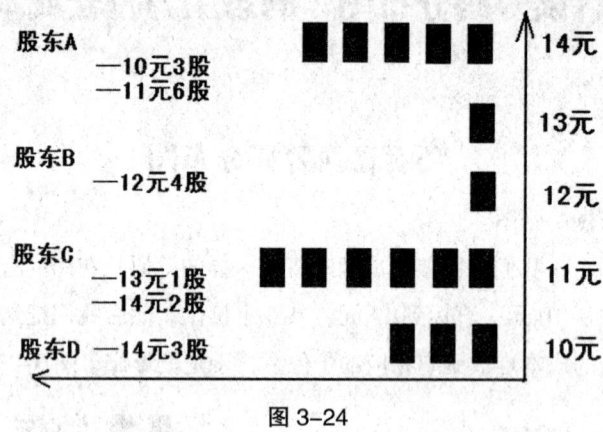

图 3-24

事实上，筹码分布并不关心盘面中的筹码到底是属于股东 A 的还是股东 B 的，上面的两张模拟图之所以标注股东的持股状态，仅仅是为了让大家看得更清楚一些。

如果换成真正的上市公司，那么一个公司的流通盘最少也有 1000 万股，其价位分布是相当广阔的。图 3-25 是一张真正的筹码分布图，它被放在 K 线图的右边，在价位上和 K 线图使用同一个坐标系。当大量的筹码堆积在一起的时候，筹码分布看上去像一个侧置的群山图案。这些山峰实际上是由一条条自右向左的线堆积而成，每个价位区间拥有一条代表持仓量的横线。持仓量越大则线越长，这些长短不一的线堆在一起就形成了高矮不齐的山峰状，也就形成了筹码分布的形态。

从图 3-25 中可以看出，苏常柴 A（000570）有两个不同的建仓密集区。换句话说，在筹码分布图上我们可以看到两个非常明显的密集峰：一个位于 8 元多钱的价位附近，另一个位于 6 块多钱的价位区间。

图 3-25

我们把问题说得再简单一点：根据相当多投资者的获利了结习惯，尤其就散户而言，在获利 10% ~ 20% 最容易把股票卖掉；而对主力而言，很难在赢利 30% 以下时卖出他的大部分仓位。那么，获利 15% 的获利盘对当日成交的贡献就比获利 25% 的要大一些。这是较为精确的计算筹码分布的方法。有时候出于计算量的考虑，也可以用相等的抛出概率来代替真实的抛出概率统计，这样会引发一定的误差，不过这个误差是可以承受的。因为在实际的投资分析中，某个价位的筹码量多一些或少一些不会影响最终的结论。

筹码分布为什么变了

筹码是持有人证明自己拥有某种权利的文书和凭证，在股市中用"筹码"一词形象地代指股票。筹码分布理论常被用于测算市场投资者及主力的持仓成本，要想理解这一理论，我们先要明确两个概念，一是筹码分布状况，二是筹码转移。

首先，我们来看看什么是"筹码分布状况"。随着个股交投的持续进行，股票价格是随时变化的，在不同时间会在相应的价位处产生成交量，成交量的大小反映了投资者的规模，而成交价格则反映了这部分投资者的持仓成本，把这两点结合起来就是所谓的筹码分布。个股的筹码分布状况反映的就是其整个流通盘在个股不同价位上的股票数量，是对市场持仓情况的一个静态写照。

图 3-26 为武钢股份（600005）2010 年 9 月 30 日的筹码分布状态图，我们可以清晰直观地看到此股的二级市场流通盘分布情况，此时的筹码在 4.5 元 ~ 5元间呈开阔形分布。

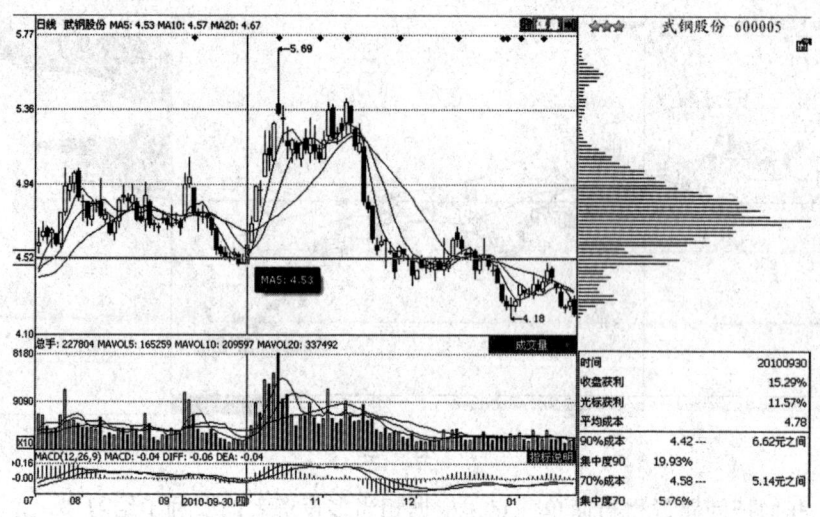

图 3-26 武钢股份（600005）2010 年 9 月 30 日的筹码分布状态图

其次，我们再来看看什么是"筹码转移"。随着股价走势的发展，市场对筹码价格的认同会随着人们的心理预期而改变，有人认为该筹码价格不会再上涨，不管盈亏，都要卖出；有人认为该筹码价格不会再下跌，要买进；只要双方同意某价格即可成交。每一个成交价格都代表了瞬时市场认同度，成交量代表了认同该价位的筹码数量。

在日 K 线图上，随着光标的移动，系统在 K 线图的右侧会显示出随着股价的变化，筹码是如何发生转移的。如果说"筹码分布状况"是一个静态的概念，仅反映了筹码在某一具体时间的分布状态，那么"筹码转移"则是一个反映筹码如何流动的动态概念。下面让我们结合实例来看一看，一只具体个股随着交易的进行，筹码是如何发生转移的。

下面两图为中国医药（600056）筹码转移示意图。

其中，图 3-27 为中国医药（600056）2009 年 12 月 17 日的筹码分布图。由于在此之前经历了前期的上涨，此时筹码都分布在 25 ~ 30 元区间。随后在大盘一路走低的带动下，我们可以看到此股步入了下跌趋势，股价从高位区的 33 元下跌到 15 ~ 20 元区间，并在 15 元附近长时间震荡。

图 3-28 为此股在 2010 年 9 月 29 日的筹码分布图，从图中清晰可见，此时的筹码几乎已完全转移至 20 元下方。通过此例我们可以看出，随着股价的不断变化，市场持仓成本也在不断变化，因而筹码始终处于不断的"转移"过程之中，

而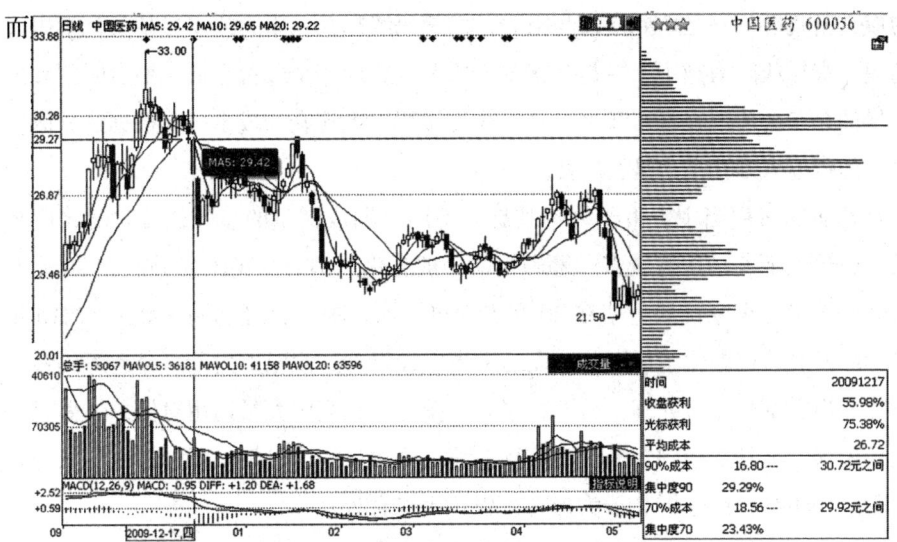

图 3-27 中国医药（600056）2009 年 12 月 17 日的筹码分布图

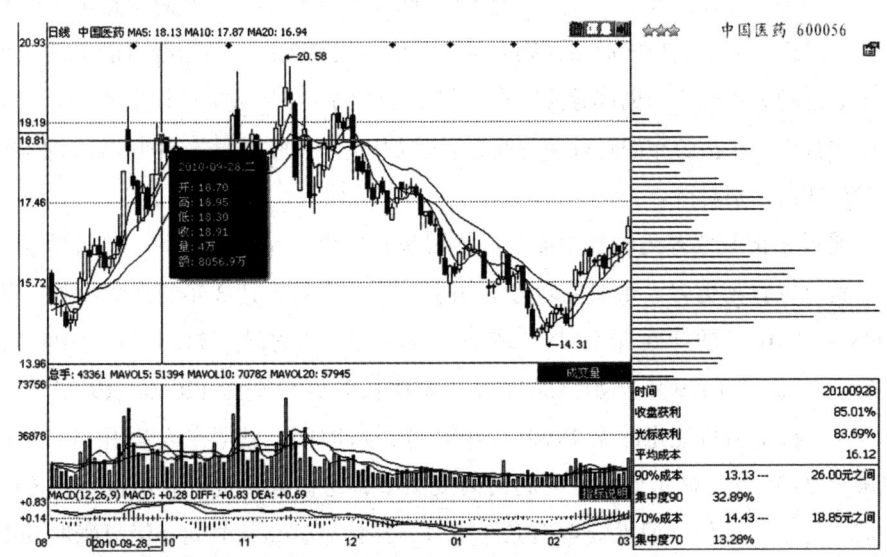

图 3-28 中国医药（600056）2010 年 9 月 29 日的筹码分布图

筹码分布如何露"天机"

在证券市场中，能够跟上一个实力雄厚的主力成了许多投资者追求的目标，因而很多投资者把精力放在了分析主力筹码的技术指标上。

主力筹码指标是一个价量指标，该指标在常规运用中就是看股价的某一阶段的成交密集区，一是研判支撑与阻力，即筹码线越长，阻力或支撑越大，筹码线越短，支撑或阻力越小；二是观察主力成本区，即一个股价在低位横盘时间和成交量的总和会体现在筹码线上，这一线也说明主力建仓的成本区，根据这一区与价格的距离来推算主力是否出货。

在实际运用当中，由于筹码线是集不同时期成交量的总和，若时间跨度较长，股价上下波动次数较多，筹码线就会被虚化。例如，2010年某股在20元成交200万股，至今该股价格在20元出现过多次，换手已经达到300%，2010年的200万股就被虚化了。因此，在运用当中最好看这段距离内价格穿越筹码线的次数和换手率来综合处理。另外，主力在拉升过程当中大量运用对倒，使筹码线记录失误，也易造成判断失误。对待上涨对倒放量的个股不仅要分析成本区与它的距离，还要着重分析K线大形态，以达到综合处理。

当前很多投资者往往根据股票筹码集中程度，来判断股票后市涨跌。一般认为筹码集中程度高的股票，其后市向上涨升的空间相对较大；而筹码逐渐呈分散状态、且股价处于高位的股票，则表示主力已有出货动向，后市很可能下跌。实际上，这种分析确实帮助部分人获利，很多当年的大牛股或熊股均由此产生。但由于中报以及年报公布的时效性有所滞后，以及主力入驻个股的动机和行为不同，具体操作需区别对待。

通过分析股票筹码的集中度，能够很快找出黑马品种。如果把时间再延长些，就可以看到更多大牛股的轨迹。如主力运作时间长达3年的海螺型材，其1998～2001年的年度报告中出现的股东人数，分别为17125人、2104人、6958人，而从1999年开始该股股价的年增长幅度分别为126%，192%、-8.71%。特别值得注意的是1998～1999年这段时间，其股东人数由17125人锐减至2104人，显示低位筹码趋向高度集中，这提醒投资者后市肯定将酝酿一波大行情。即使一般投资者不能像主力一样持有这么长时间，但只赚取其中一小段也足矣。然而有涨就有落，该股从2009年中期大幅跳水。到2010年中期时，股价下跌幅度达到28.39%。而2010年中报显示，该公司股东激增到了13154户。再如时间更长些的大牛股湘火炬，其1997～2001年年报的户数分别为35419户、4886户、3543户、3427户、4220户，2002年中报为4435户，也是由分散到集中的组合形态。这期间公司股本共计扩张了5次，其中4次是送股。股本总额由1995年年底的9724万股，增加到2002年中期的3.99亿股，是当初的 4 倍多。由于持股人数在 1998 年后基本保持稳定，主力依然处于控盘状态，使得该股每次除权后，都基本走出了一波完好的填权行情。如果当初持股不动，按复权计，后来的价格是当初的 27.57 倍。由此可见，其获利空间非常巨大。不过，像湘火炬这样的个股终归只是一种特例，大多数主力缺乏这样的资金和胆识。

筹码集中、主力关注的大牛股，大多数是资产重组类股票。这些个股的共同特点是流通盘偏小、有一定题材支撑。而且它们最好是原来业绩较差，经大股东改造后，很快成为具有高送配能力的优质资产，这样才易受主力机构青睐。不过，在进行具体操作的时候，投资者需要注意的是：

（1）在年报或中报中出现筹码分散的股票，并不一定就会下跌。由于管理部门监管日趋严格，不少大机构尽量避免像过去那样集中在某一家或几家证券公司进行股票买卖，而是更加隐蔽，利用当初不规范时期遗留下来的账户（如申购新股时的股东账户卡），在很多家证券公司进行分仓操作。这样虽然持股人数增加了，但实际上还是原来的主力在运作。

（2）年报或中报公布的时间相对滞后，会影响投资者对个股的判断。一般来说，年报披露时间长达 4 个月，中报也有 2 个月左右。

移动筹码分布是一项反映市场内资金流动以及筹码转移过程的指标，对于个股来说，筹码的转移是一个从密集到分散再到密集的过程，筹码的转移反映出来的是资金的进出。从对筹码形态的分析上，我们可以很明确地判断出是否有新资金进场或者老资金是否离场，而通过这种分析，就不难把握住个股走势的波段节奏，从而实现赢利。

各种筹码分布形态分析

常见的筹码分布形态可以分为两大类，一是密集形态，二是发散形态。密集形态又分单峰密集和多峰密集。下面我们来逐一介绍。

1. 单峰密集形态

根据股价所在的相对位置，单峰密集是指股票的流通筹码在某一特定的价格区域进行了充分的换手后，市场持仓成本几乎完全集中于此价位，反映到筹码分布图中就是一个独立的密集峰形，它表明筹码在该区域充分集中。单峰密集又可分为低位单峰密集和高位单峰密集。图 3-29 所示为高位单峰密集图。

　　理解单峰密集有重要的实战意义：当个股在低价位区间出现单峰密集形态时，若主力为买家而散户为卖家，那这一价位区将是主力持仓成本区，投资者在此介入可以享受低风险高获利的回报；当个股在高位区出现单峰密集形态时，若主力为卖家而散户为买家，那这一价位区将是主力集中出货区，一旦主力出货大功告成，此股就会步入跌途，投资者若贸然在此介入，将面临高风险、低获利的窘境。

　　下面我们通一个实例来看在有主力积极参与的情况下，单峰密集出现后，个股是如何演绎后期走势的。图 3-30 为浙江广厦（600052）低位单峰密集及后期走势图，图中为此股 2009 年 2 月 5 日所形成的低位单峰密集形态，事后此股的走势证明，在这一低位单峰密集处明显有主力积极建仓，不是主力在随后的上涨中推波助澜并引导股价上涨，此股又怎会有翻两倍的黑马行情出现呢？

图 3-29

图 3-30 浙江广厦（600052）低位单峰密集及后期走势图

2. 多峰密集形态

理解了单峰密集形态，对于多峰密集与双峰密集来说比较容易理解了。多峰密集是指股票筹码分布在两个或两个以上价位区域，分别形成了两个或两个以上密集峰形。多峰密集根据上下峰形成的时间次序不同，可分为下跌多峰和上涨多峰。（如图 3-31、图 3-32 所示。）

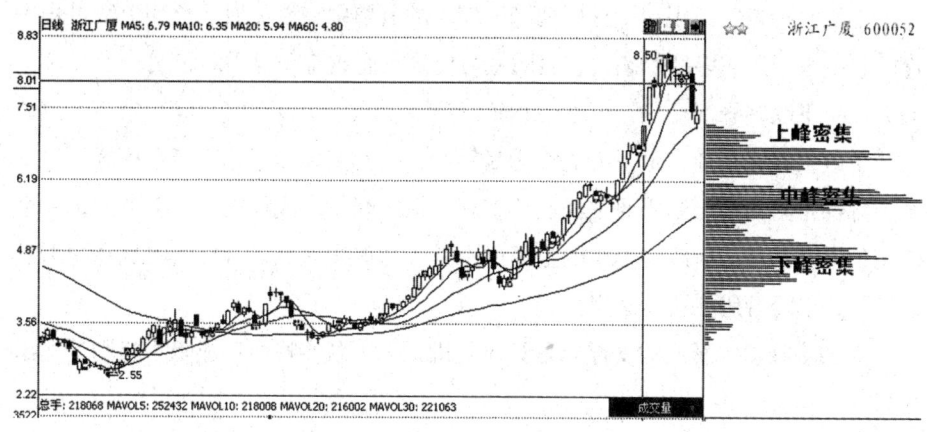

图 3-31

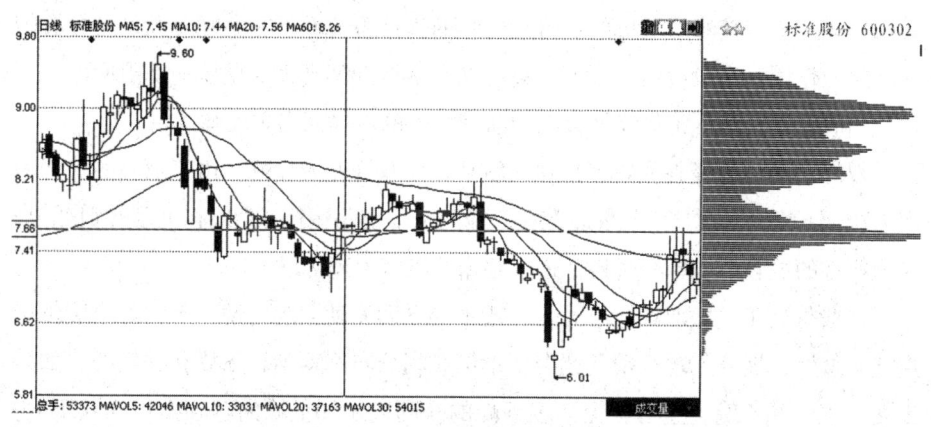

图 3-32

（1）上涨多峰

上涨多峰的形成过程是这样的：当股价从低位区启动时，此时多已形成了低位区的单峰密集形态，当股价达到途中某个价位区间时，往往会出现横盘整理或震荡的走势，此时大量的筹码在这一区间进行换手，从而形成了一个上涨途中的密集形态。在上涨过程中的整理次数越多、整理时的价格差距越大，则所形成的多峰密集形态也越清晰。

对上涨双峰的行情研判主要是观察上下峰的变化对比。在上涨双峰中，下峰的意义非常重大，它充分表明了主力现阶段仓底筹码的存有量。如果上峰小于下峰，行情将继续看涨，反之随着上峰的增大，下峰迅速减小，是下峰筹码被移至上峰的表现，此时主力出货的可能性增大。

上涨多峰通常出现在做庄周期跨度较大的股票中，该类股在长期上涨过程中作间息整理，形成多峰状态。它表明主力仍没有完成持仓筹码的派发。

（2）下跌多峰

下跌多峰密集通常最下方的峰为吸筹峰，也称支撑峰；相对于吸筹峰，每一个上峰都是阻力峰。筹码通常经震荡整理在最下峰处形成峰密集。上方的每一个峰将被逐渐消耗。下跌多峰中的上峰通常是主力派发区域，其峰密集是主力派发的结果，上峰筹码主要是套牢盘。

上涨多峰途中形成的支撑峰是买入时机，而下跌多峰所形成阻力峰则是卖出时机。

双峰密集是多峰密集中最为典型的一种。双峰密集形态是由上密集峰和下密集峰构成，上密集峰对股价的运行有较强的支撑力，而下密集峰对股价运行有较强的阻力作用。当股价运行至上密集峰处常常遇到解套盘的抛压，受阻回落；反之，当股价运行至下密集峰处会因为前期买家的承接而出现反弹。

双峰之间称为峰谷。峰谷常常被填平，使双峰变成单峰。由于双峰的上峰为阻力位，下峰为支撑位，股价通常在双峰间上下震荡运行，最终将上下峰消耗掉，在原峰谷的位置形成单峰密集，这就意味着吸筹整理阶段告一段落。

当股价处于下跌双峰状态时，一般不会立即发动上攻行情。因为如果股价迅速突破上峰，展开上攻行情，就会使市场获利分布不均匀，下峰获利较高，如果市场追涨意愿不高，主力就会面临下峰的获利抛压和上峰的解套抛售的双压力，给主力的拉升带来困难。

必须指出，峰谷仅对下跌双峰具有意义，只有下跌双峰才会在峰谷处形成二峰合一的单峰密集。

3. 发散形态

与筹码分布的密集形态不同的是，筹码发散形态是指筹码零零散散的分布在广阔的价格空间内，而且没有在某一较小的价格空间内形成密集。发散形态的形成往往与股价的快速波动以及在波动过程中出现了较大的成交量有关，在一轮行情的拉升或下跌过程中，由于股价的波动速度较快，单日的成交量也较大，因而使得持仓筹码在每一个价位迅速分布。

一般来说，发散是一个过渡状态，当新的峰密集形成后，筹码发散将随着峰密集程度的增大而消失。我们可以根据趋势的方向不同，把发散形态分为向上发散形态和向下发散形态，向上发散形态意味着市场持仓成本随着股价的上涨而开始不断升高，向下发散形态则意味着市场持仓成本正在随着股价重心的下移而不断降低。（如图 3-33 所示）

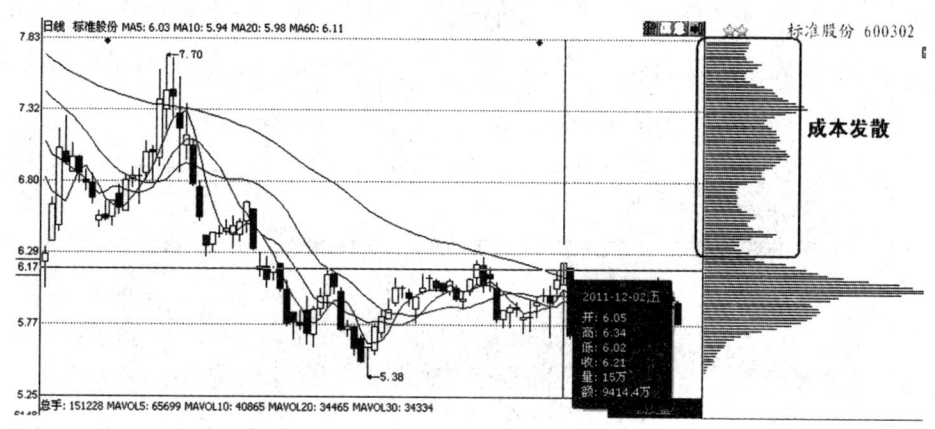

图 3-33

低位成本分布形态的突破分析

股价经较长时间的整理，移动成本分布在低位形成单峰密集，同时股价放量突破单峰密集是一轮上升行情的征兆。从以下几点我们可以看出成本形态是否突破：

（1）一轮上涨行情的充分条件是移动成本分布形成低位峰密集；

（2）单峰的密集程度越大，筹码换手越充分，上攻行情的力度越大；

（3）单峰低位高度密集意味着股价的上升空间彻底打开；

（4）要从历史的走势中确认相对低位；

（5）单峰密集形成的时间越长其可靠性越强；

（6）突破必须有大成交量的确认；

（7）突破的股价有效穿越密集峰并创出近期新高。

图 3-34 所示为广晟有色（600259）2010 年 7 月 22 日的筹码分布图，这时由于此股前期一直在底部区域震荡运行，因而形成了低位单峰密集形态。图 3-35 所示为广晟有色 2010 年 9 月 30 日的筹码分布图，对比两幅图可以看出，在 7 月 22 日单峰低位高度密集后，到 9 月 30 日，股价走出一段很大的上涨空间。

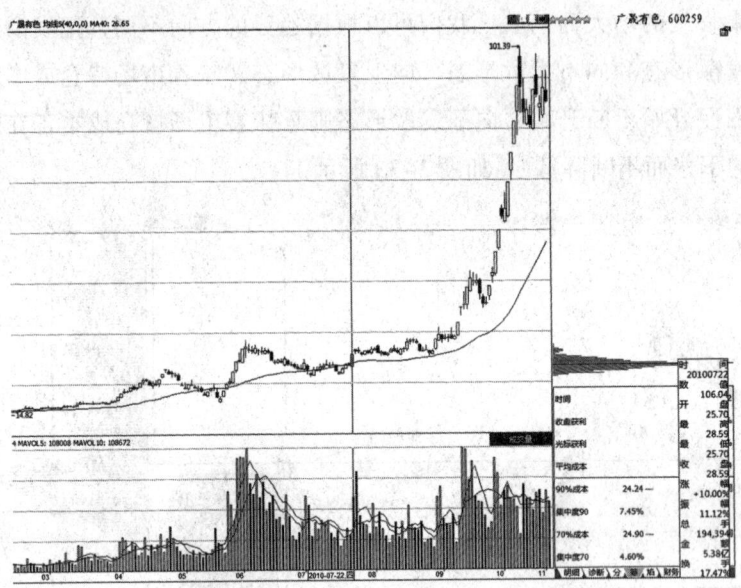

图 3-34 广晟有色（600259）2010 年 7 月 22 日的筹码分布图

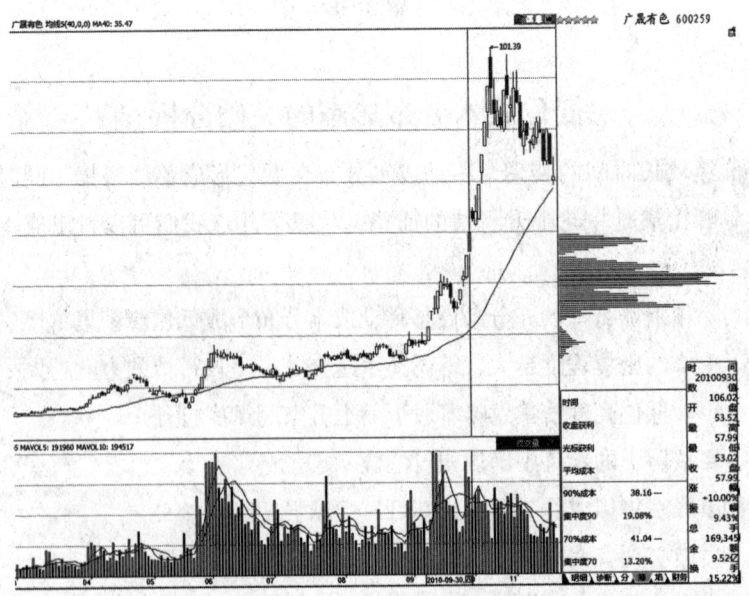

图 3-35 广晟有色 2010 年 9 月 30 日的筹码分布图

当个股进入前期筹码密集区如何操作

个股进入前期筹码密集区，其内在原因是前阶段反复在这一价位区间堆积了较大的成交量，当股价由上而下向支撑位靠拢时，空方获利筹码已出，手中已无打压筹码；多方逢低吸纳，形成需求；套牢已深者惜售筹码已锁定，故在这一价位区间供小于求，形成了强有力的支撑位。此外，由于行情多次在此反弹，确立了散户投资者的心理支撑价位区间，只要无特大利空消息出台，支撑位的力度还是很强劲的。

技术分析上将有较大成交量堆积的价位区间叫做成交密集区，在此成交密集区有很高的换手率。

在成交密集区买入的投资者要获利则需待股价升至这一成本区间以上，筹码持有者只要没有对后市失去信心，就不会在这一价位区间轻易抛出筹码，因为惜售，所以股价难以跌破这一支撑位。此外，空方也因成交密集区逢低吸纳者众多，导致手中打压筹码丧失殆尽，即使支撑位被暂时击穿，只要成交量不放大，又无利空出现，价位将重回支撑位之上，散户投资者的心理支撑也会增强。

股价在成交密集区获得暂时的支撑后，后市有两种可能：或是反弹回升，或是持筹者丧失信心，看空后市，杀跌抛出，由多翻空，支撑位被有效击穿，股价继续下行。

利用成交密集区作为支撑位作股市分析，应注意如下情况：

（1）在上升趋势的回档过程中，K线的阴线比先前所出现的阳线弱，尤其接近支撑价位，成交量萎缩，此后阳线迅速吃掉阴线，股价重新回升，便是有效的支撑。

（2）上升趋势的回档过程中，K线如频频出现阴线，空头势力增强，虽在支撑位附近略有反弹，但因接盘乏力，股价终将跌破支撑位。

（3）在支撑位附近形成盘整，经过一段时间整理，出现长阳，表明支撑位有效。

（4）在支撑位附近形成盘整，经整理后却出现一根长阴，投资者杀跌止损，争相出逃，则股价将继续下跌一段时间。

（5）股价由上向下跌破支撑位，表明行情将由上升趋势转为下降趋势。一般在上升大趋势中出现中级下降趋势，如股价跌破中级下降趋势的支撑位，则表明上升大趋势已结束；在中级上升趋势中，出现次级下降趋势，如行情跌破次级下降趋势的支撑位，则表明中级上升趋势已结束，股价将按原趋势继续下行。

（6）股价由上向下触及支撑位，但未击穿而调头回升，如有大成交量配合，则当再次向下调整时短线可买入，从中获取反弹差价。

（7）股价由上向下跌破支撑位，如有大成交量配合，则表明另一波跌势已形成，稍有回档应立即出货，以避免更大损失。

（8）股价由上向下触及支撑位，既未击穿，也无成交量配合，则表明反弹可能性极小，短线应尽早出局。

股价跌穿高位密集了怎么办

当股票经一轮上攻行情，在高位形成峰密集，如股价跌破高位密集峰是行情终结的信号，应及时出局止损（如图3-36）。这时股票一般符合以下特征：

（1）股价已经有较大的涨幅。

（2）原低位单峰密集被消除。

（3）形成高位单峰密集。

（4）在高位单峰密集处不宜介入。

（5）当股价跌破高位单峰密集时应及时止损。

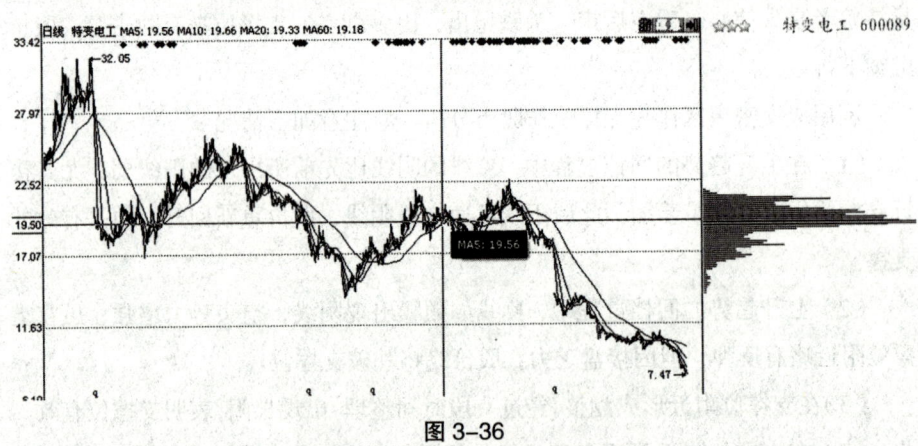

图3-36

在高位移动成本分布形成了高位单峰密集，原低位密集峰已完全消失，这就意味着主力拉高出货工作已经完成。当股价跌破高位密集峰时，是最后的逃命时机（如图3-37）。主力已走，人去股空，你还留下做什么？

无论是主力还是股民，股票交易都必须遵循着商业法则：低买高卖。移动成本分布的奇妙之处在于，让我们真切地感受到商业法则在股票交易中的全过程的运用。

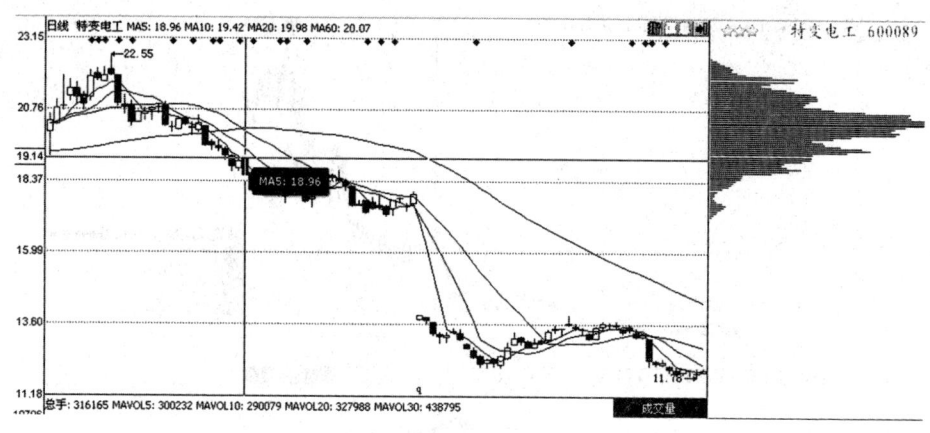

图 3-37

如何根据筹码分布确定新一轮上攻行情

股票形成第一次低位峰密集后，经一轮小幅上攻行情做顶回落，但在顶部第一次低位峰密集仍被大量保留；当股价再次回落至第一次峰密集处形成第二次单峰密集时，第二次峰密集与第一次峰密集相重合，这种情形的出现是一轮上攻行情的开始（如图 3-38、图 3-39、图 3-40 所示）。

我们可以留意以下几点：

（1）形成第一次低位密集峰后开始了小幅上攻行情。

（2）该小幅上攻行情的涨幅让人感到有做顶的可能。

（3）在小幅上攻行情的顶部测试第一次低位密集峰的状态。

（4）在小幅上攻行情顶部时第一次低位密集峰仍大量存在。

图 3-38

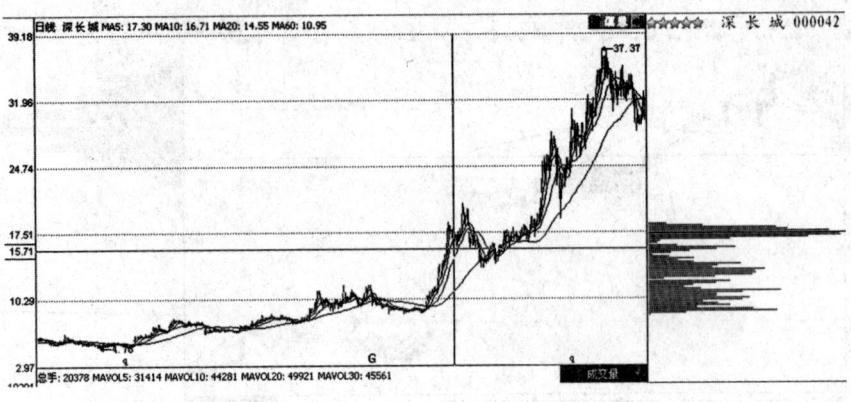

图 3-39

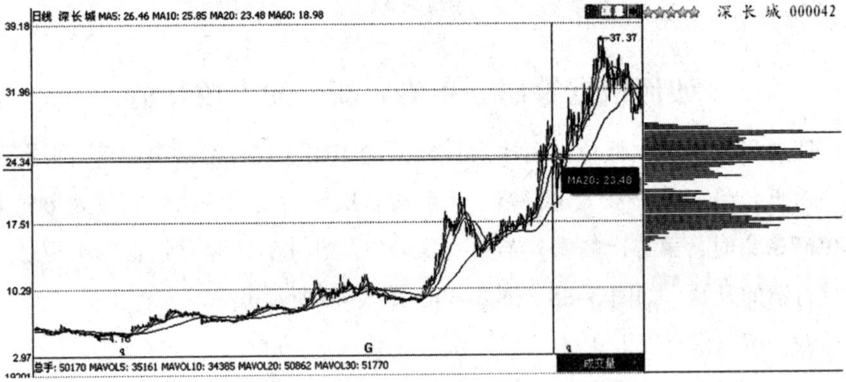

图 3-40

（5）股价回落到第一次密集峰处形成第二次峰密集。

（6）第二次峰密集与第一次峰密集重合成单峰密集。

（7）股价放量突破第二次峰密集时是主升浪信号。

（8）操作时应在第二次峰密集被放量突破时跟进。

第七节
解析异动股的盘口特征

隐性买卖盘的出现

所谓隐性买卖盘是指那些没有在买卖报价栏里出现却在成交栏里出现了的单子。正如前面所述，这些才是较为真实的买卖力量。如果手数不大，往往是普通交易者急于买卖的结果；如果手数过大，则往往是主力急于成交的结果。

通常而言，如果卖一至卖五栏中没有大卖单出现，却不断有大买单主动向上吃货，则往往是主力吸货的表现；如果先有大卖单挂在上面，后有大买单主动吃货，则有主力对敲之嫌疑。反之，如果买一至买五栏中没有大买单出现，却不断有大卖单主动向下砸盘，则往往是主力出货或减仓的表现；如果先有大买单挂在上面，后有大卖单主动砸盘，则有主力对敲之嫌疑。原因是真正的大买单和大卖单都不会挂在盘口，否则，想买的往往买不到，而想卖的也往往卖不出了。

图 3-41 就是中海发展（600026）在 2011 年 11 月 11 日星期五下午 9∶46 时的盘口。该股买①到买⑤的价格为 7.16 7.20 元，卖①到卖⑤的价格分别为 7.23 7.27 元。但是，可以在上图的盘口中明显地看出，该股票在 9∶40 的时候分别出现了 57 手和 10 手以 7.22 元成交的买盘和卖盘，这就是隐性买卖盘。

★★★	中海发展 600026	
委比	-26.55%	-810
卖⑤	7.27	1179
卖④	7.26	192
卖③	7.25	234
卖②	7.24	182
卖①	7.23	143
买①	7.20	122
买②	7.19	174
买③	7.18	493
买④	7.17	118
买⑤	7.16	213
最新	7.20 开盘	7.18
涨跌	+0.02 最高	7.23
涨幅	+0.28% 最低	7.18
振幅	0.70% 均价	7.21
总手	1716 量比	0.56
金额	123.66万 换手	0.01%
市盈	14.28 市盈(动)	22.55
总股数	34.05亿 流通股	21.09亿
外盘	767 内盘	949
长上运输		查看板块股
09:39	7.23	200 ↑ 1
09:39	7.23	10 ↑ 1
09:40	7.22	57 ↓ 1
09:40	7.22	10 ↑ 1
09:41	7.20	8 ↓ 1
09:41	7.21	4 ↑ 1
09:41	7.20	128 ↑ 1
09:41	7.20	8 ↓ 1

图 3-41

从盘口判断庄股异动的真正含义

在个股分化的现象越来越明显的市场背景下，捕捉到有强庄控制的个股往往能够提高操作的成功率，强庄控盘的个股时常会出现异动，这可能是机会，也可能是陷阱。下面分析几种常见的情况，供参考。

放巨量跳空低开。有些庄股开盘时会出现跳低 5 个以上百分点的情况，集合竞价成交上百万股。这一般表明了一种信号，即主力还未出局，现在正准备往上拉升，这时候的大幅跳空低开是一种洗盘的行为。

出人意料地大幅跳空高开。有些个股前一天并未涨停，第二天却大幅跳空高开。这有两种可能，一是主力的试盘动作，看看上方有多少抛盘；二是主力为了吸引人们的注意力，主要目的还是为了出货方便，这时候股价很有可能高开低走。

临收盘时放量打压，造成当日 K 线为长阴线，但第二天即轻松涨回。这是典型的洗盘行为，如果此时 30 日均线为明显的上行趋势，股价涨幅并不是很大，就可认定是主力在打压，目的是洗盘，以收集更多的廉价筹码。

无理由地异常放量，给人以盘中换庄的印象。盘口表现为几千手的巨量买卖盘同时出现，伴随着数千手的大手笔成交，日换手率达 20% 以上，但股价却明显滞涨。这一般都是主力为了吸引散户的买盘，刻意制造交易量放大的假象。这时要观察 30 日均线是否上行、OBV 指标是否上扬，如果以上两个条件没一个具备，则坚决不参与。

盘中呈现 45 度上扬或是斜率温和的上涨走势，日 K 线为连续的小阳线，但盘中偶尔也会突然跳水，形成"钓鱼竿"的走势。这类股票欣赏一下是可以的，最好不要参与。

庄股出现异动时，投资者注意不要只看表面现象，要站在主力的立场上想一想。兵法云"虚则实之，实则虚之"，股市也是如此。如果看不懂主力在做什么，就不要去参与，这也算是一种"大智若愚"吧。

如何根据盘口异动确认阶段性强势领涨板块

盘口异动，是股市技术上的一个专业术语，既非常神秘，又是公开的，有时盘口异动过大，会让大家看得很清楚，有时仅仅是盘中分时异动，只能是一种说不清的感觉。也许一个高境界的职业投资者与一般投资者唯一区别，就在于能够及时根据盘口异动发现可以连续做多（或做空）的能量。

在股市中，每天都有异动上涨（或下跌）机会的个股，从单独个股的盘口看，也会发现一些具有跟多（或玩空）机会的个股，有时候判断会准确，这也是职业短线高手敢于不看大盘和板块独立去运作个股的关键。当然，有时候公司重大消息面的变化也会直接影响个股的盘口走势，不过没有消息面变化的盘口异动更有分析和参考意义。

从板块的角度看，板块的盘口异动比独立个股的异动更重要，因为板块的异动做多（或做空）更容易引起市场的特别关注，对于每一个板块来说，不是任何阶段都会达成板块的一致性的，常常在某一特定时期，会有个别板块达成默契做多（做空）的一致性，也就是大家常说的板块联动效应，可见研究板块盘口的异动比研究单独个股的盘口异动更有意义。

看大势赚大钱，这是股市中能够走向成功的一句谚语，看似很简单，但真正能够看清大盘的短线、阶段性、中期以及中长期趋势的有几个？有太多的人常常用分析个股的思路去看大盘，实际上应该通过多数板块的整体走向去确认大盘的方向，没有有效带动大盘做多的板块，大盘只能在空头能量的带动下迟早选择下跌；没有有效带动大盘做空的板块，大盘只能在多头能量的带动下迟早选择上涨，这可能是研究大盘盘口走向的突破口。当然，个股盘口异动常常会引起板块的盘口异动，板块的盘口异动常常会引起大盘的盘口异动，但最重要的是大盘盘口异动，一旦大盘盘口发出做多（做空）信号，多数板块及个股都会跟随大盘波动。

从操作的角度看，如何通过盘口异动确认阶段性强势领涨板块？简单一句话，就是在大盘调整到非常关键的时候，能够抓住敢于逆势带量走好并引发大盘分时量增价升的板块。当然，板块中异动做多的强势个股可能就是该板块的领头羊！例如，2010年8月份地产板块经常盘中异动做多，并达成明显的板块联动性，特别是万科的走势非常关键，只要万科盘中分时放量走好，其他多数地产股都跟着做多，万科短线回落的时候，多数地产股也是跟着回落调整，也直接影响大盘的短线盘口，说明地产板块从2010年8月份开始就已经达成了很好的板块联动默契。到2010年9月的时候，地产板块还真的成了一个非常重要的做多板块！

中线黑马的盘口特征

日线形态有时会遭到主力的刻意操纵，因此还必须通过盘口分析来最后印证我们的判断是否正确。

（1）外盘要远远大于内盘。在软件中以委卖价成交的主动性买盘称为外盘，以委买价成交的主动性卖盘称为内盘。从其含义中我们就可以理解为什么要求外盘大于内盘。假如形态良好而盘口显示内盘极大，一定是主力暗中出货，须谨防风险，不可介入。

（2）大单成交频繁。主力资金不可能一手两手地买卖股票，因此真正的潜力股应该是盘中大单成交活跃的个股。假如一只股票长期极少出现连续大手成交，基本上可以认定为散户行情易跌难涨。

（3）2～5分钟无成交。原理与地量相同，由于主力控盘，散户手中没有筹码，尤其是在下跌中，主力不动，该股就没有成交。此现象可以印证该股筹码已经集中于主力手中。

（4）盘中经常出现规律性的向上冲击波是主力资金的吸筹动作。普通股票则很少出现这种有力的上攻动作。

（5）关键突破形态时出现巨量涨停盘口表现为快速封涨停，涨停后成交量极少。看盘难、看盘难，难在不懂主力语言，在观察股价动态走势图时如果你懂得主力语言，你就会在其中发现主力的踪迹。

主力在选中某只股票准备建仓时，会用试盘的手法看看这只股票有无其他主力光顾，如果有庄则会试一试它的实力，来决定是将它赶出，是并肩作战，还是跟随坐轿。当然这就取决于其自身实力的大小。散户如果懂得主力语言当然就能跟随坐轿了，因为散户只有坐轿才能赚钱。

怎样找到这样的股票呢？那要在成交量异动中仔细观察。首先说明，如果这只股票有庄，当其他庄试图与其争夺筹码时，则会立即有所反映，要能看出这种反映需要静观其买卖盘微妙的变化，一般非主力机构很少有人能察觉主力在买卖盘中的"对话"。

主力机构选股讲究天时、地利、人和。找一个最好的进庄时机，一般是当宏观经济运行至低谷而有启动迹象时，此时入庄在日后的操控过程中能得到来自基本面的正面配合，也能顺应市场大趋势的发展。主力只是大规模资金的投资者，他的行动也必须符合市场发展趋势的要求即天时。地利即选择合适的股票，在正式炒作之前制订一份详细完整的操作计划。人和，即与各方面关系协调。

一切都准备好了就要先问问选中的股票谁在坐庄，其方法不外乎用一定的筹码投石问路，经过几天的震荡，操盘手用主力语言就知道这只股票对手的实力，向机构决策人汇报，做出最后决定。

观察的方法是：仔细地一笔一笔地看看成交明细表，第二步再仔细地看看第一、二、三买卖盘的数量变化，对照现手、总成交量、内盘量和外盘量，对照当日即时走势曲线图，就可以感觉到主力资金的活动。

主力选中的股票不外乎会打穿重要的技术支撑位，引发技术派炒手的止损盘；刻意形成股价向淡形态，动摇投资者持股信心，在恐慌之余卖出手中的股票。

从个股的异动情况中找到潜力股

异动股指的是与大盘走势不同的另类个股，比如大盘跌，却出现逆势飘红的个股；大盘涨，却走出自己的独立行情的个股，都属于这类股票。异动股属于特殊个股，或出现量的异动或出现价的异动。

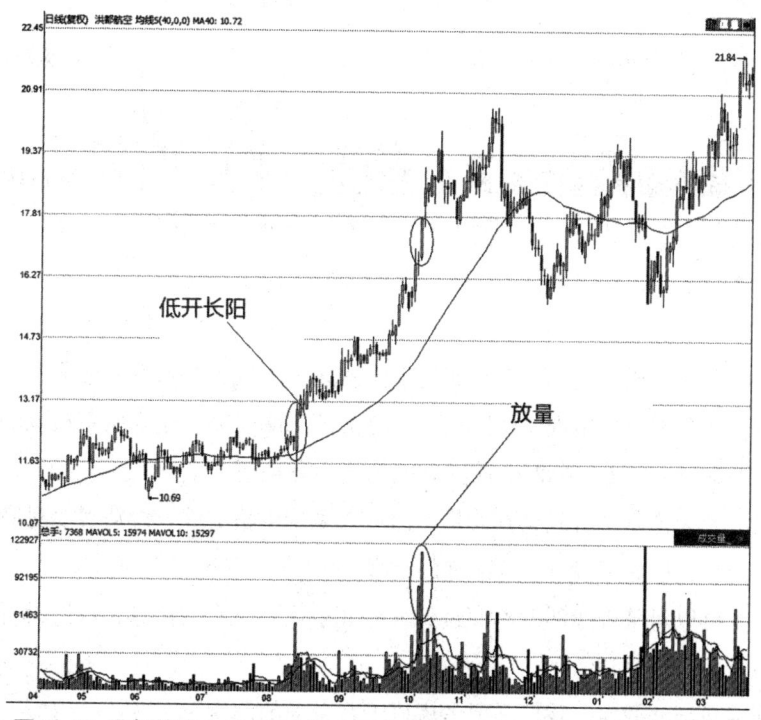

图 3-42　洪都航空（600316）2005 年 8 月～2005 年 12 月的股价走势图

图 3-42 为洪都航空（600316）2005 年 8 月 ~ 2005 年 12 月的股价走势图。从上图可以看出股价在大幅上涨的过程中会出现各种各样的异动情况。如该股在 2005 年 8 月 10 日出现低开长阳，之后的连续几天都走出了阳线，移动平均线也呈现发散的形态支撑该股的上涨，在 2005 年 10 月 10 日该股还出现了"十字星"的形态，并且在 2005 年 10 月 11 日的时候又出现了放量上涨，当日拉出长阳线，之后股价一路上升，创出股价新高 10.95 元，在短短两个月的时间内股价的涨幅近 100%。

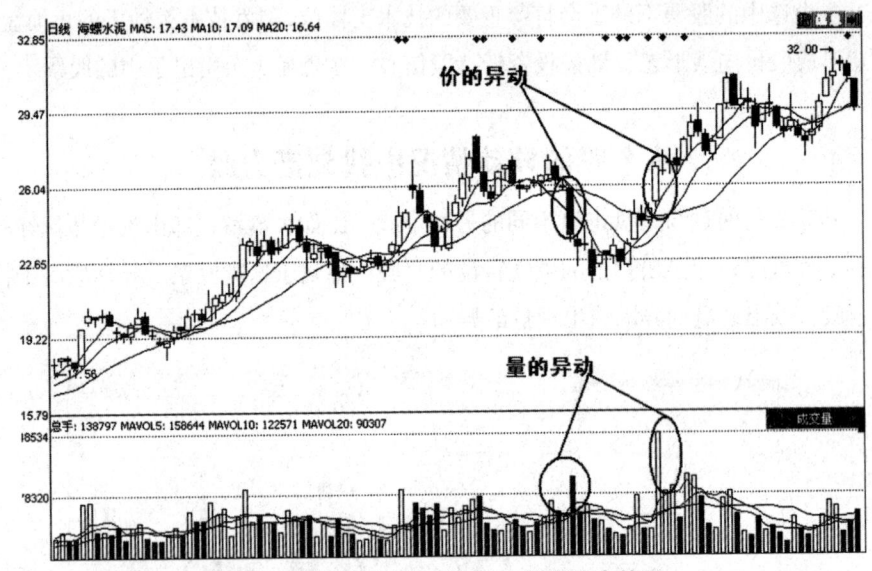

图 3-43 海螺水泥（600585）的股价走势图

以海螺水泥（600585）的股价走势图为例来说明异动股的图谱表现形式。如图 3-43 中左侧椭圆标示的位置，在股价缓慢上升的途中，突然某天拉出一个大阳线配以巨量的成交量，或者在股价下降的途中，成交量一直处于萎靡甚至缩量的形态，在某天突然出现一个巨量（如右面的圆圈）处，这都属于从该股中捕捉到的异动情况。此外，判断个股异动的情况的方法还有：

（1）量为价先，首先见到放量，然后再见到价格上涨。投资者要对股票在低价区内频频放量的个股，给予高度的重视。

（2）可以对某个股的基本面进行分析，掌握其所有的信息，看有没有主力可以借题发挥的题材和消息。

在寻找异动股时，我们需要考虑以下几方面的因素：

（1）虽然异动股的收益较多，但同时风险也较大。每周每日甚至每时都会有异动股，但是能够真正从中产生中长线的黑马也并不多，很多都是游资炒的短线，所以该类股票适合快进快出。

（2）在选股的时候尽量选择小盘股，因为这样的股票比较容易被大资金控盘，对于主力资金来说拉抬股价就相对比较容易。

（3）量能不能单日放得过大，持续的放量才是关键。投资者可以对换手率着重关注，因为成交活跃的换手率是股价持续走强的保障。

（4）对于投资者而言，介入的时间不要奢望买到最低价，可以抓住股价回调企稳并再次上涨时介入。

（5）如果有时日K线显示股价十分疲弱，也不要产生恐惧的心理，它强调的是回调阶段的上涨放量和下跌缩量，只要是有均线组合的支撑，便可以大胆地介入。

第八节
与盘口异动有关的常见问题

怎样找出当天正在异动的目标品种

要找出当天正在异动的目标品种，首先我们要弄明白什么叫异动，以及异动有哪些类型。异动也就是异常波动。比如，某股在某一天开盘之后，走势一直平稳，没有大起大落，这就不能叫异动。但是，如果瞬间大幅度的暴跌，或者瞬间大幅度的暴涨，就不是正常表现了，这就是异常的波动，简称异动。

异动的幅度有大有小。有的品种瞬间拉升 5% 以上，或者瞬间下跌 5% 以上，属于典型的暴涨暴跌，是非常明显的异动。按成交量来衡量，异动可以分为带量异动和不带量异动。带量的异动，也叫量异动；不带量的异动，也叫价异动。这些内容前边已经详细讲解，在这里就不再重复了。

发现短线异动品种时应该如何操作

发现短线异动品种时，我们可以根据以下方法操作，只是这种方法只有在大盘量能大的时候适用。

1. 连续量能的追寻方法

我们在这里所提到的量能包括三个概念，一是个股每天的总成交量能，二是个股当天的换手率，三是个股盘中的即时量比。第一天成交量第一次占据了两市成交量总排名靠前的位置，量价配合比较理想的个股在其后有短线潜力，这种股票容易成为领涨股。第一天成交换手率超过流通盘子 10% 的股票在其后容易连续上涨，容易成为黑马股。第一天的量比指标第一次进入电脑量比排行榜的个股，在当天就应在大盘安全的基础上逢低进入，该股容易成为热门股。

2. 信息术的追寻方法

我们这里提到的短线信息有三点：第一是联动信息，如果某只股票走势非常强劲，并且引人瞩目，那么与其关联紧密的个股会跟风上涨，比如说在 2000 年 2 月 21 日，兴业房产率先涨停，其后其关联品种飞乐音响很快从低位拉上涨停；第二是滞后信息，在 2 月 14 日大盘出现了淋漓的升势，当天停牌的天鹅股份在 15 日开盘后连续两个涨停；第三是提示信息，在春节后大盘上涨的前期，茂化实业与国风塑业表现一般，但在其公布较好的业绩后，经过一天的整理便明显有新增资金介入，出现大涨的情况。

3. 发现热点股票的转换时机

在强势市场中，时间也是非常宝贵的机会，因此需要抛弃中线思维，及时跟进当时的最新热点。通常市场热点的轮次为：首先是与点火品种相同的板块，次之是潜在的题材板块，再次之是价格较低业绩尚可的品种板块，最后为指标股与垃圾股。在一个板块呈现明显的疲态后，不应再以主要精力关注该板块，应立刻调仓换股。另外判断行情的力度大小时应注意，短线行情重消息，中线行情重题材，长线行情重业绩。

哪一类型的异动具有实战意义

在中国大陆，对于大多数投资者来说，只有做多才能赚钱。因此，只能顺势而为，当涨势明确的时候，谨慎做多，反复滚动套利；当跌势明确的时候，空仓，持币观望。

明白了上边的道理之后，那么，就很容易明白哪一类型的异动才具有实战意义。

简单地说，只有当滚动交易系统的均线系统呈现为多头排列的时候，在关键技术位出现的异动才具有实战意义，才值得积极参与。否则，应当谨慎对待，尤其需要提防主力的诱多陷阱。特别是在拉升末期的量异动和盘头阶段的价异动，要高度警惕。

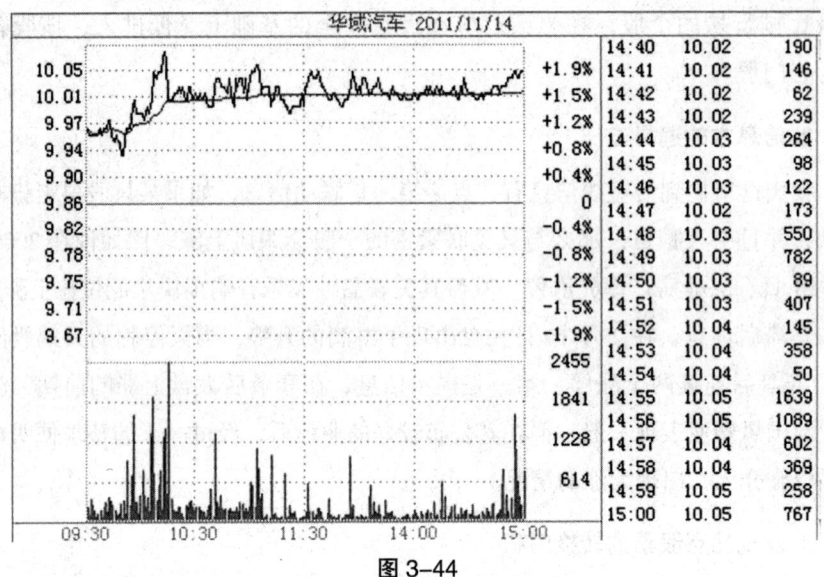

图 3-44

　　如图 3-44 所示，这是非常典型的价异动，在很短的时间里，从绿盘到红盘，拉升的幅度超过 7%，制造出价量齐升的抢盘现象，给人以无限的遐想。但是，兔子的尾巴长不了，第二天（见图 3-45），主力凶相毕露，之后一路下跌。之前的遮遮掩掩变成了肆无忌惮的出货行为。面对这样的异动，一定要谨慎。

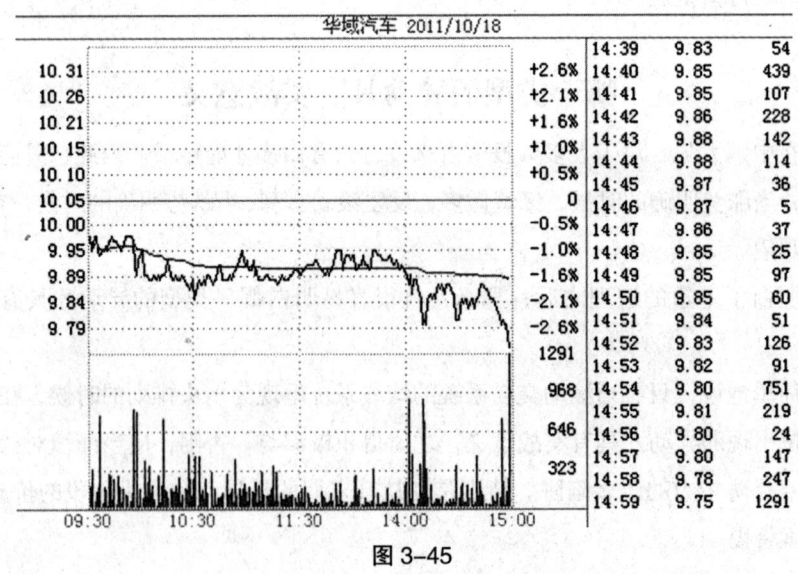

图 3-45

目标品种异动的时间段有什么意义

我们在这里所说的时间段包括两个阶段，第一是开盘后半个小时，即9：30 ~ 10:00，在这个时间段需要注意成交量与量比明显放大拉升的股票；第二是闭市前半个小时，需要经常看那些处于5分钟涨幅前列的并以最高价收盘的个股，这类个股容易在第二天高开大涨。在其他时间段则需要经常盯在即时成交视窗上，看见有即时大笔成交的品种，需要立刻观察分析其走势特点，是否含有明显机会。需要说明的是，用这种方法只能在每只股票上投入少量资金，但可以多选一些品种。

9：30若昨日股指、股价处于当日最高价位，次日开盘往往跳空高开，反之则低开。当然，在连续的单边走势后会发生特殊情况，还有大盘情况也会影响第二天的开盘，但是开盘价相对来说是多空双方认可的一个价。

10：00股价定性法则：第一个10分钟为花小钱办大事，主力会因为自己的目的故意拉高或打低；第二个10分钟进行纠正，拉太高回调，打太深拉起来；第三个10分钟交易的人多了，稳定了，也就定性了。因此，开盘后30分钟的市场表现有助于对大势进行正确判断。

10：00左右也是产生当天集中交易热点的时间，此时昨日尾市走强的品种与部分板块强弱代表股票的强弱度已经显露，而一些职业机构在看清当天的消息面情况后开始演出，此时市场表现将可能是市场全天表现的缩影，只不过会在涨跌幅度上发生量变。

开盘半小时的股票走势对一天之内成交的活跃程度有很大的影响，所以在半小时内要认真观察股价变动的方向。一般来说，如果股价开得太高，在半小时内就可能会回落；如果股价开得太低，在半小时内就可能会回升。如果高开又不回落，而且成交量放大，那么这个股票就很可能要上涨。

14：30左右，这个时间接近收盘前半小时，就是一天主力做多做空的黄金发力时间段，并且可以决定一天的最终交易涨跌情况，是短线操作的最佳时机。当然在14：30前主力也会经常制造骗线引人上当，投资者可以根据成交量判断。

把握盘中异动，及时调整策略。盘中异动是散户难得的机会，在相对低位的股票一旦出现异动，如出现巨量买单，或者巨量砸单，如果这个股票股质较好，价格相对不高，我们可以及时介入，往往能够获益匪浅。类似情况很多，就看我们看盘时能否高度重视．

此外，我们也可以看板块动向。一般市场上，板块轮动现象明显，我们在看盘中要注意观察各个板块动向，看时要全面，不要只看上涨的板块，因为今天上涨的板块可能就是明天回调的板块，反之亦然。知道了这一规律我们就可以在几个强势板块上做文章，在板块上做高抛低吸。除了上述要注意的内容外，还要注意发现个股启动或破位前的走势迹象，注意在临收盘前大盘或者个股的异动走势等等。所有这些，我们只要认真研究都能发现主力在操作中的一些思路，为我们的操作提供良好的参考。

第四章
盘口分析：赢家靠功夫，输家碰运气

第一节
如何从盘面判断当日走势

从开盘价所处位置看当日涨跌

开盘价是买卖双方当日较量的第一个回合，双方是在前一日交易既成事实的基础上，经过一夜的深思熟虑后作出的抉择，它表示双方当天所坚持的立场。所以，可以根据开盘价所处前一日 K 线的位置初步判定当日个股的涨跌情况。

1. 昨日是阳线

（1）开盘价高于昨日 K 线的最高点。跳空高开，显示多方实力强大，对卖方不屑一顾，如果股价是经过缓慢上升后出现的，可以大胆地跟进去。这里的缓慢上升即为庄股的蓄势阶段，随后而来的就是大幅拉升阶段。没有蓄势阶段的暴涨股票一般称为假突破，很容易高开再冲高回落，它们持续强势的时间很短，一般只有一两天的时间。

（2）开盘价位于昨日收盘价格与最高点之间，表示多方有信心和能力继续上扬。但是多方的力量有限，要看空方的实力以后再采取下一步的行动。

（3）开盘价在昨日 K 线实体以内，表明多方的实力受到考验，空方随时都有反击的可能性，因此我们应该密切注意股价的动向，稍有不慎，股价就有调整的可能。但有主力操控的个股，主力常常以低开来吓出前一日的获利筹码，这样边拉边清洗浮筹的个股，一般尚有一段上升空间。

（4）开盘价位于昨日最低点和开盘价之间。这是对多方的一次考验，如果多方进行有力的反击，则可以继续看好，否则，股市有下跌的可能。

（5）开盘价格在昨日最低点下方。空方在经过一夜的深思熟虑后突然反攻，市场上一定会发生对空方极其有利的事件，空方是有备而来的，对多方不屑一顾，显然股市会发生大的碰撞。我们如果是多方，应当改为空方；如果是空方，应该继续观望。

2. 昨日是阴线

（1）开盘价比昨日最高价格还要高时。说明股市是在特殊条件下发生了重大的利好，股市的暴涨是必然趋势，而且有持续上涨的可能性。如果不是开盘即涨停或开盘后一波拉到涨停价，后市都有一个回调过程，调整的低点是买进的良机。

（2）开盘价在昨日最高点和开盘价格之间时（上影线内）。多方是以刺探空方火力的形式出现，在价格向下调整的过程中，要看空方有多大的抛压来决定操作，如果抛压太重，股市必然要经过更长时间的调整，然后再决定去向。

（3）开盘价在昨日K线的实体内。一般是多方根据昨日收盘前的上扬而高开一点，说明多空双方的实力与昨日没有太大的变化，还需要进一步观察后再采取措施。

（4）开盘价在昨日K线的下影线内。表明空方继续逞强，多方实力偏弱，市场将沿着下行的趋势继续下去。

（5）开盘价低于昨日最低点。表明多方全线溃退，空方占据了绝对优势，股市下跌的速度将要加快。

以上列示的只不过是一般规则，其实开盘方式受到多种因素的影响，而且这里也没有考虑主力的操盘策略和手法，单纯从多空双方力量对比而言，如把开盘价格与市场的整体趋势及主力操盘意图结合在一起考虑效果会更佳。对开盘方式产生影响最大的5个方面是：

（1）该股昨天的走势状态。

（2）该股昨天的尾盘状态。

（3）该股趋势结构的性质。

（4）大盘和个股所属板块昨天的整体表现。

（5）当日突发性重大消息的刺激。

开盘三波判断全天大盘走势

大盘的开盘高低状态是受前一日收盘情况和当日消息面影响综合作用的结果。如果前一日收盘走弱且当日消息面偏空，则大盘肯定低开；反之，如果前一日收盘走强，且消息面偏多或没有实质性利空消息，大盘一般会延续昨日走势高开。可以从大盘运行的前三波大致看出当日运行大趋势。

开盘前三波的一般情况是：第一波是前一日收盘状况和当日消息面的综合影响波，对前一日的趋势状态具有继承性和延续性；第二波为第一波的修正波，对第一波的过度反应进行修复；第三波才是表现当日大盘真正意图的一波，其走势及强弱才是判断当日大盘走势的关键。如高开后修正波下探未破前日收盘点位，又强劲上扬，则收阳几成定局；如小幅低开后，修正波过前日收盘点位，稍微下探后便强劲上升，则当日收阳概率大；如果大幅低开后只是小幅反抽，反抽幅度不及下探幅度 1/2，又向下深幅下探，则当日收阴几率大。当然，盘中的重大突发消息，也可能使大部分主力临时改变做多做空方向，导致大盘前后运行方向不一致，使当日大盘走势出现 V 形反转或连续跳水（这不在讨论之列）。

从开盘三波中每波运行时间长短，每波涨跌幅度大小和成交量配合情况，加上修正开盘情况，就能大致看出当日的大盘运行方向和强弱。

（1）小幅高开，修正开盘方向向上。首波向上，时间较长。次波缩量回调，时间较短，低点高于开盘点位。第三波再次放量向上，时间长于前两波，当日几乎可以肯定大盘收中大阳线。

（2）低开，修正开盘方向向下。首波向下，时间较长。次波缩量反弹，时间较短，无新高。第三波再度放量下跌，幅度较深，持续时间较长，则几乎可以肯定当日大盘会走弱收阴。

（3）小幅高开，集合竞价之成交量较前日大很多，修正开盘方向向下。首波向上，时间不太长。次波向下，但成交量并未萎缩，时间与首波差不多，跌破开盘点位。第三波向上，与前两波时间相似，与第二波相比，量未放大或稍有萎缩，大盘点位创出新高（高于第一波高点），但其高点比第一波高点高出不多，则当日有诱多出货之嫌。此种走势往往与一些非实质性利多消息配合，出现在已积累一定涨幅的波段高位。

（4）配合利好消息大幅高开，集合竞价成交量特别大，修正开盘向上。首波向下，时间较长，成交量巨大，下降幅度较大。次波向上，上升幅度不及首波下跌幅度 1/2，成交量有所缩小。第三波向下，下降幅度很大，时间较长，成交量仍在缩小。这是典型的借利好高开出货走势，一般大盘仍处于向下趋势中，高开后的修正开盘向上是由于大幅高开引起大量散户追涨所致。这种走势三波过后一般都有一次较像样的反弹，但反弹后指数会再创当日新低。

如何判断当前是强市还是弱市

当市场比较强势时，价格就会走出上升的曲线；而当市场比较弱势时，价格走势往往比较疲软。因此我们需要考察当前的市场到底是一个强市，还是一个弱市，以此来决定要不要买进某只股票。本节介绍的 RIS 指标（相对强弱指标），可以帮我们追踪在价格的升降变化中，上升力量所占的比例，从而发现市场上多空双方实力的强弱。

RSI 的计算公式如下：

$$RS（n）= \frac{A（n）}{B（n）}$$

$$RSI（n）=100 - \frac{100}{1+RS（n）} = \frac{RS（n）}{1+RS（n）} \times 100$$

其中，参数 n 为设定的天数，A（n）为 n 天之内正价差（今日收盘价比昨日收盘价高时的价差）的总和，B（n）为 n 天之内负价差（今日收盘价比昨日收盘价低时的价差）的总和。

RS 值能够表现多空力量的对比情况。比如，在 n 天中，若大部分都收阳线，那么 RS 的值就很大，表示多方力量强大，反之亦然。RSI 值可以看成是对 RS 值的完善，它表示上升能量在总能量中（包括上升能量和下降能量）所占的比例，

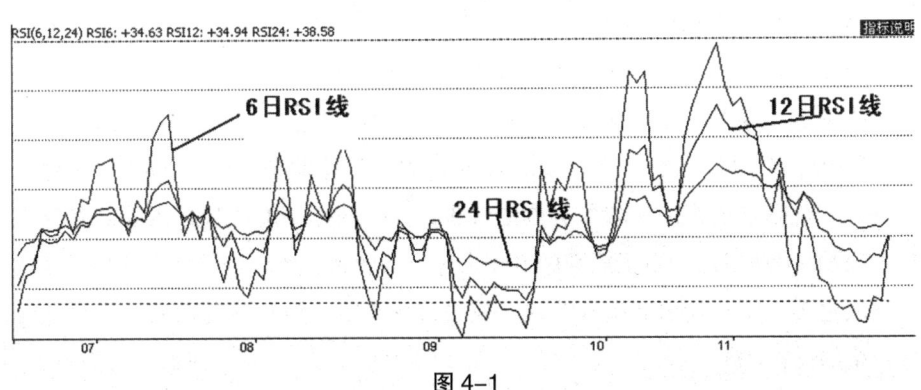

图 4-1

我们在应用中只使用 RSI，而不用 RS。在 RSI 公式中，为了突出指标值的变化，乘上了 100（这与前述乖离率指标类似，其他指标也同理，下面章节不再赘述），可以理解为市场上总动能为 100，RSI 等于 70 时，代表上升动能为 70，是强市的表现。

图 4-1 截取的是 RSI 在趋势图中的表现形式。RSI 指标不需要均线，我们通常的股票软件中，在 RSI 指标栏内出现的多条曲线是 RSI 取不同参数时的短、中、长期曲线，分别由 6 日、12 日、24 日来代表。但我们也可以将 RSI 指标视作均线一样运用。

RSI 指标线的波动范围为 0 ~ 100。RSI 指标围绕中线波动，中线值为 50。

1. 市场力量判别

（1）RSI 从由负变正，转入多头市场。

（2）RSI 从由正变负，转入空头市场。

2. 应用 RSI 对买入卖出信号的判断

（1）在徘徊区内，短期 RSI 自下而上穿越长期 RSI 时，为买入信号。

（2）在徘徊区内，短期 RSI 自上而下穿越长期 RSI 时，为卖出信号。

3. 极端值与背离形态提示买入、卖出信号

（1）RSI 向上穿越上分界线并开始掉头，为超买状态，是卖出信号。

（2）RSI 向下穿越下分界线并开始掉头，为超卖状态，是买入信号。

（3）在上极限区出现顶背离或"头肩顶""M 型顶"等，是强烈的卖出信号。

（4）在下极限区出现底背离或"头肩底""W 型底"等，是强烈的买入信号。

图 4-2 是大连热电（600719）在 2008 年年末 ~ 2009 年年初的走势图，上为价格的 K 线走势图，下为 RSI 指标栏。注意 RSI 栏中出现了 3 条曲线，它们全都是 RSI 在不同参数下的曲线形态（而非 RSI 的移动平均线）。其中，敏感性最强、变化幅度最大的是参数为 6 的 RSI 指标，变化幅度依次减弱的是参数为 12 和 24 的 RSI 指标。由于短期的 RSI 指标更为敏感，所以当短期 RSI 指标穿越了比较迟钝的中长期 RSI 指标线时，就是市场力量发生转变的信号，很可能发生价格的反转。

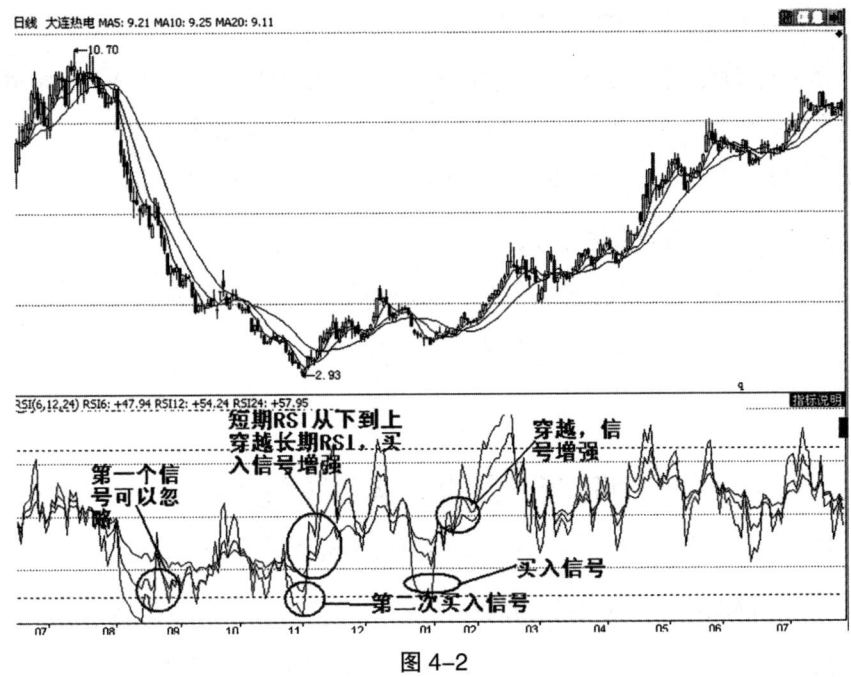

图 4-2

我们现在从最左侧开始分析。第一个出现的是一个买入信号，但根据实践经验，RSI 分析中经常要忽略掉第一个价格在超买或超卖区域内发出的信号，只有等到第二次在极限位置出现时才能下结论。上图中，第一个买入信号出现后，价格延续跌势，直至第二次出现买入信号。出现第二次买入信号后，短期的 RSI 指标掉头上攻，穿越长期 RSI 指标线，成了一个加强的买入信号，技术意义是市场由弱转强。后面出现的超卖区信号和穿越也与此同理，不再赘述。

在判断强市与弱市时，我们还要考虑以下几方面：

1. 参数与分界线的设定

RSI 常用的参数短期有 5 日、6 日等，中期有 10 日、12 日等，长期有 24 日、30 日等。常用分界线为 80 和 20。参数越大，设定的分界线应该越小。比如，n 为 6 时设定的分界线为 80 和 20，而 n 为 12 时分界线就缩小为 65 和 35。一般地，我们只取短期的 RSI 指标进行极限区的分析，中长期的 RSI 指标则常常用于发现指标线交叉、穿越的信号。

2.投资者该注意该指标的信号失效

要特别强调的是 RSI 指标在使用过程中，第一次的信号不足为凭，这是由于它自身的结构而导致的不足，请投资者一定注意：只有出现第二次的信号时，无论是"背离形态"，还是第二次的极限值信号，才可以作为评判依据。

3.RSI 指标本身也可进行形态分析

通过对 RSI 指标曲线的趋势分析、形态分析，如出现"M 形顶"或"头肩顶"时则 RSI 看跌（价格亦看跌），出现"W 形底"或"头肩底"时则 RSI 看涨（价格亦看涨）。

如何判断当日是否具备短线获利机会

在看盘时，我们如何判断当日是否具有短线机会呢？可从以下几方面着手：

1.从涨幅和量比排行榜进行判断

前面已经说过，如果第一板的股票涨幅没有超过 5% 的，可以判定当日所有的主力基本上处于休息观望的状态，不敢动作，大盘没有提供良好的操作机会，因此短线操作没有必要展开。还有一个是看量比排行，只要主力投入资金实力，在成交量上都会反映出来，如果说当天量比排行中量比没有超过 3% 的，也可以说没有主力真正投入资金实力，短线操作就不适宜展开。总之，就是从涨幅和成交量判断是否具有短线操作机会，涨幅要求大于 5%，量比要求大于 3%，只有出现这样的条件，短线才考虑展开，如果市场连这样的条件都不具备那就没有必要进行操作了。

2.从敏感的时间段落进行判断

敏感的时间段落一定要回避。包括敏感时间之窗的回避和敏感技术关口的回避。敏感技术关口怎么理解呢？比如说高位巨量长阴、重大技术关口跌破、整数 2000 点跌破、30 日均线跌破等等，这个时候都应该回避。还有一点就是到了大盘明显的变盘周期，如 13 天、5 周、8 天、8 周等这样重要的时间窗口，要考虑对风险进行回避。如果重要时间之窗、技术指标或技术态势处在高位，这个时候要减少操作甚至要逐渐退出市场。

根据中午收市前的走势判断下午走势

收盘前的走势非常重要，收盘价是多空双方必争的。中午收市前的走势也是多空双方必争的，因为中午停市这段时间，投资者有了充裕的时间检讨前市走势，研判后市发展，并较冷静地作出自己的投资决策，因此主力和大户常常利用收市前的机会作出有利于自己的走势。一般来说，收市前与开市后的走势应综合起来看，而不能孤立对待。中午收盘时最后一波如果强劲反弹至收盘时，则下午走势乐观；如强劲下探至中午收盘时，则下午走势不乐观，除非有突发利好。分析中午收盘情况时，应注意结合分时走势的形态和点位，同时也要注意是否有主力刻意欺骗。

（1）如果大盘上午在高位整理，收市前创下全天最高，则一方面表明多方力量较强，大势可能继续向好；另一方面则表明主力可能在造向好的假象，下午借机出货。怎样判断呢？若是前者，则下午开盘后应有主动性买盘进场，即大盘指数应快速冲高，回落后仍有向好机会，可以借机买入；如果是后者，则下午开盘后指数可能根本不动，甚至缓缓回头，即为主力故意拉高以掩护出货的开始。

（2）如果大势连绵下跌无反弹，而反弹又迫在眉睫，则主力常做出大盘跌势未尽的假象，在上午收市前刻意打压，使之以最低报收。下午开盘后，中午经过思考下定决心斩仓的人会迫不及待地卖出，故指数仍有急泻，结果这往往是最后一跌；或者因此时卖压相对较少，主力唯恐拉高时吃不到更多的筹码，所以还会造成第二次下跌，但此时成交量常常快速萎缩，于是，此次下跌便是最佳的介入良机。

（3）如果大势平平，处于上升或下跌途中，则收市前的走势一般具有指导意义。若指数处于升势时中午收于高点，表明人气旺盛，市道向好；若指数处于跌势时中午收于低点，表明人气低迷，市道向淡。若升势时中午收于低点，或跌势时中午收于高点，多半是假象，改变不了其本来走势。

第二节
如何快速识别盘面变化

急涨急跌是怎么回事

急涨急跌是盘中突发性地上涨或下跌（如图4-3）。其特征有二：一是必须具有突发性，二是上涨或下跌必须有一定幅度。

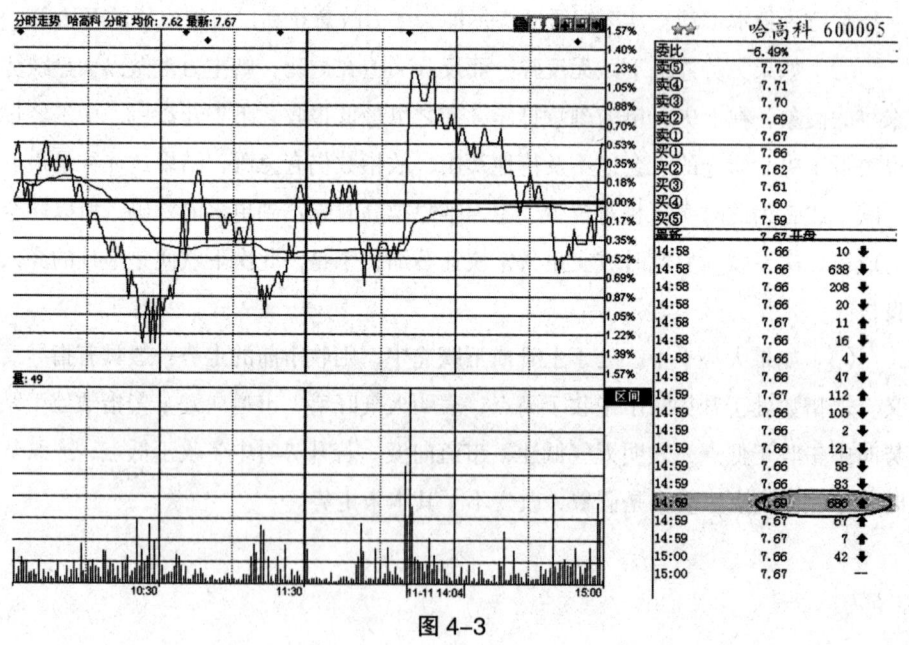

图4-3

（1）急涨急跌通常是一种主力或大户行为，散户一般无法使股价产生太大的波动。

（2）跟风盘会加大急涨急跌的激烈程度，有助涨助跌的作用。

（3）急涨急跌通常是主力盘中反技术操作的重要手法。

（4）急涨急跌通常伴有大手成交。

（5）判断急涨急跌的真实性和有效性非常重要。假的急涨急跌是主力的反技术操作行为；而真的急涨急跌是盘中新一轮涨跌的起点，往往是盘中短线的极佳交易点。

①急涨真实性判断标准。

急涨后股价又回到起涨点之下，这次急涨往往是虚假的。

盘中交易清淡，一直处于极度缩量状态，急涨往往是虚假的。

急涨没有连续且较大的成交量配合，往往是虚假的。

股价在明显的顶部区域，突破近期高点的急涨往往是虚假的。

②急跌真实性判断标准。

急跌后股价又回到起涨点之上，这次急跌往往是虚假的。

盘中交易清淡，一直处于极度缩量状态，急跌往往是虚假的。

急跌没有较大成交量的配合，往往是虚假的。

股价在明显的底部区域，跌破近期前低点的急跌往往是虚假的。

逆势上涨隐藏着什么玄机

在股价波动的 K 线图中，如果某只个股能够在指数下跌的时候保持不跌的走势，那么这只个股往往会在后期出现较好的上涨走势。而这种指数下跌股价不跌的走势我们称为逆势走势。具有逆势走势的个股，往往是有资金顶住了抛盘的压力，盘中的买盘是大于卖盘的，因此股价才会保持不跌，并在后期出现大幅的上涨。

股价的 K 线图与分时图的走势是相通的，K 线图中有逆势的走势，同样，在股价的分时图中也有逆势的走势出现。在分时图中，当指数大幅下跌的时候，如果个股的股价在盘中拒绝下跌，那一旦指数在盘中出现反弹，股价就会出现短线快速的上涨走势，从而为投资者带来赢利。

分时图中的逆势特征往往体现在以下几方面：

（1）指数逐波下跌，但个股却是逐波上涨，这是最强的逆势走势。

（2）指数下跌，个股盘中横盘震荡，拒绝下跌。

（3）指数下跌，但个股的跌幅远小于指数，并且不随指数创新低。

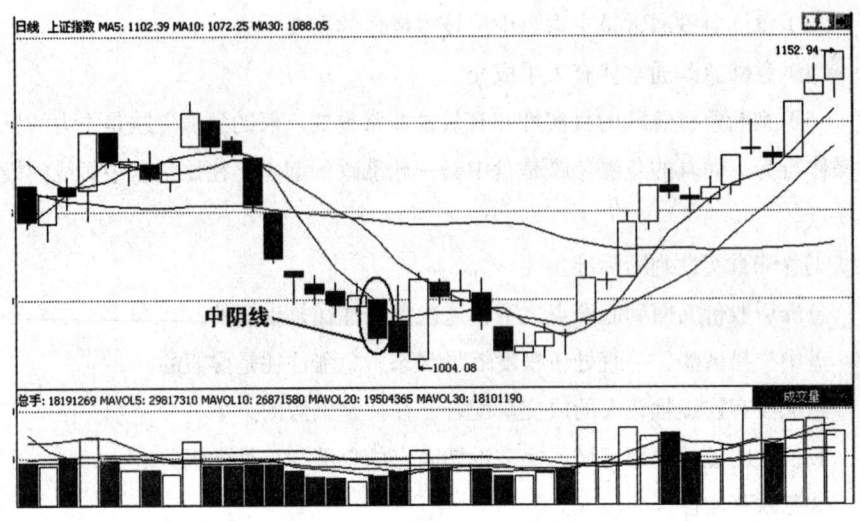

图 4-4

上证指数（如图4-4）在2005年7月8日出现了一根实体较大的阴线，指数在盘中逐波下跌，走势很有代表性，我们把这一天作为参照，看一下当天盘中涨势较好的股票都有哪些逆势特征。

ST力阳（如图4-5）在2005年7月8日开盘以后便展开了快速的上涨走势，而指数却是在开盘以后便走出了持续的下跌走势。股价第一波的上涨具有鲜明的

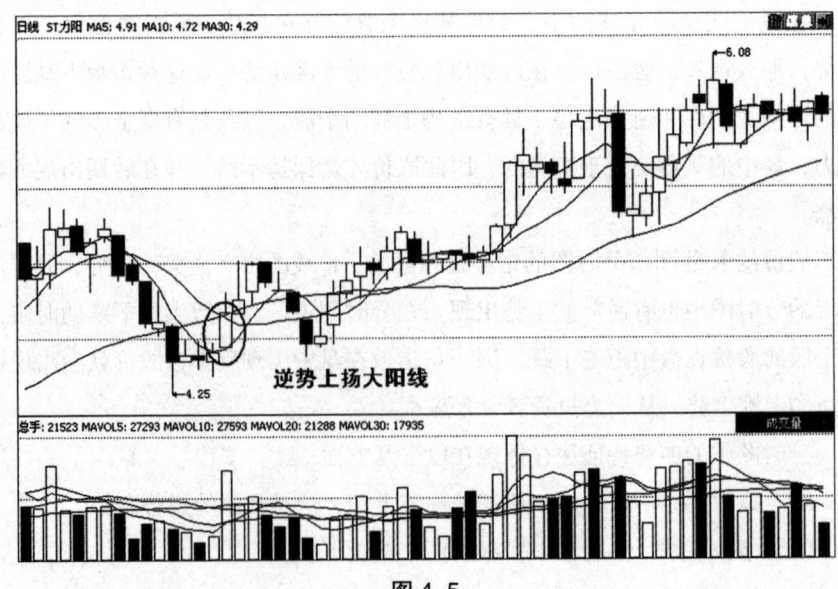

图 4-5

逆势走势特征，但第一波的上涨并不能说明股价在这一整天都会逆势。

指数第一波下跌反弹后，再次向下跌去，指数第二波的下跌创下了盘中的新低，但力诺太阳股价却在这个时候维持着横盘不跌的走势。股价此时的横盘不跌与指数的创新低再次形成了明显的强弱对比，股价在此时再次形成逆势。股价的横盘震荡为投资者决策买点提供了很好的机会，一旦股价后期放量向上突破横盘震荡的区间，投资者就可以买入。

股价经历过连续的二次杀跌以后，出现了小幅的震荡走势，就在指数向上小幅反弹的时候，力诺太阳股价出现了放量上涨的走势，股价的放量上涨创下了盘中的新高。但指数在这个时候却依然在低位处徘徊，股价此时的走势再次形成了逆势上涨。

一般而言，只要股价能够经受住指数连续二次大力度的杀跌而不跟随下跌，并且维持逆势的时间可以至少超过半小时，投资者就可以择机入场操作了。特别是在股价在指数弱势时再创盘中新高的时候买入，一旦指数后期略有转好迹象，股价便可以快速上涨。

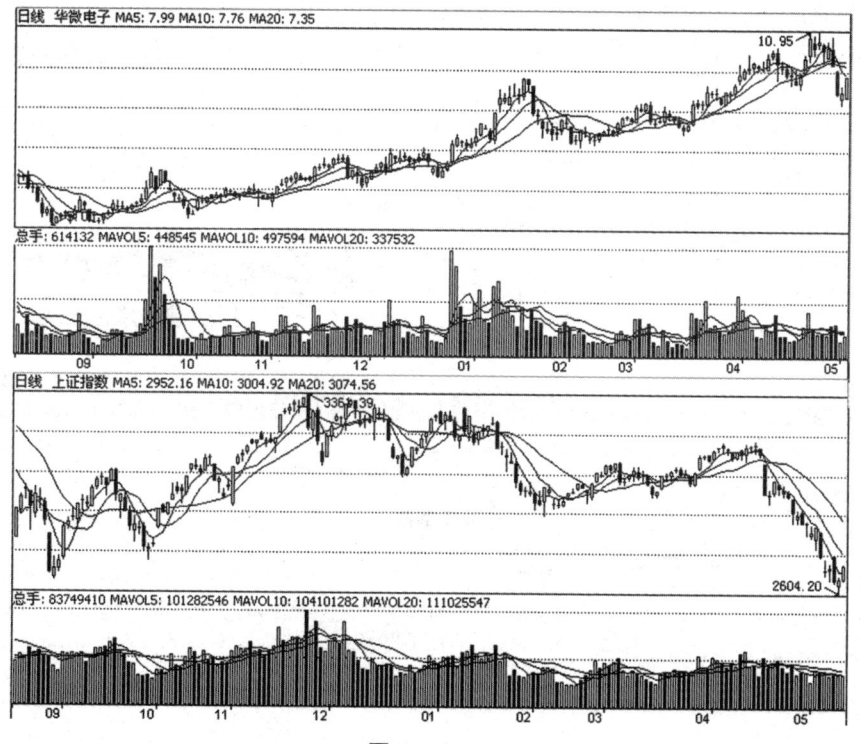

图 4-6

从上图可以看出华微电子（600360）在 2009 年 8 月　2010 年 5 月，股价呈上升趋势而同期大盘却在高位震荡。个股与大盘多处存在逆势走势。

指数在后期弱势震荡时，股价借助指数每一次的小反弹都会出现快速的上涨，而当指数出现杀跌的时候，股价又会进行短时间的调整。指数每一次创下盘中新低，对应的却是股价每一次创出盘中的新高，股价的这种走势具有明显的逆势特征，股价之所以能够在盘中形成逆势走势就是因为盘中有主力的资金在进行积极的运作，因此股价才可以在指数下跌的时候不断上涨。

对于这种逆势走高的股票，只要涨幅不是太大，股价每一次在盘中创下新高时，就是投资者的买入机会！图中指数绝大部分时间运行于均价线之下，而华微电子的分时线却是长时间位于均价线之上的，通过股价的走势与指数走势的对比，股价的逆势特征是显而易见的！只要股价有逆势特征，不管指数跌得如何凶，都可以为投资者带来赢利的机会！

股价的逆势并不是只有上涨才可以体现出来，指数大幅下跌，个股跌得很小并且不随指数创新低，这些走势同样也是明显的逆势特征。

北京银行（图 4-7）的股价在开盘以后随着指数的下跌而滑落了下来，在随指数经历了 20 多分钟的下跌以后，股价便停止了下跌的走势。虽然后期指数依

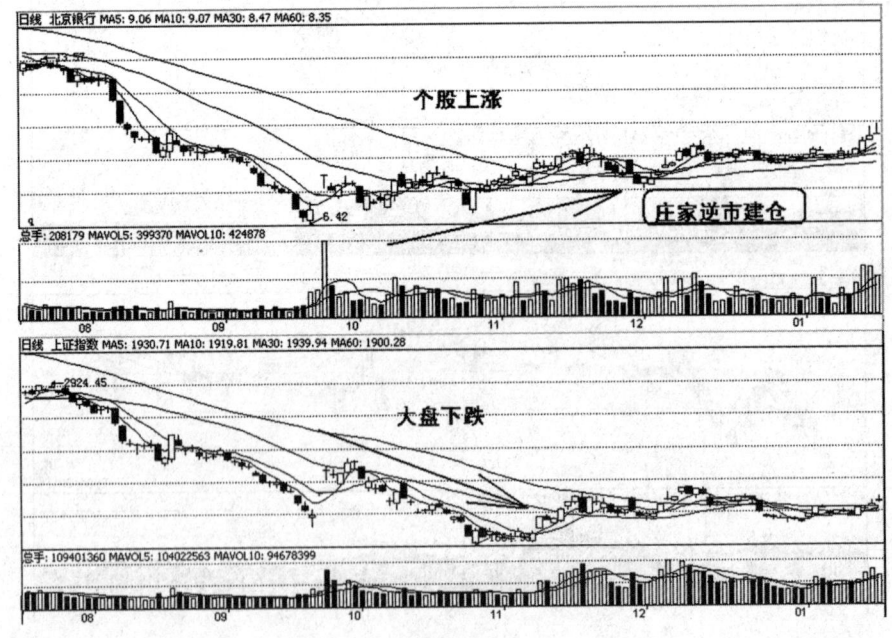

图 4-7

然有向下破位的趋势，但美尔雅的股价却形成了一个缓慢的上升通道。与指数同期的不断下跌走势相比，个股的走势形成了明显的逆势走势。

虽然股价在指数下跌的时候并没有上涨，但股价绝大部分时间都是位于均价线之上的，股价的这种走势说明有资金在盘中进行积极的护盘，托着股价不随指数的下跌而跌。指数运行到尾盘的时候出现了反弹走势，盘中的资金捉住这个好机会开始放量拉抬股价，指数的反弹力度很虚弱，但股价的上涨力度却很强大，股价放量创出了盘中的新高，而指数仅仅是反弹一点便停止了上涨。

无论是股价的涨幅还是股价的跌幅，与指数同期相比，都具有明显的逆势特征，这些逆势特征决定了股价上涨的必然性。逆势背后有资金在进行积极的运作，有资金运作的股票，有什么理由不涨呢？

个股的分时逆势走势在很多时候充满了变化，有的时候股价随指数同步走势，但在后期却一举扭转了弱势，出现强劲的上涨。九州通（如图 4-8）的股价就是这样的走势。开盘以后，股价随同指数下跌，只要指数下跌，个股便会随之下跌，指数的每一次创新低，对应的是股价同步的新低，对于这种跟随指数同步走弱的股票，投资者是要回避的！

但是任何股票都不会永远弱下去，文山电力的股票随指数下跌了一个半小时以后，便挣脱了弱势的格局，在指数出现小幅反弹的时候，其股价却展开了反转

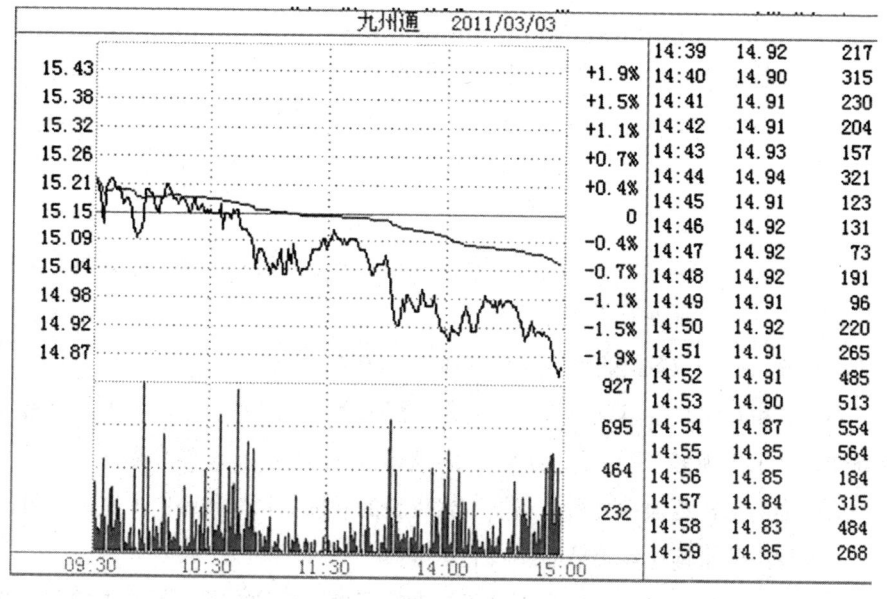

图 4-8

的走势！在股价初期上涨的时候，指数依然保持着向下的走势，在这一时段，股价具备了逆势的迹象！只要在指数走弱的时候个股出现逆势特征，投资者就应当重点关注，因为这些逆势特征全是股价上涨的前兆！

逆势所反映的并不只是股价不跟随指数下跌的事实，它所反映的还是在指数大幅下跌时，个股盘中的买盘力度远大于卖盘力度，在指数下跌的时候有90%的股票会随之下跌。个股的下跌是因为抛盘的出现，众多个股的抛盘集体出现，也就使指数出现下跌。在众多个股中的资金向外流出的时候，那些逆势个股的资金却是向场内涌进的，有资金流入的股票会有好的上涨，在指数走弱的时候，有资金流入的股票，必然会登上涨幅光荣榜！

个股的分时逆势是投资者在进行短线实战时必须要注重的市场波动规律，在盘中指数不断下跌的时候，只有那些逆势的股票可以为投资者带来赢利！股价逆势的力度越大，后期上涨的幅度也会越大！

变盘前的征兆

市场发生变盘前，会呈现出一些预兆性的市场特征：

（1）大部分个股的股价波澜不兴，缺乏大幅度赢利的股价波动空间。

（2）投资热点平淡，既没有强悍的领涨板块，也没有聚拢人气的龙头个股。

（3）增量资金入市犹豫，成交量明显趋于萎缩，并且不时出现地量。

（4）指数在某一狭小区域内保持横盘震荡整理走势，市场处于上下两难、涨跌空间均有限的环境中。

（5）表现在K线形态上，就是K线实体较小，经常有多个或连续性的小阴小阳线，并且其间经常出现十字星走势。

（6）市场人气涣散，投资者观望气氛浓厚。至于变盘的结局究竟是向上突破还是破位下行，则取决于多种市场因素。

（7）股指所处位置的高低，高位变盘多半转跌，低位变盘多半转升。

（8）股市在出现变盘预兆特征以前是上涨的还是下跌的，是因为上涨行情发展到强弩之末出现多空平衡，还是因为下跌行情发展到做空动能衰竭而产生的平衡。上涨中的平衡要通过观察市场能否聚集新的做多能量来判断向上突破的可能性，而下跌中的平衡比较容易形成向上变盘。

（9）观察主流热点板块在盘中是否有大笔买卖单异动，关注板块中的龙头个股是否能崛起。如果仅仅是冷门股补涨或超跌股强劲反弹，往往不足以引发向上变盘。

（10）观察市场资金的流动方向，以及进入资金的实力和性质，通常大盘指标股的异动极有可能意味着市场将出现向上变盘的可能。

洗盘和出货的区别在哪里

如何区别洗盘和出货，在我们的操作中是十分关键的，直接关系到股民在此个股上的获利率。

主力洗盘的目的是尽量把心态不坚定的跟风盘甩掉。主力出货的目的是尽量吸引买盘，通过各种手段稳定其他持股者的信心，而自己却在尽量高的价位上派发手中尽量多的股票。但在实际操作中，许多投资者却把主力的洗盘当出货，出货当洗盘，结果卖出的股票一路狂升，死捂住的股票却一跌再跌，深度被套，以至于除了在经济上造成损失外，也对投资者心态产生了较大的破坏。

1.盘口方面

主力出货时在卖盘上是不挂大卖单的，下方买单反而大，显示委比较大，造成买盘多的假象；或下方也无大买单，但上方某价位却有"吃"不完的货；或成交明细中常有大卖单卖出而买单却很弱，导致价位下沉无法上行。

主力洗盘时在卖盘上挂有大卖单，造成卖盘多的假象。在主力对倒下挫时是分不清是洗盘还是出货的，但在关键价位卖盘很大，而买盘虽不多买入（成交）速度却很快，笔数很多，股价也不再下挫，多为洗盘。

2.K线形态方面

从日K线形态上分析主力是出货还是洗盘更为关键。

主力洗盘的目的是想甩掉不坚定的跟风盘，并不是要吓跑所有的人，否则庄就要去买更多的筹码了。其必须让一部分坚定者仍然看好此股，仍然跟随它，帮它锁定筹码。所以其在洗盘时，某些关键价是不会跌穿的，这些价位往往是上次洗盘的起始位置，这是由于上次已洗过盘的价位不需再洗，也是不让上次被震出去的人有空头回补的价差。这就使K线形态有十分明显的分层现象。

而主力出货则以卖出手中大量的股票为第一目的，所以关键位是不会守护的。这导致K线价位失控，毫无层次可言，一味下跌。

3.重心方面

重心是否下移是判别洗盘与出货的显著标志。主力的洗盘是把图形做得难看，但并不想让其他人买到便宜货，所以日K线无论收乌云线、大阴线、长上影、十字星等，还是连续四五根阴线甚至更多，但重心始终不下移，即价位始终保持。

主力的出货虽有时把图做得好看些，收许多阳，但重心却一直下移。

主力经常做出经典技术中认为应做空的K线、K线组合、形态来达到洗盘的目的；又做出经典技术中认为应做多的K线、K线组合、形态来达到出货的目的。

识别刻意护盘的真正意图

在大盘下跌时最能体现出个股的强弱，投资者从盘面中观察有无主力护盘动作，从而可判断出主力有无弃庄企图。有些个股在大盘下跌时犹如被人遗弃的孤儿，一泻千里，在重要的支撑位、重要的均线位毫无抵抗动作，说明主力已无驻守的信心，后市自然难以乐观。有些个股走势则明显有别于大盘，主力成为"护盘功臣"，此类个股值得重点关注。一般来说，有主力护盘的个股有以下特征：

（1）以横盘代替下跌。主力护盘积极的个股，在大盘回调、大多数个股拉出长阴时，不愿随波逐流，而是保持缩量整理态势，等待最佳的拉抬时机。如2010年2月28日以来大盘大起大落，不少个股连拉长阳之后再连续跳空下跌，湖南海利（600731）走势明显有别于大盘，连续数天收盘收在23元附近，不理会大盘的涨跌，日K线类似十字星，应为主力护盘资金的行为。

（2）拉尾市。拉尾市情况较复杂，应区别分析。一般来说，若股价涨幅已大，当天股价逐波走低，在尾市却被大笔买单拉起的个股宜警惕，此类个股通常是主力在派发之后为保持良好的技术形态刻意而为。有些个股涨幅不大，盘中出现较大的跌幅，尾市却被买单收复失地，则应为主力护盘的一种形式。

（3）顺势回落、卷土重来。有些主力错误地估计了大盘走势，在大盘回调之际逆市拉抬，受拖累后回落，若K线图上收带长上影的K线，但整体升势未被破坏，此类"拉升未遂"的个股短期有望卷土重来，如秦岭水泥、海南航空2010年3月6日均冲高回落，但收市依然企稳在5日均线之上，整体升势未改。有些个股如金陵药业随大盘回调后，第二天迅速止跌回升，股价依然在中期均线之上运行，说明短线的回调难以改变中期的趋势。

大盘暴涨暴跌的操作

大盘的暴涨与暴跌常会发生，在大盘暴涨的时候盘中会显示"红军"几乎占据了盘中的全部时间；而在大盘暴跌时，却只见盘中"万绿丛中一点红"。对当天盘中出现的这些变化，应该以不同方法对待。

1. 大盘暴涨时的操作方法

大盘当天出现暴涨大都与重大的利好消息有关。重大利好消息出现后，大盘股指一般会呈现跳空高开高走之态，这往往是较难得的短线机会来临。持股者可在大盘高开后迅速上行的过程中先抛出股票，然后等待回档的机会再将其买回来，等待大盘第二天出现高点后再抛出。相比之下，第一种操作容易出现失去筹码的危险，而第二种方式则失去了在短线中博取差价的机会。

当大盘暴涨时，空仓者会有一种被轧空的感觉，容易产生一种较大的恐慌，很容易在较高的价位买入股票。若出现重大的利多消息而使大盘呈跳空高开时，空仓者最佳的买入点是在开盘后 5 分钟内。这是因为当大盘跳空高开后，短线抛盘在很短的时间内蜂拥而出，但由于实质性的利多效应的存在，大盘当天在跳空高开后仍有继续走高的趋势，因此，若能在开盘 5 分钟买入强势股，还是能取得较佳的短线机会的。

2. 大盘暴跌时的操作方法

大盘的暴跌往往也与利空消息有关，正如"世界上没有无缘无故的爱，也没有无缘无故的恨"一样，大盘不会莫名其妙地进入暴跌的状态之中。当大盘跳空低开后，操作上与大盘暴涨时一样，持股者可在第一反弹时间将股票抛出，在大盘进入暴跌状态后，不应存在任何幻想，尽管有的股票会表现出独立的行情，但大多数主力不会逆势而行。当大盘暴跌时，开盘后会有一个迅速对开盘指数进行修正的过程，这一过程表现为盘面走势会有一波反弹出现，特别是大盘本身处于强势的上涨势头之中。多方在大盘暴跌时很可能出现一定的护盘动作，具体表现为先探底后反弹的走势，在反弹过程中应该采取减磅的方法。

若缺乏特大利空消息的刺激，不必在尾市抛出股票，当天拉出大阴线的股票，第二天常会呈低开后继续探底走势，然后在大盘中会出现类似旗帜式的上升走势，主要原因在于大盘下跌幅度较大，而在技术上表现出对暴跌进行短线修复的走势。与此同时，若属于击破重要的阻力位时，还有一个技术上的反抽机会。

若遇到这种情况，在操作上更是应该采取在大盘出现急速反弹的过程中先减磅出局的方法。

盘面假象的背后

盘面假象指的是，由于技术指标的不确定性常会出现一些技术指标的失灵而造成盘面上的假象，这对投资者构成较大的操作上的误区。目前不少主力机构在坐庄的时候，常会选择反市场操作的方法，他们常会利用一些投资者对技术方面的一知半解而设计陷阱，不少股民对技术指标过分相信，于是便上了主力机构的当。所以，对于投资者而言，识别这些盘面上的假象对准确掌握买卖点是很重要的。

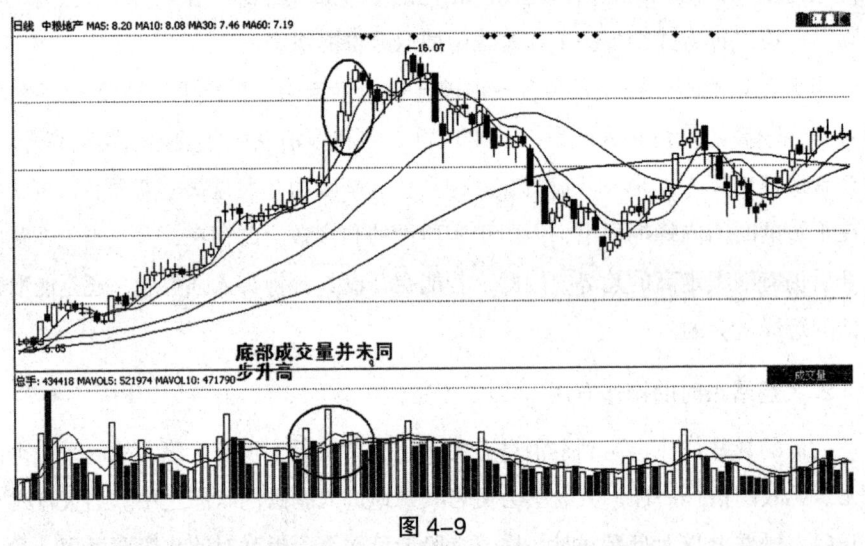

图 4-9

图 4-9 是中粮地产（000031）在 2009 年 5 月到 9 月的 K 线走势图。2009 年 7 月 23 日，该股突破前高 15.57 元，创出 16.07 元的新高。如果该股仍然处于涨势中，应该借势继续上攻。然而，2009 年 7 月 24 日。出现两根中阴线，股价再次回到 15.57 元之下。假突破，通常意味着最后一攻，随后将进入跌势中。7 月 29 日，股价继续下滑，而且跌破前期低点 14.05 元，再次显示见顶信号。见高点 16.07 元之后的下跌初期，成交量没有明显萎缩。价跌量平，再次显示异常。

1. 假突破，真出货

不少股票在相对高位盘整较长的一段时间后，主力造成突破的假象，使不少不太了解技术的投资者买入该股。例如,图4-10为新疆天业(600075)的走势图。故意以回档的形态在一个平台内盘整一段时期,然后接下来两天内以一个突破形态上攻,但后来证明这是假的。为什么呢?成交量是否连续放大就是试金石。看下图,股价在创新高,但成交量没有持续放大,这就说明有问题,这时的介入可要小心了,很可能就是一个圈套。

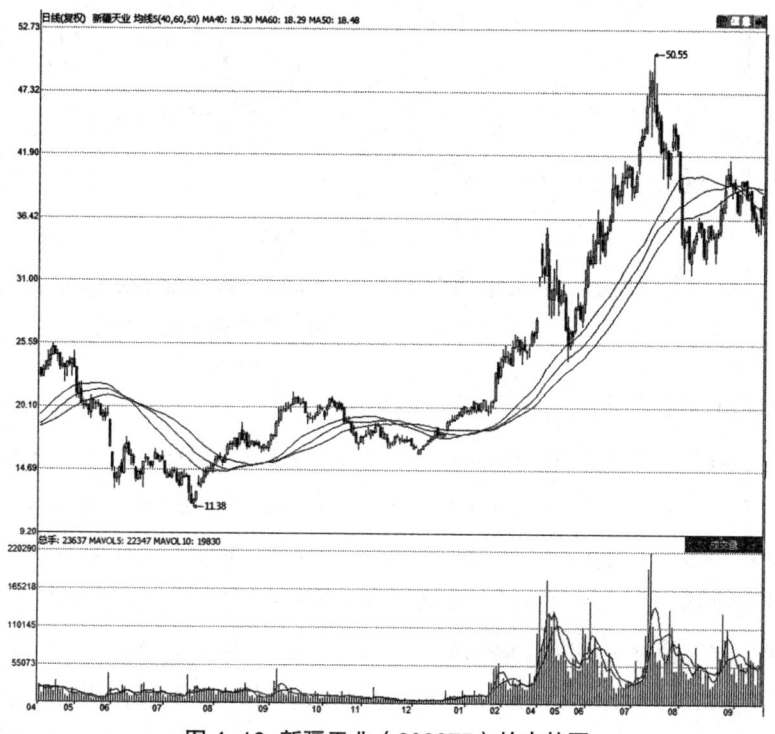

图4-10 新疆天业（600075）的走势图

2.除权后造成填权的假象，真正目的仍为出货

不少主力将某股票从低位拉升至一定高位后,常不会在高位轻易出货,因为他们深知,在高位出货无非是将自己困死在里面,价位高,出货常不会产生预想的效果。于是,他们常常采取在除权后进行出货的方式。因为除权后的价位较低,主力常会利用价位低而作出一种力图将除权价完全填完的假象,而且也易吸引买盘跟进。据此,常会在盘中看到不少股票在除权放出巨量后股价反而会涨不动,主要原因在于主力在填权的假象中将手中的股票全部予以派发,而且这时其出货也极容易。如图4-11的亚盛集团（600108）就属于这种情况。

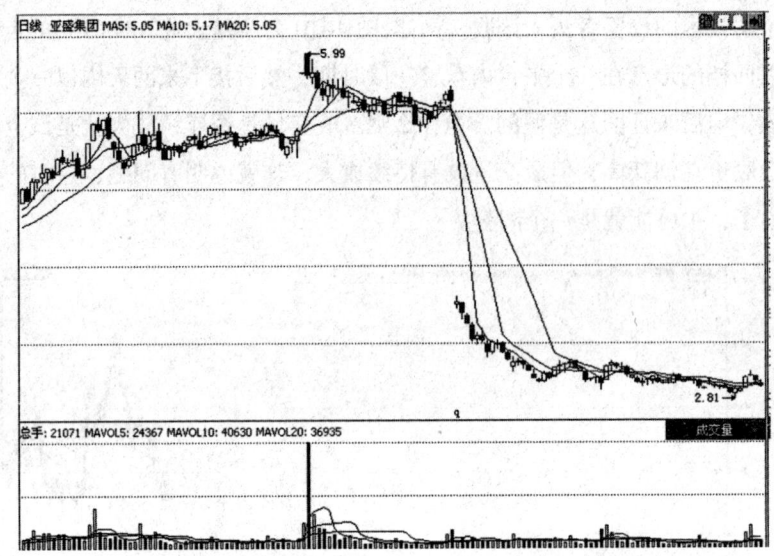

图 4-11 亚盛集团（600108）除权后造成填权的假象

3.KDJ 指标缺陷

从盘面看，有不少技术指标也常会有一定的缺陷，例如，KDJ 常会在判断方面给广大投资者造成一定的理解上的错误。该指标根据其原理，应该在 KDJ 在高位钝化时出货，而在低位钝化时建仓。但如果严格根据其操作的话，有时也会产生一定的错误。一些强势股出现第二个涨停板的时候，KDJ 指标显示已超买，但如果采取这种方法予以抛掉的话，却发现抛掉的是刚开始涨的。该指标常会使刚刚入门的股民产生较大的困惑，若完全根据这一指标进行操作的话，常会感到在指标高位钝化时将股票抛掉不一定能抛到最高的价，而在指标低位钝化时买进的股票却仍会有较大的下跌空间。

第三节
如何研判盘面形态

盘中底部形态研判方法

盘中底部形态的研判主要适用于两方面，一种是短线职业高手在进行盘中"T+0"等超短线操作中使用；另一种是所有投资者在实施买入操作中使用，通过对盘中底部形态的研判，把握最佳的买入时机。

在盘中的实际操作中，由于其特殊性，有很多因素是不需要考虑的，例如，基本面因素、资金面因素、趋势因素，压力区、阻力区、投资者获利程度等等复杂因素都可以不需要考虑，因为这些因素在制订具体操作计划时已经充分考虑过了。在实际的盘中操作中，重点是考虑盘中三要素:价格、形态、即时成交量。其中,盘中的买入操作重点是根据盘中的形态进行分析和参与的。

盘中底部的主要形态有：

1.盘中圆弧底

圆弧底是指股价运行轨迹呈圆弧形的底部形态。这种形态，是由部分做多资金正在少量的逐级温和建仓造成的，显示股价已经探明阶段性底部的支撑。它的理论上涨幅度通常是最低价到颈线位的涨幅的一倍。需要注意的是，盘中圆弧底在用于对个股分析时比较有效，但指数出现圆弧底往往未必有像样的涨升。

如图4-12画圈处就是典型的圆弧底形态。

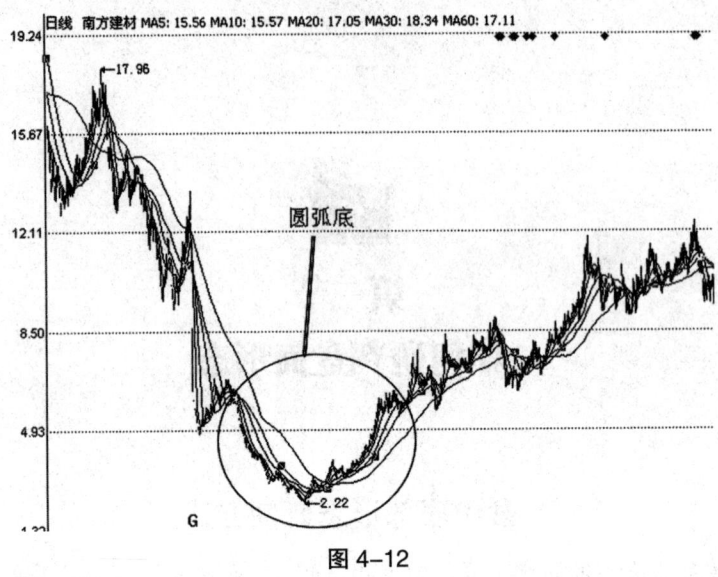

图 4-12

2. 盘中 V 形底

俗称"尖底"，形态走势像 V 形（如图 4-13）。其形成时间最短，是研判最困难、参与风险最大的一种形态。但是这种形态的爆发力最强，把握得好，可以迅速获取利润。它的形成往往是由于主力刻意打压，使得股价暂时性的过度超跌，从而产生盘中的报复性上攻行情。这属于短线高手最青睐的一种盘中形态。

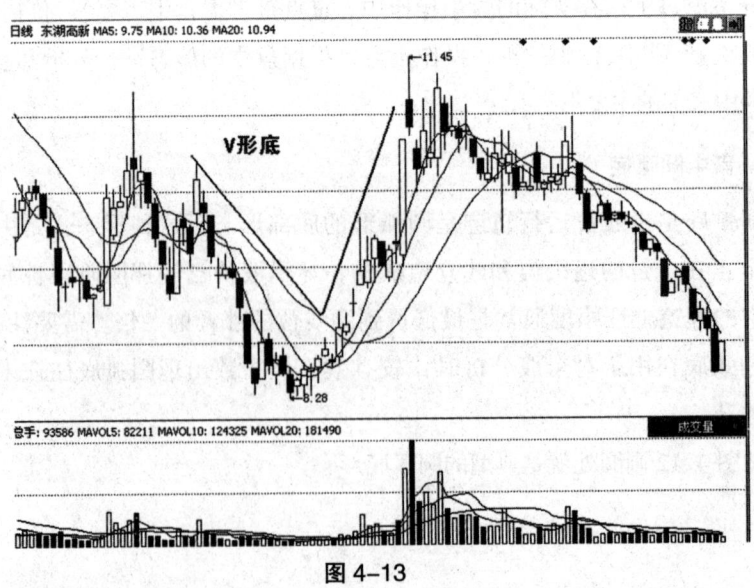

图 4-13

3. 盘中双底

股价走势像 W 字母，又称 W 形底（如图 4-14）。是一种较为可靠的盘中反转形态，对这种形态的研判重点是股价在走右边的底部时，即时成交量是否会出现底背离特征。如果即时成交量不产生背离，W 形底就可能向其他形态转化，如多重底，转化后的形态即使出现涨升，其上攻动能也会较弱。这类盘中底部形态研判比较容易，形态构成时间长，可操作性强，适用于短线爱好者操作或普通投资者选择买点时使用。

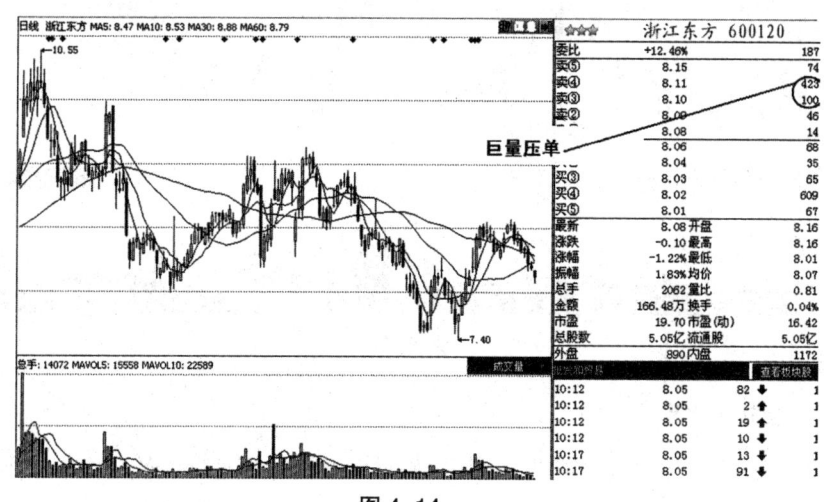

图 4-14

4. 盘中头肩底

其形状呈现三个明显的低谷，其中位于中间的一个低谷比其他两个低谷的低位更低。对头肩底的研判重点是量比和颈线，量比要处于温和放大状态，右肩的量要明显大于左肩的量。如果在有量配合的基础上，股价成功突破颈线，则是该形态在盘中的最佳买点。参与这种形态的炒作要注意股价所处位置的高低，偏低的位置往往会有较高的参与价值。

5. 盘中平底

这是一种盘中特有的形态（如图 4-15）。某些个股开盘后，走势一直显得十分沉闷，股价几乎沿着一条直线做横向近似水平的移动，股价波动范围极小，有时甚至上下相差仅几分钱。但是，当运行到午后开盘或临近收盘时，这类个股会突然爆发出井喷行情，如果投资者平时注意观察，密切跟踪，并在交易软件上设置好盘中预警功能，一旦发现即时成交量突然急剧放大，可以准确及时出击，获取盘中可观的短线收益。

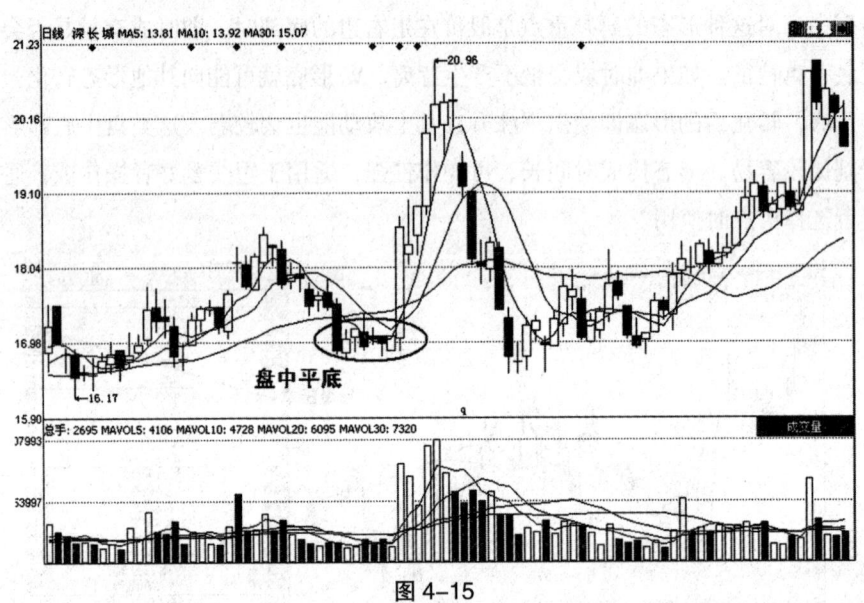

图 4-15

6. 反转十字星

在下跌行情中出现十字星，说明下档承接力较强，随着后面阳线的出现，表明多方在十字星处有效阻挡住空方的进攻，并发起了反攻，此时可以确认这是"反攻十字星"，后市将被多方控制逐渐走高。如图 4-16 所示。

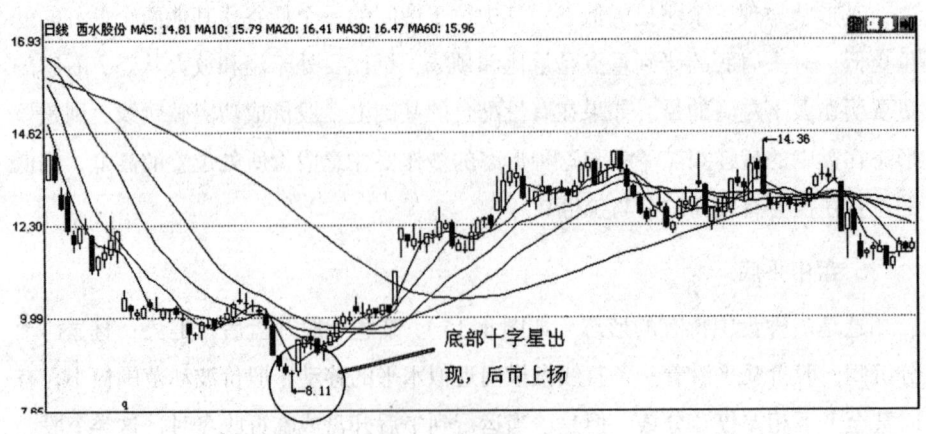

图 4-16

盘中顶部形态研判方法

1. 倒 V 形反转

如图 4-17 所示，是股价或指数头部反转的一种激烈的反转形态，除了市场突然遭遇重大的利空消息之外，在指数运行形态中很少出现。它是市场参与者在较短时间对市场方向判断发生快速转变而形成的较为一致的选择做空的结果。在代表市场的指数中由于存在着不同个股、不同板块、不同热点的轮换，即便在市场上涨的末期，往往是在出现了指数横盘滞涨，缺少足够的做多量能，头部特征明显的时候，中线持股者才卖出持股，导致真正的头部形成，所以这种激烈的头部形态很少出现在市场的指数中。这种头部的倒 V 形态一般出现在主力控盘的庄股中，股价经过大幅拉升，市场人气被有效激发，主力筹码派发比较彻底，一旦出现震荡滞涨的头部特点，巨大的获利盘同时抛售，直接造成股价高位巨阴，形成倒 V 形反转。

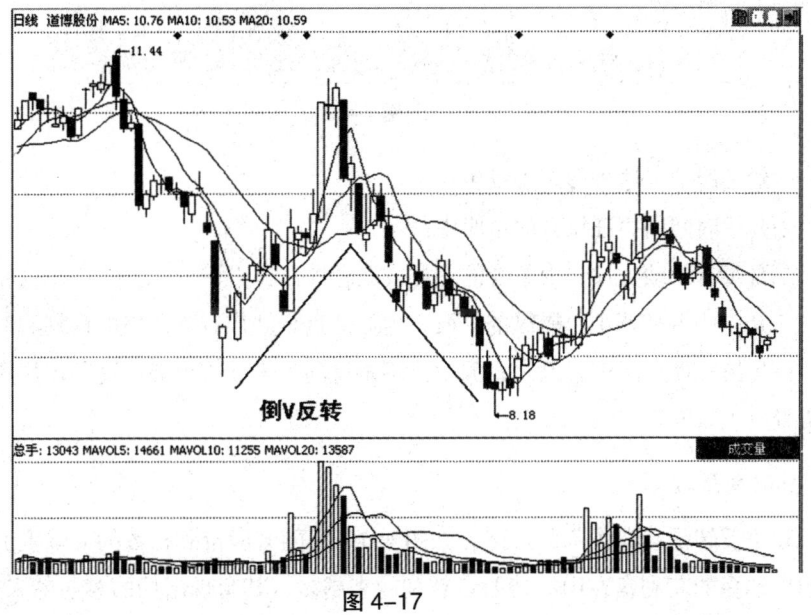

图 4-17

图 4-18 是张裕 A（000869）2006 年 12 月～2007 年 5 月的走势。股价突破 50 元后，快速上涨，在极短的时间内达到 76 元，涨幅达 50%。但是由于股价相对价位和绝对价位已经很高了，从最后上涨的量能可以看出，一旦出现见顶反转下跌，由于高位换手不足，市场缺少承接盘，股价就会大幅跳水式下跌，从而形

成倒 V 形的头部形态。

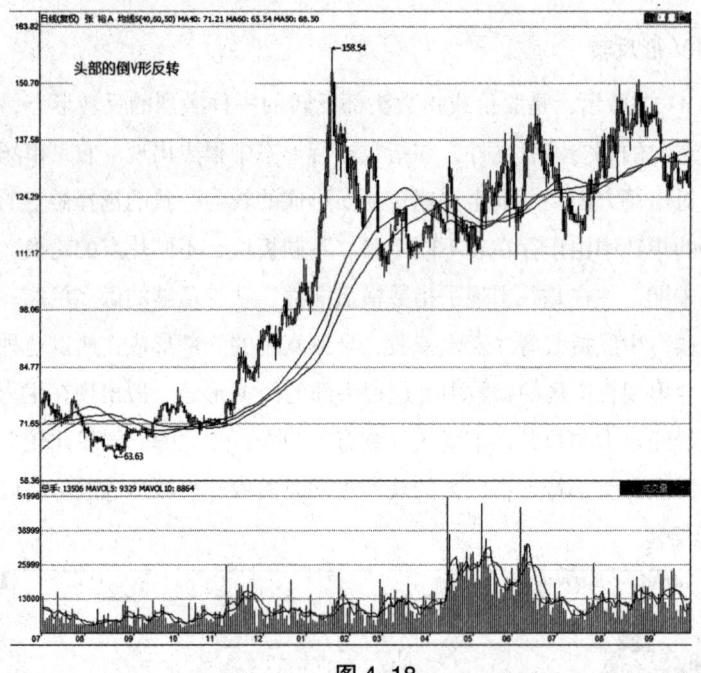

图 4-18

一般情况下，这种形态多发生在：

一是短时间内疯狂拉升的个股中。

二是没有业绩支撑，由单纯的题材或概念炒作。

三是一些由私募主力操纵的个股，他们的资金炒作有着严格的计划和时间限制，一旦出货接近尾声就倒水式派发，不再过问未来股价走势。这种市场风险是投资者应该高度重视的。

2.M 头反转

M 头反转是经典头部的形态（如图 4-19）。随着股价和指数的大幅上涨积累了越来越多的获利盘，中线持股者获利越来越多，其套现出局的意愿越来越强，而在相对的高位，场外追高意愿明显不足的情况下，场内短线筹码涌出，形成了股价的向下调整。一般在头部形成的初始阶段，市场中多空分歧较大，在股价或指数进行调整时，前期出局的短线资金逢低进场，部分看好中长期趋势的也同时买入股票，股价或指数再次结束下探继续上扬。但由于缺少更多的做多资金持续买入，在前期的高点技术位置，不能有效突破，导致短线资金离场，中长期持股者持股意愿开始松动，随着中线资金的离场，市场形成了较为一致的共识，加速了股价或指数的下跌，从而在走势图中形成了典型的 M 头形态。

M 头形态是市场中最常见的头部形态，也是技术性最强的一种形态，它给予了投资者充分思考判断及出局的机会。所以当较大的 M 头形态构成以后，其技术方向的可靠性较高，至少在一段时间内对投资者形成较大的心理影响。也正是这种技术特点，其往往被主力在吸筹时大量反向使用，迫使投资者在相对低位交出手中珍贵的筹码，随后股价一路飙升。

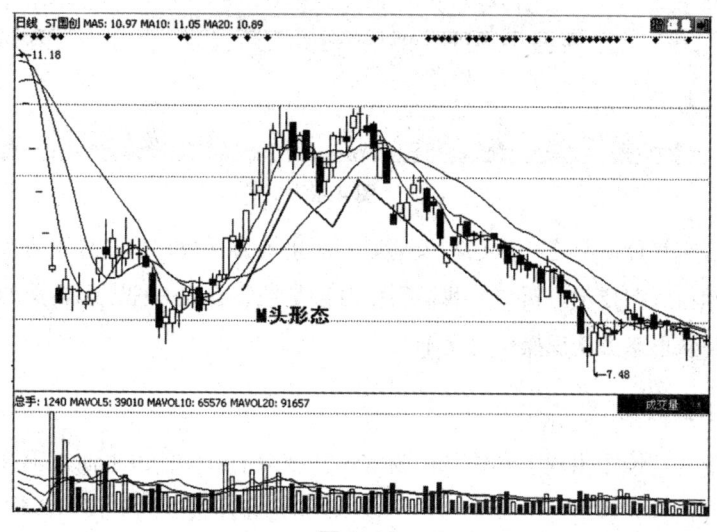

图 4-19

3. 多重复合头部

多重复合头部（如图 4-20）是股价或指数在高位横盘震荡的一种形态。在市场形成了典型的 M 头形态后，部分中线资金抛售了相对高位的股票，但由于场内热点轮换维持了市场做多人气，市场并没有出现恐慌情绪，更多持股者不愿抛出持有的股票，市场缺少继续杀跌动力，股价或指数再次选择向上。但由于前期没有出现大量的持股者的抛售，场内空仓资金有限，缺少继续推动股价或指数上涨的量能和形成市场共识的有效热点，股价或指数在一个相对的区间震荡，从而使市场失去方向感，形成了较长时间的在多空平衡状态下的蓄势。在长时间的震荡中维持市场相对高位的做多能量慢慢消退，市场选择向下，从而形成了一个复合的头部形态。

大的多重复合型头部形成时间较长，我们经常在形态技术分析上讲到的头肩

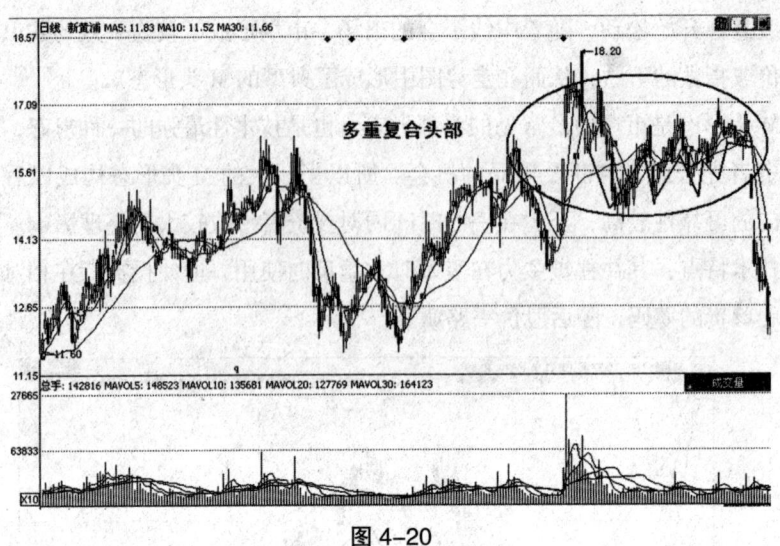

图 4-20

顶也是多重复合头部之一，这种头部形态变化较为复杂，很多时候与形态上的箱体震荡相似。在技术分析中，我们很多时候是把它看成一种宽幅震荡的成交密集区，单纯从形态去认识操作意义不大。

4. 射击之星

在上升行情中出现上影线长度为实体长度两倍或两倍以上而下影线很短的阳线或阴线，称为射击之星（如图 4-21），这是可靠性很高的见顶回落信号。

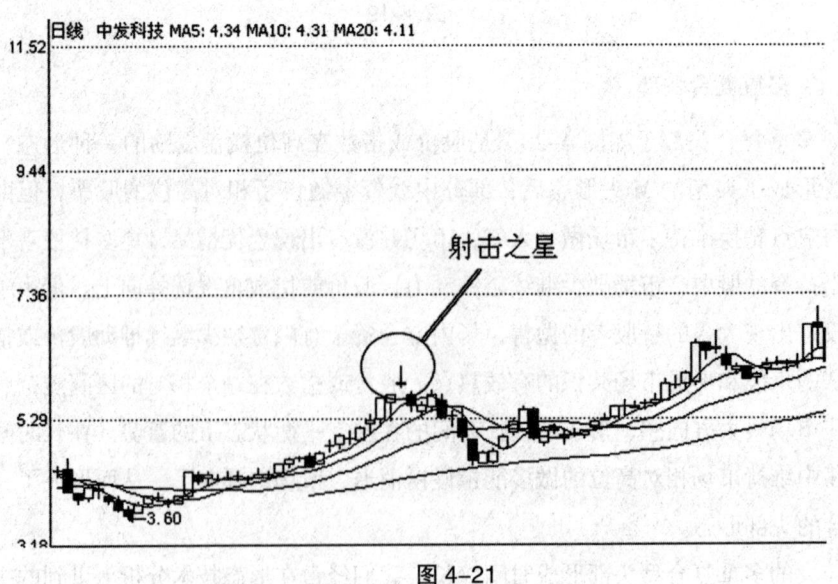

图 4-21

5. 头肩顶

股价经过长时间上升，遇到获利回吐压力后回跌一段，形成左肩部；此时买盘入场，将股价再次推高并超过前面的高价位，再次遇到获利盘的压力，跌到左肩的较低价位，形成头部；这时多方促使股价回升的努力已经没有大成交量的配合，涨势变弱，在接近左肩的高度附近迅即下跌，形成右肩部。若股价下跌超过颈线位 3%，则可确认后市必然为下跌趋势，其最低跌幅为头肩顶至颈线的距离。如图4-22 所示。

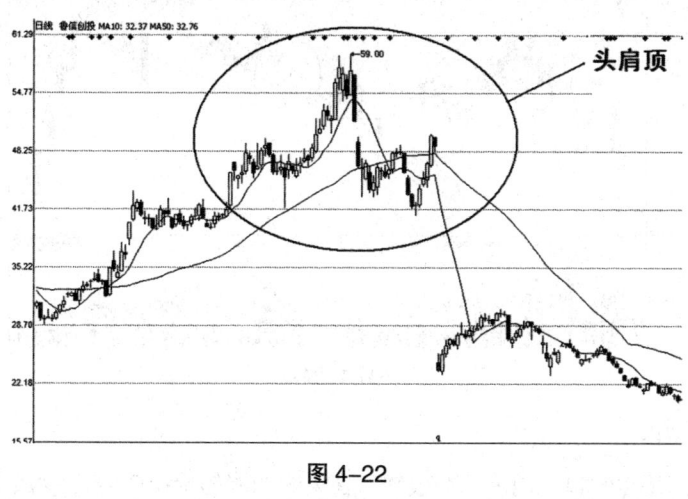

图 4-22

6. 长十字星

当长十字星出现在上升行情的顶部，同时伴有巨大成交量的出现，说明多方上升动能消耗极大，已无力继续推高股价，所以说带有大成交量的长十字星是股价上升乏力、见顶回落的信号。如图 4-23 所示。

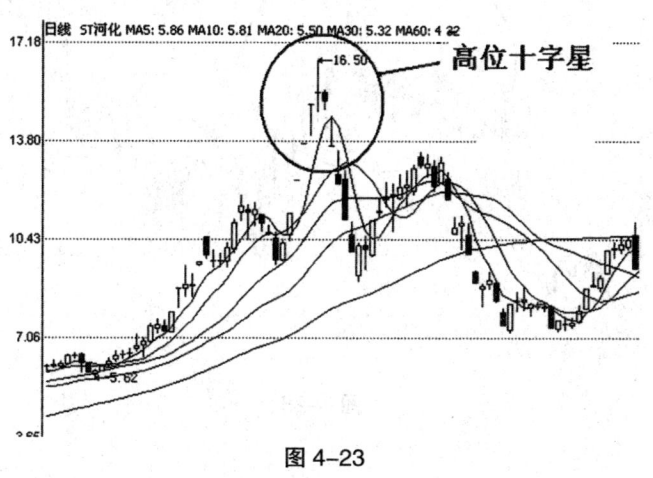

图 4-23

7. 高位顺延线

在上升行情中，股价见顶回落，出现两根阴线后又拉出一根大阳线，且包含了前面两根阴线。这根阳线是主力拉高出货的"骗线"，应当尽快抛出持有的股票。如图 4-24 所示。

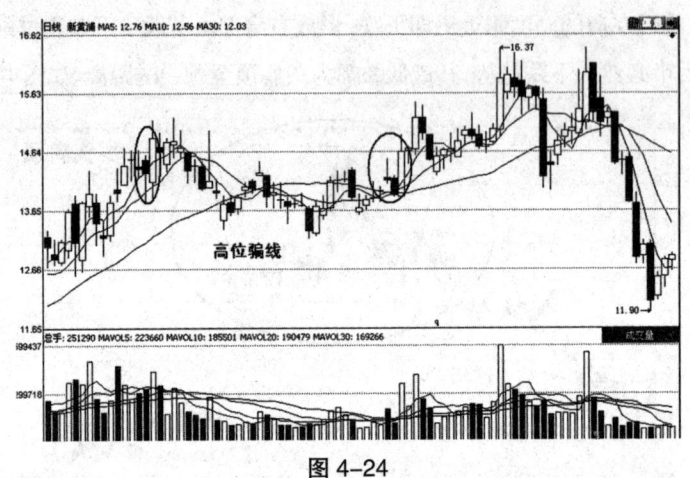

图 4-24

8. 岛形反转

向下的竭尽缺口与向上的突破缺口在大约相同的价位产生，在两个缺口之间，上部的 K 线图形如同孤立的小岛，此后的股价必将急剧下跌，将缺口之上的筹码牢牢锁在上面，因此称为岛形反转。如图 4-25 所示。

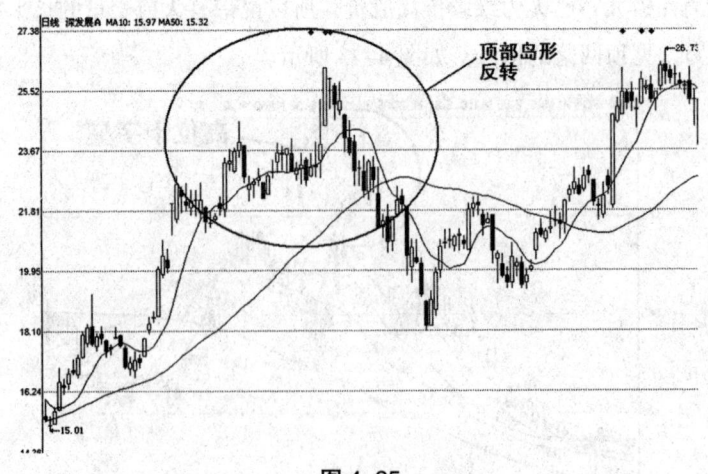

图 4-25

9. 圆弧顶

股价上升趋势逐渐减缓，K 线组合呈平滑的弧形，这种圆弧顶出现在高价位区为转势下跌图形。如图 4-26 所示。

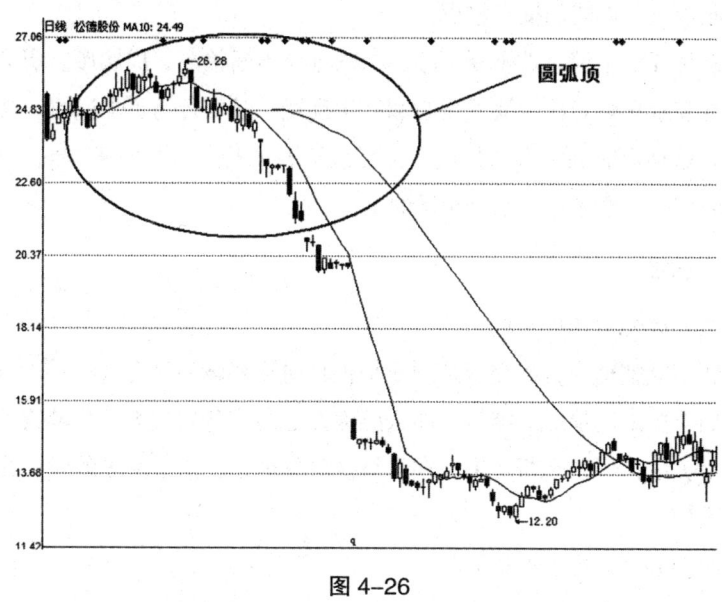

图 4-26

盘中横盘形态研判方法

横盘整理的突破方向有两个：一个是突破向上，这是短线的买点；一个是突破向下，这是短线的卖点。

通常在股价处于阶段性高位的时候，横盘整理的末端往往是放量向下突破各条均线，所谓的"久盘必跌"就是这个道理。一旦遇到这种 K 线形态，短线卖出是主基调。

1. 技术形态

（1）下跌行情形成的横盘整理

股价经过一定下跌过程后横盘整理，但是在触底之前，并不意味着整理之后会向上突破。

（2）上涨行情形成的横盘整理

股价经过一定上涨过程后的横盘整理，是最为复杂的整理行情，如果形成了阶段性顶部，那么在整理末端会选择向下突破。

上述两种横盘整理形态，有两个共同点：一是5日、10日、20日、30日均线出现纠缠；二是在整理末期，股价波动幅度越来越小，成交量日趋萎缩。

（3）收敛三角形成的横盘整理

其形态特征是上涨高点不断下移、下跌低点不断抬高，成旗形、楔形状。这种形态通常表示投资者比较缺乏信心和趋于犹疑，投资行为更加谨慎，观望心理占据上风。这种形态在大多数情况下会延续原有的趋势选择突破方向，只有1/4的概率会演变成与原来运行趋势相反的走势。

2. 卖点选择

（1）结合成交量选择卖点

在弱势横盘整理中，成交量是判断是否真向下突破的最有效的手段。在突破临界点，如果放出巨量向下突破，那么准确性更高，若超过5日均量的一倍，那么就要非常关注，可以果断卖出。在强势横盘整理中，向下突破的时候成交量的放大并不明显。

（2）结合BOLL指标选择卖点

BOLL指标是反映股价波动范围的指标。在横盘整理的形态中，BOLL指标往往会聚拢，上下轨之间的距离越来越小，这个时候应随时关注，出现明显的缩量可以少量买入，等到放量出现开口型喇叭口形态的时候果断卖出。

（3）结合大盘选择卖点

大盘的走势往往会影响横盘整理个股的突破方向、时间，比如大盘形成阶段性顶部，开始走下降通道，这种横盘整理个股通常会选择向下突破，那么就需要清仓处理。

3. 横盘形态主要有以下几种

（1）弱势横盘整理向下突破

美达股份（000782）（如图4-27）从2007年最高点10.09元跌下来之后，在多个中价位置出现了弱势横盘整理，比如在2008年6～8月，出现了近2个月的横盘整理，股价围绕4.2元反复震荡。

在8月4日，BOLL线已经聚拢，表面将出现突破方向，结果第二天出现了放量下挫，股价破位，跌破5日、10日、20日、30日均线，这就是卖出的标志。

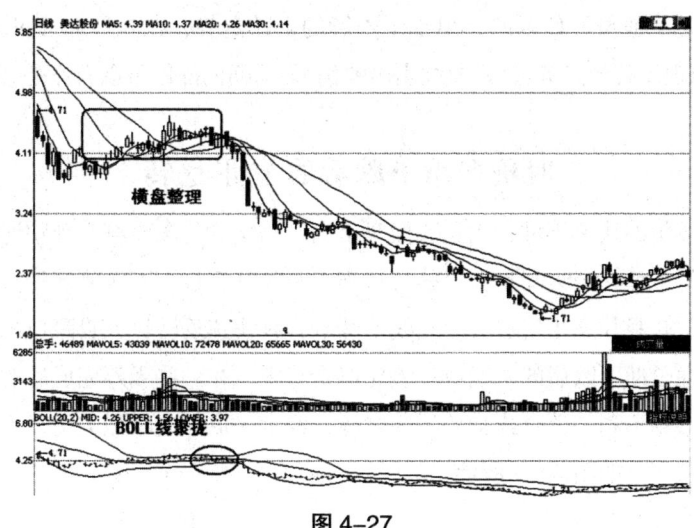

图 4-27

之后股价从 8 月 5 日收盘价的 4.19 元一直下跌到 1.71 元，相当的惨烈。

（2）强势横盘整理向下突破

跟弱势形态的横盘整理有些不同，强势横盘整理在突破之前可能会有向上假突破动作，收出连续横盘小阳线，有的甚至是涨停，而且成交量放大，然后再进行向下突破。

比如广汽长丰（600991）（图 4-28）在 2009 年 5 月 18 日除权之后，股价一直进行横盘整理。在整理末期，于 8 月 5 日进行突破，最终以涨停报收，放出了除权以来的最大量。

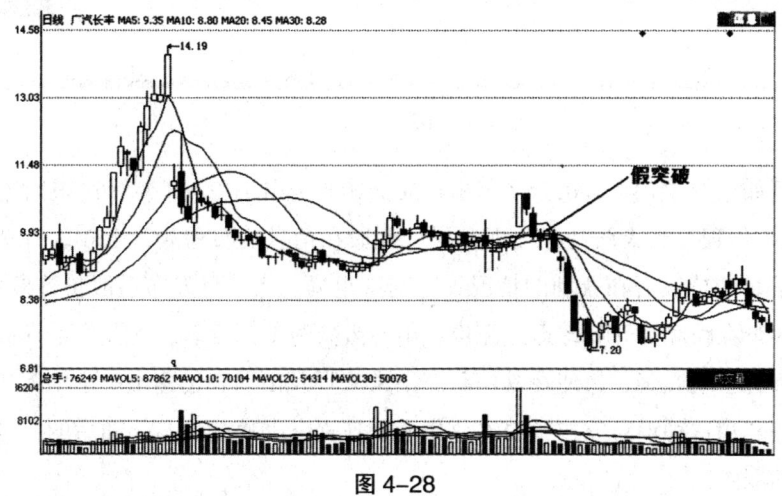

图 4-28

但是之后股价开始变脸，出现了连续的下跌走势，在 8 月 11 日股价突破均线支撑,出现了破位走势,这是短线卖出的信号,前面的涨停可以看作是"假突破"。

股价严重下跌后的 V 形反转

由于股价的快速下跌，大量恐慌盘杀出，马上股价又戏剧性地快速上涨，昨天还是放量下跌，今天却是大量的买单牢牢封住涨停板，甚至刚才的分时图还是一路下泻，转眼却又牛气逼人，直线上涨。这种快速反转让人目瞪口呆，这种情况多出现在长期下跌后的末期或一些庄股走势中。在一些吸筹完成后的控盘个股中，利用市场不利的消息或指数下跌之际，经常采取如此激烈的洗盘手法，然后股价一路飙升。如图 4-29 所示。

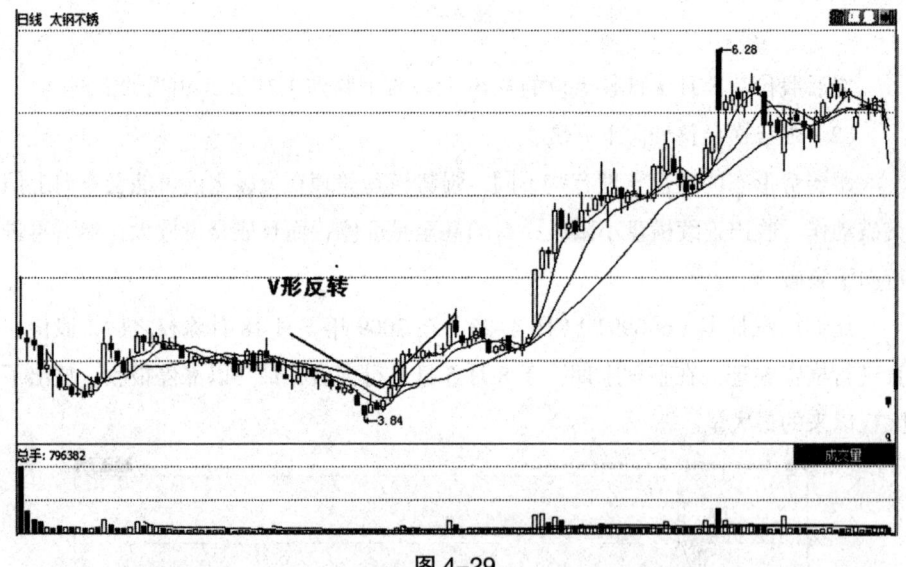

图 4-29

例如，罗牛山（000735）（图 4-30）2007 年 4 月 27 日突然宣布因连续亏损被 ST 处理！当天股价开盘即跌停。此股在消息发布前放量上攻，许多知道内幕消息的持股者在获利的情况下，套现出局。当消息发布后股价连续跌停，但是股价在跌停打开后却迅速涨停，出现激烈的 V 形反转。尤其在前期高点连续几天的星线震荡，致使在跌停状态下未来得及出局者迅速出脱手中筹码，主力正是利用这种消息完成了再次收集和快速而又彻底的洗盘，随后的股价就是连续的涨停！

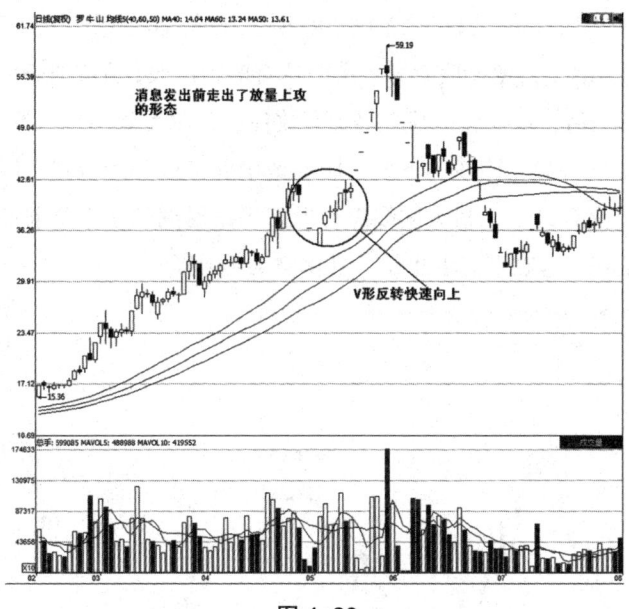

图 4-30

股票严重下跌后的 W 底形态

这种下跌中的反转形态最为常见，指数的大幅下跌，空方能量得到有效的释放，在关键的技术点位一些资金试探性地买入，推动股价或指数反弹。同时，在反弹到一个短线的高度时，由于市场还存在较强的空头气氛，高位套牢盘的逢高减持及短线抄底资金的出局，迫使股价或指数再次快速下挫，但是在前期反弹的低位缺少进一步的做空能量，最终股价或指数完成做底而转折向上。如图 4-31 所示。

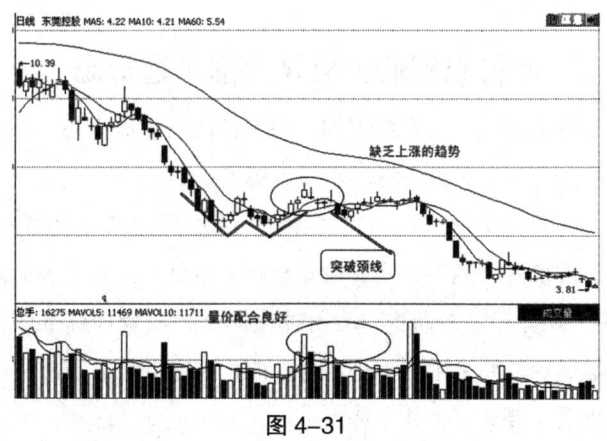

图 4-31

图 4-32 是招商地产（000024）2006 年 3 月的一段走势，当时由于国家对房地产的宏观调控，大量持股者抛售手中持有的地产股，造成股价的深幅下跌！在股价连续下跌后，做空能量基本得到有效释放，在 A 处出现了低位缩量反弹，接下来位置 B 处一根大阴线的下跌，明确地确立了底部的位置，股价开始了快速上涨。从位置 B 处的一根大阴线组合形态可以看到，在击穿前期底部的时候量能出现了萎缩，这在形态上也是一种诱空 K 线组合。

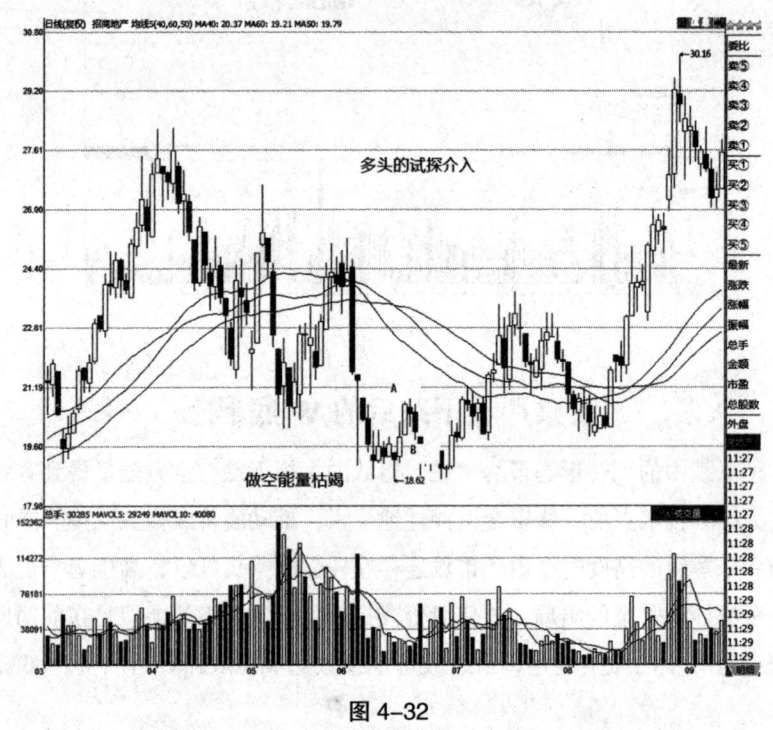

图 4-32

如何识别低位放量上涨出逃形态

低位放量下跌出货，一般容易识别。但低位放量上涨出逃，却往往被认为是建仓信号，隐蔽性较强，对投资者的杀伤力极大。

一些历史上深套的庄股，在经过长时间的下跌和沉寂后，逐渐形成底部形态，其典型特征是量增价升，似乎是明显的建仓特征。然而经过一段时间上涨，比如上涨 30% 以后，升势却戛然而止，股价掉头向下，放量大幅下跌，甚至跌破历史支撑位。仔细辨别，原来主力不是建仓，而是通过低位对敲出货。

低位放量出逃主要有以下几个特点：

（1）成交量在短期内急速放大。低位建仓除非遇特大利好或者板块机遇，一般会缓慢进行。而低位放量出逃的特征是成交量在短期内迅速放大，日换手率连续保持在5%以上，在相对高位，会放出10%以上的成交量，且其间没有起伏，放量过程是一气呵成的。股价在明显的低位，如此放巨量，充分说明有资金在通过对敲出逃。

（2）上涨时放巨量。主要指即时走势图，上涨时异常放量，成交量大量堆积，给人以不真实的感觉。日涨幅并不大，但是成交量却屡创新高。

（3）反复震荡。不管是上涨还是下跌，即时走势图上，股价都反复震荡，暴露出主力清仓的意图。

（4）尾市拉升，连收小阳线。低位建仓的信号一般是尾市打压，日K线经常留下上影线，小阳线与小阴线交替出现。放量出逃的特征是经常在尾市拉升，盘中可能是下跌的，但日K线多以小阳线报收。由于短期内成交量连续放大，价格上升，形成量价金叉，形态上令人十分看好。

（5）不会突破前期重要阻力位。突破前期重要阻力位，意味着主力必须吃进更多的筹码，这显然与主力清仓的初衷相悖。

在大势不好的情况下，主力通过这种方式出逃，成本相当高，而且出货量也不可能大。之所以如此，关键还是非走不可，比如说资金链出现问题，或者公司的基本面出现大的利空，否则主力不会在被套几年、股价远离成本区的情况下强行出货。这种形态具有较强的隐蔽性，即便是老手也有上当的可能。识别的关键还是看成交量的异常放大，尤其在相对高位，如果连续放出10%以上的成交量，可以认为是主力在出逃。

对于此类股票，如果看好形态，上涨初期可以参与，但一旦发现放量下跌，要果断出局，防止被套。

个股盘中运行形态和经典洗盘形态

在具体的股市实战操作中，培养一种对个股和指数走势形态的敏锐性有着非常重要的意义。面对庞大的市场，我们需要一种理性分析，同时也需要一种对市场的感悟，感悟市场的气氛，感悟市场的强弱，感悟市场的变化！股价和指数在向上运行中可以分为两种基本方式：一是沿均线系统向上推升，一是沿切线以小波段的方式向上运行。

1. 沿均线强势运行

股价或指数沿 20 日或 30 日短期均线强势上涨，这种走势多出现在控盘庄股的拉升行情中，上涨途中多以震荡星线或双阴线洗盘快速拉起，走势凌厉（如图4-33）。

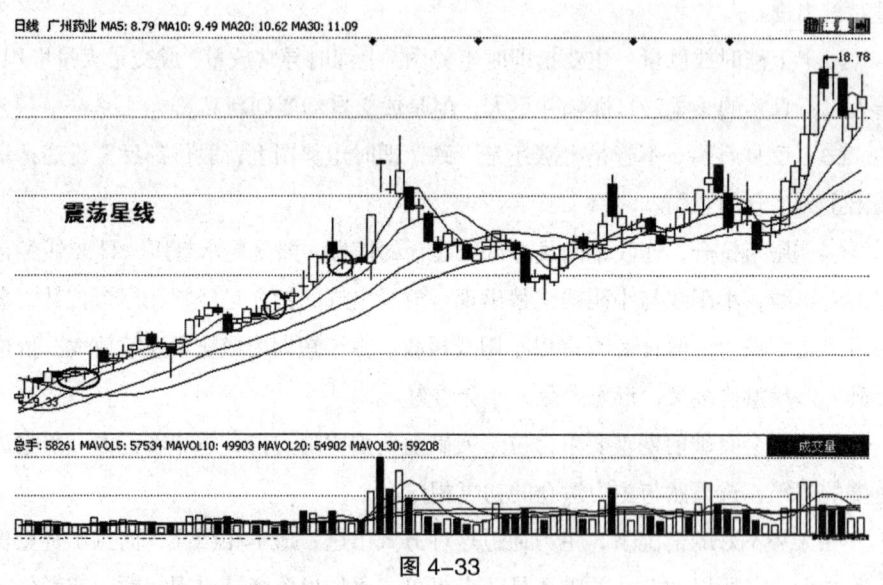

日线 广州药业 MAS: 8.79 MA10: 9.49 MA20: 10.62 MA30: 11.09

震荡星线

总手: 58261 MAVOL5: 57534 MAVOL10: 49903 MAVOL20: 54902 MAVOL30: 59208

图 4-33

图 4-34 是耀皮玻璃(600819)在 2006 年 12 月～2007 年 3 月份的一段走势图，股价沿 20 天线逐步上涨，即使股价短时间跌破 20 日均线也被很快拉起，大多时

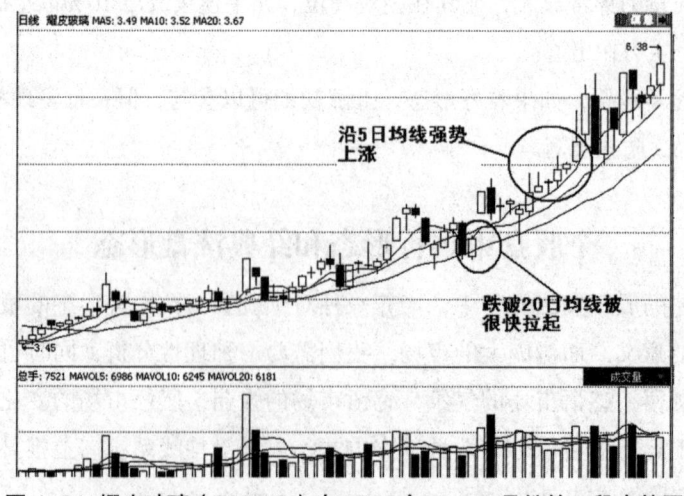

日线 耀皮玻璃 MAS: 3.49 MA10: 3.52 MA20: 3.67

沿5日均线强势
上涨

跌破20日均线被
很快拉起

总手: 7521 MAVOL5: 6986 MAVOL10: 6245 MAVOL20: 6181

图 4-34 耀皮玻璃（600819）在 2006 年 1～6 月份的一段走势图

候股价沿着 5 日均线走出强势整理形态，在短短的时间内股价便翻了一倍，一般情况下这种走势多是个股的主升行情。

2. 沿均线梯次运行

这种沿均线梯次运行的走势也是强庄股的一种拉升手法。股价快速拉高后，做平台窄幅震荡整理，让市场参与者极难判断其方向，这样强庄股就在不知不觉中完成了拉升与派发（如图 4-35）。

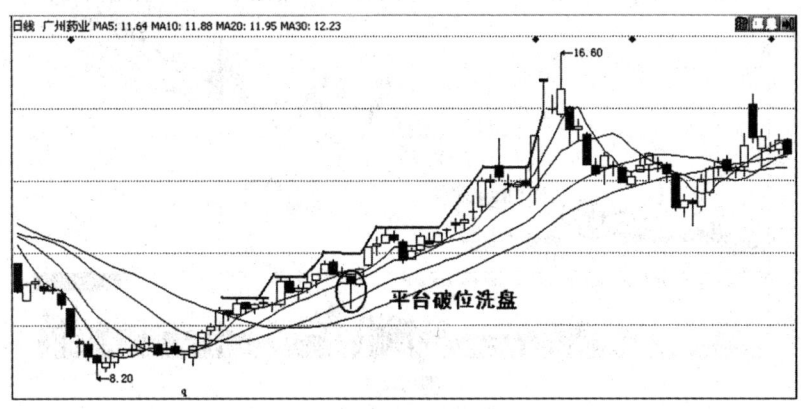

图 4-35

图 4-36 是本钢板材在 2007 年 3 ~ 5 月份的走势，股价呈现出平台整理梯次拉升的形态。在这种走势形态里，我们最常见到的就是平台破位洗盘，冲高回落的上影线洗盘，股价到了最后的头部经常会出现突破的诱多形态，这些都是许多个股走势中的经典形态。

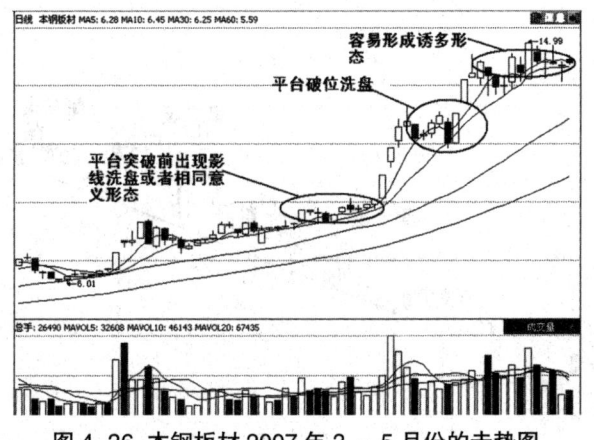

图 4-36 本钢板材 2007 年 3 ~ 5 月份的走势图

3.沿长期均线低位弱势运行

一些个股在行情开始的时间，沿均线低位弱势运行，缓慢推升股价，而不急于拉升；在行情发展的后期，利用市场人气快速拉升果断派发（如图4-37）。这种主力操盘手法充分利用技术形态，极其微妙。

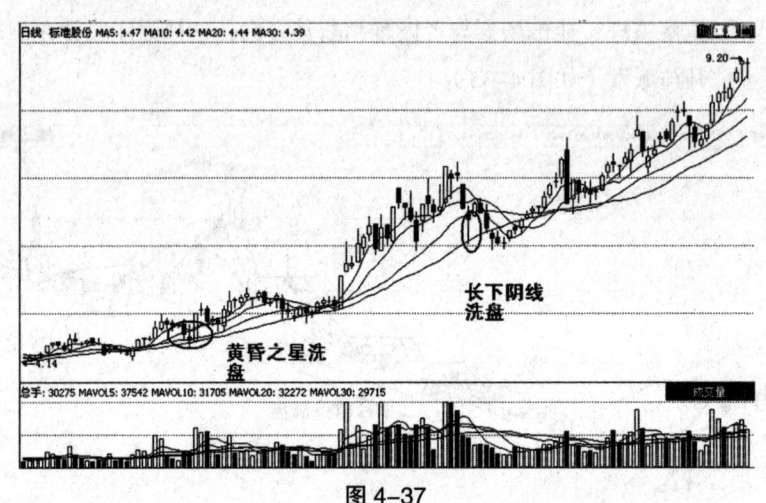

图 4-37

4.沿切线波段向上运行

股价或指数以小波段的形式缓慢向上推升，这种走势一般出现在行情的初始阶段，主力以一种稳健的手法逐步增持，缓慢推升股价。随着沿切线运行规律的清晰，主力却打破原有趋势进行向下破位，从大的形态上彻底清洗浮动筹码，然后等待时机快速拉升股价（如图4-38）。

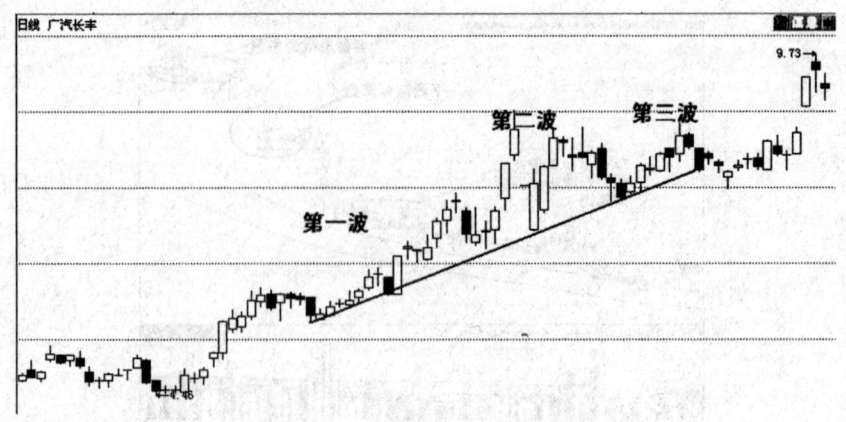

图 4-38

5. 弱势圆弧形态运行

股价以一种圆弧形态弱势运行，对应量能较小，K线形态较虚，在相对高位多数是一种主力出货形态。也有一些基本面不被市场认可的个股，缺少投资参与走出此种形态。但是，股价在相对的低位，并出现持续性放量消化前期成交密集区，则有可能为主力利用其弱势形态来达到吸筹之目的（如图4-39）。

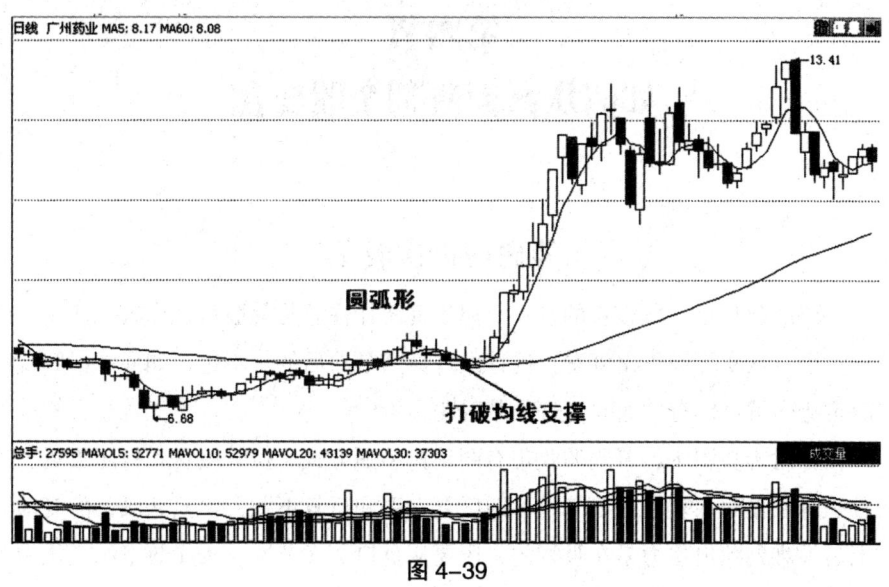

图 4-39

第四节
如何从盘面研判个股变化

筹码的再次收集

筹码的收集是一段较长的过程，但投资者往往总是等股价走出收集区域才会恍然大悟，从实际操作角度看，这种发现显然是滞后的。不过，如果能仔细观察分时走势图就可以有效地改善这种滞后性。

在分时走势图中，筹码的收集有两种典型的方式：拉升吸货和打压吸货。这两种手法在盘面中表现得很简单，即反复上涨和反复下跌，但只从股价的变动形式上是很难判断出主力是在吸货的，还要从盘口买卖节奏、买卖数量的变化中不断验证自己的判断。

在拉升吸货中，股价的拉升速度是尽可能地慢，这与想要出货的拉升截然相反。当盘整或下跌已没有筹码出局时，为了吸货主力不得不拉升，但同时必然要加大买入成本。为协调这种矛盾，股价在分时走势中必然是尽量缓慢上涨，成交量的变化则没有明显规律，因为是收集筹码，细节的量变具有随机性。

打压吸货相对复杂，股价在分时走势中会出现较剧烈的宽幅震荡，主力希望通过股价的下跌震出恐慌盘，通过急跌后的反弹让信心不足者逢高离场，此时成交量的变化呈较规则的下跌放量，反弹缩量。此外，在盘口交易中表现出反向思维和正向思维的交错运用，这主要是主力区别对待不同思维投资者的结果。对于普通投资者，主力运用反向思维可以实现自己的意愿；对于比较成熟的投资者，有时正向思维才可以让他们的操作符合自己的需要。所以在盘口上的挂单具有多变性，没有固定的格式，但仍能通过对分时走势的通盘分析明了主力根本的意图。

例如，东方明珠（600832）（图4-40）就属于拉升吸货，该股经历了前期长

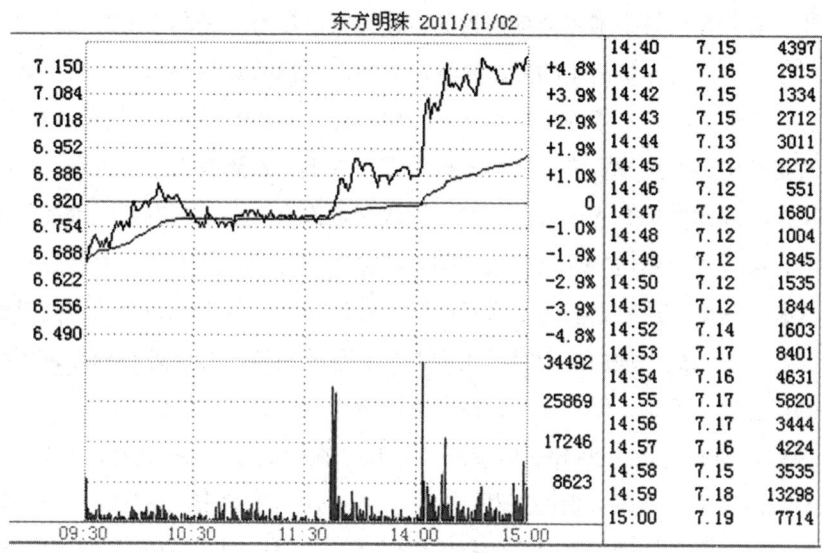

图 4-40

时间的下跌后，股价最大跌幅达到 50%。大量高位持有股票的人有较强的自救需要，但自救之前，首先要在低位回补，即摊平成本的筹码再次收集。当天的分时走势中，股价一路震荡向上，小幅上涨，从股价不急不躁的上涨中，可以发现主力的目的并非推高股价。盘口交易中，主力有意摆放了许多大单，有时在卖盘连续挂单，有时在买盘挂，有时则是买卖盘同时挂单，盘中交易连续，但成交手笔并不规则，在缓慢的拉升中明显有股较坚决的买入力量，而盘口的反复活跃的变动，反映出主力较迫切的操盘心理。

在分时走势的持续变化过程中，主力所有的作为都是为了实现自己的目的。无论涨还是跌，无论反向还是正向，主力的目的是一条不变的主线，投资者把握分时走势中的这条线索就可以把握全局。

吸引眼球的拉升

分时走势中，如果股价的上涨轰轰烈烈，就不是单纯拉升这么简单了，而是为了吸引人们的眼球，就像广告的目的是让人们买，这种为了吸引人们关注的拉升也一样是为了让人们买进。

一般情况下，股价出现明显的拉升，甚至是持续的强势上涨，往往已是股价运行的后期阶段，即出货阶段。因为想要出货的筹码为达到相对高位出货数量的最大化，必会在交易中细致地维护盘面，让投资者尽量买进和尽可能长时间的持股。对于主力而言，最简单的方法是采用大胆的欲擒故纵的手法，即想卖就拼命地买进，这种方法是出货的极有效方法。理由有三点：第一，人们都有从众心理，在分时走势中，如果投资者不仔细分析是谁在买卖，看到有人迫切买进，很容易因为从众心理而匆忙介入；第二，对于大成交量抱有希望，当看到股价在放大量交易时，会理所当然地想，这些买进的人不会鲁莽行事，却不知主力就是利用投资者这种心理变化迷惑人们的；第三，股价有良好的K线形态组合，这是投资者安心参与其中的最大理由，而对于主力而言，想要出货，必会处心积虑，短期制造好的形态也并不难，但会让人们在主力最希望有接盘的时候介入。

例如，滨海能源（000695）（如图4-41），在分时走势中，股价开盘后义无反顾地震荡盘上，不顾大盘的下跌，放量上涨，这对主力来说是兵家大忌，但该股已营造了一个星期的价涨量增的标准圆弧底，此时已到了不得不涨的时候。在股价上涨过程中，出现了很多单笔大单交易，并有较长时间的持续性，股价显出很强的抗跌性和很好的上攻性，但这与盘面的实际情况是矛盾的。在分时走势中的盘整阶段，成交量是递增的，分析盘面的结果是压力越来越大，而正常的拉升应该是随着强势盘整的进行，压力越来越轻，还有当日的成交量是前一日的一倍多。该股表现出量过大的异常，如果是正常的拉升，不应该有这么大的量在此处

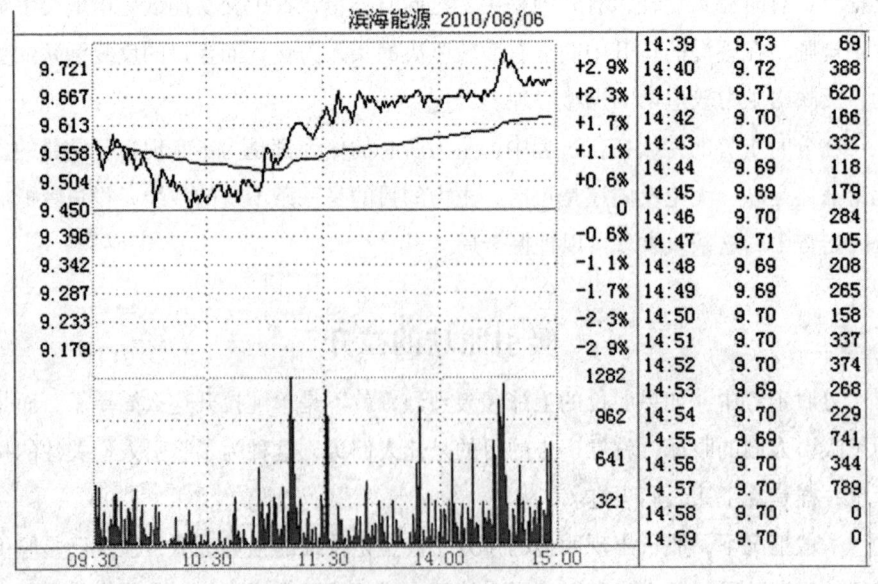

图 4-41

分散。综合而言，该股这种上涨是主力想要吸引市场眼球而作的拉升，目的就是出货。

当人们看见一只好股票时，发现该股早已默无声息地涨了很久。分时走势中这种情形依然存在，其实不到万不得已，没有股票会大张旗鼓地张扬，此时是投资者最应该谨慎的时刻。

拉升没有抛盘

拉升没有抛盘，这个题目让人心生疑惑，的确，看起来非常矛盾，但是在股价上涨过程中确实就有这种没有抛盘的拉升，仔细观察个股的分时走势，可以很清楚地看到这种好像不合理的情况确实存在。

在分时走势中，我们可以经常看到股价成交手笔突然放大，并有较强的连续性，不禁会想，为什么会有人突然齐心协力地买进和卖出，但事后看到股价下跌或上涨的结果，可以推测这种买卖可能是市场中大资金和重仓持股者想要吸引市场投资者关注和参与的大张旗鼓的表演。通常情况下，在分时走势中，股价会突然大规模放量，急速上涨，那种涨势不可阻挡，在很短的时间里，不加任何思考地对上方出现的有规则的均匀的大买单毫不犹豫地通吃，此时有个最明显的特点，股价直线上升，回调时间短暂，甚至以盘代跌，这种盘面的语言仿佛告诉人们，想买就高价追买，而且股价有强烈的上涨欲望。如果说，主力的目的是让这种涨势给市场投资者一种示范效应，希望别人参与，那么主力是想要卖出，但盘面表现主力却在大笔买进，此时只有一种可能：该股在当时其实没有抛盘，所谓主力吃掉的大笔卖单是自己的。初听没有抛盘不太可能，但事实上，这种例子屡见不鲜。

类似的没有抛盘的拉升在股价分时走势中是广泛存在的，当股价跌到市场所有散户投资者成本之下时，最早进入的主力仍有可能是获利的，这时上涨是市场的期盼，套牢的散户不卖，投机者又想要火中取栗，此时主力就获得了出货机会。这种走势也会出现在长期低迷的盘局中，判断过程可能很复杂，但操作很简单，逆向考虑就可以得出结果。

不吸货的拉升

股价上涨意味着市场有较强的获利预期，尤其在上涨之初，市场正常的思路应该是尽量地买进，可在分时走势中并不经常是这样。有些时候迫切需要股价上涨，但主力实际并不是愿意买进，就会出现不想吸货的拉升，想要出货的拉升，这种分时走势反映了主力想要尽快离场的决心。

不想吸货的拉升大多出现在大资金被套的股票中，这类股票主力非常被动，因为迫于无奈，采取直接杀跌的手法离场，此时股价中线趋势自然是一路下跌，当跌到一定位置，市场中除主力以外所有的人都被套牢，这时股价再跌也没有人买进，也没有人能够卖出，股价自然会出现短线止跌，经过一段时间的无量交易后，如果大盘能突然趋好，这种股票会迫不及待地拉升，但必定是不想吸货的拉升。这种情形的判断需要掌握非常重要的盘面特征，在日K线中很难分辨，在分时走势中却能一目了然。

例如，大盘在某些利好传闻的影响下，股指节节走高，前期超跌股均出现了较好的反弹，风华高科（000636）（图4-42）也做出了迅速的反应。该股曾经大幅上涨，是注重基本面分析的市场人士极为推崇的蓝筹成长股之一。但后来，股价持续下跌，从将近30元开始单边下跌，期间有获利盘的杀跌，有套牢盘的反复斩仓，还有抄底盘的止损，直到一切波澜恢复平静，股价已跌至不到9元，这时持有的投资者因为超跌已经不再卖出，想买的投资者因为前期的示范效应不敢买进，股价处于无量僵持状态，但此时仍有出货盘继续寻找出局机会。当日大盘震荡上扬，风华高科（000636）抓住机会立即响应。股价开盘后稳步盘上，涨到3%左右时，该股盘面突然出现连续的极其迅速的大笔交易单，只在3分钟内，股价

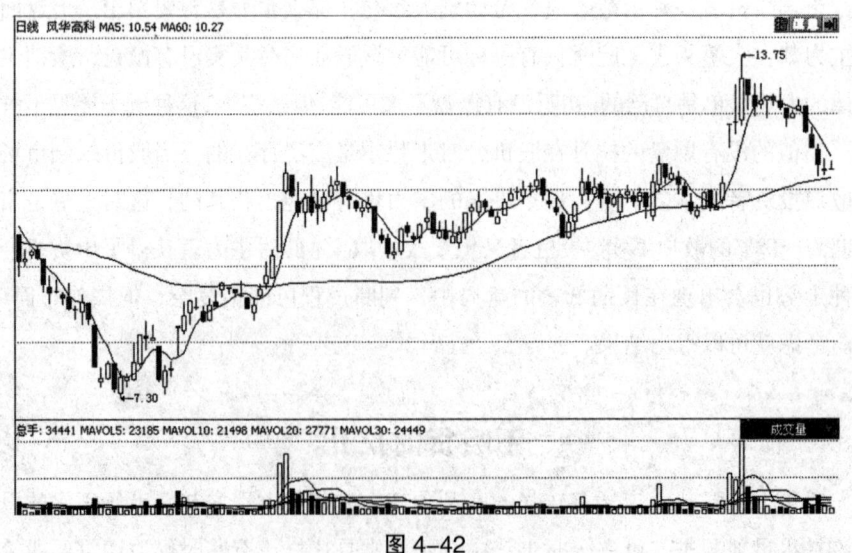

图4-42

就从 9.20 元涨到涨停 9.77 元，之后稍有回落，一直在相对高位做窄幅整理。在这段短暂的拉升中，主力目的非常明确，就是在推升股价上涨的同时尽可能少买进，于是用大笔交易单在最短的时间里让股价尽可能地涨高，再用这种涨的气势吸引人买入，毕竟这个位置，股价早已超跌，从很多角度看都有机会获利，自然会吸引跟风的人介入，仅从拉升过程，就可以非常明了主力的意图——只想让股价上去，并不想真心买进。而让股价上涨的目的是让别人买进，自己则卖出。可想而知，后面的盘整，主力是在不断出货。

虽然只是看到分时走势中几分钟的表演，但应该可以判断主力的真实心理和操作意图，作为投资者完全可以因此而预测出股价今后的趋势，做出相应的对策。

出货的波折

在分时走势中，出货的手法五花八门，有拉升、有打压等不同的变形，不同出货手法的出现与个股前期不同的获利空间和当时不同的出货程度密切相关。如果股价以较规则的震荡方式出货，则可能是股票已到了出货后期。震荡出货，在分时走势图上呈现股价规则的波动状态，上涨时股价顺利上扬，没有太多明显的回档；下跌时股价则小幅震荡盘下，从时间上看则是急涨和缓跌。

显而易见，拉升时盘内主力是主要的推动者，下跌时则是主力将筹码分散给市场投资者。主力用尽量少的资金量将股价拉起以吸引投资者的参与，而随着投资者的不断成熟，更多的人会选择回调时买进，而主力正好趁机小心翼翼地不断卖出，于是股价在分时走势上显出较有规则的上涨和下跌节奏。但仅在分时走势上进行反复的震荡出货不一定能有效吸引市场投资者，主力在做这种操作时，会事先在日 K 线上构造非常好的向上趋势的图形，让投资者从整体判断到细节的观察都有很好的连续性，才能最大程度地发挥在分时走势上营造的氛围，以期获得投资者的参与。

运用这种出货手法，一般情况下是股价已到了出货的后期，从资金成本考虑，主力为了节省资金，股价拉升高度必然有限，而且主力会在整个上升形态形成之初采用这手法，以希望因股价短期还没有太大升幅而获得更多投资者介入。对短线而言，这种股票会有较好的上涨机会，部分筹码应该有小幅获利的机会，但因为主力出货的本质而整体升幅有限。出货时从日 K 线的形态上也会反映出反复波动的特征，分时走势上是同样的道理。对于投资者来说，看到股价有规律波动并不重要，重要的是知道每一种波动形态体现出的盘中主力的真正意图。

识别盘中缺口

缺口，也称为跳空，按其形态通常可分为普通缺口、突破缺口、中继缺口和衰竭缺口4种，它是行情延续过程中经常出现的一种技术图形。价格跳空缺口是指在K线图上没有发生交易的区域。比如说，在上升趋势中，某天最低价高于前一日的最高价，从而K线图上留下一段当时价格不能覆盖的缺口（或空白）。

从技术分析角度讲，在正常情况下，价位的变动应该是连续的，因为每一个价位都有许多人等着买入、卖出。在大多数时候即使有跳空开盘，之后的股价也会回补至头天收盘附近，使这部分人成交。如果市场出现了一个明显的缺口并且没有回补，则说明市场的多空双方一致将买入或卖出的价位预期提高或降低了，形成了一个成交的空白区。例如，出现一向上跳空缺口是因为买方的力量在全天都表现强劲，投资者宁肯提高持仓成本也不愿放过买进机会，所以股价不会跌下来对缺口进行回补。

当缺口出现以后，行情通常会朝着某个方向快速发展，该缺口也成为日后较强的支撑或阻力区域。因此，利用缺口理论对行情大势进行研判是证券交易过程中的一个重要手段。缺口虽好辨认，但缺口的含义却不容易读出来。其实，如果把成交量和股价运动的力度结合起来分析，还是可以找出缺口所表达的含义的。

对于投资者而言，对突破缺口和中继缺口的识别和掌握，有利于股价的后势判断，对选股的意义很大，所以这里只着重向读者介绍这两种缺口的应用方法。如图4-43所示。

图 4-43

1. 突破跳空缺口

突破跳空缺口通常发生在重要的价格运动完成之后，或者新的重要运动发生之初。市场的顶部或底部通常会发生这种类型的缺口。例如，发生在底部的反转形态、头肩底形线之后，对颈线的突破经常就是以突破跳空缺口的形式进行的。

2. 中继跳空缺口

中继跳空缺口又称为测量跳空缺口，指的是，在新的市场运动发生、发展一段时间之后，大约在整个运动的中间阶段，价格将再度跳跃前进，形成一个跳空缺口或一系列跳空缺口。此类跳空缺口反映出市场正在以中等的交易量顺利地发展。如果这类缺口出现在上升趋势中，则表明市场坚挺；如果这类缺口出现在下降趋势中，则表示市场疲软。

从选股的角度来看，突破跳空缺口比中继跳空缺口具有更强更准确的提示作用。

图4-44为三一重工（600031）在2009年5月4日～2009年8月6日的股价走势图。在图中我们可以看出，股价经过一段时期的下跌后，在2009年6月

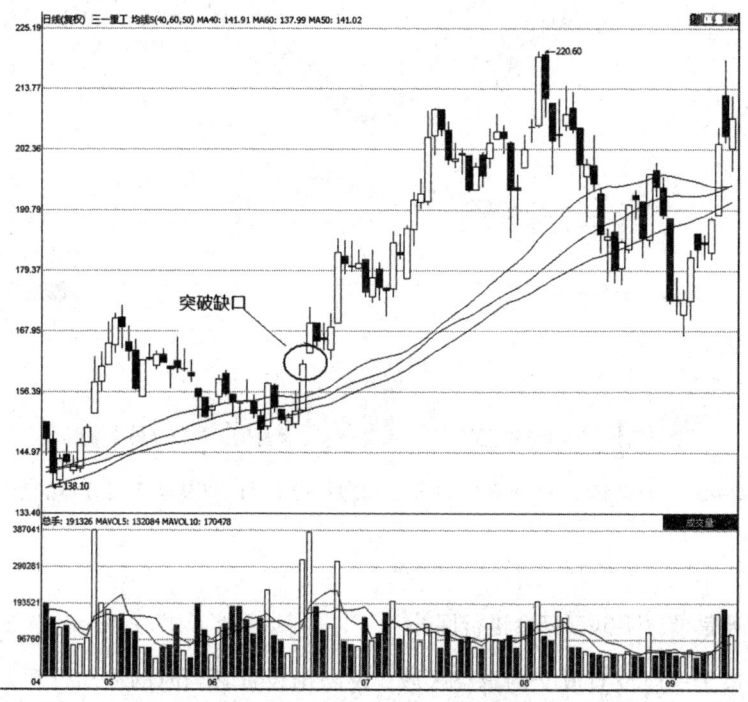

图 4-44 三一重工（600031）2009 年 5 月 4 日～ 2009 年 8 月 6 日的股价走势图

16日当天股价走出了一个大阳线，并且伴随着成交量的放大，在随后的一天股价跳空高开，最高价几乎超过了前期的高点，形成了一个缺口。我们可以判断股价突破成功，对于投资者而言就可以选择持有了。从股价的后势发展情况来看，股价经过2个月的持续上升，涨幅超过了50%。

图4-45为长城电脑（000066）在2008年12月30日～2009年7月8日的走势图。从图中我们可以看出，该图是长城电脑走出的一个较为明显的上升通道。在2008年12月底该股已经有了小幅的上涨，但是受到大环境的影响，它的上涨幅度并不是很明显。在2009年4月9日后的5个交易日里，连续出现了两个跳空缺口，并且在接下来的几个交易日里并没有进行回补。这表明市场比较坚挺，投资者可以大胆地逢低买入，并且看该股的后市发展，股价也上升了近一倍。

图4-45 长城电脑（000066）2008年12月30日到2009年7月8日的走势图

关注缺口时，我们要明白以下几点：

1.通常情况下缺口都会进行回补

缺口是一段没有成交的真空区域，反映出投资者当时的冲动行为，当投资情绪平静下来时，投资者反省过去行为有些过分，于是缺口便告补回。但是对突破缺口、持续性缺口就未必会进行回补，至少不会马上回补。只有衰竭性缺口和普通缺口才可能在短期内补回。

2. 突破缺口出现后，可以依据成交量的变化来判断缺口会不会马上填补

如果在突破缺口出现之前成交量放大，而在缺口出现后成交量又相对减少，那么只有 50% 的可能性进行短期的回补缺口；但假如缺口形成之后成交大量增加，股价在继续移动远离形态时仍保持较大量的成交，那么缺口短期填补的可能便会很低了。就算出现反抽，也会在缺口以外。

3. 中继缺口出现的成交量的变化情况

股价在突破其区域时急速上升，成交量在初期量大，然后在上升中不断减少，当股价停止原来的趋势时，成交量又迅速增加，这是多空双方激烈争夺的结果，是一方压制性地战胜另一方的结果。

强势股的分时特征

投资者在进行短线操作的时候都希望可以找到强势个股，因为只有强势个股才可以涨得更高涨得更快，从而给投资者带来更好的投资回报！在操作强势个股的时候，除了要对股价的 K 线形态进行分析以外，盘中分时线的形态也是至关重要的！

不仅 K 线形态会暴露股价的强势本质，分时图也可以体现出来。强势个股的走强是资金积极推动的结果，有了较其他个股更多的资金入场，股价的 K 线形态自然会强于其他个股。有了资金的积极入场，股价分时线的走势也会较其他个股强劲很多！

弱势个股由于没有资金入场的积极推动，因此盘中的分时线走势会非常曲折，并且成交量的变化也是没有任何规律可言的。而强势股则不同，因为有资金的积极涌入，所以分时线往往会非常的顺滑并且挺拔有力，股价在盘中的上升角度也会比较大，因此投资者对于具有这样走势的个股要进行积极的操作。强势个股的分时线往往具有以下特征：

（1）成交量有规律地放大，并且随着股价的走高而不断放大；

（2）分时线运行非常的顺滑，没有曲折的迹象；

（3）股价上涨的时候，分时线的上涨角度较为陡峭；

（4）股价上涨的时候，上涨的趋势非常明确。

股价开盘以后便形成一个明显的上升通道，股价一旦在盘中形成上升通道便会延续上升趋势。在股价形成上升通道的时候，分时线的走势较为曲折，在股价曲折的震荡上涨过程中，投资者是不能进行短线操作的，无论是从量能变化上，还是从分时线的运行方式上，股价的走势在此时都没有明显的强势特征。

在股价突破上升通道上轨的时候，分时线的走势非常强劲，分时线不但顺滑而且上涨较有力度，股价在此时的上涨角度也比较大，而成交量在这个时候出现了初步的密集现象，因此投资者可以在这个时候入场操作。股价第一波上涨的走势符合了突破性买点的技术要求。

股价第二波的上涨力度更大，同时分时线挺拔有力，在成交量放大的推动下，股价便开始连续上涨。分时线此时的走势具有了明显的强势特征，因此投资者可以在这个时候放心大胆地进行短线操作，强势特征一旦出现，股价也必然会延续（图4-46）！

在开盘后分时线的运行状态比较曲折，在这个时候投资者是不应当入场进行操作的。曲折的分时线运行状态说明股价的上涨力度比较弱，因此这种走势不适宜进行短线操作。

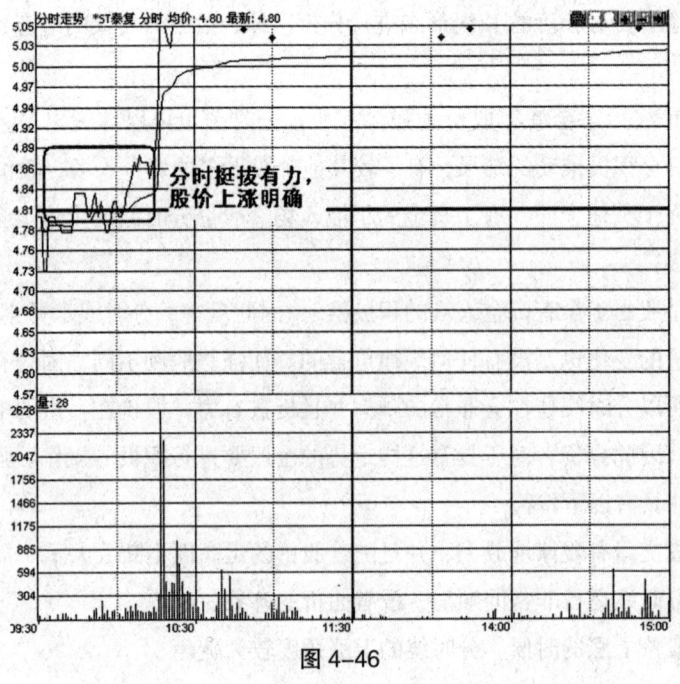

图4-46

股价震荡上行以后，由于资金的入场，成交量的放大，股价的分时线一改弱势特征，出现了明显的强势走势！分时线在第一波上涨的时候非常顺滑并且挺拔有力，股价的上涨角度也比较大，在股价出现强势特征的时候，投资者应当及时的入场进行短线操作！

股价第二波的上涨更加凌厉，随着股价的走高，成交量再次放大，这说明盘中资金的追捧力度是很大的，资金的积极入场推动了股价持续的走高，分时线在这个时候继续保持顺滑有力的运行方式，并且股价的上涨角度再次变大。如果第一波的上涨错过了，第二波投资者一定要敢于进行短线追涨！

股价开盘后的分时线运行状况如果不流畅，开盘以后股价的分时线非常曲折，在某一价格处的震荡反复较多，股价出现连续向上的上涨走势，而且成交量在此时也较为散乱，不能形成连续的温和放量，因此在这种分时线运行状况下短线操作应采取保守的态度。

股价震荡了一段时间以后，开始放量上攻，分时线随着买盘力度的不断增加开始变得非常圆滑，分时线的线体此时挺拔有力。在股价上涨的时候，成交量也出现了连续的放大走势，这说明资金开始入场进行积极的操作，股价每一波的上涨均得到了成交量放大的支持，只要成交量不断地放大，股价就可以不断上涨。

股价盘中强势上涨时的分时线与开盘时的分时线运行状况进行对比，可以看出明显的差别，开盘时的分时线曲曲折折，而上涨时的走势却是圆滑流畅并且挺拔有力，具有明显的强势特征。这种分时线的运行状况是短线操作的首选（图4-47），具有这样分时线运行方式的个股也必然是强势个股。

股价开盘以后便出现了快速上涨，股价在上涨的时候分时线的线体运行非常流畅并且挺拔有力，股价的上涨角度也非常大，这种走势说明盘中做多的力量非常强盛。股价每涨高一分，成交量便会配合温和放大，这是完美的量价配合关系，只有量价配合完美的股票才有能力不断地上涨！

股价的上涨过程也是比较简单的，单一的上涨形态说明股价的上涨力度非常大，股价在上涨的时候极少出现停顿现象，成交价格是始终连续向上的，因此构成了股价连续地上涨。分时线的持续流畅使得股价很快就封住了涨停，在涨停的个股走势上，这种流畅的分时线运行状况是可以经常见到的。

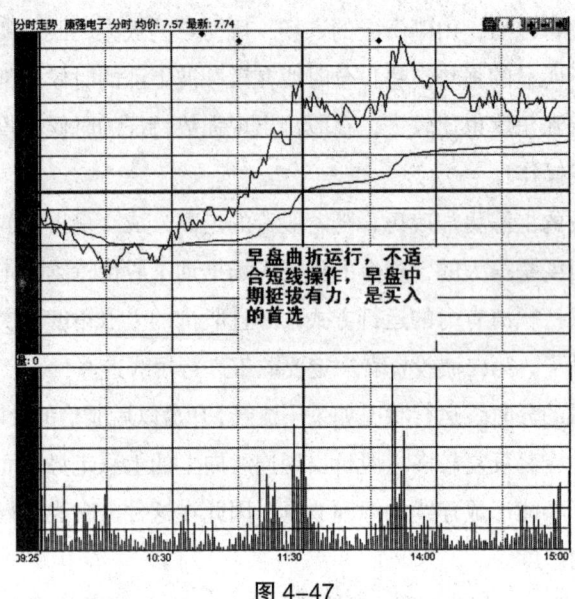

早盘曲折运行,不适合短线操作,早盘中期挺拔有力,是买入的首选

图 4-47

分时图上的个股触底反弹

分时图是一个交易日内的走势图,相比较于 K 线走势图而言,分时图走势的反弹性更强一些。也就是说,在正常情况下,开局引起的过涨或过跌的情况都会得到修正。那么我们就可以利用这一点,在分时走势图达到低点后开始反弹时进行短线买入。

图 4-48 所示为某个股在开盘时的分时图,股价在开盘后出现下跌,可能是受一些利空消息的影响,或前期 K 线走势较快,获利盘出逃形成的。当股价出现抬头,尤其是上升过程开始逐渐放大成交量,则证明后续力量继续支持股价回升,过跌现象会得到修正。

我们看到在中江地产(600053)的 K 线图中,2009 年 5 月 12 日为一除权除息日,每股价格有了大幅下降（图 4-49）。开盘后出现直线大幅下跌的原因也就不难理解：一般在除权除息之前会出现抢权风潮,正如 K 线图中短期内迅猛上拉所示。而在这之后,不少人获利抛售,还有不少人在得到现金利息和股息后卖出,导致除权除息日开盘后过分地下跌。我们正可以利用这个机会进行短线的买入。在分时图中（图 4-50）,伴随成交量放大的直线下跌后的抬头形态,为绝佳的买入点,利润十分可观。但需要注意的是：

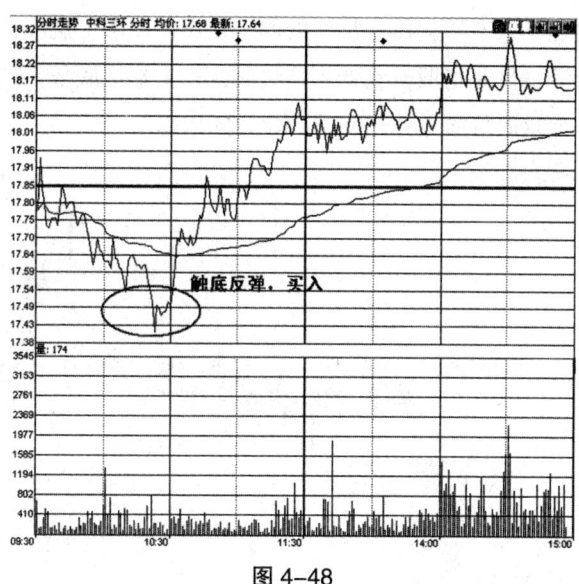

图4-48

1. 出现时间的不同，操作方法也不同

一般来说，如非利空刺激，或是处于明显的下跌走势中，出现开局下拉的股票会得到修正，也就常说的"跌过头"了。但是如果发生下拉的情况比较晚，则买入信号会大大减弱。此时就有可能是主力的下拉行为，散户最好不要逆势而动。具体的时间一般限定在 9:30 ~ 10:00。

2. 不同的成因对操作的影响也不同

分时图在开盘时就低落是一种比较特殊的情况，它的成因可能是利空刺激，利空的影响可长可短，可大可小，这种情况下应谨慎入场，关键是具体地分析利空的影响程度。另外一种可能是 K 线连续上升之后出现的下洗情况，或是 K 线连续下跌之后出现的反弹情况，这两种情况则可以快进快出。

3. 进行操作时要设立止损点

出现开盘拉低后，股票仍有可能一跌再跌，此时需要投资者严格按照止损点进行操作。

分时图上的个股连续触底

前面介绍的是触底反弹的分时图买入形态，原理是分时图中的反弹效应。本节介绍的连续触底不仅有"物极必反"的原理，还体现出了走势在某一价位得到有效的支撑。连续触底是指股价在低点连续两次以上形成底部，且第二次的底部不低于第一次，并且股价向上穿越底部的颈线的形态。

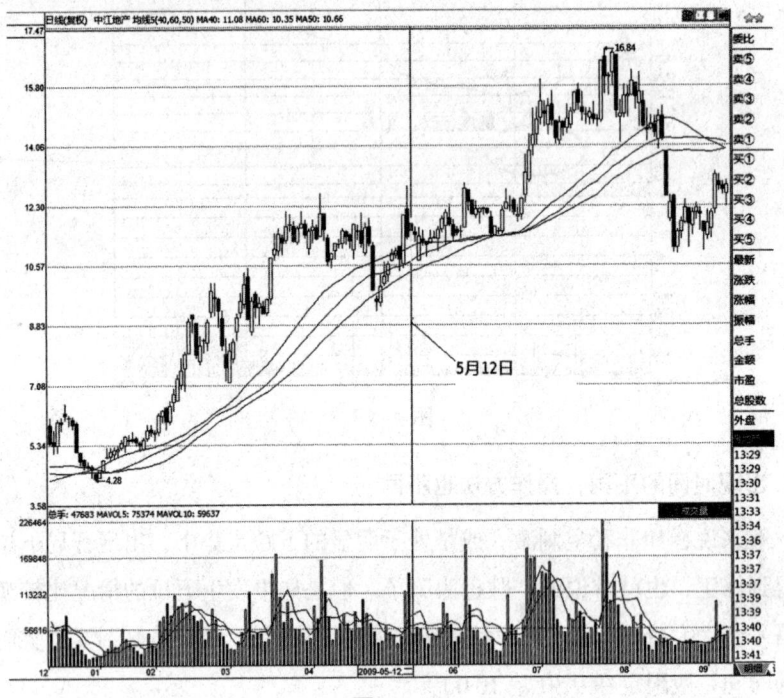

图 4-49

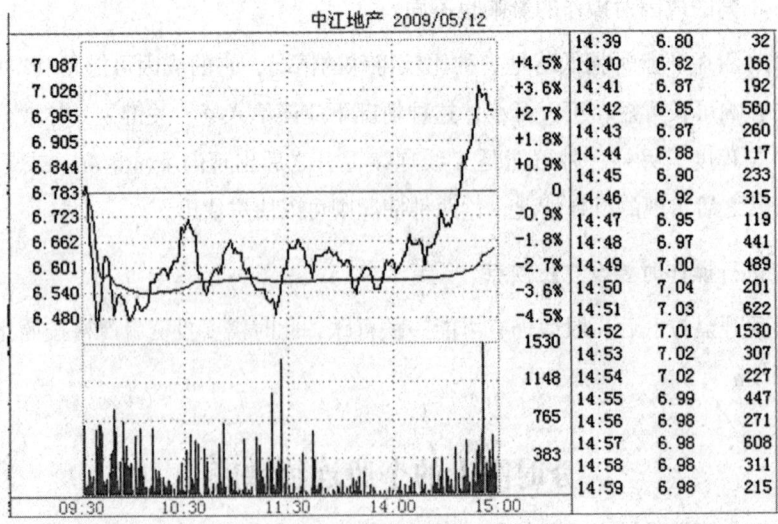

图 4-50

分时图中，股价经常出现走低的形态，如果价格每次走到一个低位，都会得到支撑从而上升，那就说明很多投资者把该价格看作是股价下跌的底线，从而买盘增多，将价格提高。因此，我们如果发现股价的走势中出现了成交量增大的底部形态，则可以在股价上升至颈线处买入。如图 4-51 所示，连接两个反弹高点，即可得到颈线，在股价或交易的配合下向上冲过颈线的压力位时，即可买入。

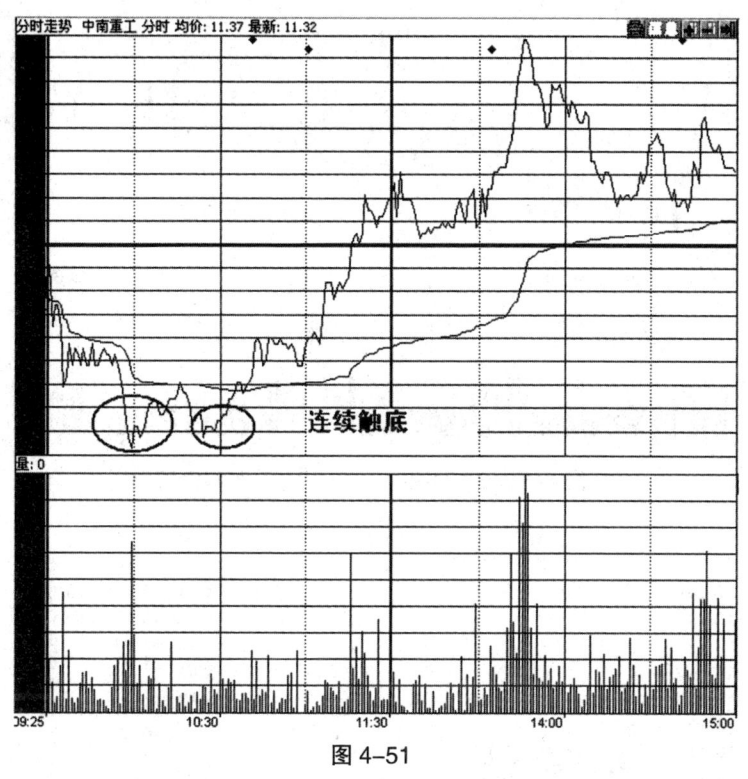

图 4-51

图 4-52、图 4-53 为五矿发展（600058）的 K 线走势图和它在 2009 年 7 月 13 日的分时图。我们看到，K 线图中，五矿发展前期处于震荡走势，上下的发展方向并不明确。在分时图中，先出现了震荡走势，随后下跌形成了 W 形底，当股价向上成功突破颈线即可买入。这样操作的原因在于：股价在形成底部时伴随着放大的成交量，这样一来，在股价以后的上升或下降中，这个点都会成为重要的支撑点位或压力点位。而当股价上冲时，表示这是一个看涨的筑底行为，而非一个看跌的放量行为，因此可以在成功突破后买入。我们看到 K 线图中，以该点位为支撑，股价走出了一轮短期上涨行情。

图 4-52 五矿发展（600058）的 K 线走势图

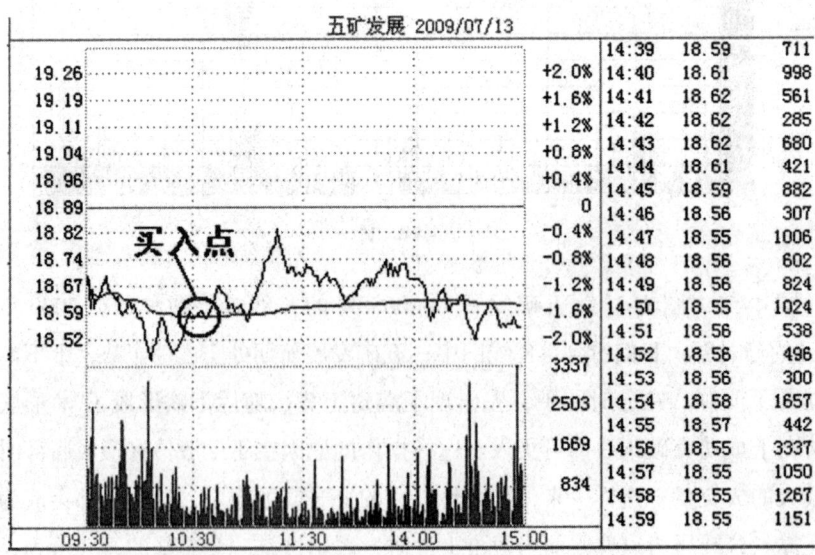

图 4-53 五矿发展（600058）的 K 线走势图

看触底行情时，我们需要注意：

1. 注意底部的形态

底部的低点应该是水平的或是逐渐升高的，这样才能代表股价低点的支撑作用，否则有效性大大降低。另一种情况是第二个低点比第一个低，但是其后出现的低点都逐渐上升，这种类似于头肩底的形态也可以作为买入信号。

2. 配合成交量

K线图中的筑底特征也可以应用于分时图分析中，即在底部需要有大成交量作支撑。

3. 操作时要严格设立止损点

在该种情况下，股票仍有可能一跌再跌，此时需要投资者严格按照止损点进行操作。

第五节
如何捕捉盘中即将拉升的股票

股价是如何拉升的

买了就涨，是许多人梦寐以求的事情。其实对于操盘手来说，盘中预知股票将要拉升，并不是"可'想'不可求"的事情，而是通过长期看盘、操盘实践，可以达到或者部分达到的境界。其中一个重要方法，是"结合技术形态研判量能变化"，尤其是研判有无增量资金。

一般说来，量价关系，如同水与船的关系，水涨船高。因此，只要有增量资金，只要增量资金足够，只要增量资金持续放大，则股价是可以拉升的。这里面的重要预测公式和方法是：

1. 首先预测全天可能的成交量。公式是：

（240分钟 ÷ 前市9：30到看盘时为止的分钟数）× 已有成交量（成交股数）

使用这个公式时又要注意：

（1）往往时间越是靠前，离9：30越近，则越是偏大于当天实际成交量。

（2）一般采用前15分钟、前30分钟、前45分钟等三个时段的成交量，来预测全天的成交量。过早则失真，因为一般开盘不久成交偏大偏密集；过晚则失去了预测的意义。

2. 如果股价在形态上处于中低位，短线技术指标也处于中低位，则要注意下列几个事项：

（1）如果"当天量能盘中预测结果"明显大于昨天的量能，增量达到一倍以上，则出现增量资金的可能性较大。

（2）"当天量能盘中预测结果"一般说来越大越好。

（3）注意当天盘面变化，可以逢回调，尤其是逢大盘急跌的时候介入。

（4）如果股价离阻力位较远，则可能当天涨幅较大。

（5）如果该股不管大盘当天的盘中涨跌，都在该股股价的小幅波动中横盘，一旦拉起，在拉起的瞬间，应注意果断介入。尤其是：如果盘中出现连续大买单的话，股价拉升的时机也就到了。通过研判量能、股价同股指波动之间的关系、连续性大买单等三种情况，盘中是可以预知股票将要拉升的。

综合上述，股价处于中低位，量能明显放大，连续出现大买单的股票中，有盘中拉升的机会。

3. 如果股价处于阶段性的中高位，短线技术指标也处于中高位，尤其是股价离开前期高点等重阻力位不远的话，则注意：

（1）量能明显放大，如果股价反而走低的话，则是盘中需要高度警惕的信号，不排除有人大笔出货。这可以结合盘中有无大卖单研判。

（2）高位放出大量乃至天量的话，即使还有涨升，也是余波。吃鱼如果没有吃到鱼头和鱼身，鱼尾可以放弃不吃。毕竟鱼尾虽然可以吃，但是肉不多、刺多。

股价启动前的盘面征兆

从盘面看，股价启动前，一般有以下征兆：

1. 较大的卖单被打掉

个股交易尽管比较清淡，但总会有一些较大的卖单出现。比如，日成交在300万股以内的行情必定会有一些万股以上的买单或者卖单出现，我们可以特别关注这些离成交价比较近的大卖单。如果这些卖单经常会在较短的时间内被买单主动打掉（所谓主动就是不在下面挂出来，直接对准大卖单打进），这就是一种主力拉升前的征兆。

众所周知，主力在拉升前的理想状态就是股价不再下跌，市场割肉盘减少。而当股价拉起来以后，主力最害怕的就是前面相对低位的获利盘蜂拥而出。因此，只要主力的资金状况允许，在拉升前会尽可能地吸纳一些抛盘稍大的卖单，也可以理解为是主力在一个相对小的范围内完成一个相对小的阶段性建仓任务，将大卖单打掉的同时也制住了市场的跟风抛盘。

一旦股价拉升成功，那么这些相对低位买进的单子就成为主力自己的获利盘（至于主力原先的大量仓位不在考虑之列），主力可以根据自己的需要一路锁定或者适当地派发到市场上。

2. 盘中会出现一些非市场化的大单子

比如，在日成交300万股的行情中有时候会出现30万股甚至50万股以上的单子，而且不止一两次，挂单的位置距离成交价较远，往往在第三价位以上或以下，而且有时候还会撤单。

这种数量较大的单子由于远离成交价，实际上成交的可能性是非常小的，因此属于非市场性的单子。这些单子的用意只是告诉市场：已经有人在注意这家股票了，股价有可能上涨。

当然，主力拉升股价的目的有时候是为了做一波大的行情，但在整个市场都处于弱势的情况下主力也经常会有出货的意图。但这对于我们准备割肉的筹码来说十分重要，因为不管怎么样，即使主力是为了拉高出货，但还是会有拉高的过程，至少我们还有一个在相对高位割肉的机会。

如果是做一波大行情，那么我们应该继续持有，直到主力做不动为止。

3. 盘中出现脉冲式上冲行情

所谓脉冲式行情，是指股价在较短的时间内突然脱离大盘走势而上冲，接着又很快地回落到原来的位置，而且在这一波快速行情中，并没有对倒之类放大的成交量。

盘面清淡的成交已经告诉我们，主力在这一段时间内也没有参与市场的运作（但不表示主力没有关注这家股票），所以主力的市场感觉也不会很好。换句话说，主力也不知道万一将股价打上去，市场上会有多少抛盘出来，而跟风的接盘又会出来多少。因此主力在正式拉升股价前必须要先试拉一下，看看市场的反应，业内称为"试盘"，所以就出现了脉冲式的上冲行情。

也有一种可能是主力想多打掉一些抛盘。为了在以后的拉升中减掉一些压力，主力希望抛出来的卖单尽量在股价拉升前出来，这样在以后拉升股价的过程中，卖压就会小一些，如果股价起来以后，市场跟进的买单比较多，那么主力还可以作为卖方将筹码倒给市场。所以主力是想通过往上打一下引出市场的抛盘，然后再选择适当的时机进行拉升。这种情况表明主力的资金比较充足，对股价的上升高度也比较有信心。

4. 盘中出现压迫式下探走势但尾市往往回稳

这种走势比较折磨人，盘中出现较大的卖压，股价步步下探，但尾市却又往往回升。

谁都知道，这样的走势的结果就是引来更多的割肉盘。但为了使这种走势成立，主力一般都需要加一些力，否则单靠放单的力量肯定是不够的。这里所说的力无非就是筹码，卖出的筹码。因此盘中会出现一些较大的卖单，甚至为了加深市场的影响还会做一些向下的对倒盘。

我们可以仔细观察其交易的自然性，一般来说会有很多非正常的接抛盘现象出现。

主力做出这种态势的目的是想加大建立短期仓位的力度，也就是希望买到更多的低价筹码，属于诱空的手法。

让市场在此位置大量割肉给主力，然后主力再做一波行情，顺利的话主力会在股价回升的过程中将前面买进的筹码倒给市场。

以上分析了几种股价拉升前的异样征兆，实际上一定还会有其他的征兆出现，股友们可以顺着这样的思路提出自己的见解。

市场研判从来就没有定规，只要是合理的就是好的。

如何从盘中捕捉超短线个股

许多股民颇多无奈，不是缺少对个股的熟悉程度，就是缺少对个股形态的认识，这里就讲一下散户盘中捕捉即将拉升的超短线个股。

其实要看出股票短线将要有拉升并非可遇不可求的事情，下面总结一些经验，供股友参考，或许对他们有所启发。

1. 根据竞价成交判断当日大盘属平衡势、弱势，还是强势

早上9：25后竞价结束，可以看到大盘竞价成交金额，如果相对前几个交易日第一单少则预示着将缩量，如果持平则预示着平衡，如果明显高出前几个交易日则预示着将放量。所谓量价关系，多数情况下是量增价涨，和水涨船高是一个意思，当然这是在大多数情况下，偶尔也会有缩量上涨或放量下跌，我们不以此为绝对，所以个别股友也无须钻牛角尖。因为当我们以此判断出当日大盘是怎样一个大概时，就足够用了。对于个股也同样适用，不妨去用3～4个交易日记录跟踪判断一下。

2. 个股与大盘波动之间的关系

（1）如果当日大盘强势，该股无利空以及未来几天没有股东大会或公告要出，而股价在形态上处于中低位，短线技术指标也处于中低位，而且下方有强平台支撑，上方距第一平台阻力或通道顶轨或股价整数关都较远，但就是在小幅范围内波动，那么可能在大盘出现调整时，而该股出现一两日的逆势中长阳拉升。

（2）如果大盘急跌或出现强势震荡，而该股横盘不动，成交迅速萎缩，那么一旦大盘企稳，该股快速拉升放出长阳的概率较大。

3. 连续几日出现反 V 上冲

所谓反 V 上冲就是指股价在较短的时间内突然发力，且脱离大盘走势而直线放巨量上冲，然后又很快地回落到原来的轨道，伴随着这波行情，成交量有明显放大，但总体并没有明显的对倒痕迹。事实上，如果股价所处位置是三角形末端或下降趋势顶，这可能是主力在吃掉上方在分时里蓄积的卖盘，进而引起跟风，增加散户盘换手。这种情况如果连续出现几日就说明主力做股有范儿、自信，进而说明资金相对宽裕，当然不排除装范儿，这毕竟是少数，不能钻牛角尖儿。

4. 观察盘口主动大单成交

在相对低位的个股多数都是交易清淡，当然也会出现较大卖单，如日成交在几百万股的个股在盘口必定会有一些几百手的卖单出现。需要观察的是，如果这些卖单一旦挂在卖二或卖三时，就会被主动性的买单吃掉。如果当日盘中出现几笔这样的卖单，而且持续几天都这样，那么这就是底部未启动的黑马股，之所以说是黑马股是因为涨幅可观，主力最不想别人在相对低位拿到稍大单以至于将来造成一定抛压，所以操盘手遇到有集中挂单或单笔稍微大点的单子都会主动收集。

5. 大盘在平衡势中个股出现反 V

在大盘处于平衡势的情况下，个股不跟随大盘整理，而是被反压着走一个分时下降通道，如果该股或该股所属板块无利空，那么就要注意了，因为这种脱离大盘平衡势而走出逐波滑落的个股多数是有主力故意打压的，这些个股多数要在尾盘勾起来。如果勾起来了，则要回顾分时成交。

（1）分时成交里那些相对抛压较大的单子可能是对倒卖盘，主力利用盘中对倒使得该股相对大盘更弱，增加不坚定的散户的换手，抬高散户成本，而尾盘的拉升则是主力根据自己成本使得自己所处位置相对有利，不易被其他主力狙击，从而可以更容易掌控全局。

（2）这样的主力手中筹码相对满足和拉升空间打算不是很高，所以只有抬高散户成本，减少拉升阻力，进而做到以花费最小代价达到利益最大化。这类股一旦出现以上情况后，多数在缩量盘整后就会出现快速拉升，然后快速放出巨量。

6.观察分时成交

对于自己喜欢的个股，在盘中要多看分时成交有无一波波地持续买入，有的个股盘中会出现多次快速攻击波，一波快速攻击，分时自然上去，如果停止攻击后任股价无量回落。其中需要注意的是，上攻时买单成交价要高于盘口卖一价，回落时卖单成交价要不低于买一价，这样的攻击波可信度很高。还有一点是攻击波的角度和量能的配合，几波过后如果出现一次小角度攻击，而量能却要比前几波大，则预示着要回落。

如何及时跟进起涨型股票

个股在盘中突破箱体起涨时，若为真实起涨，则在突破箱体前后，成交量是由小量逐渐加大的，且分时走势图上的成交量出现连续几分钟红柱，甚至更长时间。这在分时图上的直观表现就是拉升波平滑有力，如图4-54所示。

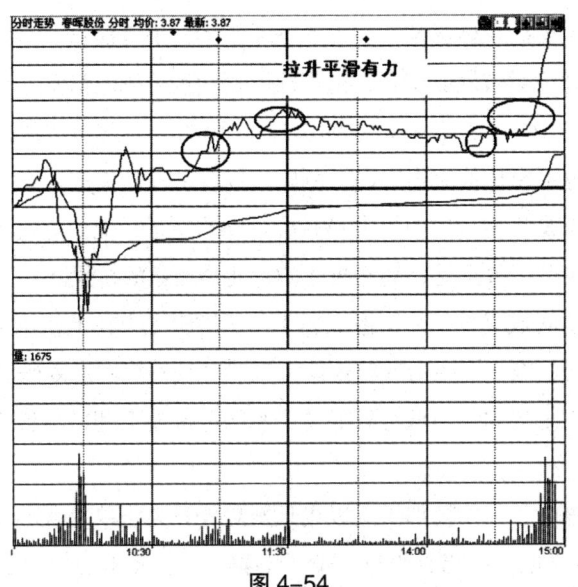

图4-54

在创新高时，一般要有一分钟的成交量是当日至创新高时止的最大成交量。主力愿意在新高价处用最大成交量去拉抬，说明买入的真实和急切，如图4-55所示。

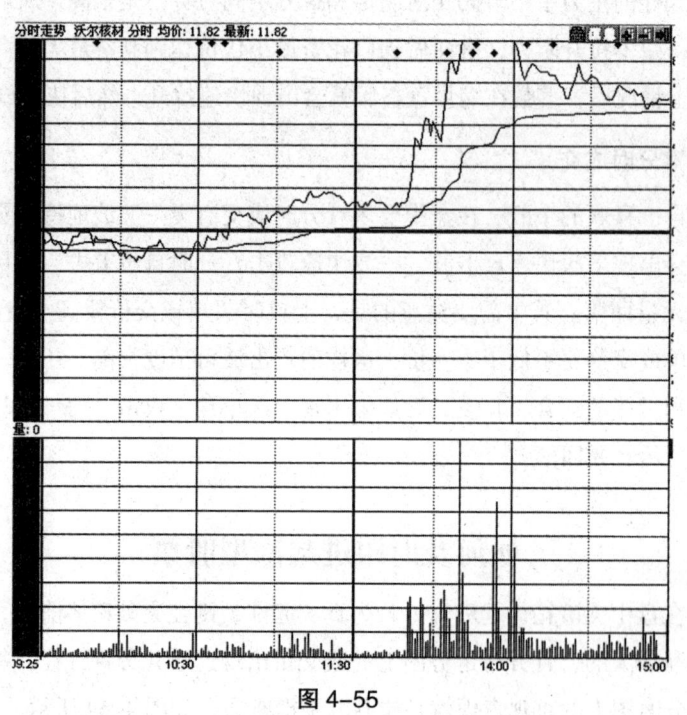

图 4-55

如果个股在突破箱体起涨时，上面压单很大，上涨缓慢，则说明涨幅不会太大，主力只不过想对敲做成交量，也可能顺便卖点筹码给散户，真实的起涨点是买卖盘挂单都不会很大（只有散户的卖单）。因为主力急着想买入，根本没有时间去压卖单，也不想低价卖出筹码，所以直接填单外盘买进。

真实起涨点是机构、主力、大户联合行动的结果，他们通过起涨瞬间的盘面信息沟通达成拉升一致意见，起涨瞬间的量能是沟通的桥梁。

如果起涨期间成交量很大，但涨幅不大，说明主力在上档压了很多卖单，出货才是真实意愿，或是弱主力暂时不想大幅拉升且不想增加筹码。

在起涨时，量比曲线应该比较顺滑、流畅地慢慢上翘，量比值大于1才是安全的。

个股封涨停时，封停处如果是以当日至封停时为止单笔或单分钟最大成交量（数倍于前量）完成，则当日涨停一般不会再打开。就算打开，如果只是缓慢下跌且下跌幅度不超过 3%，一般也会再封上。因为主力在封停时动用了大量资金，目的是不想散户抢盘。打开停板则是想清洗浮筹或进一步吸筹，过一段时间一般会再封上。巨量封涨停也使主力仓位增加，仓位在增加，就没有出货，如果该股次日仍高开高走，股价仍处于相对低位，形态良好，则后续升幅可观（如图 4-56）。

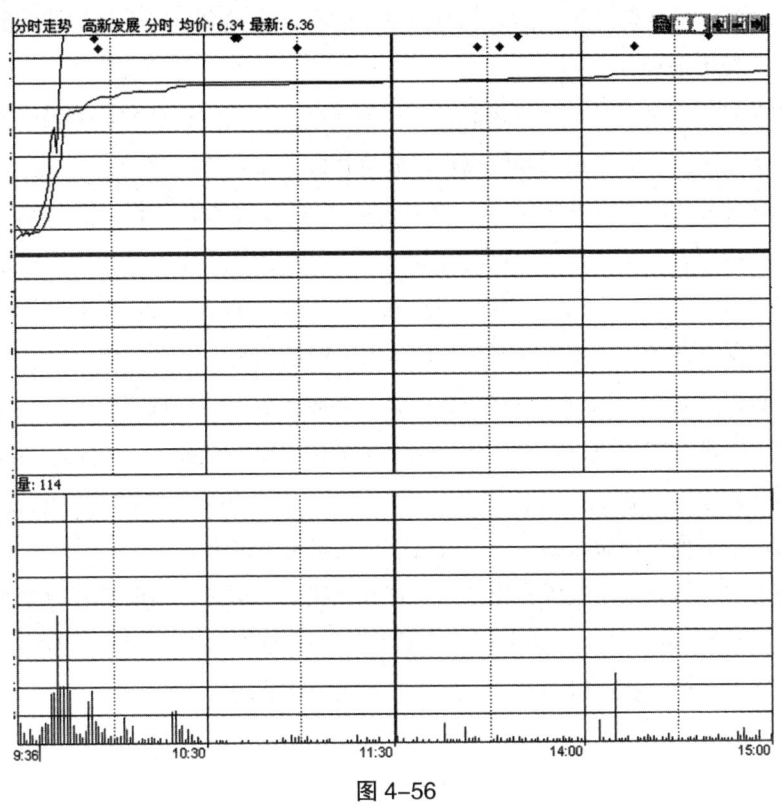

图 4-56

如何识别突破前的真横盘与假横盘

股价在运行的轨迹中有三个阶段性特征：第一，向上攻击；第二，横盘整理；第三，向下调整。

强势上扬的个股并不是介入的好时机，当你介入这些所谓的强势品种的时候，恰恰是它们能量耗尽的时期。科学的买入时机应该是股票价格运动整理的尽头，多头再次聚集的时候。股票在突破前都会出现横盘，这其中有所谓的真横盘与假横盘。真横盘是为今后的再次上攻做铺垫的，这也是我们主要研究的方向。

平台整理完毕突破模式是精确交易中主要的获利模式之一。这种模式主要选择的品种是那些横盘完毕有再次启动迹象的个股。由于在日线以上的 K 线图中，容易被主力的高级骗线所迷惑，只有从 15 分钟 K 线中才可以找寻到其股价精细的变化。

其看盘要点就是：首先，第一波上攻的时候有力度，最好伴有涨停板出现；其次，整理区域量能逐渐萎缩，从盘口分析没有什么成交，几乎是所谓的散户行情，证明抛单很轻。

抛单轻说明：浮动盘已经休息，多空分歧不大；主力持有大量筹码。处于这种状态下，主力只需要出面煽风点火，股价就会马上启动。

再次放量启动时候的特点是：15 分钟的均线系统多头发散，还有 MACD 等中线辅助指标发出买入信号，同时盘口上有大笔攻击性买单入场，在行进过程中主力多半采取夹板的手法，一气呵成进入拉升阶段，这是主力运作的理想模式。实战中情况复杂得多，需要观察大盘的动向来辅助判断。

夹板操作是主力的一种做盘方式。其在即时图表上的表现方式多为：在某一区间内上下都有主力故意摆设的大笔报价单埋伏，使股价在某一固定范围内窄幅运动。在建仓、洗盘、拉升，甚至出货的时候，都会出现这种特殊的做盘方式，在上攻途中出现这种做法的股票一般后市短线爆发力很强。

可选取那些日线图表没有出现明显拉长阳突破，而是小角度攀升的股票，只要从 15 分钟的趋势图上可以分辨出今后会出现大级别的上攻行情，再结合盘口语言的基本知识，就可以准确无误地选取到比较精确的买入点。

第五章

盘口量价：量在价先，价随量动

第一节
股价和成交量分析

客观、直接的市场要素——成交量

成交量对股价的分析具有非常大的参考价值，因为市场就是各方力量相互作用的结果。虽然说成交量比较容易作假，控盘主力常常利用广大散户对技术分析的一知半解而在各种指标上做文章，但是成交量仍是最客观、最直接的市场要素之一，投资者有必要仔细研究，全面掌握。

1. 市场分歧促成成交

所谓成交，当然是有买有卖才会达成，光有买或光有卖绝对达不成成交。成交必然是一部分人看空后市，另外一部分人看多后市，造成巨大的分歧，又各取所需，才会成交。

2. 放量

放量一般发生在市场趋势发生转折之处，市场各方力量对后市分歧逐渐加大，在一部分人坚决看空后市时，另一部分人却对后市坚决看好，一些人纷纷把家底甩出，另一部分人却在大手笔吸纳。

放量相对于缩量来说，有很大的虚假成分，控盘主力利用手中的筹码大手笔对敲放出天量，是非常简单的事。但我们也没有必要因噎废食，只要分析透了主力的用意，就可以将计就计"咬他一大口"。

3. 缩量

缩量是指市场成交极为清淡，大部分人对市场后期走势十分认同，意见十分一致。这里面又分两种情况：一是市场人士都十分看淡后市，造成只有人卖，却没有人买，所以急剧缩量；二是市场人士都对后市十分看好，只有人买，却没有人卖，所以又急剧缩量。

缩量一般发生在趋势的中期，大家都对后市走势十分认同。碰到下跌缩量这种情况，就应坚决出局，等量缩到一定程度，开始放量上攻时再买入。同样，碰到上涨缩量这种情况，就应坚决买进，坐等获利，等股价上冲乏力，有巨量放出的时候再卖出。

4.堆量

当主力意欲拉升时，常把成交量做得非常漂亮，几日或几周以来，成交量缓慢放大，股价慢慢推高，成交量在近期的K线图上，形成了一个状似土堆的形态，堆得越漂亮，就越可能产生大行情。相反，在高位的堆量表明主力已不想玩了，在大举出货，这种情况下我们要坚决退出，不要再幻想有巨利获取了。

5.量不规则性放大缩小

这种情况一般是在没有突发利好或大盘基本稳定的前提下，某些主力所为。风平浪静时突然放出历史巨量，随后又没了消息，可能是实力不强的主力在吸引市场关注，以便出货。

需要说明一点：市场是一个有机的整体，成交量只是影响市场的几大要素之一，绝不可把它分开来看。只有综合分析、综合判断，才会得出最准确的结果。

成交量与股价趋势有什么关系

了解市场成交量与股价的关系能找出价格短线运行的有用线索。

（1）确认当前价格运行趋势。市场上行或下探，其趋势可以用较大的成交量或日益增加的成交量进行确认；逆趋势而行，可以用成交量日益缩减或清淡成交量进行确认。

（2）趋势呈现弱势的警告。如果市场成交量一直保持锐减，则警告目前趋势正开始弱化。尤其是市场在清淡成交量情况下创新高或新低，以上判断的准确性更高。

（3）区间突破的确认方法。市场失去运行趋势时即处于区间波动时，创新高或新低即实现对区间的突破，将伴随成交量的急剧增加。价格得到突破但缺乏成交量的配合，预示市场尚未真正改变当前运行区间，所以应更加谨慎。

（4）价格形态的确认。在以后的形态学讲解中，如果没有成交量的确认，价格形态将是虚的，其可靠性也就差一些。

（5）成交量是股价的先行指标。关于价和量的趋势，一般说来，量是价的先行者。当量增时，价迟早会跟上来；当价升而量不增时，价迟早会掉下来。从这个意义上，我们往往说"价是虚的，而只有量才是真实的"。时间在进行行情判断时有着很重要的作用。一个已经形成的趋势在短时间内不会发生根本改变，中途出现的反方向波动，对原来趋势不会产生大的影响。一个形成了的趋势又不可能永远不变，经过了一定时间又会有新的趋势出现。循环周期理论着重关心的就是时间因素，它强调了时间的重要性。

（6）成交量催化股价涨跌。一只股票成交量的大小，反映的是该股票对市场的吸引程度。当更多的人或更多的资金对股票未来看好时，他们就会投入资金；当更多的人或资金不看好股票未来时，他们就会卖出手中的股票，从而引起价格下跌。但是无论如何，这是一个相对的过程，也就是说，不会所有的人对股票一致地看好或看坏。这是一个比较单纯的看法，更深层的意义在于：股票处于不同的价格区域，看好的人和看淡的人数量会产生变化。比如市场上现在有 100 个人参与交易，某股价格在 10 元时可能有 80 个人看好，认为以后会出现更高的价格，而当这 80 个人都买进后，果真引起了价格上升；股价到了 30 元时，起先买入的人中可能有 30 个人认为价格不会继续上升，因此会卖出股票，而最初看跌的 20 个人可能改变了观点，认为价格还会上升，这时，价格产生了瞬间不平衡，卖出的有 30 人，买入的只有 20 人，则价格下跌。看好、看淡的人数会重新组合并决定下一步走势。

那么，分析成交量究竟能给我们带来什么呢？

（1）可以通过成交量变化分析某只股票对市场的吸引程度。成交量越大，说明越有吸引力，以后的价格波动幅度可能会越大。

（2）可以作为股价趋势反转信号。在一波段的涨势中，股价随着递增的成交量而上涨，突破前一波的高点，创下新高后继续上涨，然而此波段股价上涨的整个成交量水准却低于前一波段上涨的成交量水准，股价突破创新高，量却没突破创新水准量，则此波段股价涨势令人怀疑，同时也是股价趋势潜在的反转信号。

（3）可以从成交量变化分析某只股票的价格压力和支撑区域。在一个价格区域，如果成交量很大，说明该区域有很大的压力或支撑，趋势将在这里产生停顿或反转。

（4）可以观察价格走出成交密集区域的方向。当价格走出成交密集区，说明多空分歧得到了暂时的统一，如果是向上走，那价格倾向于上升；若向下走，则价格倾向于下跌。

（5）可以观察成交量在不同价格区域的相对值大小，来判断趋势的健康性或持续性。随着某只股票价格的上升，成交量应呈现阶梯性减弱。一般来说，股票相应的价格越高，感兴趣或敢于参与的人就越少。不过这一点，从成交额的角度来看，会更加简单扼要。

（6）可以观察涨势是否已到末期。有时股价随着缓慢递增的成交量而逐渐上涨，渐渐地走势突然成为垂直上升的喷发行情，成交量急剧增加，股价暴涨。紧随着此波走势，继之而来的是成交量大幅度萎缩，同时股价急速下跌。这种现象表示涨势已到末期，上升乏力，走势力竭，显示出趋势反转的现象。反转所具有的意义将视前一波股价上涨幅度的大小及成交量扩增的程度而定。

成交量是价格变化的一个重要因素，也是一个可能引起本质变动的因素，但是在大多数时候，只起到催化剂的作用。仅仅根据成交量，并不能判断价格趋势的变化，至少还要有价格来确认。

常见的放量形态及市场意义

股市中有句老话："技术指标千变万化，成交量才是实打实的买卖。"可以说，成交量的大小，直接表明了市场上多空双方对市场某一时刻的技术形态最终的认同程度。下面，我们就两种比较典型的情况做一些分析。

（1）温和放量。这是指一只个股的成交量在前期持续低迷之后，突然出现一个类似"山形"的连续温和放量形态。这种放量形态，称作"量堆"。个股出现底部的"量堆"现象，一般就可以证明有实力资金在介入。但这并不意味着投资者就可以马上介入，一般个股在底部出现温和放量之后，股价会随量上升，量缩时股价会适量调整。此类调整没有固定的时间模式，少则十几天多则几个月，所以此时投资者一定要分批逢低买入，并在支持买进的理由没有被证明是错误的时候，有足够的耐心用来等待。需要注意的是，当股价温和放量上扬之后，其调整幅度不宜低于放量前期的低点，因为调整如果低过了主力建仓的成本区，至少说明市场的抛压还很大，后市调整的可能性较大。

（2）突放巨量。对此种走势的研判，应该分作几种不同的情况来对待。一般来说，上涨过程中放巨量通常表明多方的力量使用殆尽，后市继续上涨将很困难。而下跌过程中的巨量一般多为空方力量的最后一次集中释放，后市继续深跌的可能性很小，短线的反弹可能就在眼前了。

另一种情况是逆势放量，在市场一片喊空声之时放量上攻，造成了十分醒目的效果。这类个股往往只有一两天的行情，随后反而加速下跌，使许多在放量上攻那天跟进的投资者被套牢。

成交量的欺骗性

许多技术分析书籍中都赫然写着"股市上什么都可以骗人，唯有成交量不会骗人"，"股票的价格是由供求关系决定的，买的人多，卖的人少，价格就会上涨"等警句。一般入市者早已耳熟能详了。但仔细想一下，这些所谓正确的东西一定正确吗？为什么还有那么多迷信成交量变化程度的投资者最终还是以亏钱收场呢？

有买就有卖，成交量放大，说明买的力量在增加，但同时卖的力量也在增加；成交量缩小，买的力量在减少，卖的力量也在减少，对后市启发意义有限。如果真有一种指标能清楚地揭示未来的动向，那么市场会怎样呢？

既不是猛涨也不是猛跌，而是崩溃。如果所有的人都根据同一个信号买入，而没有人卖出，如何成交？化学反应从原料到成品的过程，整个反应速度取决于最慢的那一步。同样，静态的成交量是平衡的，有1000人买就说明有1000人卖，成交量的大小取决于买卖双方力量小的那一方，而非力量大的那一方。有1000人想买而只有1个人想卖，最后的成交是1而不是1000；1500人想买，而2000人想卖，成交量是1500而非2000。只有买者和卖者平衡，成交量才达到最大。

大资金操盘时刻计划着以能诱出的筹码和诱进的资金的最小值作为下一步操作的依据，成交量是交易双方对市场的反向认同程度的反映。反向认同度越大，成交量越大；反向认同度越小，则成交量越小。

成交量虚伪的一个重要方面就是对倒，自买自卖，以使对成交量迷信的投资者上当。要知道股市是一个买入别人不想要的东西而卖出别人想要东西的场所，而且大部分人都是错误的。庄可以扮演散户，但散户绝不可能扮演庄，主力行为有时和散户行为是相似的，他更会利用成交量的情形来诱骗一般投资者。如果投资者一定要用价量关系来判断的话，也一定要分清行情发展的阶段特征，同样的价升量增，出现在大盘的顶部和底部的意义完全不一样。

为什么上涨要量，而下跌不一定需要

市场上有这样一种认识，认为股价的上涨必须要有量能的配合，如果是价涨量增，则表示上涨动能充足，预示股价将继续上涨；反之，如果缩量上涨，则视为无量空涨，量价配合不理想，预示股价不会有较大的上升空间或难以持续上行。实际情况其实不然，具体情况要具体分析，典型的现象是上涨初期需要价量配合，上涨一段后则不同了，主力控盘的个股往往是股价上涨成交量反而萎缩了，直到再次放量上涨或高位放量滞胀时反而预示着要出货了。上涨过程不放量表明没有人卖股票，而盘面又能保持和谐的走势，说明持有者一致看好后市走势，股价的上涨根本没有抛盘，因为大部分筹码已被主力锁定了，在没有抛压的情况下，股价的上涨并不需要成交量的支持。东风汽车（600006）（图5-1）见底4.5元后开始上涨，周K线图上可清楚看到，刚开始上攻时成交量很大，之后价越涨量越缩，到了15.2元高价时已形成了流畅的上涨图形。这种近乎完美、天马行空的走势引起了市场的关注，在高位缩量整理后，2003年4月中旬该股开始在高位放量

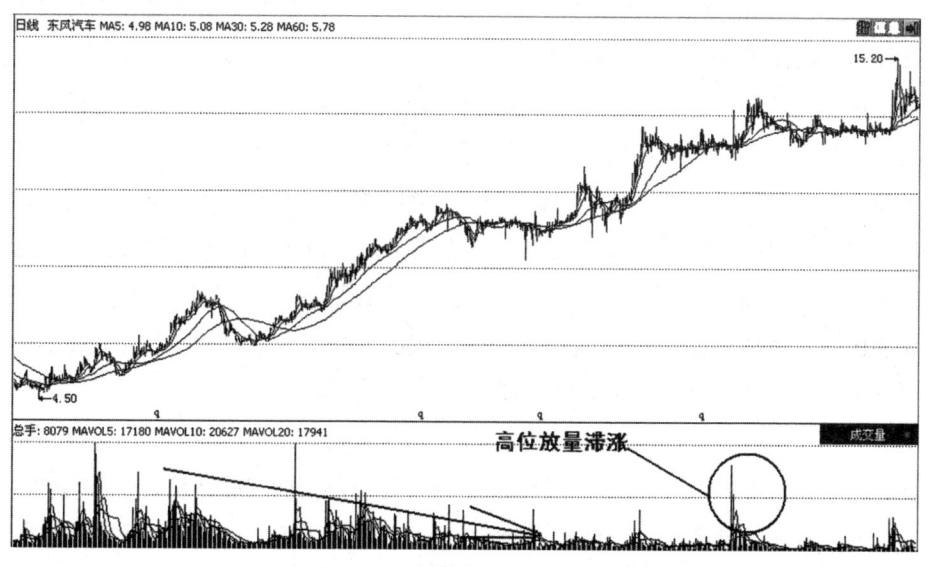

图 5-1

震荡，这种高位滞胀的异常现象，说明主力可能已在派发筹码，之后股价果真出现破位下行。

股价在下跌过程中不放量是正常现象，一是没有接盘，因此抛不出去；二是惜售情结较高没有人肯割肉。因此缩量下跌的股票，要看速率，快速缩量才好，否则可能会绵绵阴跌无止期。实战中往往出现无量阴跌天天跌的现象，只有在出现恐慌性抛盘之后，再次放量才会有所企稳。其实放量下跌说明抛盘大的同时接盘也大，反而是好事，尤其是在下跌的末期，显示出有人开始抢反弹。2009 年大盘自 1649 点阴跌以来，就出现这种无量阴跌天天跌的现象，显示出多头根本没有进场抢反弹的意愿。由于弱势反弹主要是市场的惜售心理所支撑的，止跌反弹的初期往往会出现在恐惧中单针见底，因此需要放量，但之后的上攻反而会呈现缩量反弹天天涨的现象，这时不必理会某些市场人士喋喋不休的放量论调，因为弱势反弹中一旦再度放量，就说明筹码已松动了，预示着新一轮下跌的开始。

"成交密集区"能看出什么

市场在涨跌过程中，总会出现一些成交量集中的时段，这也就是人们常说的"成交密集区"，这种"成交密集区"也往往成为下一轮行情的"压力区"或"支撑区"。这样，成交密集区便成为一些投资者研判市场的辅助工具。

"成交密集区"通常会成为后市发展的阻力。一定程度的反弹也可能到此无功而返，印证了该区形成的庞大套牢盘压力，许多投资者对该区域的套牢盘压力忧心忡忡。其实，我们应当全方位地看待"成交密集区"。总感到"成交密集区"有压力的投资者，其实是把该区域静态化了，这是一个误区。"成交密集区"其实是一个动态指标。这是因为，市场过高的换手率无时无刻不在化解"成交密集区"。许多人套牢之后，并非死守，而是会出货，会换票，留在 K 线图上的"成交密集区"，往往不过是一张历史图表而已，而且时间越长，换手率越高，"成交密集区"效力越小。无论是大盘还是个股，都是这样，尤其是个股，有些股票换手率极高，"成交密集区"作用十分微小。

所以，投资者可以更加明确"成交密集区"的市场地位，动态化的"成交密集区"只在短时期内对股指或股价起到一定作用。随着时间的推移，换手率的增大，它的作用会越来越小。真正的作用可能只是心理上的。的确，在大盘或个股冲关或下跌遇阻之时，会有"成交密集区"的提法出来解释现象，但最终在市场中起决定作用的当然不是什么"密集区"。"没有过不去的山"，主力如想拉升股票，当然会考虑成交密集区可能存在的被套盘，但影响只会是一时的。中小投资者应得到的重要启示是，在操作上，如你所持有的股票向上运行遇到前一个密集区时，不要被轻易"吓住"，尤其是股价正好在前一个密集区驻足不前时，如果此时你的个股经过调整，有了充分的换手（一般要达100%以上），上攻时成交量又持续放大，那么这座"山"过定了，而且突破时不会显得很沉重。

涨、跌停板时的量价有什么玄机

涨跌停板与非涨跌停板时的量价研判是不同的。比如在一般情形下，价涨量增被认为价量配合较好，后市涨势将会持续，可以继续追涨或持股。如果股价上涨时，成交量未能有效地配合放大，说明追高意愿不是十分强烈，后市涨势难以持续长久，可适当地轻仓。若股价在涨停板时，没有太多的成交量，则说明投资者心中的目标价位更高，不会在目前价位上轻易抛出，买方由于卖盘量太少，买盘无法买到，所以才没有多大的成交量。次日饥渴的多头一般都会加大幅度追涨买进，因而股价也就继续保持扬升的态势，也进一步刺激了场外资金的欲望，引发了一轮更强劲的升势。但是当出现涨停时，中途多方却无法坚守阵地，被迫打开了涨停板，而且成交量出现放大的迹象，这说明加入抛售行列中的投资者在逐渐增多，多空双方的力量对比开始发生了某些变化，随着空方主力做空力度的加大，股价将渐渐开始下挫。

在一般情形下，价跌量缩说明惜售心理十分严重，抛售压力很轻，后市的发展将随着主力的能力大小而决定方向。若是开始出现价跌量增的现象，说明投资者纷纷看空后市行情的发展，大多已加入抛售的行列之中，股价的跌势将会继续保持下去，直至做空主力的能量完全释放为止。但在涨跌停板时，若是股价出现了跌停，买方一般都会寄希望于第二日继续大幅度下跌，能够以更低的价格买进，因而会暂时作袖手旁观之态，在缺少买盘情况之下，成交量也就十分稀少，股价的跌势反而持续不止。如果在跌停板时，由于多方力量的介入，成交量放大并出现打开跌停板时的现象，说明有相当的实力资金开始有计划地逐步主动介入，因而后市行情将会有可能止跌企稳，重新出现一种生机。

涨跌停板制度下量价研判的技巧：

（1）涨停时的成交量小，将继续上涨；跌停时的成交量小，将继续下跌。

（2）涨停的中途被打开的次数越多时间越久，且成交量越大，则行情反转下跌的可能性越大；跌停的中途被打开的次数越多时间越久，且成交量越大，则行情反转上涨的可能性越大。

（3）封住涨停的时间越早，后市涨升的力度也就越大；封住跌停的时间越早，后市跌落的力度也就越大。

（4）封住涨停板时的买盘数量大小和封住跌停板时的卖盘数量大小，说明买卖双方力量的大小程度，这个数量越大，继续原有走势的概率则越大，后续涨跌的幅度也就越大。但这一条在实战中往往存在主力陷阱。实战中主力若是想出货，就会先以巨量的买单封住涨停板，以充分吸引市场的人气。原本想抛售的投资者则会因之而出现动摇，其他的投资者则会以涨停板的价格追进，而主力则会借机撤走买单，填上卖单，自然很快就将仓位转移到了散户手中。当盘面上的买盘消耗得差不多之时，主力又会在涨停板上挂上买单，以进一步诱多制造买气蜂拥的假象；当散户又再度追入时，主力又开始撤去买单从而让散户买盘排到前面去，如此反复地操作，可使筹码在不知不觉中悄悄地高位出脱。而主力若想买进筹码，就会先以巨量的卖单封住跌停板，以充分制造空头氛围，打击市场的人气，促使投资者出售所持的筹码，待吓出大量抛盘之后，主力就会先悄悄撤除原先挂上去的卖单，让在后面排队的散户卖单排到前面来，自己则开始逐渐买进。当卖盘被自己吸纳将尽之时，主力则又会在跌停板上重新挂出巨量跌停的抛单，如此反复地进行操作，从而增大自己的持仓量。在上述的情形下，所见到的巨额买卖单其实只不过是虚构的而已，不能作为判断后市的依据。为了避免上述现象误导我们的思维，从而产生错误的行为，必须密切关注封住涨跌停板的买卖单的微妙变化状况，同时也必须判断出其中是否存在频繁的挂换单现象，涨跌停板是否经常被打开，以及每笔成交量之间的细微变化和当日成交量的增减状况等，从而做出正确的判断。当然还有一种简单的办法，只不过为事后诸葛亮：在大手笔买盘封涨停时，自己排很后面的买单在盘中却被成交了，说明自己已误入多头陷阱，这时要有趁早止损出局的意识；在大手笔卖盘封跌停时，自己排很后面的卖单在盘中却被成交了，说明自己已误入空头陷阱了。可用一手试盘法，如持有封涨停的股票，挂一手买单，如很快成交，说明主力出货，应抛出所持股票。

第二节
放量、缩量的背后

温和放量

成交量温和放大的直观特征就是量柱顶点的连线呈现平滑的反抛物线形上升，线路无剧烈的拐点，定量的水平应该在3％～5％换手方为可靠。温和放量的原因是随着吸筹的延续，外部筹码日益稀少，从而使股票价格逐步上升，但由于是主力有意识地吸纳，所以在其刻意调控之下，股价和成交量都被限制在一个温和变化的水平，以防止引起市场的关注。对"温和放量"的理解要注意三点：

一是不同位置的温和放量有着完全不同的技术意义，其中在相对低位和长期地量后出现的温和放量才是最有技术意义的。

二是温和放量有可能是长线主力的试探性建仓行为，所以虽然也许在之后会出现一波上涨行情，但一般还是会走出回调洗盘的走势；也有可能是长线主力的试盘动作，会根据大盘运行的战略方向确定下一步是反手做空打压股价以在更低位置吸筹，还是在强烈的大盘做多背景下就此展开一轮拉高吸货的攻势。因此最好把温和放量作为寻找"黑马"的一个参考指标，寻低位介入。

三是温和放量的时间一般不会太长，否则持续吸筹不容易控制股价，也会引起市场注意。在不同时期参与市场的散户群体和散户心理也会有很大变化，所以一个实力主力在介入个股的前期为了获取筹码，会采用多种操作手法，温和放量无疑是其中最主要的一种手法。这样，在一个长线庄股的走势中出现反复的温和放量也就不足为奇了。

天量天价

　　天量天价是指个股（或大盘）在成交量巨大的情况下，其股价（或大盘）也创出了新高的现象，这是量增价涨的极端形式。它常出现在长期上涨的末期，也是一种股市里的特殊现象。所谓"天量"，是指股票（或大盘）创下了一直上涨以来的最大成交量；所谓"天价"，是指股票（或大盘）创造了一直上涨以来的最高价位。

　　如果股价处于高价位区间，由于主力对敲的行为，或者市场极度疯狂的行为，往往都会造成在创出历史性的巨大成交量时，股价也创出历史性新高的现象。但这往往是盛极而衰的前兆，当所有看涨的人都买入后，市场即失去了继续爬高的力量。见此状况，交易者就要考虑减仓了。

　　有时候，当股票创出历史性的天量时，股价也在继续攀高，交易者可能会以为"天量天价"出现了，应该赶紧回避。但事实上，此时的天量天价可能只是阶段性的一个小高潮。这里的巨量出现，往往是多、空双方意见分歧巨大的表现，但也有可能是主力有备而来、志在高远的表现。如果抛出的都是散户而买入的却是主力，那么即使出现所谓的天量天价，股价依然会继续上涨，直至后面出现真正的天量天价。同时，交易者需要注意，量价配合过程具有一定的滞后性，天量

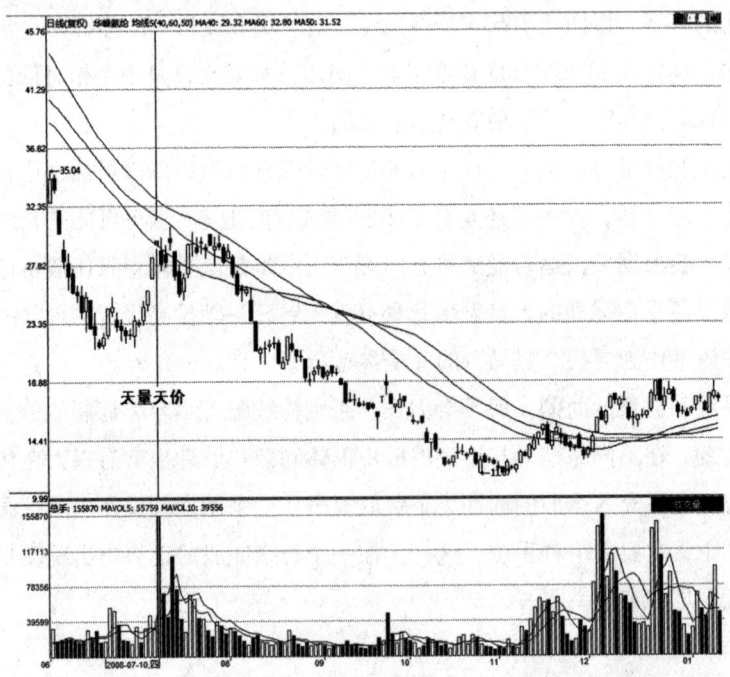

图 5-2　华峰氨纶（002064）2008 年下半年的 K 线图

出现之后不一定马上就会出现天价，也不一定必然会出现天价。所以，交易者不要抱着不见天量天价就不出货的想法。

图5-2是华峰氨纶（002064）在2008年下半年的K线图。主力利用反弹出货，走出了7月10日天量天价的图形。

突放巨量

图5-3、图5-4为"突放巨量"在图中的两种表现形式。

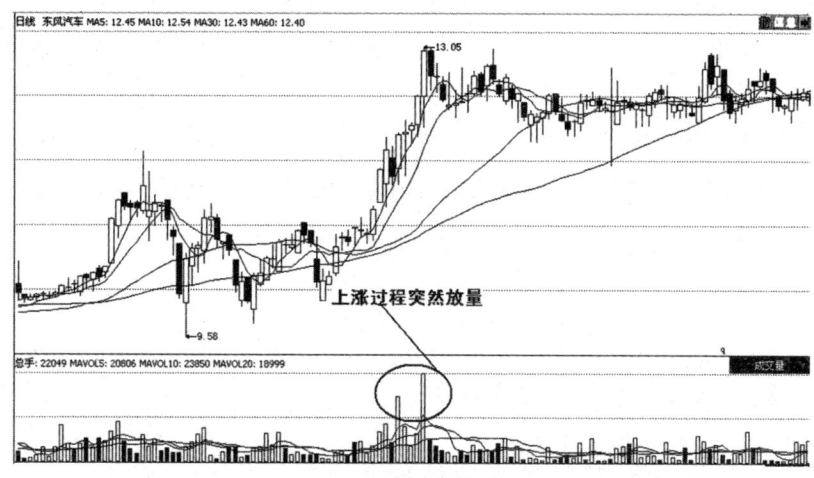

图 5-3 上涨过程中放巨量

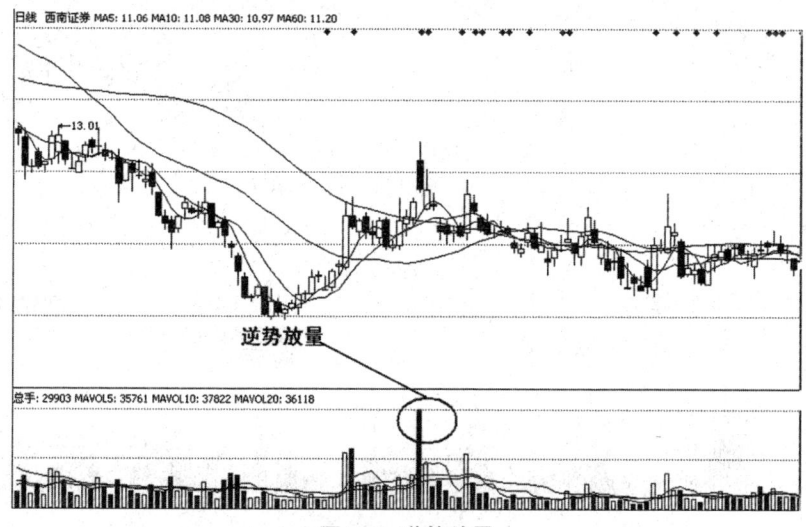

图 5-4 逆势放量

图 5-5、图 5-6 为南京熊猫（600775）在 2003 年 3 月下旬～8 月下旬的一段日 K 线走势图。该股在 2003 年 6 月 12 日～6 月 25 日期间，股价出现了下跌，与此同时成交量也不断创出新的低量，说明该股的杀跌动能已经到达了极限，随后股价也便止跌企稳，该股于 6 月 26 日、27 两日收出两根小阳线，同时伴随着成交量的温和放大。在大盘于 6 月 30 日继续回调的情况下，该股逆市走强，并收出了带长上影线的大阳线，从日 K 线量能看与 2003 年 4 月 17 日波段高点几乎相当，因此也无法判断出进入资金的性质。如果配合看一下此时的 30 分钟走势图中的"30 分钟成交单位巨量"就显得明朗了许多，也就是早盘 9：30～10：00 的成交量很明显超出了 4 月 17 日股价高点 11：00～11：30 的量能，在 30 分钟区间形态内显示股价由"低量"突然到达"巨量"，这就表现出主流资金快速而又仓促的建仓行为，并且预示着股价的拉升在即。从"单位巨量"出现后的走势来看，于 2003 年 7 月 3 日再次收出大阳线，股价的涨幅接近 7%。

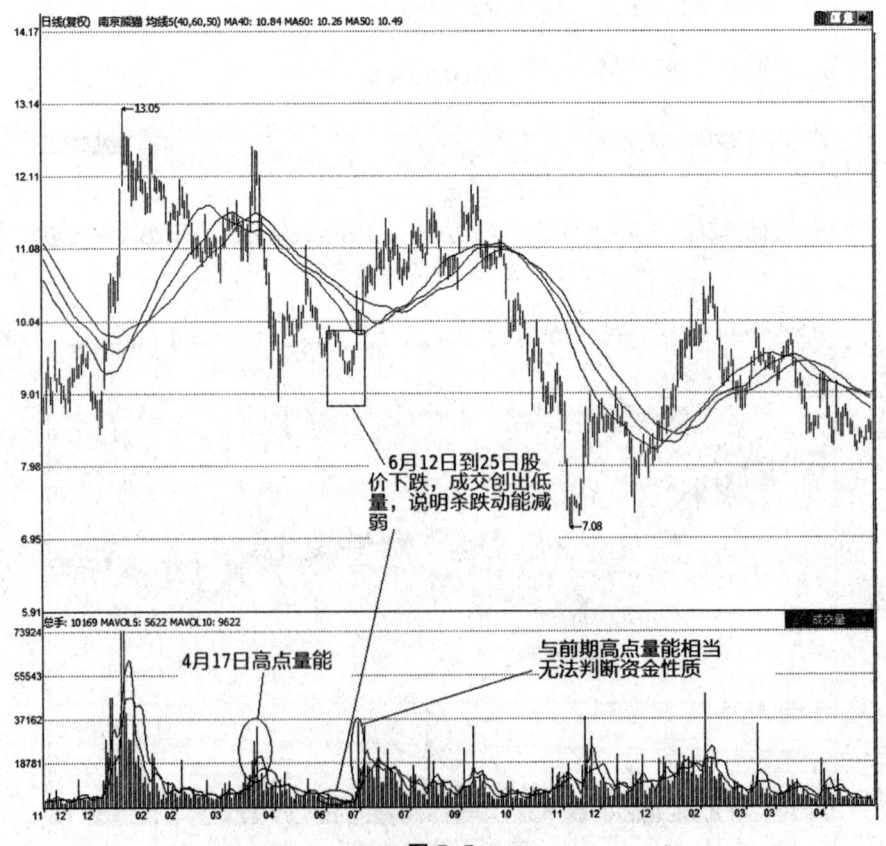

图 5-5

图 5-6

成交是买卖双方达成共识后产生的！即在某一价位，买卖双方供需平衡，合同量最大，也就是成交量最大。如果报价发生偏差，为了维持大的合同量，只有调整价格，才会有成交。随即形成了涨跌！

底部巨量

底部巨量是指个股（或大盘）在一个相对较低的底部突然放出巨量的现象，此时的股价（或大盘指数）有可能上涨，也有可能下跌。但底部往往是一个比较平和的地方，而此时多、空双方却产生了巨大的意见分歧，因而底部巨量也是一种特殊的现象。

出现这种现象，往往是在股票的跌势还没有完全消化的时候，却突然出现了重大的利好消息，于是多、空双方产生了巨大的意见分歧，导致有的人看多后市，有的人看跌后市。如果进场承接的多数为散户，那么个股后期仍将继续下跌；如

265

果进场承接的多数是主力机构，那么后期股价可能会一路上涨，也可能会在主力反手打压后继续下跌，直到同期进入的浮动筹码出局为止。

此外，也可能是原本被限制流通的股票开始上市，或者有增发或送股的股票开始流通，于是在主力机构承接的时候也会出现底部放出巨量的状况。当然，也有可能是股价在急剧下跌后，被主力在股价的半山腰做了一波假反弹的行情。但不论是什么样的底部放量，都不值得交易者参与，因为毕竟股票还处于多、空双方意见的巨大分歧期。

图 5-7 是海通证券（600837）在 2008 年末 ~ 2009 年初的 K 线图。2008 年 11 月 26 日原本被限制流通的股票开始上市，于是在主力机构开始承接时，底部放出巨量，当日换手率达到 27%，成交金额超过 37 亿元。

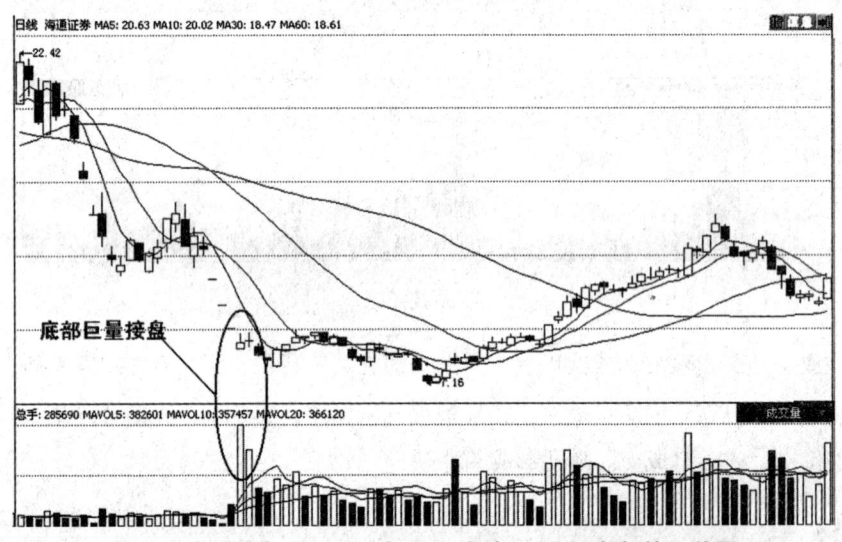

图 5-7 海通证券（600837）2008 年末 ~ 2009 年初的 K 线图

放量滞涨

有人做过统计，对涨幅较大的股票，如果当日换手率在 10% 以上，或连续几日换手率在 8% 以上，而此时股价涨跌有限、基本持平，极有可能是主力在对倒出逃。

放量滞涨的股票，短期都应该回避，因为放量滞涨说明多空分歧很大。当多空分歧很大时，股价涨一点就有很多抛盘，同样股价跌一点就有很多买盘。看来好像不会大跌也不会大涨，但我们买股票是为了让股票上涨，在分歧严重的时候买入是难以上涨的。

这时候不要迷信什么底部放量，多空分歧严重时的放量更多是被套盘与抄底盘合力的结果，不要幻想是主力在低位大力吸筹。

而历史也证明了，多空分歧的时候空方取胜的概率比较大，毕竟下跌容易上涨难。

2008年10月30日宝钢股份（图5-8）发布业绩低于预期，当天股价放量滞涨，并在次日起一路杀跌。

事实胜于雄辩，市场胜于猜想，放量滞涨的股票一定要回避，宁可错过，不可错买。

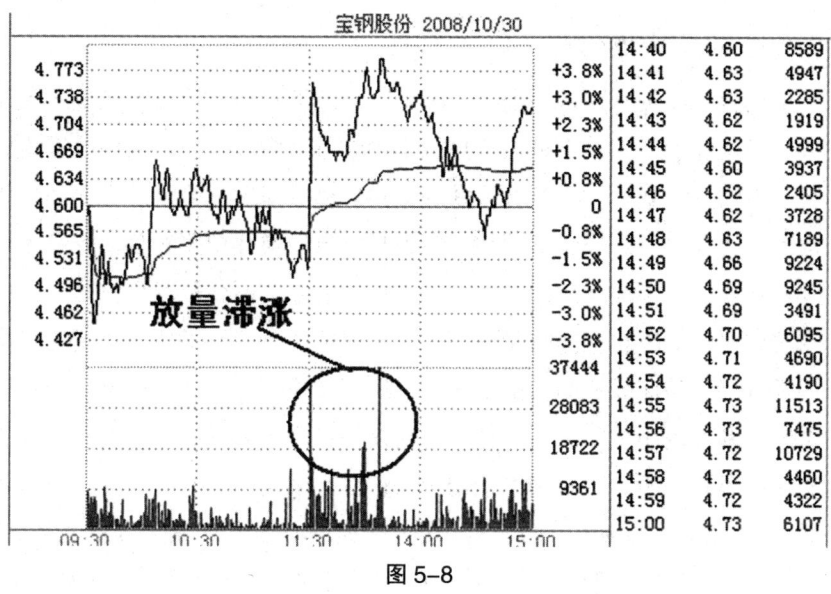

图 5-8

缩量的不同情况

缩量处于不同趋势的个股，往往具有明显的反技术特征，绝对不能忽视。

1. 无量空涨，喜大于忧

通常，无量上涨被当成危险信号，因为这显示多头能量不足，但其实不然。由于中国股市尚不成熟，集团性的主力资金集中火力攻击流通盘相对较小的个股，是相当普遍的现象。于是形形色色的牛股就应运而生。这类个股在启动时往往成交量比较大，多空博杀激烈，行情趋势难料，但一旦完成这个放量震荡过程之后，行情就会逐渐进入一种无量空涨状态。由于较大比例的流通股本均被锁定，少量分散在外的散户筹码，在持续单边上行时更是跟随主力一起锁仓，结果空涨行情往往没完没了。许多大牛股涨幅的很大一部分往往都在无量空涨这一阶段。最典型的是南通机床，1999年4月初在持续震荡放巨量上台阶之后，成交量开始萎缩，股价也小幅盘升，仿佛大势不妙，后来却一路狂升；再如超级大牛股康达尔也曾在漫长的牛市中，多次出现无量空涨的状态。当然这种无量空涨之前，必然有一个放量震荡逐渐形成明朗上升趋势的过程。因此，空涨并不是坏事，只要无量，其主力资金的结构就明显没有改变，一般而言行情会持续向好，直到成交量改变，使行情性质发生改变为止。

2. 缩量下跌，大势不妙

一般而言，放量下跌是一个危险信号，缩量下跌却显示空方能量不足，危险不大，但实际上，缩量下跌往往更加不妙。对个股而言，高位持续震荡放巨量，突然再放巨量暴跌，必然有强劲的反弹，之后即逐渐缩量下跌。如果你以为该股有主力在托盘，成交量萎缩，主力难以出局或许还要托盘，行情还可看好，那就错了。一方面没有理由保证主力资金就绝对不会被套牢，另一方面在成交量萎缩之前的高位震荡放量过程中，主力资金到底玩了什么花招还很难断定。因而许多强势庄股在缩量阴跌之后，后期往往跌势漫漫，更重要的是它往往看起来下跌幅度不大，给人一种下有支撑的错觉，投资者心理上也很能够承受这种小幅下跌，不料这是钝刀子割肉，初看起来没什么危险，过一段时间回头一望，已经滑下崇山峻岭。国嘉实业是一个典型的例子，在高科技的光环之下，2010年5～7月股价涨升3倍，然后开始调整，缩量阴跌的局面持续很久。因此，对大震荡之后的缩量阴跌的股票要保持高度的警觉，这些股票往往会跌到叫持有者绝望、叫欲买者失望、最终被人遗忘的程度。

3. 成交量改变，行情重新判断

无量空涨或者缩量阴跌往往都代表一种趋势，只要成交量萎缩的特征不改变，行情的性质往往也会延伸。但是成交量突然之间发生了巨变，则以前所有判断行情的基础条件，比如基本面、技术面、主力资金、市场热点结构等等都得重新审视，绝对不能因惰性而沿用前期的判断定势。比如无量空涨之后，再放巨量飙升或者突然震荡放巨量下跌；比如缩量阴跌之后，突然低位放巨量震荡，行情必须以此为起点重新判断，很可能行情的性质正在发生改变，很可能行情已经涨过头或者跌过头。一般而言，行情在漫长的缩量阴跌之后，第一次放量往往还很难扭转颓势，并且这种成交量往往也仅是在成交量图上显示出一根长长的红柱，只是相对前期成交量放大若干倍，绝对成交量巨变并未出现，行情还有反复，但如果反复震荡，不断放量，行情在低位持续较长时间，则要将成交量累积起来看。不管上行突破，还是下行突破，这样的行情需要引起注意。成交量趋势不变，行情趋势延伸；成交量改变，行情需要重新判断。这不仅是研究缩量个股趋势的重要依据，也是研究放量个股趋势的重要前提。有不少个股在漫长的阴跌之后，出现震荡放巨量的情况，这预示着行情很可能将会改变性质，当然这离无量空涨还有一段距离。

地量地价

地量地价是指个股（或大盘）在成交量非常少的情况下，其股价（或大盘指数）也创出了阶段性的新低现象。它常出现在长期下跌的末期，是一种股市里的特殊现象。所谓"地量"，是指股票（或大盘）创下了一直下跌以来的最少成交量；所谓"地价"，是指股票（或大盘）创造了一直下跌以来的最低价位。

如果股价在一直下跌的过程中，没有出现过持续的带量下跌或阶段性的带量下跌过程，那么即使是出现了所谓的地量地价，也并不意味着市场已经出现了底部。因为空头的下跌能量还没有完全释放出来，市场后续下跌的可能性很大。一般来说，市场要一直跌到多头彻底丧失信心，跌势才有可能会停止，地量地价才有可能会出现。地量出现之后，可能会马上出现地价，也可能在股价继续下行后再出现地价，不好确定。但地量一旦出现，就必须引起交易者注意，因为下一步可能就会出现量增价平的建仓迹象了。

真正的地量地价通常意味着趋势跌无可跌了，是市场行为的真实表现，也是主力在成交量中唯一不可做假的地方，因为主力可以虚增成交量，但却无法减少市场上的成交量。需要说明的是，交易者在判断地量地价时，需要从较长的时间周期来观察，比如趋势下跌了半年或一年后，此时观察地量地价方显成效。

图 5-9 是上证指数在 2008 年 11 月的走势图，当日成交额仅 200 亿时，最低点数 1664 属典型的地量地价。

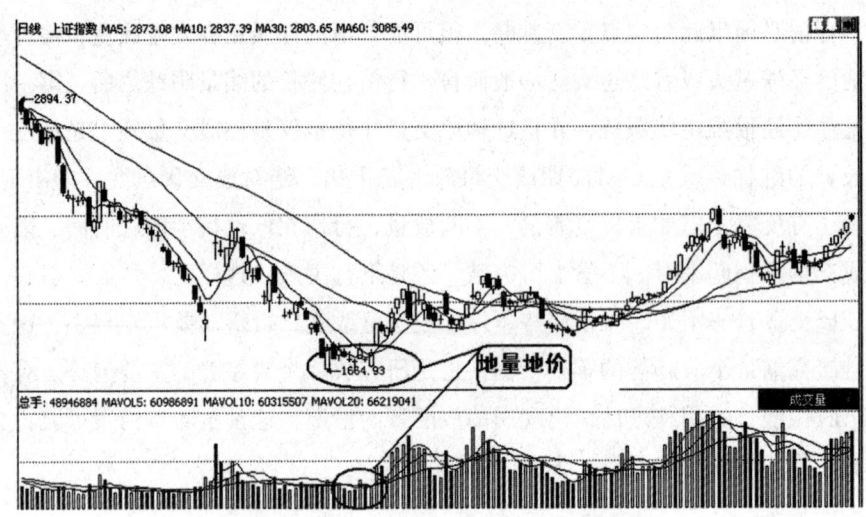

图 5-9 上证指数 2008 年 11 月的走势图

图 5-10 为招商地产（000024）在 2006 年 11 月的走势图。从图中可以看出招商地产的股价在下跌的末期以及上涨的初期成交量都出现了密集的放大，量能在同一个区间内不断地放大说明有主力在股价的低位进行吸筹建仓，从这点可以

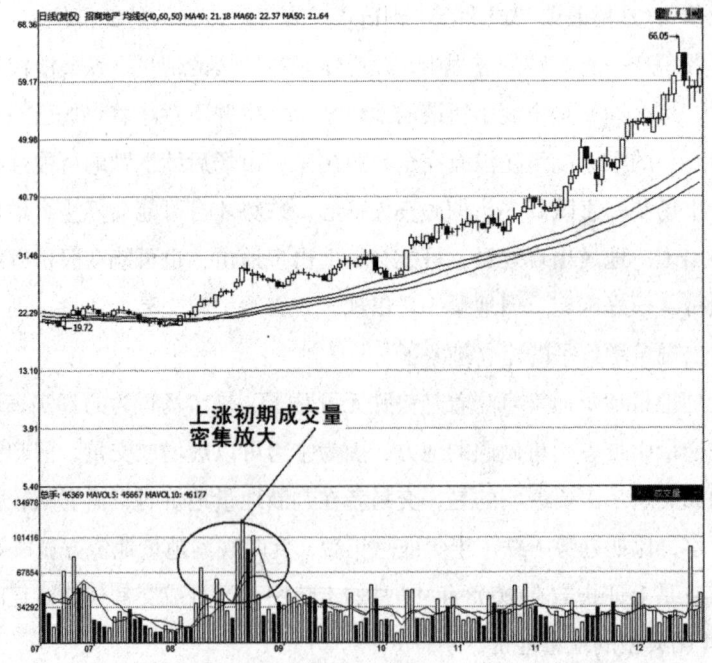

图 5-10 招商地产（000024）2006 年 11 月的走势图

看出股价后期必定会上涨，一直等到股价突破了主力的持仓成本的位置，上升的趋势也就更加明显了，此时投资者就应该选个介入点进行建仓了。当然如果投资者想顺应大势获得中长线的收益，就应当在大趋势形成的情况下忽视短线K线的涨跌，而多从成交量的变化入手进行分析。从该股的情况来看，股价的不断上涨，并没有伴随着成交量的放大，说明主力资金的建仓已经完成并没有出货的打算，此时投资者可以放心大胆地操作了。从该股的后势发展来看，股价确实有了一轮不错的行情。

量呈阶梯状

所谓的"阶梯状"量能又称为"柔量"，它的放量方式是从极度萎缩状态慢慢温和式放量。投资者掌握并运用好这一技巧，对短线买卖点的准确把握和一些黑马股启动前奏的观察有着重要的意义。

当股价一轮上涨周期结束后，通常会从波段性高位滑落至相对低位，成交量也随之逐渐缩小，当量能极度萎缩时，表明市场买卖双方力量达到平衡状态。随后的某个交易日股价开始小幅上扬，成交量也小幅呈阶梯状放大，并且超过了前期的低量区，我们称它为"柔量"。

图5-11为东安动力（600178）在2008年8月～2009年3月的走势图。从图中表示的位置我们可以看出，当股价一个阶段性的下降后，量也随着萎缩到极小，随着某天股价的小幅上扬后，接着经过几天的阶梯状放量，股价也随之上升。

这里的阳线和"阶梯状"的量能是实战应用的关键，只有这一信号出现，才会有缩量小幅回调的阴线，而这组阴线恰恰是很好的买入时机。这只股票也真的在阴线过后涨幅达到10%以上。

（1）温和放量大多是主力资金的低位补仓导致的。既然主力能够投入资金，说明后市继续看涨。但是通常情况下，多数资金无法确定是小的反弹还是反转信号产生的涨势。

（2）温和放量往往是指当日换手率都不很大，一般在5%以下，但是又明显比前面的缩量阶段有持续放大的形态。

（3）当股价在温和放量上涨之后，一旦调整幅度不低于放量前期的低点，缩量之后再度放量，那么此时往往就是短中线较好的介入时机。

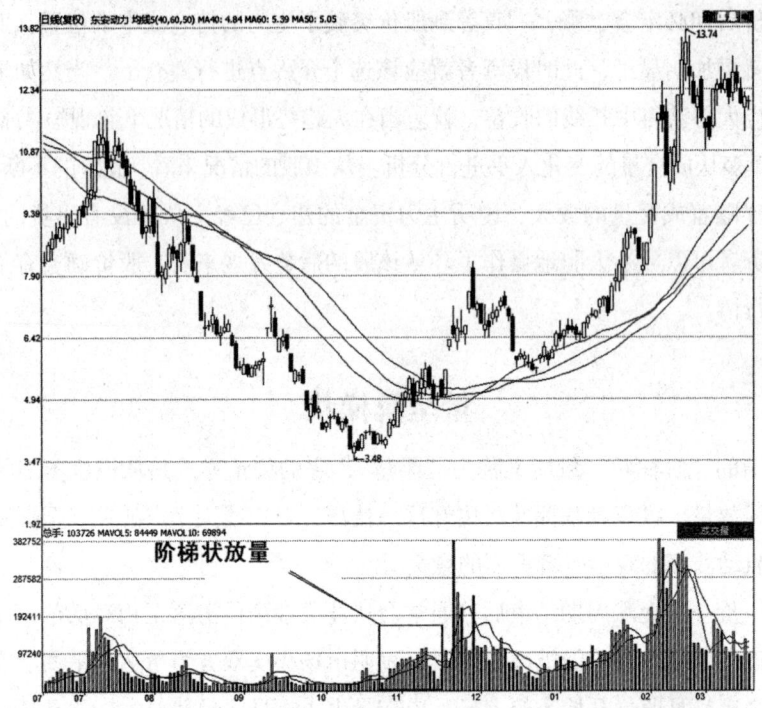

图 5-11　东安动力（600178）在 2008 年 8 月～ 2009 年 3 月的走势图

放量—缩量—再放量

　　股价经过长期下跌后，如果放量，表明有实力机构介入；放量后的缩量，表明主力在洗盘；再次放量时，表明洗盘已结束，拉升在即，此时正是介入的好时机。如图 5-12 所示。

　　操盘条件及要点：

　　（1）股价经过长期下跌，跌幅已深。

　　（2）股价波动幅度逐渐缩小，常收小阴小阳线。

　　（3）5 日、10 日均线开始向上，20 日均线有走平向上的趋势，此三线为多头排列方式。

　　（4）成交量缩小到极点，出现地量，缩量后出现温和放量，5 日均量线向上金叉 10 日均量线。最好在出现第二次地量后放量时买入；或在第一次地量后放量时少量买入，出现第二次地量后放量时加仓。

　　（5）买入时，股价应在 20 日均线上方。

（6）这种方法比较适合中长线，若以周 K 线系统或月 K 线系统为依据操作，准确度更高。

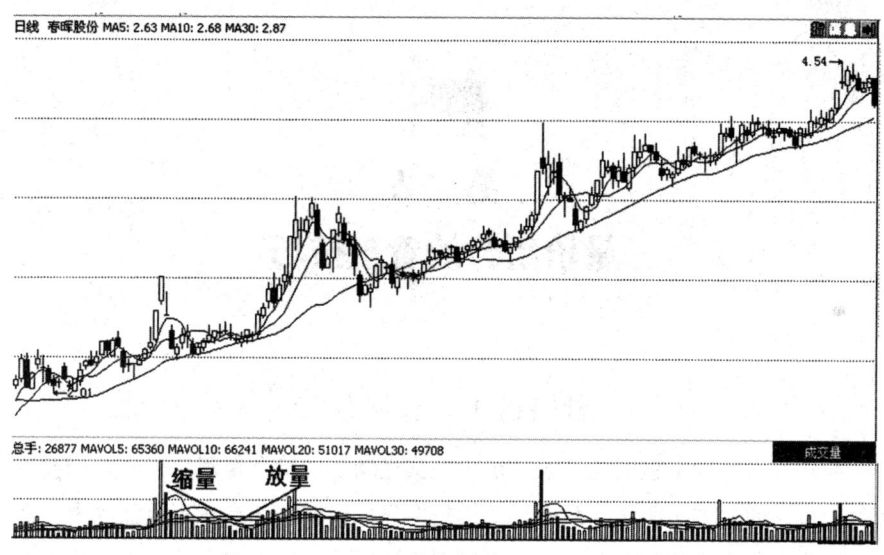

图 5-12

第三节
量价组合的看盘技巧

量增价平，转阳信号

股价经过持续下跌的低位区，出现成交量增加股价企稳现象，此时一般成交量的阳柱线明显多于阴柱，凸凹量差比较明显，说明底部在积聚上涨动力，有主力在进货，为中线转阳信号，可以适量买进持股待涨。有时也会在上升趋势中途出现"量增价平"，则说明股价上行暂时受挫，只要上升趋势未破，一般整理后仍会有行情。

如果当时股价处于阶段性的底部，或出现了地量地价的极端情形，那么此时的量增价平往往是多头开始进场的表现。由于是建仓阶段，所以主力的吃货行为比较保守，没有引起股价过大的涨幅，但是却承接了空方的大部分抛单，导致成交量增大而价格不涨的现象出现。但此时并不意味着跌势停止，有时主力为了建仓的需要，会拿着刚买的筹码反手打压股价，迫使更低的筹码出现。因此，小资金交易者不宜在此时进场，而大资金交易者则可以同步建仓。

如果当时股价处于阶段性的顶部，量增价平则往往是空头开始发力的表现。当股价有了较大的涨幅后，尽管多方的热情仍然高涨，但空方出于套现的需要而开始抛售，导致股票会出现成交量增大而价格上不去的现象。此时，没有股票的交易者要持币观望，而有股票的交易者则应考虑减仓或清仓。

图 5-13 是杉杉股份（600884）在 2007 年下半年的走势图。在 6 月 22 日该股高位放量，而最终几乎收平盘，这是主力出货的一种表现。

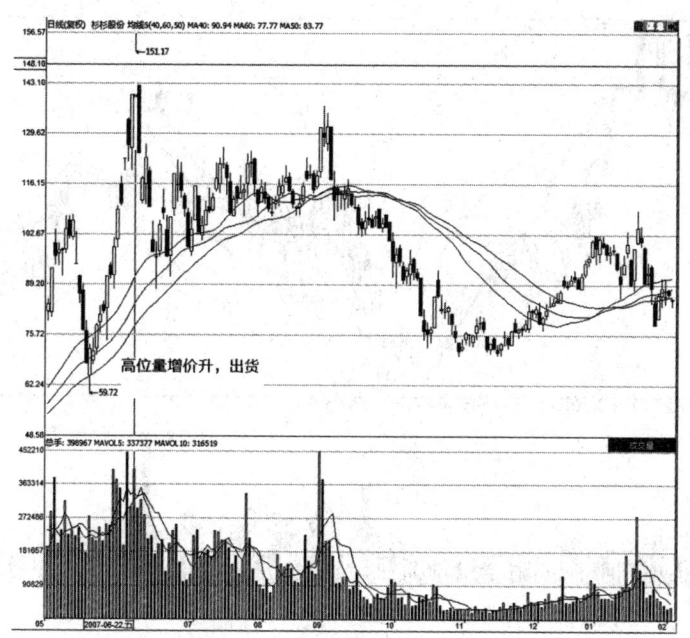

图 5-13 杉杉股份（600884）2007 年下半年的走势图

量增价升，买入信号

量增价升是"量价配合"形态之一，表示价格与成交量相互促进的关系：价格的升高吸引更多的投资者，成交量的增加推动价格的上涨。它是买入的重要信号。

量增价升在上升行情的初期、中期和末期都会出现。前者最好分辨，此时的成交量虽然明显放大，但是均量并不是极大的；而中期和末期则容易出现混淆。下面我们就来了解它们各自的特点。

图 5-14、图 5-15、图 5-16 分别为上升初期、上升中期及上升末期的"量增价升"的图谱：

量增价升是上涨初期最为常见的量价形态，表示股价正在稳步回升，投资者对股票后市看好。出现量增价升之后有两种发展方向：如果前期价格缓慢上升，那么上涨就能在相对长一些的时间中继续进行；如果价格上升过快，则往往有横盘或回调发生。

中期出现的"量增价升"，表示股价受到投资者的追捧，后市可期。

中期成交量的特点是，每一次上升和回调一般都会对应成交量上的放大和缩小，即成交量的间歇性放大。这种现象表示投资者看好该股后市发展，因此上升

275

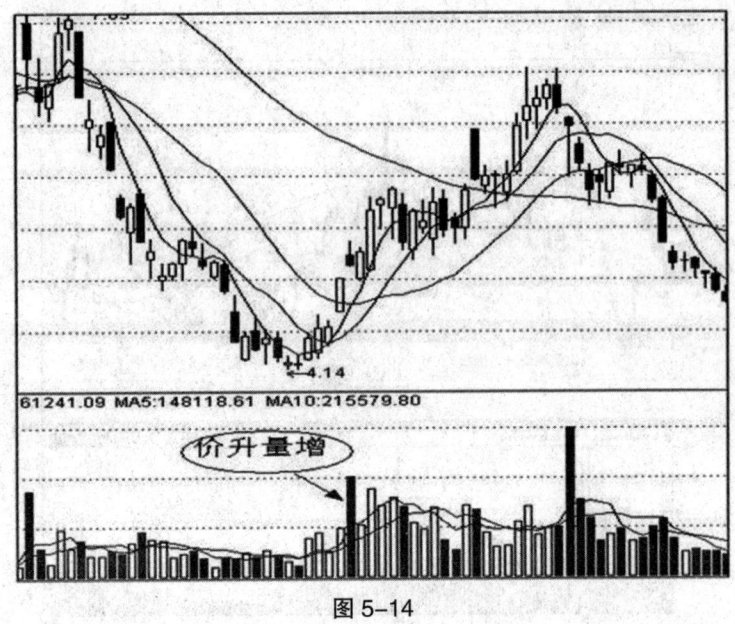

图 5-14

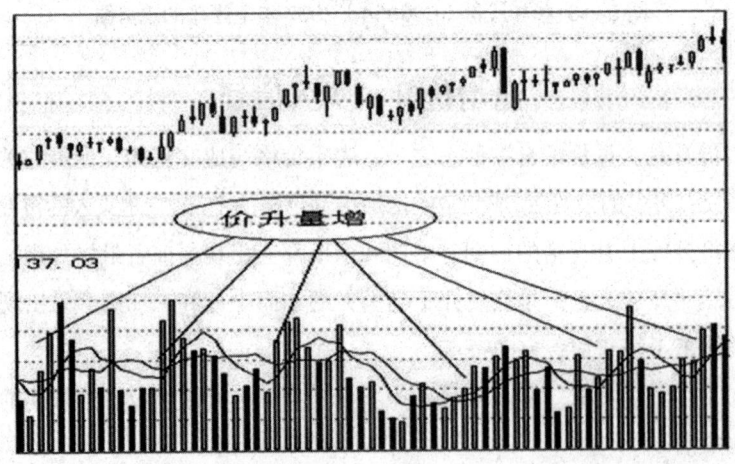

图 5-15

时愿意追涨，下跌时则不愿抛售。

后期出现的"量增价升"有两种：

一是无论阴线阳线都有大量，这大体上就是主力出货了。

二是阳线为大量，阴线会减少。

但它们共同的特点就是，成交量放得极大，且反转日附近经常会出现极大的成交量。需要注意的是，有时最大的成交量并不能超过前期上涨时的成交量，但

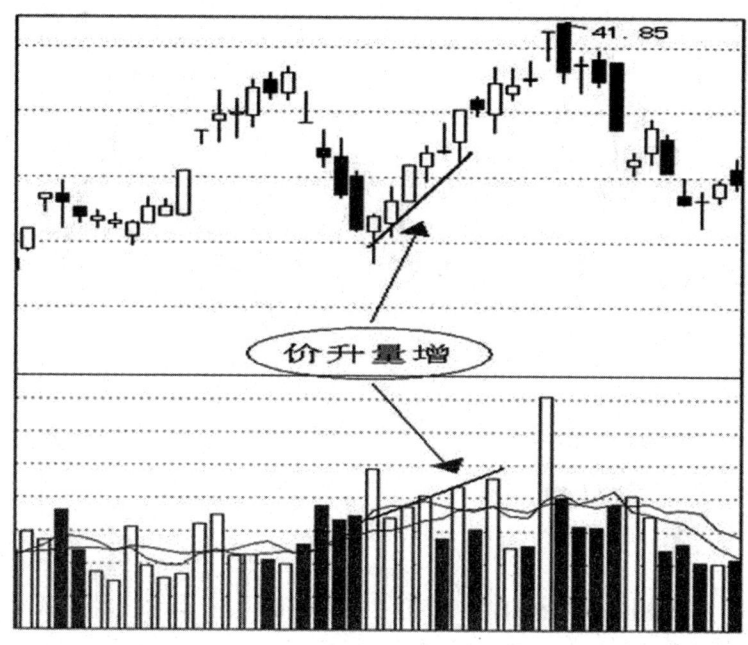

图 5-16

平均每根 K 线的成交量还是属于大量的。

图 5-17 为武钢股份（600005）在 2008 年下半年～2009 年年初的走势图。图中，股价触碰到 4.14 元的底价后迅速反弹，明显放大的成交量走出了几个大幅度的上扬 K 线，图中有一处跳空高开的中阴线，该日也形成了一条巨阴量，表示很多人获利了结，生怕再跌。这种情况，结合股价的过快上扬，的确在短期内会形成调整。果然，在几个交易日后又进行了一周左右的平盘震荡，股价才又开始上升。

当投资者介入此类上涨时，做长线的就可以一直持有，而短线者则需要注意这种调整的出现。其实上升初期出现回调是再正常不过了，关键是什么时候回调？利用技术指标是一种比较好的方法，另外也可结合 K 线图进行分析。

图 5-18 为福建高速（600033）在 2006 年 10 月～2007 年 7 月的上涨走势，呈反复震荡形状。我们看到它的中期上涨阶段，每一次震荡向上时都会伴随着成交量的增加，由于每一次上升都会引起量能的明显放大，上升的速度比较快。这种量增价升的形态提醒我们，股价随时会出现调整。作为长线投资者可以一直持有，而短线客则需要找准时机。技术指标在股价上升的过程中准确率较高，因此我们可以借助于技术指标来判断上升中期的短线投资策略。另外，在上升期间出现的典型 K 线形态准确率也较高，需要我们留意。

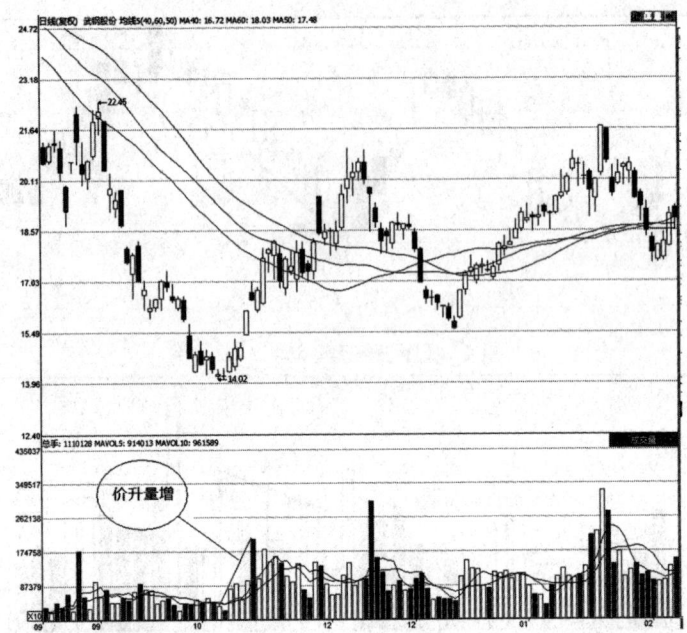

图 5-17 武钢股份（600005）2008 年下半年至 2009 年年初的走势图

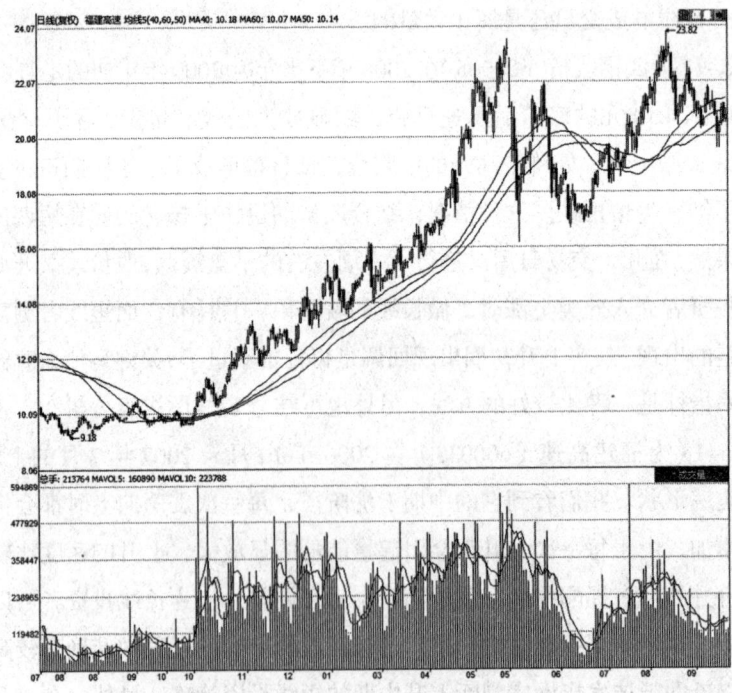

图 5-18 福建高速（600033）2006 年 10 月到 2007 年 7 月的上涨走势

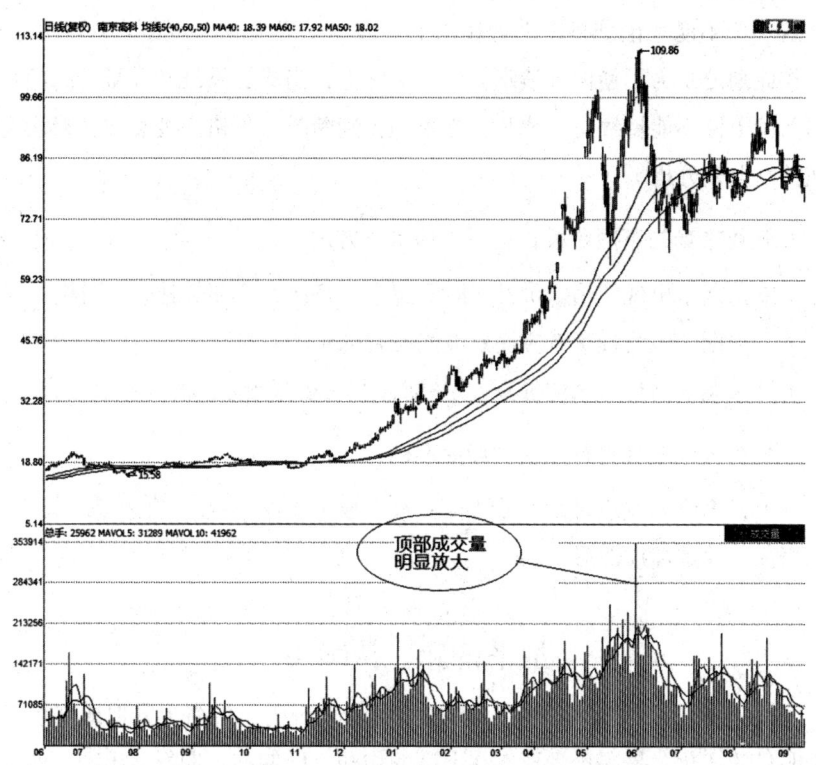

图 5-19 南京高科（600064）在 2006 ~ 2008 年的走势图

从南京高科（600064）（图 5-19）在 2006 ~ 2008 年的走势中，我们可以发现它的顶部的成交量的特征：成交量放大非常明显，甚至是中期上升时的两倍，说明参与者众多，量能极大。但是谁继续来接这么贵的一个盘子呢？我们看到，在顶部反转日当天更是出现"天量"，出现这种情况，无论是因为主力出货还是投资者获利了结，都只有一个结果：股价缺少后来资金支持，将会下跌。

由上面的分析和案例，我们可以看出：

1."量增价升"出现在不同阶段的表现形态是不同的

上涨初期：成交量或温和放大，或突然放大都有可能。成交量随波峰波谷出现间歇性的增加，平均成交量不会很大。

上涨中期：成交量温和放大，若有突破行情则突然放大。成交量随波峰波谷出现间歇性的增加。

上涨末期：在一段持续的时间内，成交量不论上涨下跌都极大（下跌时可能比上涨时小些，但和前期普遍的量相比明显为大量）。

这一条不能死记硬背，因为在局中，谁也无法说清这到底是中期还是末期，我们作此划分是为了使内容清晰有序。实际上，当成交量维持大量的时间长度或量的高度上都不能持续时，就是上涨末期（判断时从价格高度、成交量程度以及时间长度上来分析）。

2. 强势市场的不同阶段，有不同的操作方法

上涨初期：出现"量增价升"时可建仓，每次回调都是补仓的时机。

上涨中期：短线投资者应注意波峰波谷的买卖时机。

上涨末期：出现"量增价升"，并配合上一条的特征，立刻卖出。

3. 配合其他指标进行综合判断更准确

在上升途中做波段时，尽量结合K线、技术指标等；在上升末期，结合K线、技术指标，并重视顶部形态。

量平价升，持续买入

"量平价升"属于价量背离形态的一种，表现为：价格上升但成交量却没有发生明显的变化。量平价升形态在上涨的初期、中期和末期都会出现，初期的量平价升好辨认，也好操作，中后期的"量平价升"却难以分辨。成交量保持等量水平，股价持续上升，可以在期间适时适量地参与。

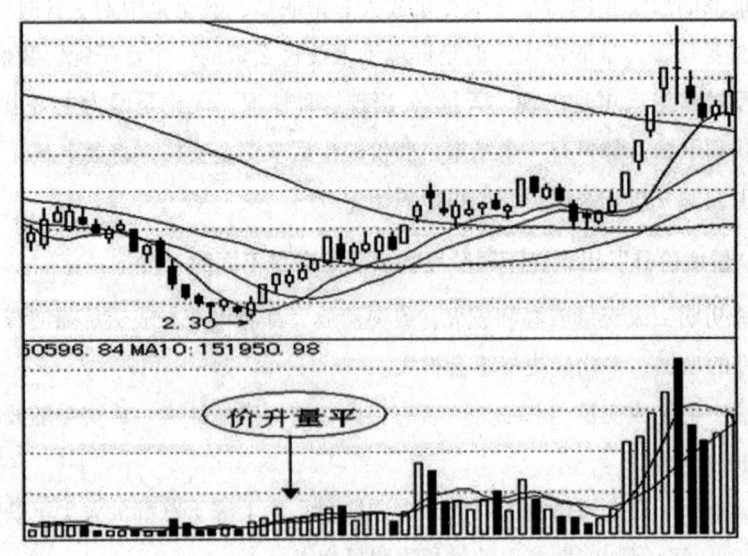

图 5-20

在上升初期出现的量平价升（图5-20）：在股价开始回升时,涨幅不算很大（一般小于45度斜线，甚至小于30度斜线），一些散户开始建仓，但力度不足，价格上涨得不够抢眼，终究没能引起更多买盘的关注，因此上涨状态不会持续很久，很可能会回落补量。其特点是：成交量很少。

图5-21上海电力（600021）在2006年下半年至2007年上半年的走势图。该股在3.92元的谷底价（未在图中表现出来）后开始回升，经过了一段缓慢的攀升后，出现了明显的向上突破，经过几次回调后，股价进入了上升中期阶段。该股从股价向上突破以来，成交量就一直保持在较为平均的水平上（见图中标画出的水平线段）。由于前期涨幅不是很大，且上海电力的基本面不错，因此我们可以推测这种量平价升的形态是由于持股人"惜售"造成的。那么这种情况下股价就可看高一线，直到出现成交量放大、股价却平盘或下降的情况。

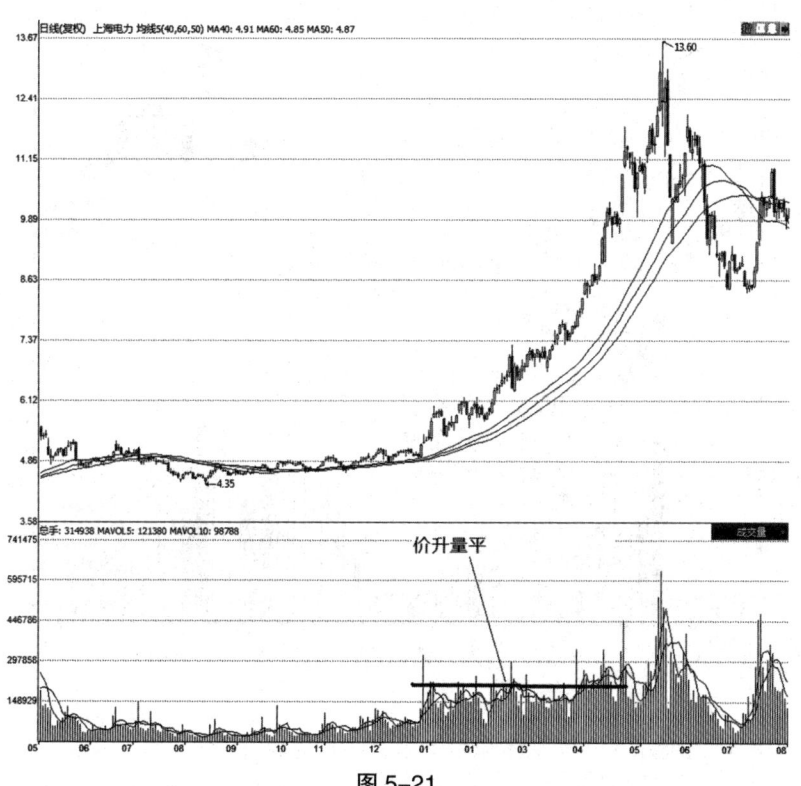

图 5-21

量减价升，继续持有

当股价不断上升时，按理说会吸引更多的投资者，那么出现量减价升的原因是什么？为什么无法吸引投资者了？

一种原因是开盘直接涨停造成的成交量锐减。除了这个原因，我们知道，股价在一段时间内的上涨是有限度的，价格过高的风险不言而喻。因此，当股价位置太高时，成交量反而会发生萎缩，这就是量减价升最常见也是最值得大家重视的原因。

量减价升在价格上升行情的初期、中期和末期都有可能发生，最重要的就是上面介绍的末期发生的量减价升形态，投资者一定要有所了解。

下面分别为上升初期、上升中期及上升末期的"量减价升"图形：

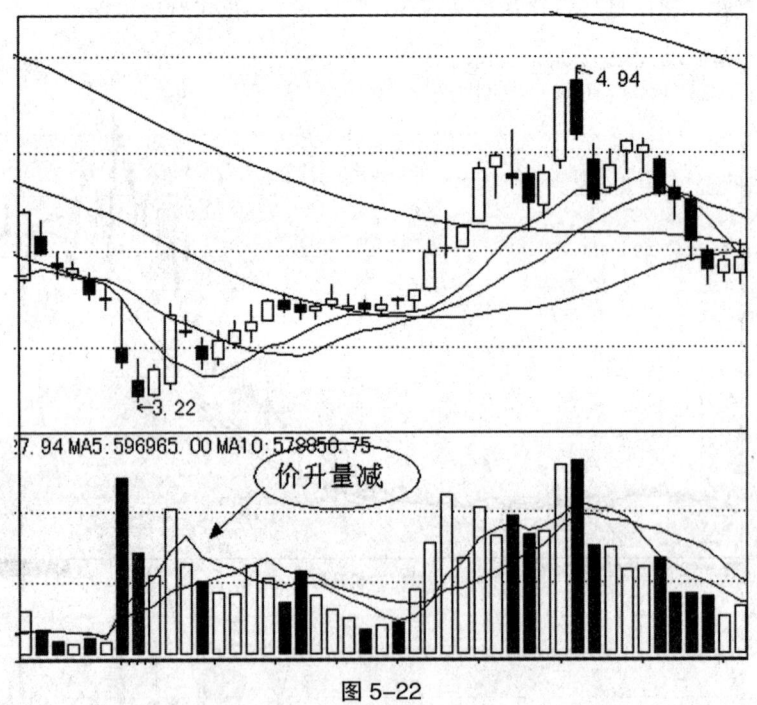

图 5-22

如图 5-22 所示，在初期出现量减价升一般是由于投资者对前期的下跌还心有余悸，遇到回升后不敢贸然进入，那么这种情况就很难支撑个股进一步上涨了，短期内可能出现平盘、回落，等到越来越多的参与者达成了股价已见底的共识，股价才会上升。

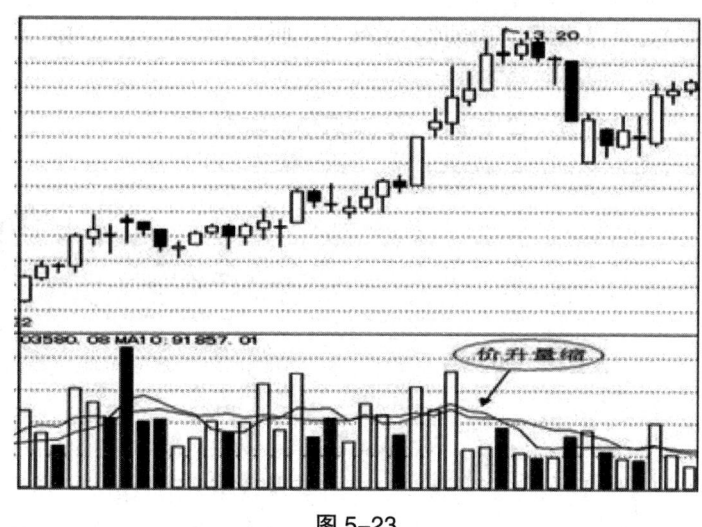

图 5-23

图 5-23 为出现在上升中期的量减价升：价格上升得不够痛快，买盘未被吸引，且刚入盘的投资者并不愿意此时卖出，因此卖盘也有所减少，整个盘局呈现出有点僵持的状态。这种情况出现后涨势会放缓，或者需要经过横盘确认才能继续上升。当确认价格在某点位出现支撑后，价格会继续上升。

它的特点是在平均成交量不大的基础上的缩量。

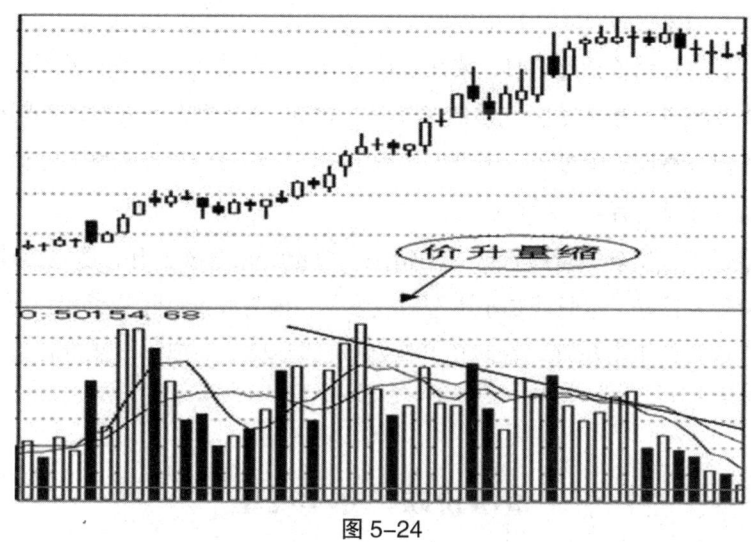

图 5-24

图 5-24 为出现在上升末期的量减价升：价格仍在升高，但越来越多的投资

者意识到风险，不再买进，导致成交量减少。而当大部分持股人赚到满意决定了结时，卖盘太多，股价必然下跌。

上升末期缩量特点：成交量极大，然后慢慢缩小。

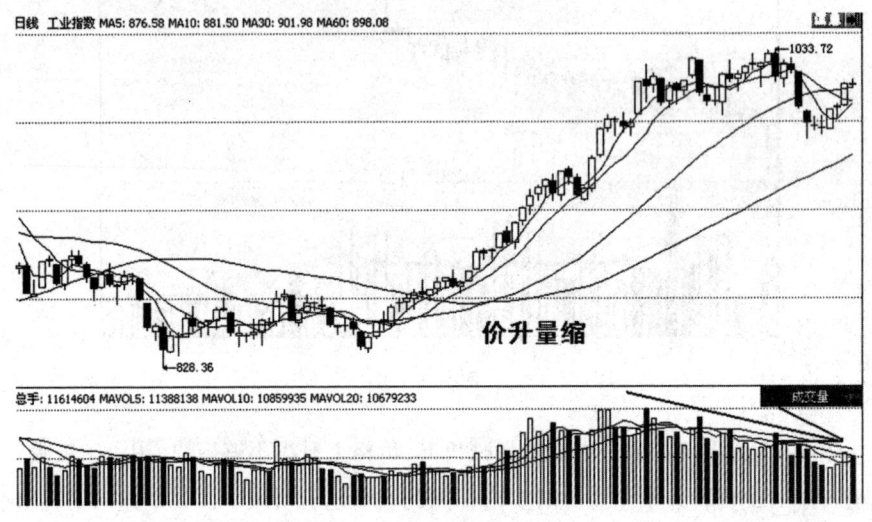

图 5-25

保利地产（600048）（图 5-25）在上升中期出现了成交量的下跌。由于量能不足，价格上升势头明显放缓，并出现了价格平盘整理的形态，成交量明显缩小，说明持股人仍然看高一线，后市可期。

投资者在看到这种形态时，要注意该股前期升幅情况，如果升幅不大，那么完全可以趁整理价格入手，或是继续持有。比如 2009 年出现的股市不同板块的轮涨，若担心整理时间过久，则可保持积极关注，结合消息面利好，在该股的升势得到大部分投资者认可后积极买进。

一般说来，出现"量减价升"的情况，股价仍在继续上升，适宜继续持股，如果锁筹现象较好，也只能是小资金短线参与，因为股价已经有了相当的涨幅。有时在上涨初期也会出现"量减价升"，则可能是昙花一现，但经过补量后仍有上行空间。

量增价跌，弃卖观望

股价经过长期大幅下跌之后，出现成交量增加，即使股价仍在下落，也要慎重对待极度恐慌的"跌"，所以此阶段的操作原则是放弃或卖出，空仓观望。低价区的增量说明有资金接盘，后期有望形成底部或反弹，适宜关注。若在趋势逆转跌势的初期出现"量增价跌"，那么更应果断地清仓出局。

图5-26为"量增价跌"图形：

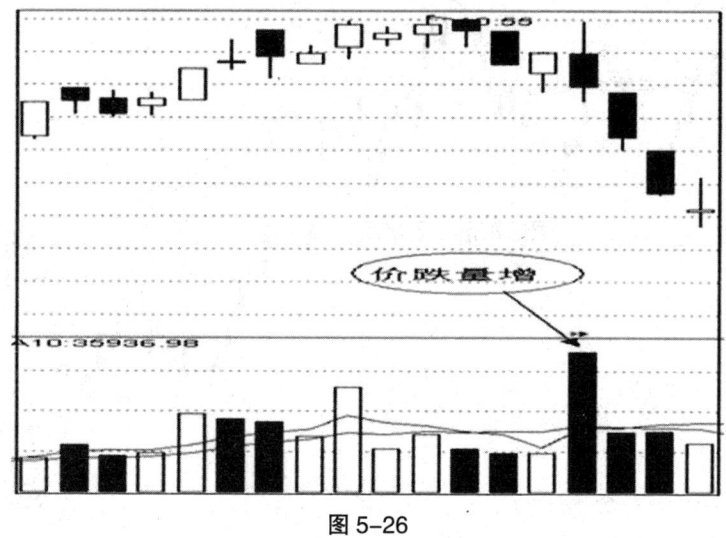

图 5-26

下跌初期与中期的"量增价跌"一般都发生在重要位置上，比如说跌破支撑点位（支撑线）、出现向下跳空以及下跌信号的K线组合等等。区别是中期的"量增价跌"一般会发生在反弹失败后，让投资者越来越感到绝望之时。如图5-27所示。

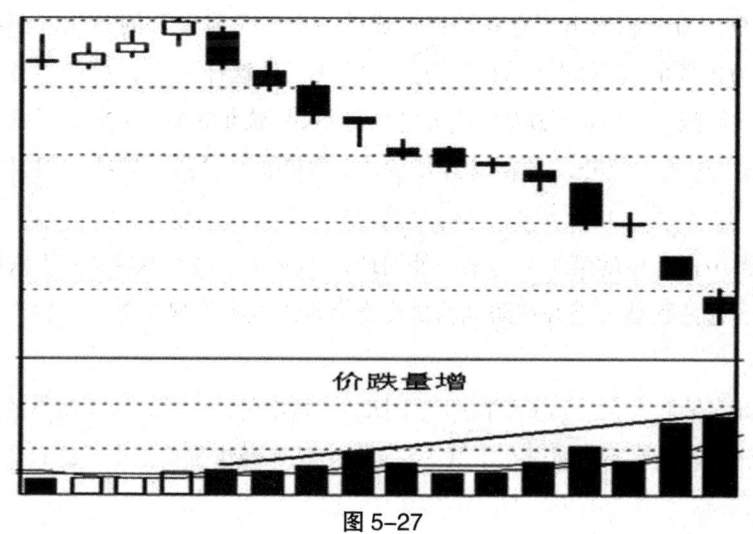

图 5-27

下跌末期出现的"量增价跌"，表示逐渐有投资者开始入场建仓。

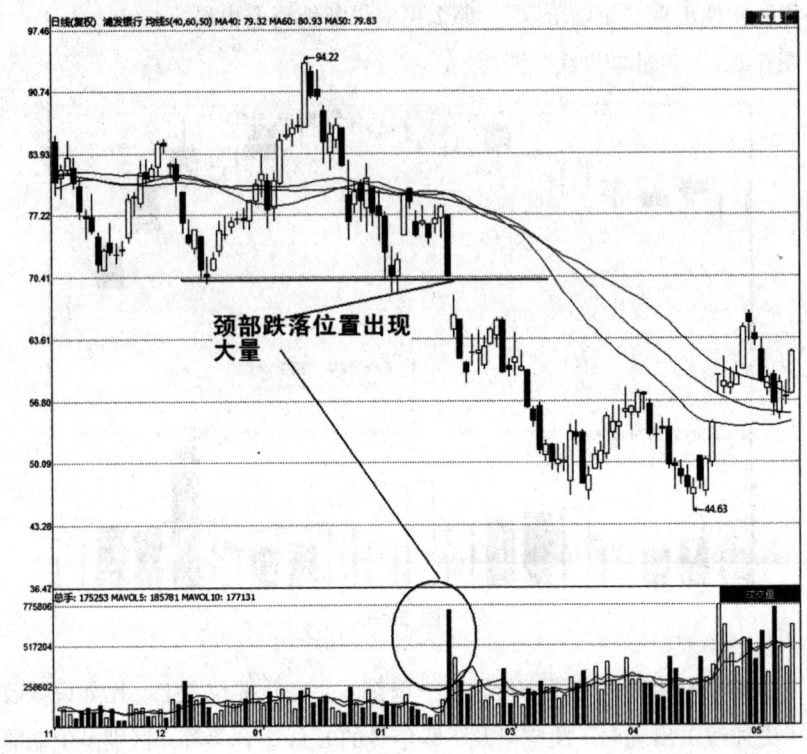

图 5-28

浦发银行（600000）（图5-28）在2008年1月份达到价格顶部，之后出现了下跌。图中标示出了它在顶部形成的一个"头肩顶"的颈线，在这个价位附近为该股的支撑点位，而箭头指示之处正是这样一个关键点。当天的股价收成大阴线，一路向下跌破，卖方见大势不妙，慌忙出局，创出了下跌的"天量"。第二天跳空低开，也表现出大家对于后市看跌，虽是阳线，但仍有不少人出逃。

该图中标示出的第二处与第一处同理，为价格小幅反弹后又向下跌破支撑的位置。这些跌破人们心理防线的价格都会带来放大的成交量，且后市仍然看跌一线。

因此，持股人在看到下跌初期与中期的"量增价跌"后，效率最高的止损方法就是斩仓，最好不要通过在下跌中买入的方法来减少平均成本，这只会让你越陷越深。

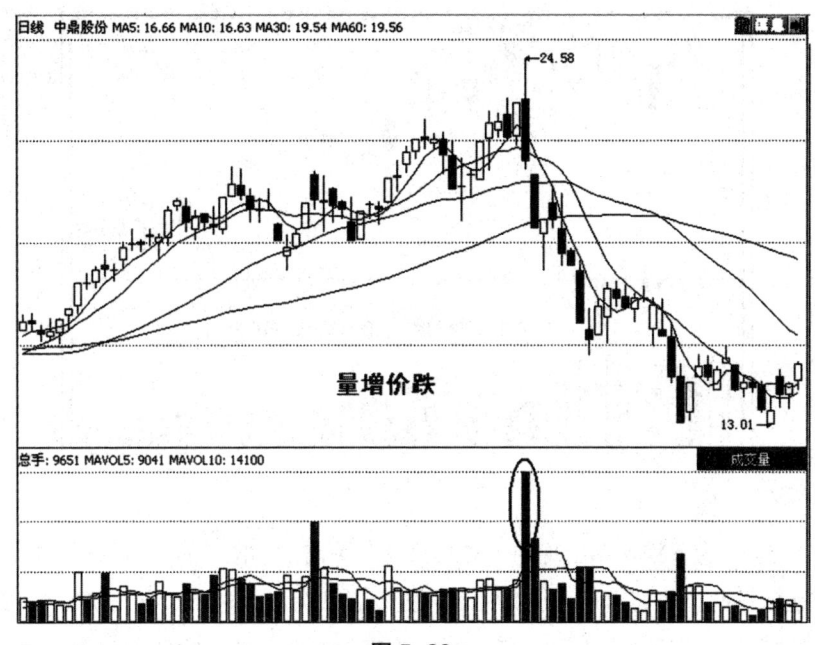

图 5-29

浦发银行在下跌末期同样出现了"量增价跌"的价量背离形态。图 5-29 箭头所指处出现了连续 12 日的阴线，而对应的成交量却出现上升形态，应该是出现了主力吸货的情况，我们看到后面的成交量也出现了明显的放大，验证了此点。但此时就跟入，由于仍然处于跌势当中，风险较大。

在不同的阶段，对"量增价跌"应做出不同的判断。

下跌初期：出现在关键的点位上或有利空刺激时，若是持续大量则可能是主力出逃。建议清仓。

下跌中期：出现在反弹失败，向下突破支撑时，减仓或清仓。

下跌末期：往往出现在具有超跌效应（跌过头）的下跌之中，但量不会特别大。此时不建议跟入，但可保持积极关注。

量减价跌，卖出信号

成交量继续减少，股价趋势开始转为下降，为卖出信号。此为无量阴跌，底部遥遥无期，所谓多头不死跌势不止，即一直跌到多头彻底丧失信心斩仓认赔，出现大的成交量，跌势才会停止。所以在操作上，只要趋势逆转，应及时止损出局。

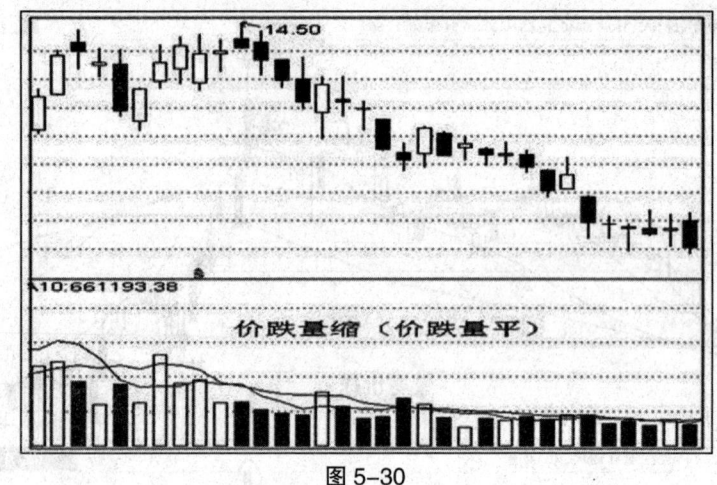

图 5-30

图 5-30 为下跌初期出现的"量减价跌"图谱：如图所示，"量减价跌"在下跌中期比早期更容易出现，因为大部分投资者认为已经过了最佳出货时机，那至少要等到下跌的反弹高点再出货。但这一等却遥遥无期，除非是到了关键点位，投资者再也忍受不了，才会出现量大的斩仓现象。投资者是不愿意"割肉"的，但是在下跌趋势明显的早中期，"割肉"却是最理智的行为。

图 5-31

图 5-31 为下跌末期出现的"量减价跌"：当股市经过一阵暴跌后，价格不断下探，到某一价位区间时，长期投资者和深度套牢者不会轻易地卖出股票，那么股价也就不会再下跌，此时就呈现出较长时间的平盘震荡，这就是筑底过程，它

的价量形态也就表现为"量减价跌"。

与下跌初期或下跌中期的"量减价跌"不同的是，末期会多次出现或长时间持续出现此形态，投资者可保持积极关注。

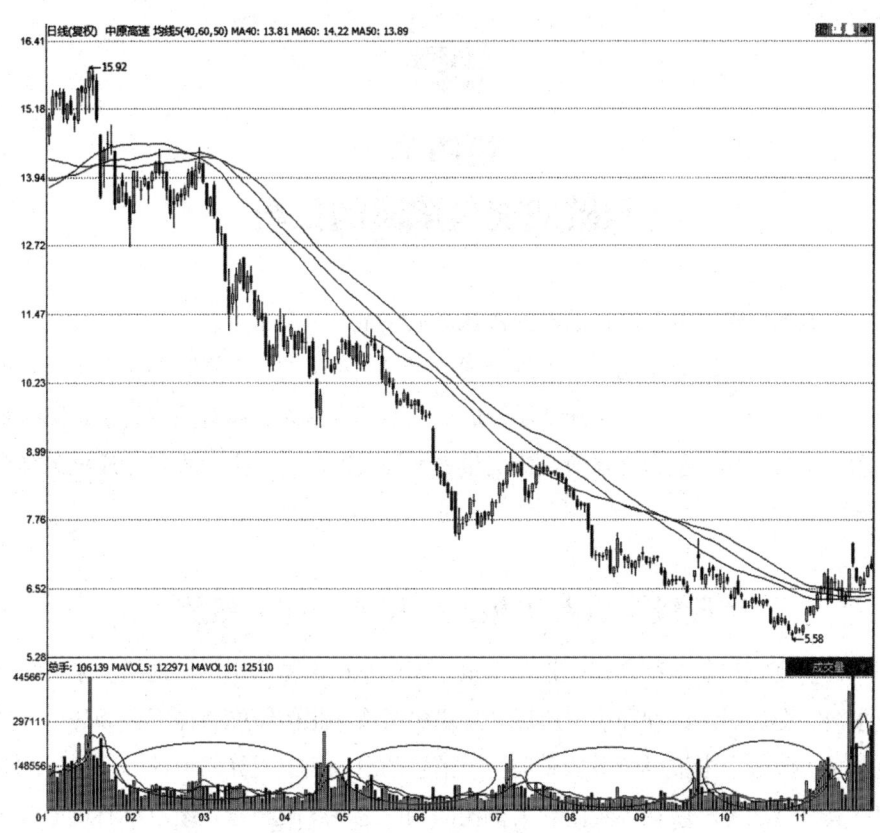

图5-32 中原高速（600020）2008年下跌时的走势图

图5-32为中原高速（600020）在2008年下跌时的走势图。在成交量一栏中，我们标出了四处"价跌量缩"的区域，而且四个区域的平均成交量之间也出现了越来越低的趋势。投资者如果在"价跌量缩"的初期或者下跌中期卖出了股票，就会少亏损很多。

第四节
识破成交量陷阱的技巧

经典的股市投资或投机的理论都认为成交量是不会骗人的。成交量的大小与股价的上升或下跌成正比关系，这个观点有时是正确的，但在许多情况下是片面的，甚至完全是错误的。实践证明，成交量不仅会骗人，而且是主力设置陷阱最常用的工具。那么主力是如何在成交量方面设置陷阱的？中小投资者应该怎样防备呢？

个股成交量在中报或年报公告前突然放大

许多企业的业绩都是在中报或年报公布前就已经做出来了。这样一来，公司董事会、会计师、会计师事务所以及发表中报或年报的新闻媒体都会领先一步知道消息。股价在中报或年报公布前会因消息的泄漏而出现异常波动。业绩好的公司，其经营状况早就在各券商和大机构的调研之中，其经营业绩也早有可能被预测出来。因而主力早就入主其中，将股价做到了很高的位置盘整，等待利好公布出货。但也有一些上市公司信息披露保密工作做得好，直到消息公布前几天才在有关环节泄露出来。这时，主力要在低价位收集筹码已经来不及了，可是优秀的业绩又确实是做短线的机会。因此，一些资金会迅速进入这些股票，能买多少买多少，股价也不急不火地上升，成交量温和放大。待消息公布时，投资者一致认同该股值得买入时，该股会在涨停板位置高开。然后，先期获得消息的人会将股票全部抛出，做一个漂亮的短线投机。类似这种股票，千万不要在复牌后那天追高买入，应冷静地观察一下，看看有无主力出货的现象。假如该股后来真的涨上去了，你未能在复牌那天买入，也不要后悔，因为你避免了一次风险。

主力利用成交量制造陷阱必须选择时机，通常这个时机是短线投资者期望的时机。久盘之后的突破，业绩报表公布前，都是极容易制造假象，使投资者产生幻觉的时期。

高送配除权后的成交量放大

庄股炒作的一条铁的规律是，该股一定有大比例的送配消息。在大比例送红股、用公积金转送和配股消息公布前，庄股通常都炒得很高了。这时候，一般稍有买卖股票经验的人都不会在高位买进。而股价大幅上升后，主力拉抬也没有什么意义。所以股价要在高位企稳一段时间，等待送红股或公积金转送的消息。一旦消息公布，炒高了的股票大幅除权，使价位降到很低，30 元的股票，10 送 10 就只有 15 元了。这时候，主力利用广大中小散户追涨的心理，在除权日大幅拉抬股价，造成巨大的成交量。当散户幻想填权行情到来时，主力却乘机大肆出货。

通常这种行情只有两三天。以"厦新电子"为例，该股 2010 年曾从 12 元左右炒到 41 元以上。7 月 17 日公布中期业绩，主力借利好出货，走了一部分，随后一直在高位震荡，没有人追高。8 月 24 日，该股 10 股送红股 5 股，另公积金转赠 2 股。除权后，主力在开盘后有明显的滚打行为，成交量放大，许多人跟进，使主力获得绝好的出货机会。第二天，该股继续出货，随后进入盘整。

许多股票大幅除权后，的确会有填权行情，但要具体对待。一般来说，除权前股价翻了一番、两番甚至三番的股票很难立即填权。此外，除权后股本扩大到 9000 万股，甚至上亿股的股票，除权后也难以填权。只有那些在除权前主力吸纳很久，正准备大幅拉升的股票在除权后才有可能填权。

值得指出的是，主力利用除权后的成交量放大制造陷阱，有可能在除权当天进行，也可能要过几天，要根据当时的大局而定。有的一次出货不尽，就在除权后多次震荡，设置各种看似筑底成功的假象，在放量上攻途中出货。以"万东医疗"（600055）为例，该股 1995 年上半年从 15 元左右炒到了 27 元。4 月 6 日该股每股送、转 10 股，除权后，主力分别在 4 月 15 日、16 日和 6 月 1 日制造了带量上攻，制造填权的假象，但真正的目的是出货。

对于大幅除权后的股票，投资者要仔细研究其股本扩张速度是否能和业绩增长保持同步，还要考察除权后流通股数量的大小及有无后续炒作题材。切不可见放量就跟，见价涨就追。

久盘后突然放量突破

这里说的久盘，有时是指股价在炒高了相当大的幅度后的高位盘整，有时是指炒高后再送配股票除权后的盘整，还有时是指中报或年报公告前不久的盘整。所谓盘整，是指在一个时期内（如两个月、三个月，甚至半年等），股票在一个相对窄小的价格区间进行波动，上行无力，下跌无量，交投极不活跃，不被市场人士关注。这种股票有时候会在某一天的开盘后发现挂有大量的买单或卖单，摆出一副向上拉升的架势。开盘后半小时到一小时内，大量的买单层层叠叠地封挂在买一、买二、买三的价位上，同样，卖单也大批大批地挂在卖一至卖三各价位上。成交量急剧上升，推动股价上涨。投资者会立即发现它的成交量变化异常，不少人甚至会试探性地买入。但是由于买单已经塞得满满的，要想确保成交，只能直接按市场卖出价买进。正是因为这种市场买入的人增多，尽管抛单沉重，股价还是会不断上升，更进一步增强了买入的信心，并产生该股将突破盘局带量上升，展开新一轮升势的联想。一小时左右，股价可能劲升至8%左右，有的甚至以大量买单短时间封涨停。但不久后又被大量卖单打开涨停，回调到涨幅7%～8%左右盘整。盘整时买二、买三的挂单很多，买一的挂单相对少一些。但卖一至卖三3个价位的卖单并不多，然而成交量却不少，显然是有卖盘按市价在买一的价位抛出。直到当天收盘时，大部分股票都在7%～8%的涨幅一带成交。第二天，该股可能略为低开，然后快速推高，上涨至5%～7%一带。也有的干脆高开高走，大有形成突破缺口的架势。当许多人看到该股突破盘局而追涨时，该股在涨到5%～7%左右会突然掉头下跌，大量的抛单抛向那些早上挂单追涨未能成交而又没有撤单的中小散户。虽然随后还会反复拉升，但往上的主动买单减少，而往下的抛单却不断，股价逐渐走低，到收市前半小时甚至跌到前天的收盘价以下。随后的日子，该股成交量萎缩，股价很快跌破前次的起涨点，并一路阴跌不止。如果投资者不及时止损，股价还会加速下跌，跌到令人难以相信的程度，使投资者深度套牢。

仔细研究一下，为什么该股会在突然放量往上突破时又调头向下，甚至加速下跌呢？这就是主力利用成交量设置的陷阱。通常的情况是，主力在久盘以后知道强行上攻难以见效，如果长期盘整下去又找不到做多题材，甚至还有潜在的利空消息已经被主力知道。为了赶快脱身，主力在久盘后，采取对倒的方式，造成成交量放大的假象，引起短线炒手关注，诱使人们盲目跟进。这时，主力只是在启动时对敲，在推高的过程中，许多追涨的人接下了主力的大量卖单。那些在追涨时没有买到股票，然后就将买单挂在那里的人更加强了买盘的力量，并为主力出货提供了机会。主力就是这样利用量增价升这一普遍被人认可的原则，制造了假象，达到出货的目的。

逆大势下跌而放量上攻

有些股票长时期在一个平台或一个箱体内盘整。但是，有一天在大势放量下跌，个股纷纷翻绿，市场一片惨淡之时，该股逆势飘红，放量上攻，造成了"万绿丛中一点红"的市场效果。这时候，许多人会认为，该股敢逆势而为，一定是有潜在的利好待公布，或者有大量新资金入驻其中，于是大胆跟进。谁料该股往往只有一两天的行情，随后反而加速下跌，使许多在放量上攻那天跟进的人被套牢。

以"ST南洋"为例，该股1997年7月开始，从6元多一直炒到16元以上。11月28日，该股每10股送、转5股，除权后该股一直没有什么表现。到1998年4月8日，该股成交量从以往的二三百万股，放大到1300多万股。4月9日、10日，深市见顶回调，大多数股票大幅下跌，但该股逆市上扬，成交量居高不下，吸引许多短线炒手追涨。但4月14日后，该股却缩量下跌，而且一波比一波跌得狠，一直在下降通道中运行。到1998年8月31日，整整跌了4个多月，股价从除权后的10.50元左右一直跌到4.80元，跌得惨不忍睹，使许多追涨的人深度套牢。

显然，该股的主力利用了人们反向操作的心理，在大势下跌时逆势而为，吸引市场的广泛关注，然后在拉抬之中达到出货的目的。在这种情况下，主力常常是孤注一掷，拼死一搏，设下陷阱，而许多短线炒手正好也想孤注一掷，舍命追高，正好符合了主力的心愿。老实说，这种陷阱很容易使那些颇有短线炒作实践经验的人上当受骗。

主力在吸筹的时候，成交量不要太大，只要有耐心，在底部多盘整一段时间就行。主力要出货的时候，由于手中筹码太多，总是想方设法，设置成交量的陷阱。因此，我们在研究量价关系时，应全面考察一只股票长时间（半年或一年以上）的运行轨迹，了解它所处的价位和它的业绩之间的关系，摸清主力的活动迹象及其规律，以避免在主力放量出货时盲目跟进。

第五节
根据量价关系判断买卖时机

研判成交量

成交量是技术分析的重要指标，虽然主力在打压吸筹和拉高出货时可能会产生虚假的成交量，但投资者可根据股价的位置判断主力意图。

当成交量逐渐放大时，投资者可依以下几种情形对股票的行情加以判断：

（1）成交量增加，表示买方需求增加，换手积极，股价看涨。

（2）成交量增加，表现游资涌进证券市场，交易自然活跃，行情将随之高升。成交量增加，表示股票的流通性顺畅，证券市场繁荣，股价必然高涨。成交量增加，投机气氛浓厚，行情基础不稳固，股价随时有下滑的可能。

（3）成交量过分膨胀，股价自然跟随急涨，市场主力及大户出货相当容易，中小投资者无法判断主力的真实意图，继续拉高或寿终正寝的可能性都很大。当成交量减少时，浮动筹码必然增加，卖压随即表面化，股价也随之滑落，投资人兴趣大减，资金很快从证券市场抽走，来不及撤退的被动套牢，要等证券市场重新活跃才有重生机会。成交量增加从正面看是表示证券市场繁荣，股价上升的好现象，但相对的高利润必有高风险相伴随，投资者在获取收益时，千万别忘了风险的存在。

在技术分析时，成交量的警示作用也是明显的。最明显的情形是，股价高涨，成交量激增，成交总额与股票指数不断创出新高；但假若只是成交量增加，而股价没有明显的涨升，这表示股价已达高峰，回档的可能性极大，也是投资者应该有所警惕的时候了。连日上涨的股票，突然高开低走而且以低价收盘时，投资者就应特别注意了。这种情况表明股价已有回档的征兆，正是乌云密布的时候，还是暂时避开为妙；交易量日渐萎缩，股价也逐渐失去往日的雄风，表示该股已逐渐趋近高价，投资者可以考虑获利了结。

总之，特殊的证券市场信号，其背后一定隐藏着另一新的开始，与其冒着风雨前进，不如先休息一下。

在成交量的底部买入

成交量底部研判标准是以过去的底部作为依据的。当股价从高位往下滑落，成交量逐步递减至过去的底部均量后，股价触底企稳不再往下跌，此后股价呈现盘整，成交量也萎缩到极限，出现价稳量缩的走势，这种现象就是盘底。底部的重要形态就是股价的波动幅度越来越小。此后，如果成交量一直萎缩，则股价将继续盘下去，直到成交量逐步放大且股价坚挺，价量配合之后才有往上的冲击能力，成交量由萎缩而递增代表供求状态已经发生了变化。

股价：高位——下跌——盘整——波动幅度减小——微升——剧升

成交量：巨量——递减——企稳——极度萎缩——递增——剧增

成交量的变化如同圆弧形一般，这就是圆弧底。在成交量的圆弧底出现之后，表示股价将反转回升了。而其回升的涨幅及强弱态势决定于圆弧底出现之后成交量放大的幅度，放大的数量越大，则涨升能力越强。

底部区域之所以会出现价稳量缩的现象，是因为成交量的萎缩表示浮动筹码大幅缩减，筹码安定性高，杀跌力量衰竭。此后再出现成交量递增，就表示有人吃货了，因为如果没有人进货，何来出货呢？所以此时筹码的供需力量已经改变，已蕴藏着上攻行情。成交量见底的股票要特别加以注意。当一只股票的跌幅逐渐缩小，跳空下跌缺口出现时，通常成交量会极度萎缩，之后量增价扬，此时就是股价见底反弹的时机。

但是，随着成交量的见底，人们的情绪也往往见底了，赚钱的人逐渐退出，新入场的人一个个被套，因此入场意愿也在不断减弱。如果当人们买股票的欲望降到最低的时候，而股价却不再下跌，那只说明人们抛售股票的意愿也处于最低状态。这种状态往往就是筑底阶段的特征。问题是，既然成交量已萎缩至极，说明参与者是很少的，这就证明只有极少数人能真正抄到底部。

随着时间的推移，当股价长期盘整却再也掉不下去的时候，有一部分人开始感觉到这是底部，于是试探性地进货，这会造成成交量少许放大。由于抛压很小，只需少量买盘就可以令股价上涨，这就是圆弧底右半部分形成的原因。如果股价在这些试探性买盘的推动下果然开始上扬，那必然会引起更多的人入市，结果成交量进一步放大，而股价也随着成交量开始上扬。这种现象犹如雪崩，是一种连续反应。只要股价轻微上涨就能引发更多的人入市，这样的市场就具有上涨的潜力，如果这种现象发生在成交量极度萎缩之后，那么就充分证明股价正在筑底。

底部的筑就往往需要较长一段时间。在成交量的底部买入的人肯定有很大的勇气和信心，但他不一定有耐心。一个能让投资者挣大钱的股票的底部起码应持续半个月以上，最好是几个月。但没有几个人有耐心看着自己买入的股票几个月内纹丝不动。如果投资者能有这样的耐心，那么应该恭喜他，这说明他具备炒股赚钱的第一个基本条件。还有一些相对保守的投资者，他们不愿意在底部等待太久，他们希望看清形势之后再做出决策，圆弧底的右半部分是他们入市的机会，尤其是当成交量随着股价的上升而急速放大时，他们认为升势已定，于是纷纷追入。正是由于这一类投资者的存在，且人数众多，才形成突破之后激升的局面。

在市势明朗之后才买入的人也许能够赚钱，但是：第一，他们赚不到大钱，他们只是抓住了行情的中间的一段；第二，他们面临的风险实际上比较大，因为他们买入的价格比底部价格高出了许多，当他们买进的时候，底部买进的投资者已经随时可以获利离场。相比之下，建议大家做有耐心的投资者，在成交量底部买入。事实上这种做法才是真正的保守和安全。

二次放量抓卖点

在股价出现连续大幅涨升的末期，往往会出现二次放巨量的过程。第一个巨量是因为主力借高开或涨停大肆出货，放出巨量；在一个或几个交易日下跌之后，主力再一次拉升股价，出现逼空走势，让短线投资者认为，第一个巨量是"空中加油"，或者是换庄，结果在涨升几天之后，放出第二个巨量，主力将手中剩余的筹码进行派发。另一种是放出第一个巨量之后，股价连续下跌，在某一日突然出现了巨量进行大幅震荡，出现大笔卖单和买单，进行对倒出货。这都是比较好的卖出机会。

1.技术形态

（1）通常出现在股价连续涨升后的高位。

（2）常见两种 K 线形态：

第一种：K 线通常是大阴线、大阳线，一般会带有下影线，第二次放量时的股价通常比第一次高；

第二种：第一次放量的 K 线通常是锤子线，第二次放量的 K 线通常是倒锤子线，第二次放量时的股价比第一次低。

（3）两次放出的成交量一般是年内新高，换手率接近。

（4）在第二次放出巨量之后，有的个股股价短期会创出新高。

2.操作要点

（1）常出现二次放量的股票

这种二次放量形态在 ST、*ST 个股中最为常见，通常在连续涨停、跌停之后，打开涨停板 / 跌停板的时候出现。

（2）卖点的选择

在打开涨停时卖出：如果是第一种形态，在第二次上攻的时候，如果打开涨停就卖出。

在打开跌停时卖出：如果是第二种形态，在连续下跌之后，一旦打开跌停，冲高之后就可以卖出。

下面举两个操作案例。

第一种形态：在 2009 年 4 月 15 日，ST 海建（600515）（图 5-33）在连续涨停之后，出现了大幅震荡，虽然涨停开盘，但是开盘 10 分钟就迅速打开，收盘以跌停报收，收了一根实体很长的大阴线，并且放出了 11.52% 的成交量，年内最高；之后几个交易日出现了连续的调整走势，在 4 月 28 日又开始了一波连续缩量涨停的走势，在 5 月 11 日，涨停开盘之后，开盘 5 分就打开了涨停，在盘中大幅震荡，最终收了一根长下影线的阴线，换手高达 11.11%，仅次于 4 月 15 日的量。这是一个短线出货的标志，之后的几个月时间，股价一直维持横盘整理，相当磨人。

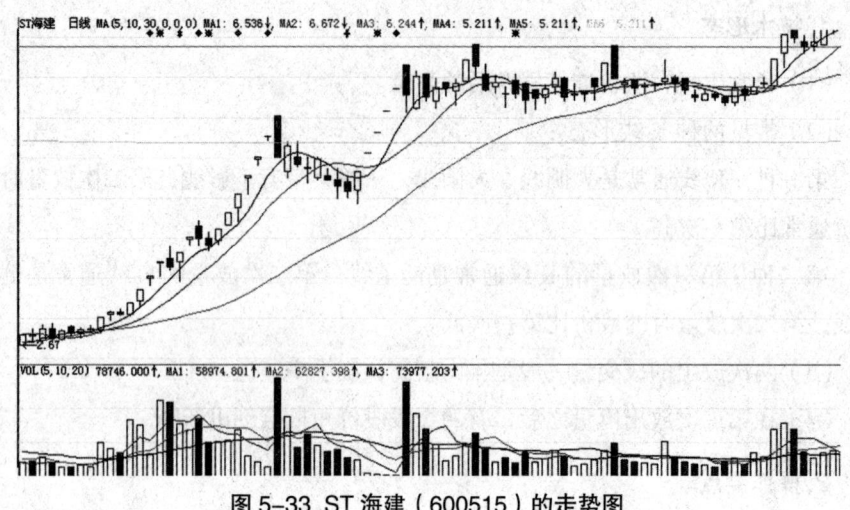

图 5-33 ST 海建（600515）的走势图

第二种形态：*ST 九发（600180）（如图 5-34）无疑是 2009 年沪深两市最牛的股票之一。从 4 月 20 日开始，出现了 30 个涨停。在 7 月 8 日，跟往常一样涨停开盘之后，盘中一度打开涨停板，放出了天量成交量，换手率达 21.99%，但是很快继续涨停；次日股价开盘出现大幅震荡，最终封死跌停：在连续两个跌停

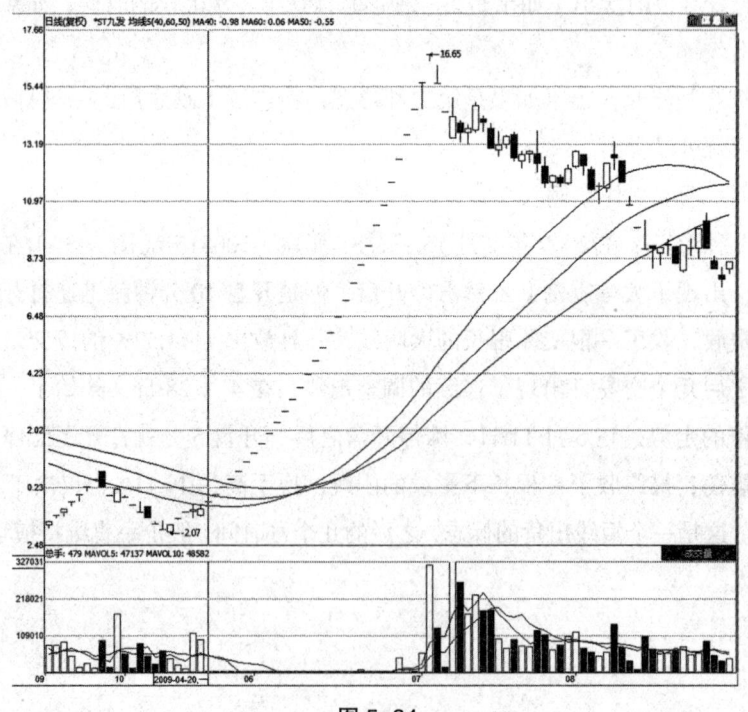

图 5-34

之后，7月14日，在开盘打开跌停板之后，股价大幅震荡，同时也放出了第二根巨量，当日换手率高达22.87%。这是短线卖出的信号，之后的交易日出现了连续的回调。

如何从缩量与放量中抓住股票涨跌

影响股价走势的关键是成交量。量是价的先驱，在低位因量的放大才会有价的上涨，而在高位也会因量的放大从而引起价格的下跌。成交量的放大与缩小会很好地配合着股价的上涨与下跌，如果不管是上涨还是下跌量都乱放的话，那也就没有研究成交量的必要了。如果脱离了成交量只看K线图，那赔光是早晚的事。

价格是很容易被人们控制的，但成交量是很难人为操纵的，尤其是缩量，因为主力可以做出很多人买卖放量的假象，但他却永远也做不出无成交的骗局，这里先从缩量讲起。

缩量是指市场成交极为清淡，大部分人对市场后期走势十分认同。这里面又分两种情况：一是看淡后市，只有人卖，没有人买；二是看好后市，只有人买，没有人卖。缩量一般发生在趋势的中期，碰到下跌缩量应坚决出局，等量缩到一定程度，开始放量上攻时再买入。碰到上涨缩量则可坚决买进，等股价上冲乏力，有巨量放出的时候再卖出。

缩量的区间有以下三个：

1.低位的主力吸筹洗盘区间

主力要想吸到筹码就必须拉高股价，因为在下跌过程中，被套的股民都在盼望着反弹，股民只有见到股价重新上涨才会卖出，股价越跌反而拿得越死不肯卖出。当股价因为主力吸筹而被拉到一个主力不肯再花高价钱买进的时候，主力就要洗盘打低股价重新吸筹了。在主力打压股价的过程中，股民一见跌了就又会停止卖出，再次盼望股价的重新上涨，所以抛盘是依然存在的，只是靠散户这些资金是不可能做出大成交量的，所以这时无量的根本原因是主力停止了积极地买入。在这个无量区间的操作是：不放量不操作，因为我们永远不可能知道主力会在什么时候、什么价位开始再次吸筹，主力不开始吸筹股价就不会上涨，所以我们这时买入只会买到风险。

2. 中位主力洗盘整理区间

在吸足筹码后主力会先把股价拉高一个台阶，当股价脱离主力成本区约 5% ~ 20% 的价格高度时，为避免受到主升浪途中与主力同一价格建仓股民卖出抛压的干扰，主力往往会进行洗盘，把那些低位买入的股民赶出局去。随后主力又会停止操作，因为在低位吸到了大量的筹码，所以只要主力不操作，飘散在外的浮筹并不会引起多大的成交量，但是由于股价在底部有了一定的涨幅，形成了近期所谓的高位，在这个位置参与换手的股民比低位会多一些，所以虽然主力不操作了，但成交量仍会比低位吸筹区间的量相对大一些。这时无量是主力的高控盘但却不积极操作引起的。中位的洗盘整理区间的操作是：当股价再次上涨超过中位形成的高点时应积极参与，只要股价不上涨，我们就要持币观望，因为我们不知道主力会有多大耐心一直等下去；只要是没有特别的情况如重大利空、政策变化或重大灾害，主力迟早会继续拉高股价的，因为这个位置并不是主力的出货目标位。此区间股价不涨就不买的另一个原因是，防止主力真的在这个地方慢慢出货，因为在这个区间主力毕竟是有获利空间的。

3. 高位开始的下跌区间

主力在高位出完了货，筹码自然全在散户手中，所以此时不会有大成交量的产生。此阶段的策略是：股价没有较大的跌幅绝不操作，没有成交量的放大绝不操作，此时的大盘环境多为熊市的初期。

从上我们可以看到：无量的股票是没有上涨潜力的，无量全是因为主力不再进行积极的操作或不操作了，所以我们要打破以往的思维方式，缩量买入，当然，缩量也有缩量的买入方法。

再来看看放量。放量区间也有以下三个：

1. 低位建仓区间

低位是主力建仓的区间，因为主力的资金量很大，而且又要在较短的时间内买进大量的股票，所以就会造成成交量的放大，成交量的放大说明了主力的操作与资金的活跃。这时的操作方法是：只要成交量持续放大就持股，一旦缩量马上出局，因为主力吸筹时会把股价控制在一个极小的区间内，所以此时不要希望股价会涨得很高。技术分析：5 日均量线趋势向上一路持股，筹码分布会显示上方套牢筹码开始向低位转移并逐渐密集，此时的大盘环境多为熊市的中末期。

2. 中位拉升区间

股价怎样才能上涨？靠资金的推动才能上涨。资金就像汽车的油门，想要跑得快就要踩大油门；股价想要涨得快，必须增加资金的运作力度，只有成交量放大，股价才有快速上涨的动能。操作方法为：量不减不松手，一旦成交量减小则应马上出局；价不停不卖出，一旦股价停止上涨应马上卖出。技术分析：均线系统多头排列，5日、10日均量线趋势向上，筹码显示低位筹码开始向上飘散，此时的大盘环境多为牛市的初期或中期。

3. 高位出货区间

股价有了较大的涨幅后，主力开始神不知鬼不觉地出货了。前期的飙升已把人们的追涨热情充分地调动起来，所以即使股价在高位，股民还是会疯狂地进行追涨，这就为主力的顺利出货埋下了伏笔。高位的巨量有两种可能：一是股民的疯狂追涨促使主力疯狂地出货引起的真实出货巨量。二是主力人为对倒制造巨量以吸引人气，这种巨量是虚假的，一旦激发股民再度疯狂追涨的热情，就又会放出真实的出货巨量，但这种情况仅做静态的盘后分析是分析不出来的，必须要求在实盘中进行跟踪分析，当然这也需要操盘手的水平达到一定的程度。

我们把以上的六个区间排列一下顺序：低位建仓区间放量——低位吸筹洗盘区间无量——中位拉升区间放量——中位洗盘整理区间无量——高位出货区间放量——高位开始的下跌区间无量。这个顺序就是量能放与缩的标准顺序，这些顺序是标准的量能变化原形。通常情况下，主力的操作不会是非常标准的，有时会省掉一些步骤，而使这些顺序变乱，但投资者只要记清了原形，不管主力的操作如何变化都是可以辨认出来的。

如何从底部适度放量的股票中挑选黑马

我们从底部适度放量的个股中挑选黑马，要知道成交量放大是否适度，可以参考以下指标，作为选股的标准。

（1）股价启动初期，单日成交量大于该股的前5日移动平均成交量的2.5倍，大于前10日移动平均成交量3倍。

（2）股价启动初期的单日盘中量比至少要达到10以上，收盘时量比至少达到2.5以上。

（3）股价启动初期成交量保持温和放大状态，量能乖离率指标 VBIAS 能够保持 3 ~ 5 天的快速持续上涨，并且在股价启动后的一段时间内，24 日 VBIAS 能多次穿越 0 轴线。

（4）移动平均成交量 VOSC 指标大于 0 轴线，并且逐渐缓慢上移，即使偶遇调整，VOSC 指标为正值的时间远多于为负值的时间。

（5）成交量标准差指标 VSTD 快速上升到该股历史上罕见的极高位置时，表示该股成交量过度放大。这种极高位置由于各种股票的流通盘大小不同和成交活跃度不同而有所不同，所以没有一定的量化标准，投资者可以根据个股的 VSTD 指标历史表现进行比较。

（6）底部放量个股的成交量虽然和前期相比有明显的增加，但和个股的流通盘相比并不大，每日成交换手率不能超过 10%。

如何从成交量变化把握买卖时机

在日常交易中，平常日成交不过在 100 万股左右的股票突然急增到 1000 万股，或者说尽管日成交量并没有急增，但盘中的接抛盘却出现了巨大的单子。如果没有基本面上的变化，那么这就是一个非自然的市场交易行为。

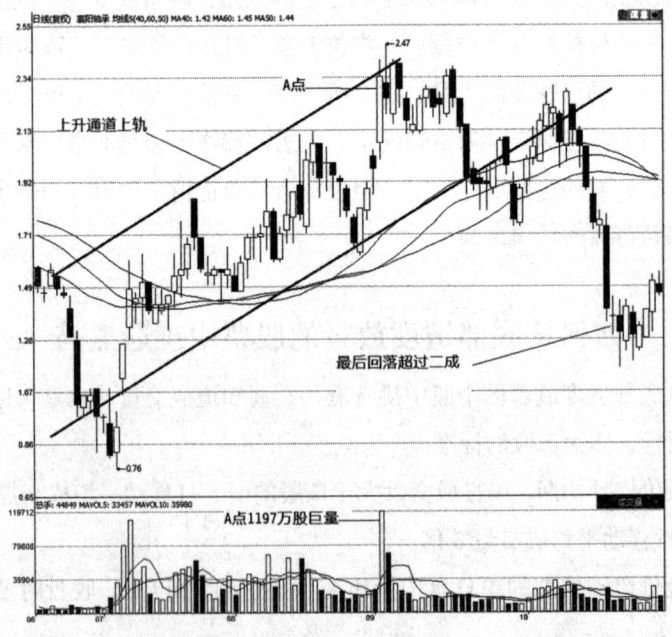

图 5-35 襄阳轴承（000678）2005 年 6 10 月份 K 线图

图 5-35 是襄阳轴承（000678）2005 年 6　10 月份 K 线图。该股在连续多日成交在 200 万股左右后，在 2005 年 9 月 5 日突然放出 1197 万股的巨量。

盘中上午交易一个小时后情况变了，这一变化仅通过报价是不可能发现的，因为接着一个小时的股价变化并不大。但如果观察买卖盘，我们就会发现接抛盘出现了翻天覆地的变化，上下各五个价位的单子全部都是四位数，也就是说，每一个价位都有几十万股的买单或者卖单。但由于成交量依然不大，股价也就没有大的波动了。

下午发生了更大的变化，巨大的接抛盘依然存在，但出现了巨大的成交单子，股价也随之上涨，最后以大涨报收。

这是一个明显的成交量变化的案例，这种现象的出现无疑表明盘中主力正在有所作为，因此就有投机的机会。注意，这里所说的投机机会绝对是短线机会，因为我们还没有了解该股的基本面。对于出现"盘中巨量"现象的股票能否进行投机取决于三个方面：市场环境、股价位置和技术形态。

市场环境是必需的，一路下跌的市场并不是短线投机的场所。

股价位置可以决定我们所承担的风险。如果股价已经从一个相对的低点上涨很多，并且涨幅远远超过大盘，那么我们同样不予考虑。

技术形态是由 K 线图形成的，这是主力参与市场的交易结果，从中我们可以得到主力的信息。如果以上三个方面情况良好，我们应该考虑动手了。

实际上前面两个方面比较容易判断，但最后一个方面判断起来比较难。确实，这里涉及一个技术形态的分析问题。有关技术形态的分析几乎在每一本技术分析书中都有介绍，但靠这些形态分析显然是很难获利的。因为经典的形态分析理论过多地依赖图形，再加上一些成交量的分析，不但没有涉及盘中主力的运作，更没有涉及大盘的运行态势。

其实同样的股价形态其未来的走势差异很大。我们可以举出足够多的实例来证明一个标准的头肩底形态完成以后股价走出背离的下跌浪，也可以举出无数个标准的双顶形态完成以后股价走出背离的上升浪。但这一切同样不能否定形态分析的作用，只是提示我们：形态分析远没有我们想象中的那么容易。

如果没有主力参与，成交量又是非常小的话，股票的价格其实并没有什么意义。这句话好像与"股价是股票内在价值的体现"格格不入，但实际情况就是这样，不管我们是否赞成。

从逻辑上来说，成交清淡的股票往往只有很少的接盘，因此，如果某个投资者因为某种原因一定要卖出一张单子的话，将会将股价打得很低。其他的投资者也许并不认同这个价格，但他们不会再买，因此这个价格就会持续下去。

如果我们注意观察香港的股票市场就会发现，好多股票是经常没有交易的，它们并不是停牌，只是无法撮合成交，因为买卖意愿相差太大。我们甚至会发现有些股票连一股买卖报价盘也没有，有时候在上下各五个价位的挂盘中只有一两个有挂盘。对于这种股票，其成交价格很难说有什么意思。

我们应该把注意力集中在交投活跃的股票上，这种股票有主力参与的可能性相对大一些。

另外，我们在学习技术分析指标时有一点必须牢记，一般情况下技术分析指标仅仅提供一些与市场某个方面相关的统计结果，它只是告诉我们市场目前所处的某些状态，但要预测未来光靠它是不够的。我们知道，如果个股中没有主力的介入以及主力的刻意运作，其股价的升幅很难大幅度超过大盘，尤其是短期的走势。因此我们必须在分析股价时将盘中主力的意思搞清楚，然后再结合形态作出投资决策。当然，主力的手法多种多样，比如操纵开盘价、最高价、最低价、收盘价、成交量等基本的日常数据，控制盘中交易时段的接抛盘，制造即时成交的放量等，当然也包括制造"盘中巨量"。因此我们很难将结合主力行为研究的形态分析方法以军规的形式记录下来，只能根据自己的理解和参悟作出具体的分析和判断。

第六章

盘口买卖点：买在低谷，卖在顶点

第一节
看盘买股技巧

一针锥底，买股时机

一针锥底指的是，股价跌到低位后，某日出现了一条长下影小实体的 K 线。它被视为明显的买入信号，此时可以作为一个买入点进场，短线获利可靠。在下影线部位买进的投资者，第二天就可获利。

一针锥底的形态如图 6-1 所示：

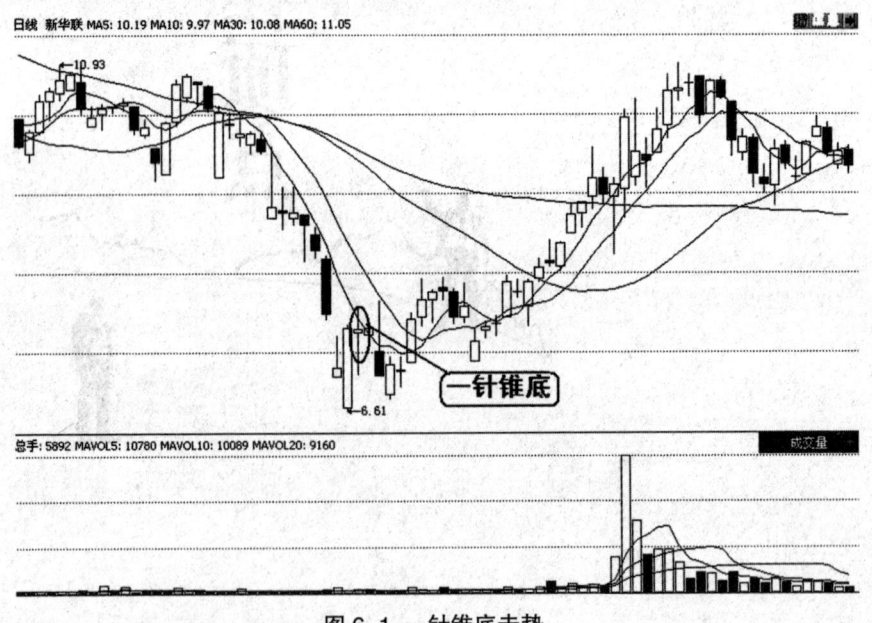

图 6-1 一针锥底走势

该图表现出了股价连续阴跌后出现了一个长下影线的小实体，长长的下影线，表明低档承接力强，股价跌到这一价位后，就会招来多头的反攻，推动股价的上扬。

图6-2显示，国电电力（600795）在2004年9月27日开始出现了大幅下跌，一直到2005年1月15日股价才见底。这里以2005年1月20日和3月30日两次一针锥底图形为例，探讨一针锥底在阶段底部确认的问题。

随着股价的持续下跌，首先出现了成交量阶段地量，地量出现后股价继续下跌，但成交量开始呈放大趋势，随着一根长下影大阴线的急速杀跌，股价出现企稳的态势，而成交量继续放大，说明抄底盘持续进场，第一根探底针的出现，预示着阶段性底部出现，多头能量大于空头，这就是短线的第一个买点。次日成交量急剧放大，短线抄底和跟风盘蜂拥入场，收出一根短上下影大阳线，表明短线行情处于强势，应继续持有。第三日量能继续大幅放大，但是股价出现滞涨，表明空头再次占据上风，获利盘出逃，短线应止赢出局。对于第二根一针锥底来说也应该先看成交量，在底部区域出现阶段地量，阳线当日成交开始显著放大，一

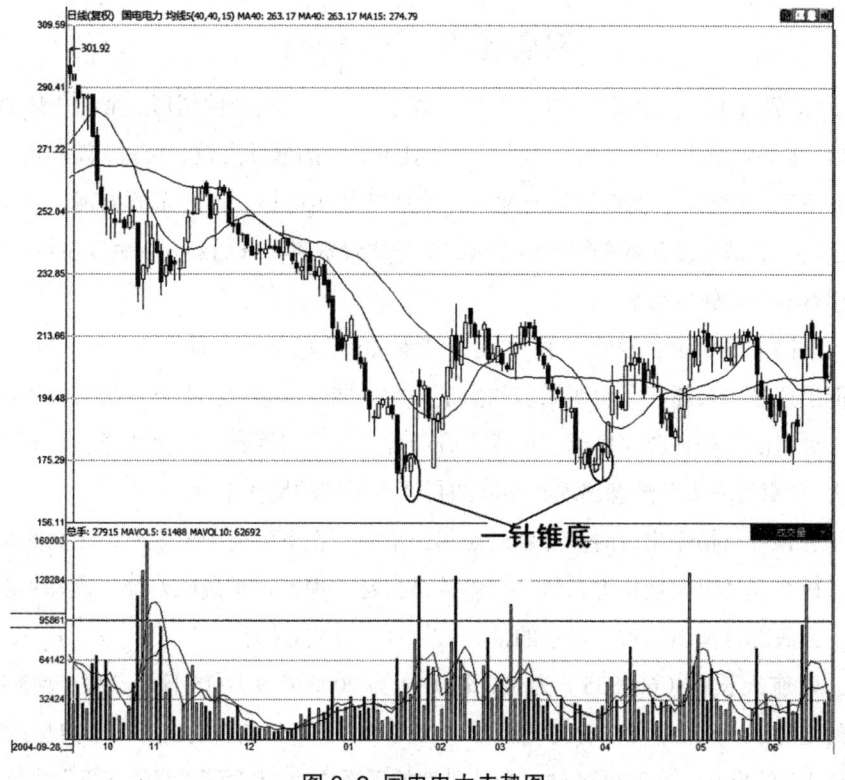

图6-2 国电电力走势图

针锥底信号出现成交量继续放大，说明前日的获利盘和空头抛盘被抄底盘全部接下，短线多头取得决定性优势。虽然收盘仍是阴线，但是那长长的下影线已经说明了多头的强悍，空头的反扑已经被消灭在那长下影里。短线可以判定多头把握主动，构成短线的一个买点。以后市来看股价果然有一个阶段性的涨幅。

投资者在买入股票时，需要注意的是：

（1）"一针锥底"形态可能在任何部位出现，但只有处在底部低位和下降途中股价离 30 日移动平均线较远，以及升途中股价调整到位时才可买入。在顶部出现时是万万沾不得的。

（2）"一针锥底"形态在下降途中出现时，要快进快出，不能恋战，稍有收获，就应获利了结。

（3）"一针锥底"形态在上升途中波段的低点和底部行情的低点位置出现时，既可进行短线操作，也可中线持有，如果在这两处再出现长下影小实体图线，风险就会更小，获利稳当，可放心操作。

双管齐下，买进不怕

"双管齐下"，是由两条并列的长下影小实体图线组成的图形。股价下跌到低位后，如果连续出现两条长下影小实体，且下影线的最低点较为接近，就称为"双管齐下"。它像两条长钢管扎向地下，使地基坚实可靠。该形态的出现，表明股价已进入底部，或者离底部已经不远，中长线投资者可开始建仓，短线也可介入，后市获利一般较为可靠。

如图 6-3 所示："双管齐下"，是下档承接有力的迹象，股价跌到某一低点后，就能迅速被多头托起，说明做多的力量强大，同时也表明，在这一价位，抛压不重，后市能轻松地脱离底部，形成上升趋势，在"双管齐下"时买进，获利机会较大。"双管齐下"形态出现在不同的行情有不同的操作手法。

在顶部行情中出现时，显示的是卖出信号。在下降途中出现时，多为卖出信号，极个别情况出现反弹走势，但多数是昙花一现，很难做出差价，最好不要介入。在底部行情出现时，显示的是买入信号，可放心操作。

以航天长峰（600855）为例，图 6-4 为 2006 年 9 月 18 日 ~ 2007 年 3 月 2 日的走势图。从图中可以看出该股在 2006 年 11 月 20 日左右走出了一个典型的"双管齐下"的形态。在股价经过一个阶段性的下降之后，出现了"双管齐下"的形态，

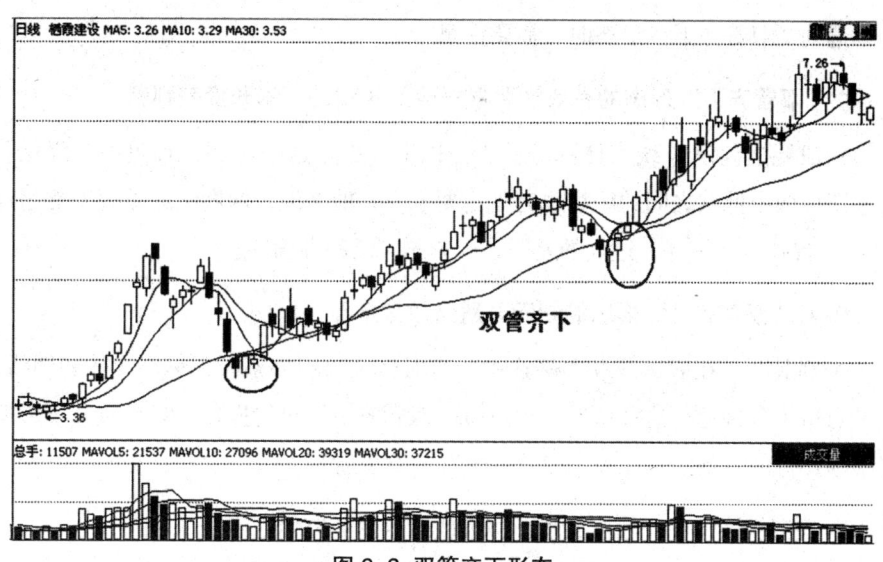

图 6-3 双管齐下形态

这表明空方的力量已经开始变弱，股价已经有了上升的动能，从后市的发展来看股价也是一路攀升形成一个上升通道后到达 10.68 元的新高。"双管齐下"出现后的股价涨幅达 70%。

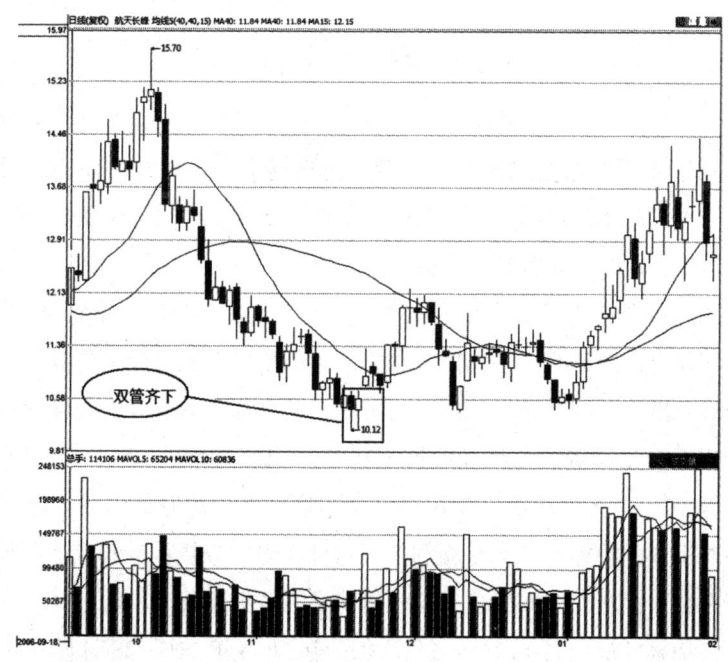

图 6-4 航天长峰（600855）2006 年 9 月 18 日 ~ 2007 年 3 月 2 日的走势图

遇到"双管齐下"形态时，需要注意：

1."双管齐下"形态的有效性要根据两条K线的下影长度来判断

一般要达到该K线实体部分的1倍以上，少于这一比例，有效性会降低。对该图形两个低点之间的距离也有一定要求，一般来说，两者间的差距不能超过1%，而且越接近越好，过大的差距，会影响判断的准确性。

2.对"双管齐下"形态的判断要适当放宽条件

个别股票，在底部或在下降途中，有时连续出现多条长下影小实体的图线，其低点也十分接近。这种情况，也可按"双管齐下"进行操作，只是取其下影低点最为接近的两条图线作为"双管齐下"的对象就行。

3.遇到例外情况，股价出现不涨反跌时要耐心守候

"双管齐下"形态出现后，股价有时会出现不涨反跌的走势，千万不要割肉出逃，应耐心守候。股价经过短暂的调整后，会反转向上，恢复正常走势，最终仍能获利。如果买进时的心态不够稳定，一遇到下跌走势就卖出股票，取胜的概率就不高。

三金叉见底，买入没商量

三金叉见底，简而言之就是均线、均量线与MACD的黄金交叉点同时出现。股价在长期下跌后开始企稳筑底，而后股价缓慢上升，这时往往会出现5日与10日均线、5日与10日均量线以及MACD的黄金交叉点，这往往是股价见底回升的重要信号，此时买入股票，一般收益大于风险。

股价在经历了长期下跌后人气涣散，当跌无可跌时开始进入底部震荡，随着主力的逐渐建仓，股价终于开始回升。刚开始的股价上涨可能是极其缓慢的，也有可能会潜龙出水、厚积薄发，但不管怎样，最终都会造成股价底部的抬高与上攻行情。当成交量继续放大推动股价上行时，5日与10日均线、5日与10日均量线以及MACD自然而然地发生黄金交叉，这是强烈的底部信号。随着股价的推高，底部买入的投资者开始有赢利，而这种强烈的赚钱示范效应将会吸引更多的场外资金介入，从而全面爆发一轮气势磅礴的多头行情。

以上海梅林（600073）（图6-5）为例，在2006年12月28日见底6.69元之

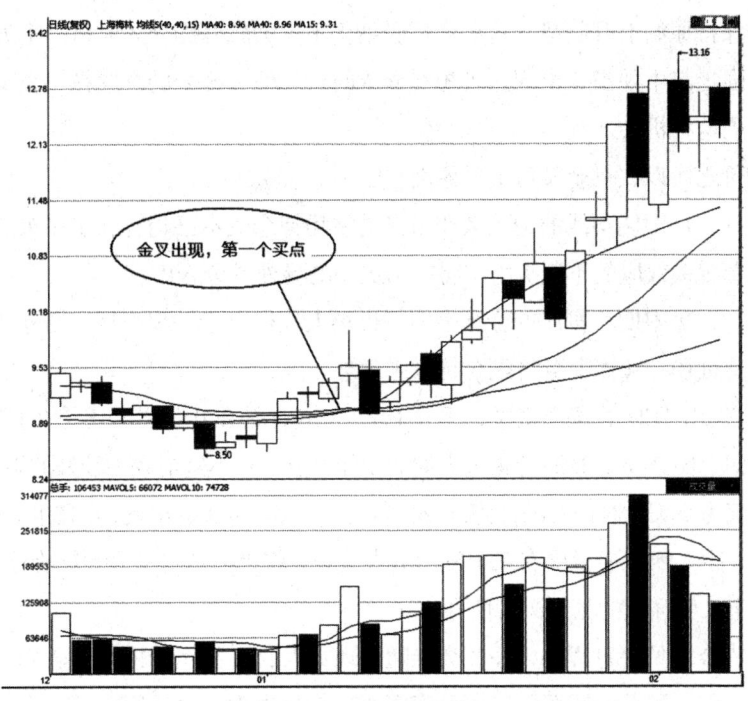

图6-5 上海梅林走势图

后的翻云覆雨走势，来说明三金叉见底的实战运用技巧。

1. 第一个买点为三金叉发生时

所谓的 5 日、10 日均线、均量线以及 MACD 三金叉，并非绝对要求同时或同一天发生金叉，这仅是一种简单的描述。事实上，均线、均量线及 MACD 三金叉只要在几个交易日之内发生，都可视同于"三金叉"。由于探底之前往往有一个放量的过程，均量线的金叉往往是第一个出现，三者当中最后一项发生金叉时就是短中线的买入信号。上海梅林在 2006 年 12 月 28 日见底 6.69 元之后，到 2007 年 1 月 9 日止，均线、均量线、MACD 先后都已发生金叉，因此 2007 年 1 月 9 日的阴十字星的强势震荡为较好的买点。

2. 第二个买点为三金叉发生后上攻途中出现回档时

三金叉见底发生时，投资者当时有可能没有注意到这种极好的短线介入点，其实在错过三金叉见底的买入信号之后，投资者仍可等待股价回档时出现的第二个买机，最有效的方法是在股价回档时于 10 日或 20 日均线附近逢低吸纳。只要股价仍保持原始上升趋势，这种逢低吸纳仍不失为较好的介入时机。上海梅林在单边超强走势中并没有出现这种短线介入时机，但大部分的个股在三金叉出现后都留下了这种机会。

股价之所以在三金叉后上升原因在于：

第一，短中期均线的金叉表明市场的平均持仓成本已朝有利于多头的方向发展，随着赚钱效应的不断扩大，将吸引更多的场外资金入市。

第二，短中期均量线的金叉表明了市场人气得以进一步恢复，场外新增资金在不断地进场，从而使量价配合越来越理想。

第三，MACD的黄金交叉，不管 DIF、MACD 是在 0 轴之上还是在 0 轴之下，当 DIF 向上突破 MACD 时皆为短中期的较佳买点，只不过前者为较好的中期买点，而后者仅为空头暂时回补的反弹。总而言之，随着三金叉的出现，在技术分析"价、量、时、空"四大要素中有三个发出买入信号，将极大地提高研判准确性的概率，因此三金叉为强烈的见底买入信号。

在三金叉见底过程中，往往会伴随出现买入的 K 线组合或其他研判方法，而两阳夹一阴、阳后两阴阳、三阳开泰等买进信号出现，也从侧面进一步证明了三金叉见底的有效性。更多指标发出买入信号，将极大地提高研判准确性的概率。

"曙光初现"，短线可为

"曙光初现"属于 K 线组合中的一种，它是由两根走势完全相反的较长 K 线构成，第一天为阴线，第二天为阳线。第二天的阳线向下跳空低开，开盘价要远远低于第一天的收盘价；但第二天的收盘价却高于第一天的收盘价，并且阳线的收盘价被第一根阴线的实体部分覆盖，几乎到达第一天阴线实体的一半左右的位置。

连续性的"曙光初现"K 线组合，在弱市的下跌行情中往往预示着该股具有强烈的反转要求。此外"曙光初现"K 线组合在熊市中应用时，还需要加上一个附加条件，那就是"曙光初现"第二根阳线的最低价必须是 13 个交易日以来的最低价，这主要是为了避免投资者在熊市中贸然追高，由此防止操作风险。但是，如果市场趋势非常好，股市运行在牛市行情中时，投资者则不必过于拘泥这条规则。

"曙光初现"的图谱表现形式如图 6-6 所示：

图 6-6 所示是一个典型的"曙光初现"形态。在图中表现为由一阴一阳

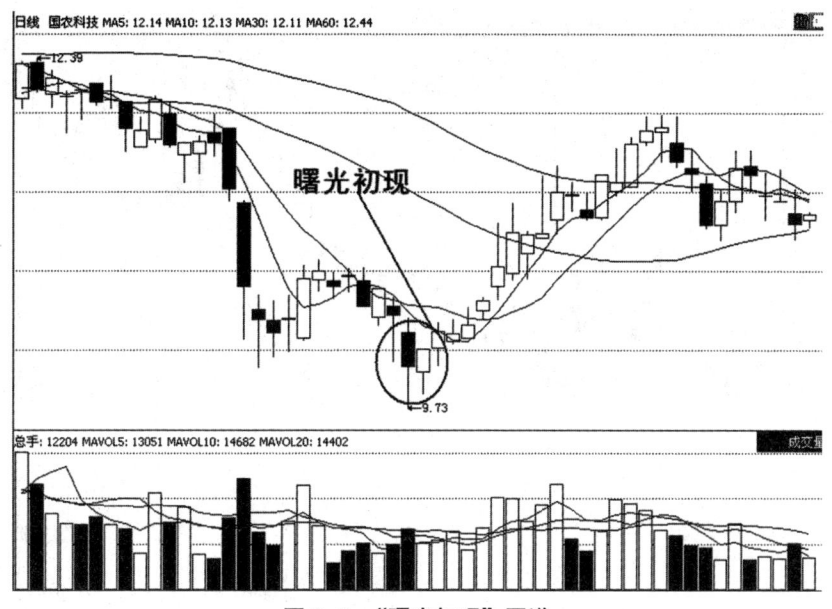

图6-6　"曙光初现"图谱

两根K线组成。先是一根大阴线或中阴线，接着出现一根大阳线或中阳线。阳线的实体深入到阴线实体的二分之一以上处，这是见底信号，表明后市看涨。阳线实体深入阴线实体的部分越多，转势信号就越强，这就是一个很好的买入点。

以华东电脑（图6-7）为例，2009年3月2日华东电脑走出一个典型的"曙光初现"图形，下面具体分析一下如何运用"曙光初现"的技巧进行实战操作。

2009年开盘以来，由于受到大盘和相关政策面的影响，股票的走势不是十分理想，空头和多头反复争夺，股价处于徘徊状态。从图形可以看出，2009年3月2日华东电脑的K线图明显走出一个"曙光初现"的形态，当时的股价以4.86元收盘，结合当时的弱市行情，很多投资者对这种收盘不是很看好，但是到了3月3日行情就发生了一个转变，以4.90元跳空开盘后一路上涨，当时涨幅为2.22%，换手率也有所增加，之后就走出了一个上升通道，2009年6月5日的实时报价为8.31，涨幅惊人。可见如果能够掌握"曙光初现"的特点，就能够抓住这轮行情，就会有一个不错的收益率。

无论是在熊市还是牛市中，运用"曙光初现"形态选股时，必须注意三个要点：

（1）量能的变化情况。伴随K线组合形态同时出现缩量，表明股价已经筑

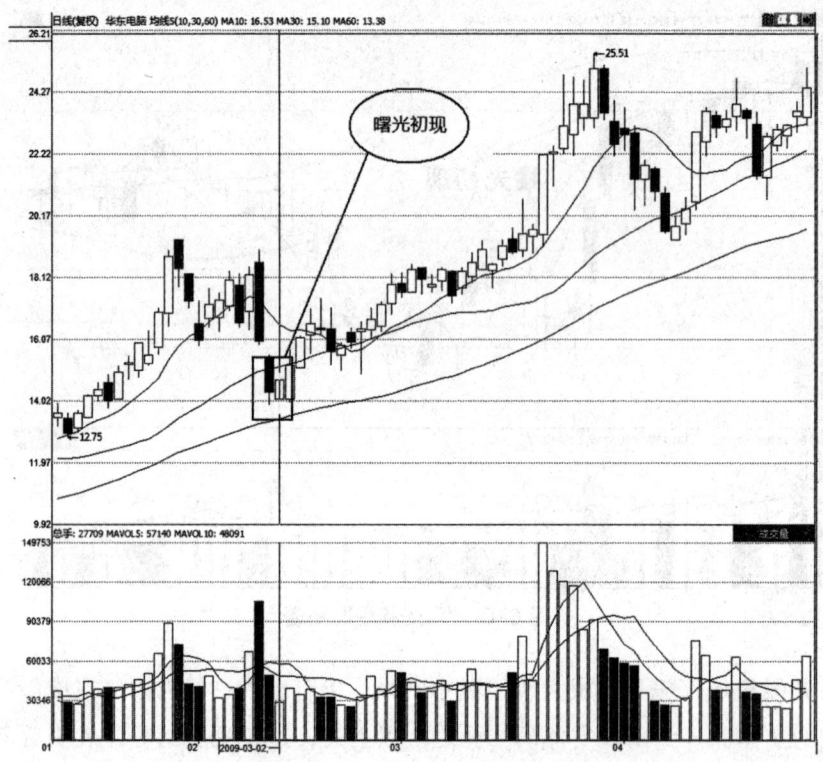

曙光初现

图 6-7 华东电脑走出的一个典型"曙光初现"图形

底成功。

（2）如果个股涨幅过大时，出现"曙光初现"形态，则有骗线的可能性。

（3）出现"曙光初现"形态后，如果股价立即展开上升行情，则力度往往并不大。相反，若有一个短暂的蓄势整理过程，往往会爆发强劲的个股行情。

"曙光初现"形态应用于大盘趋势分析中也十分有效，常常能把握市场的拐点。

红三兵出现，短期会上扬

红三兵一般指连续阴线后连续拉出三根阳线（红色），短期有上扬空间。通常股价在底部区域，经过较长时间的盘整，连续拉出三根阳线，并且每天的收盘价高于前一天的收盘价，每天的开盘价在前一天阳线的实体之内，此外每天的收盘价应该是当天的最高点或接近最高点。

图 6-8 为红三兵的图谱表现形式：

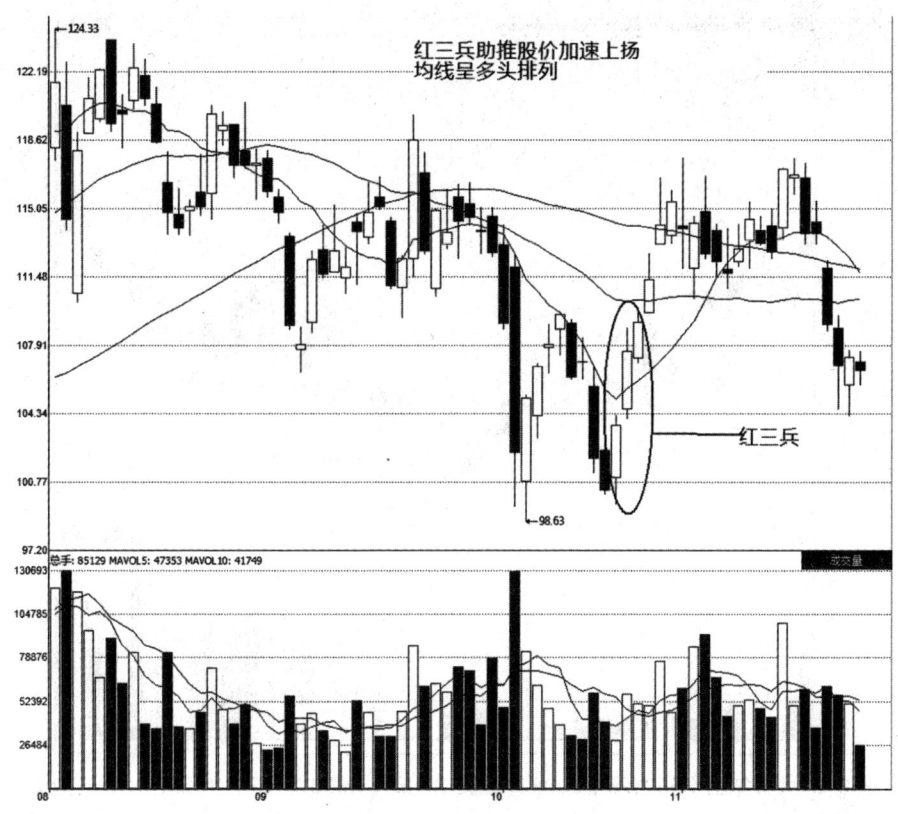

图 6-8 红三兵形态

红三兵在盘面上的表现就是股价经过一段时间的低价整理后，出现连续的三根阳线。红三兵的出现伴随着底部量能的放大助推股价加速上扬。

图 6-9 为太极集团（600129）在 2008 年 9 月 24 日～ 2008 年 12 月 5 日的 K 线走势图。该股股价经过一段时间的下跌后，接着连续四天的阴跌，之后突然拉出一根阳线，经过三天的连续三阳，我们可以判断出这是一个红三兵形态，该股后市的股价走势验证了判断的正确性。

如何确认红三兵呢？

（1）股价处于底部区域。

（2）股价已经过长期的盘整。

（3）在其他部位出现的连续三条阳线，特别是实体较大的阳线，不能按"红三兵"对待。

（4）成交量温和放大。

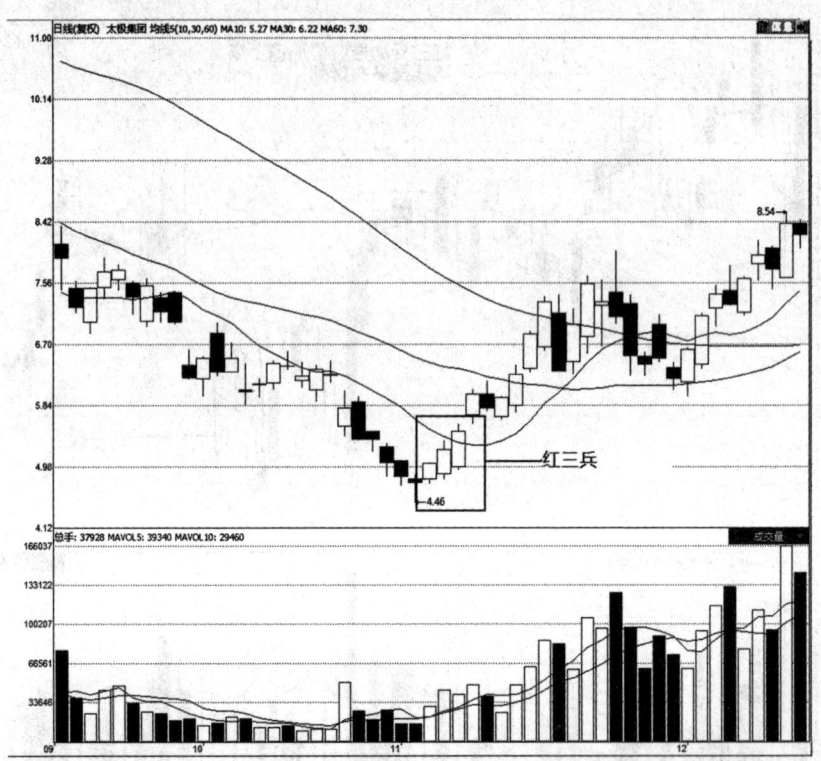

图 6-9 太极集团（600129）2008 年 9 月 24 日 ~ 2008 年 12 月 5 日的 K 线走势图

希望之星，见底标志

希望之星出现在下跌行情的末期，是一种具有反转意义的 K 线组合。它由三根 K 线组成，其中第一根是大阴线，延续跌势，第二根是跳低开盘的小实体（可阴可阳），第三根是大阳线，表明多方已经站稳脚，价格止跌回升。中间实体短小的 K 线，在左右两根较长的 K 线的衬托之下，就像一颗星星，故得此名。希望之星代表后市可期，是见底标志。

"希望之星"的图谱表现形式如图 6-10 所示：

"希望之星"的形态特点是：

前期处于长期的跌势中；

第一根 K 线是大中型阳线或阴线；

第二根 K 线是跳空低开的小实体（阴阳均可）；

第三根 K 线是与之前趋势相反的大中型阴线或阳线。

如上图所示，希望之星在出现之前，市场上的下跌氛围浓厚，因此中间的一根 K 线在开盘时仍然延续了下跌的势头，呈现出跳空低开的开盘格局。但经过一个交易日的多空之战，收盘价往上回升，形成了实体短小的一根 K 线，这就是价格被多方托住，下跌之势收缓的表现。当然，价格能否真正得到有力的支持，还要配合第三天的 K 线。图中所示的第三天 K 线收阳，表示价格的触底得到了更多投资者的确认，股价止跌。

下面结合实际 K 线图，分析一下"希望之星"的操作手法：

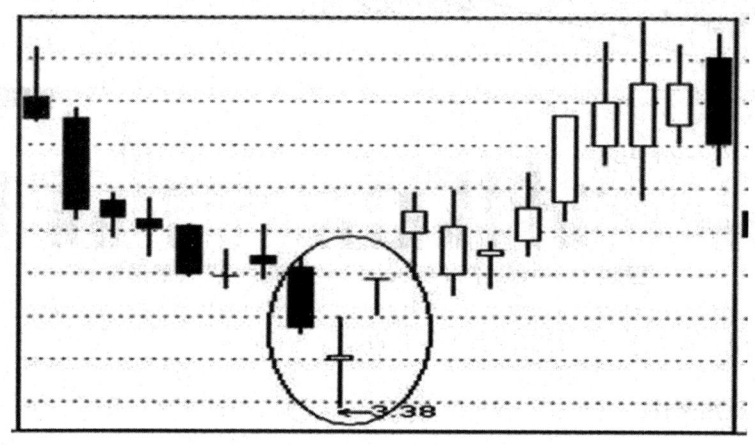

图 6-10 希望之星形态

自从 2007 年 8 月开始，中粮地产（000031）（如图 6-11）就伴随大势，一路震荡下行，到 08 年 9 月份时已从最高点的 40 多元跌至不到 4 元（期间有过分红派息）。在 2008 年 9 月 17 日走出了跌幅达 7.41% 的大阴线。一般来说，长期下跌后的大跌不一定是坏事，根据实践经验，它往往成为空头最后一击的表现。但此例中，股价能否真正反弹还要再看后期表现。第二日（9 月 18 日），股价跳空低开、尾盘收阳的小实体出现，而第三日（9 月 19 日）又出现了一个涨停，正是空头力竭，多头重新积聚力量的表现。此时我们可以再从成交量角度进行分析，前期下跌过程中的成交量都非常小，属"地量"水平——跌无可跌，这也是股价见底的一个信号。

由于出现了明显的"希望之星"K 线形态，因此短期内应该有一段上扬产生，激进型投资者可选择当即买进，进行短线操作。保守型的投资者也可以选择试探性买入，逐渐增仓，或是在成交量出现明显放大、趋势更加明朗后进场。

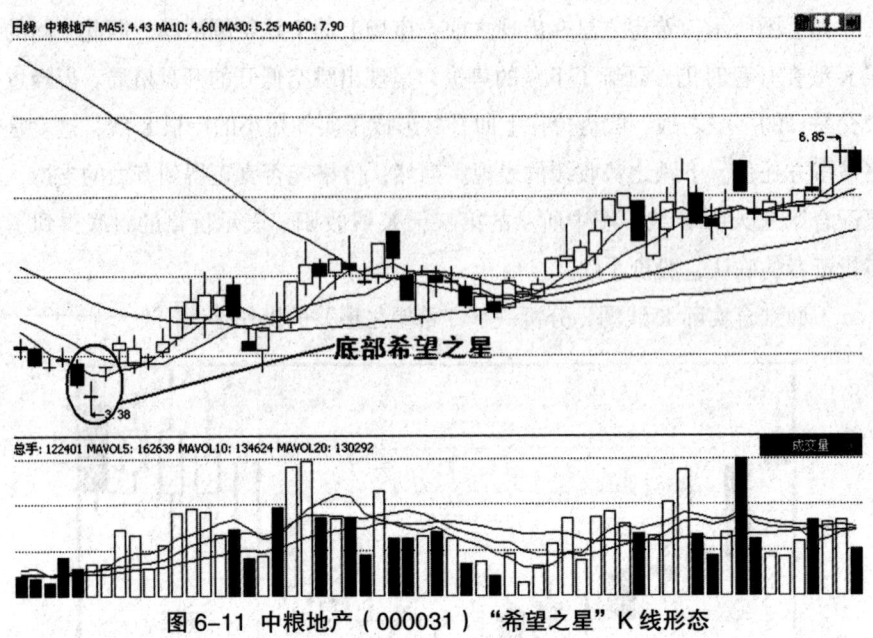

图 6-11 中粮地产（000031）"希望之星"K 线形态

运用"希望之星"时请注意以下几点：

1. 应用条件

（1）前期处于长期的跌势，一般要求近期跌幅至少达到 50%，"希望之星"的出现才是见底标志。

（2）若跌幅没有达到上述要求，"希望之星"的出现只是反弹标志而非见底标志。

2. "希望之星"出现后的操作方法

（1）在满足上述条件底部出现"希望之星"时，可试探性建仓，如果股价没有跌破"希望之星"的最低点，就可继续持股；出现明显跌破时，则应立刻出手，继续等待底部。

（2）对于上市时间长短不同的股票，在底部出现"希望之星"时的操作也是不同的。上市时间越短的股票，在底部出现"希望之星"，越可以作为长期投资目标，而对于上市时间较长的股票，则最好只作为中短期投资目标。

3. 实际操作中结合其他指标配合分析更准确

（1）与 30 日均线的结合：当股价下跌到 30 日均线处得到有力支撑，并出现

"希望之星"形态，则可进行短线买入；当股价跌破 30 日均线时，则应立刻抛售。

（2）与 120 日均线的结合：当股价下跌到 120 日均线处得到有力支撑，并出现"希望之星"形态，则可试探性建仓；如果股价出现回落，则应跌破 120 日均线时再卖出。

（3）结合成交量："希望之星"出现以前，成交量都较小；出现以后，成交量有明显放大。

第二节
选好卖点多获利

黄昏之星，卖出为先

黄昏之星是标志着价格反转的三根 K 线组合形态。由于第二根 K 线的开盘价和前一日收盘价之间存在着缺口，像是挂在天空的星星，故得此名。黄昏之星预示着黄昏的到来，是见顶标志。

"黄昏之星"的图谱表现形式如图 6-12 所示：

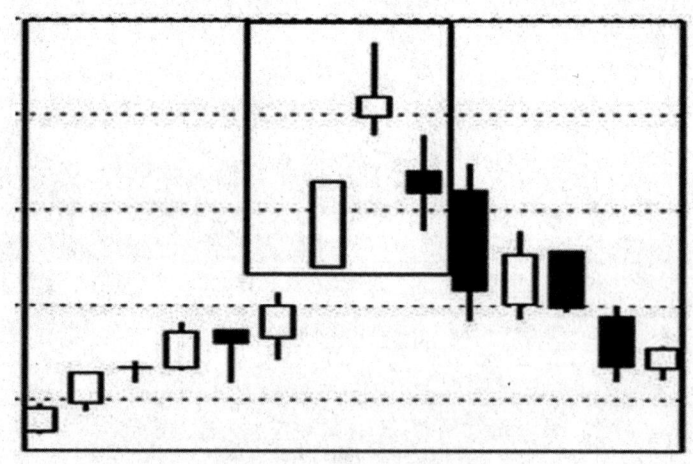

图 6-12 黄昏之星形态图

"黄昏之星"由三根 K 线组成，它的形态特点是：

前期处于明显的涨势中；

第一根 K 线是大阳线或中阳线；

第二根 K 线是跳空高开的小实体（阴阳均可）；

第三根 K 线是跳空低开的阴线，与前一日 K 线存在缺口。

上图所示是一个典型的"黄昏之星"形态，第一根大阳线延续了上升趋势，但实体过长时也常常成为多方的最后一轮攻击，且有人在高价处由多转空；第二根 K 线是跳空高开的小实体（可阴可阳），表示上升的趋势明显受到了抑制；第三根 K 线通常是有着较长实体的阴线，表明此时的大势已转向空方这一边，价格将开始下跌。在本图中，第三根 K 线的实体并不很长，但上下影线很长，开始展现出空方强大的打压力量。就本图来说，第四根 K 线收成了大阴线，也可看作对于第三根 K 线的补充，反转意味十分明显。

以 *ST 盛润（000030）为例，2009 年 2 月 17 日 *ST 盛润走出了"黄昏之星"形态，下面具体分析一下如何运用"黄昏之星"的技巧进行实战操作。

如图 6-13 所示，虽然该股是一只带有"*"的 ST 类股票，但也在 2009 年初的普涨浪潮中受到追捧，从 2009 年 1 月 15 日开始启动以来，上涨迅猛，几乎呈现出直线型，至 2009 年 2 月 16 日上涨已超过 67%。在图中画圈处，2 月 16 日

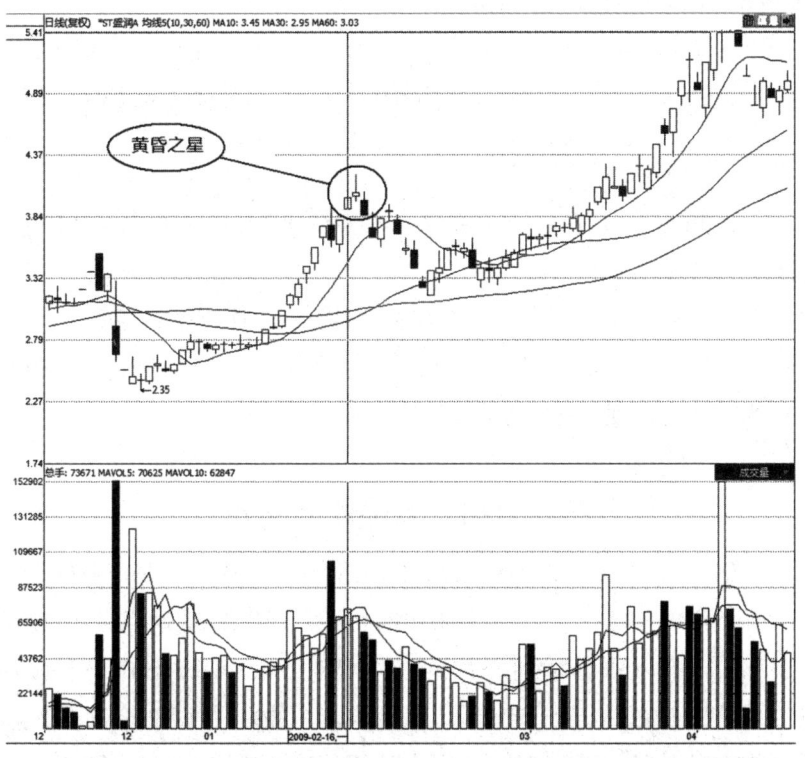

图 6-13 *ST 盛润（000030）"黄昏之星"形态

收为阳线，但其长长的下影线告诉我们，当天一定存在着一场空头奋力拼杀的战争，但最终多头仍然占据了上风，尾盘收阳。第二日出现了跳空高开的小实体，表示多空的实力差距逐渐缩小。而第三日的大阴线则表现出空头反败为胜，即将就此拉开一段向下调整的行情。

在连续上涨的行情后，出现了"黄昏之星"，下跌的可能性很大，投资者果断卖出，等待下一个低点再次建仓。我们看到该股的此轮调整花费了一个半月的时间，可见如果能在"黄昏之星"出现时便进行换股操作，投资收益率可以大大提高。

运用"黄昏之星"进行操作时请注意以下几点：

1. 应用条件

（1）前期处于上涨行情，股价在近期应上涨至少50%。

（2）若涨幅没有达到上述要求，"黄昏之星"的出现只是阶段性的回落信号。

2. 根据个股的不同涨幅，操作也不同

（1）在涨幅很大的股票上，若出现了"黄昏之星"，则应立即卖出。

（2）若涨幅不算很大，则可视当时情况选择继续持股或逐渐减仓。

3. 配合其他指标进行综合分析

（1）结合缺口：当"黄昏之星"中的第二根K线和第三根K线之间存在缺口时，则转势的意味更重。

（2）第三根阴线深入到第一根阳线的实体越深，则转势意味越重。

（3）结合成交量："黄昏之星"若伴随着巨大的成交量，则见顶信号十分强烈。

（4）如果近期出现了其他的见顶信号，则效果增强。

乌云盖顶，跌势即将开始

"乌云盖顶"又称乌云线形态，属于K线组合中的一种。它是由两根处于图表顶部的阴阳线组成，第一天为上升趋势中的大阳线，第二天是跳空高开的大阴线，即其开市价高于第一天的最高价，而收盘价却低于第一天阳线实体的中部位置。

乌云盖顶通常在一个上升趋势后出现，属于一种见顶回落的转向形态。本来处于上升趋势的某股，某日突然出现一根大阳线，第二天市场跳空高开，然而市

场并没有继续上冲,市场收市价接近于当日最低价,并深深扎入前一天实体内部。这意味着市场价格上升动力耗尽,买方的最后一番上攻失利,卖方掌握大势,形成下跌。

"乌云盖顶"的图谱表现形式如下：

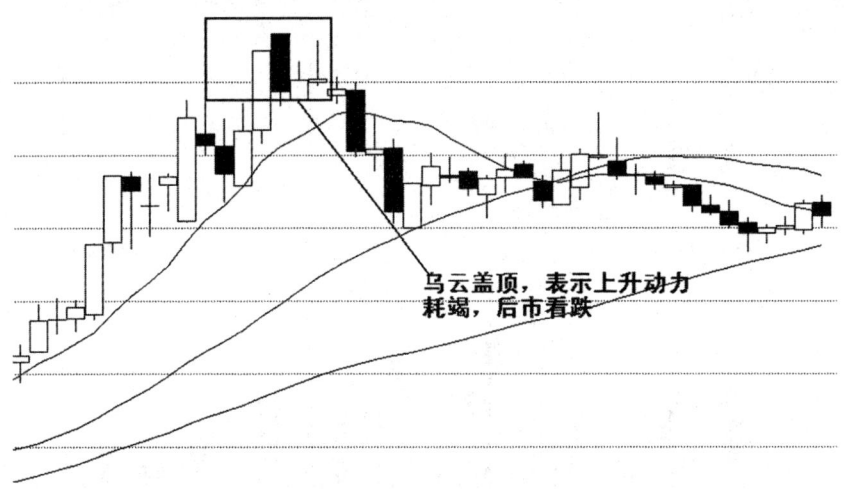

乌云盖顶，表示上升动力耗竭，后市看跌

图 6-14 乌云盖顶形态图

"乌云盖顶"由两根 K 线组成,它的形态特点是：

个股处于上升的趋势；

第一根 K 线为大阳线或中阳线；

第二根 K 线为大阴线或中阴线,其开盘价高于第一根 K 线的收盘价,但收盘位置却深入到第一根 K 线实体的一半以上。

图 6-14 所示是一个典型的"乌云盖顶"形态。在图中,先出现了一根上升趋势中的大阳线,仍是上升之势的延续,接着出现一根大阴线,且阴线的实体深深地切入阳线实体中,空方的打压力度非常强大,这两根阴阳组合线构成了价格反转信号,后市看跌。

以光电股份（600184）为例,2009 年 4 月 30 日新华光走出了一个典型的"乌云盖顶"图形（图 6-15）,下面具体分析一下如何运用"乌云盖顶"的技巧进行实战操作。

市场在 2009 年年初普遍上涨,新华光这只股票也是从 2009 年 3 月 11 日起就走出了一条明显的上升通道。该股在 2009 年 4 月 29 日涨停,次日则以 26.34 的价格跳空高开,却收于 24.63,阴线收盘点位低于阳线的中间位置,形成了明

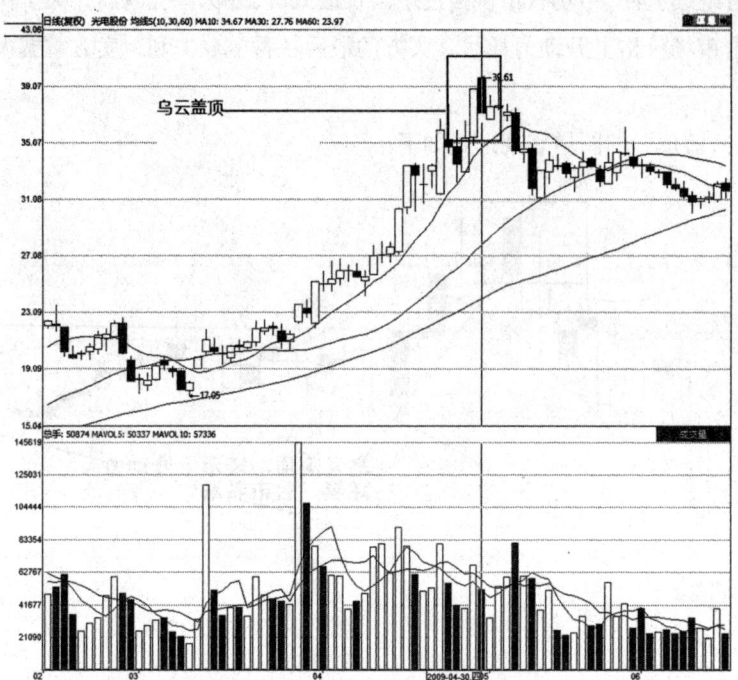

图 6-15 光电股份（600184）K 形图

显的"乌云盖顶"形态，而该股在这之后就开始逆转，走入跌势当中。

运用"乌云见顶"时请注意以下几点：

1. 应用条件

（1）前期处于上涨行情，股价上涨的幅度应至少达到 50%，如果是超级牛市，则定位为 100% 以上。

（2）若涨幅没有达到上述要求，"乌云盖顶"的出现可能只是阶段性的回落信号。

2. 操作建议

（1）在涨幅很大的股票上，若出现了"乌云盖顶"，应立即卖出。

（2）若涨幅不算很大，则可视当时情况选择继续持股或逐渐减仓。

3. 其他要点

（1）第二根 K 线实体深入第一根 K 线实体中越多，股价见顶回落的可能性越大。

（2）结合成交量：第二根 K 线往往伴随着放量，成交量越大，市场转向的可能性也就越大。

（3）如果近期出现了其他的见顶信号，则效果增强。

三峰顶天，卖出抢先

股价上升到高位后，相继出现了高度大体处在同一水平线上的三个顶部，这三个顶部，就称为"三峰顶天"。该形态的卖出原理较好理解，从该形态的走势就可看出，第一个山峰出现时，表明投资者对这一高点已有戒备，做多较为谨慎，股价不能继续上涨，只好向下寻求出路，于是形成了第一个山峰。第二个山峰出现时，因有前一山峰做比较，部分投资者会在第一个山峰的高点附近卖出，迫使股价下跌。第三个山峰出现时，是卖出股票刻不容缓的时刻，错过这一卖出机会，损失会相当大。

图 6-16 为钱江生化（600796）在 2000 年 10 月到 2001 年 2 月的走势图。

该股走出了一个典型的"三峰顶天"的形态，三峰形成在股价高位区，它形成三个高价，并且成交量也随着放大。该股三峰高度相当，都接近 25.59 元，在

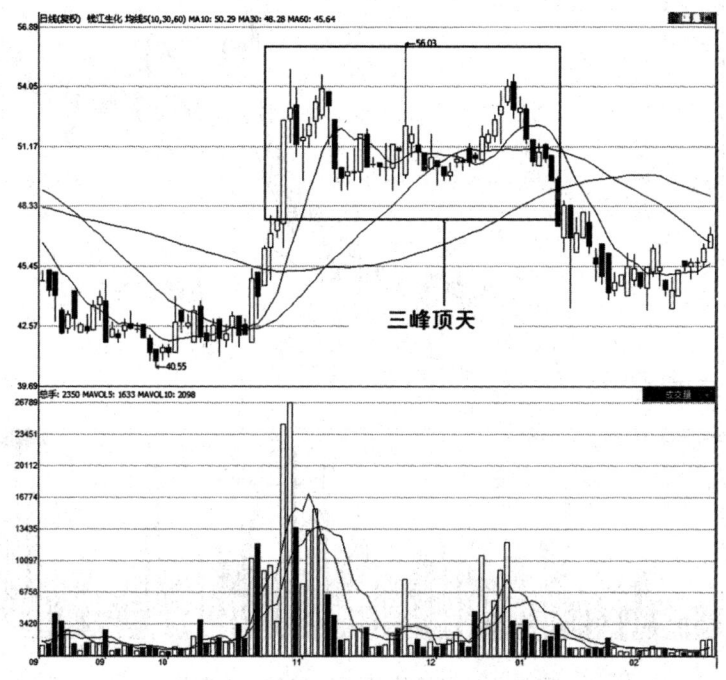

图 6-16 钱江生化（600796）2000 年 10 月　2001 年 2 月的走势图

第一峰顶形成时，成交量也放出巨量，表明在此处投资者已高度戒备，上涨动能下降，股价回落。第三个峰顶出现时股价已难突破前期高点，量能减弱，是提示卖出的强信号，应及时出货。

图6-17为格力电器（000651）在2006年9月28日～2007年3月13日的日线走势图。从图中可以看出，该股在2007年1月下旬～2007年2月中旬的这段时间里，走出了一个处在天顶高位的"三峰顶天"形态。在2007年1月24日，该股出现了第一峰，显示峰顶高点的图线是一条高位乌云线（开盘价19.19元，最高价19.27元，最低价18.10元，收盘价18.38元），峰顶高点为19.27元。在2007年1月30日出现了第二个峰顶，显示峰顶高点的图线是一条反弹小阳线（开盘价18.15元，最高价18.75元，最低价17.86元，收盘价18.70元），峰顶高点为18.15元。在2007年2月16日出现了第三个峰顶，显示峰顶高点的图线是一条长上影小阳线（开盘价18.20元，最高价19.08元，最低价18.00元，收盘价18.36元），峰顶高点为18.20元。由此构成"三峰顶天"形态，这时已经是相当

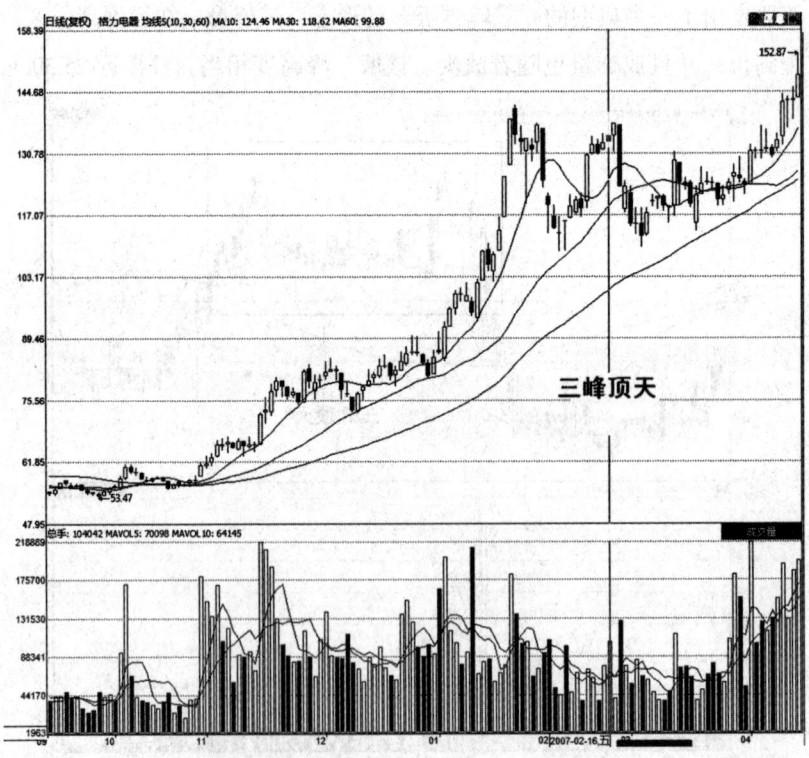

图6-17 格力电器（000651）走势图

可信的见顶信号，投资者应该在此处卖出股票。从图中可以看出，该股的后市走势印证了这一判断，当第三个峰顶出现后，该股随即急跌了一周，股价由 2007 年 2 月 16 日第三个峰顶高点出现的 18.36 元，下跌到 2007 年 3 月 5 日的 15.10 元，下跌了 17.75%。

（1）三个峰顶出现的时间间隔有长有短，长的达数周甚至数月，短的只有三五日，不论相隔时间长短，均是强烈卖出信号，卖出时机在第三峰顶出现时。

（2）在天顶高位出现时，卖出后还要远离；在下降行情中出现时，卖出后可在第一个峰顶和第三个峰顶之间高抛低吸做差价。

（3）区分"三峰顶天"形态所处的位置是十分重要的。通常以股价前升幅的大小来区分本形态所处位置，在通常情况下，前升幅较大，处在高位时的可能性也就较大。但是无论"三峰顶天"的形态出现在高位或是下位中，均显示见顶信号，都应该果断卖出股票。

高位双大量，跌在眼前

当股价上升到高位时，连续两天出现非常接近的巨大成交量，这是由于主力在高位派发筹码造成的，此形态意味着前期上升趋势将发生逆转，一轮下降行情即将拉开。

在实战中，连续在高位放出巨大的成交量，说明天价就在眼前。操作上投资者需要观察对应天量成交的 K 线形态，进而选择卖出时机。如果"高位双大量"的两条成交量柱线为红色（K 线为阳线），一般应选择第二天卖出，反之应在当天收盘前卖出，因为天量如对应着长阴或"长箭射天"等星形 K 线，代表多头已经后续乏力，第二天跌势会更为凶猛。此外，该形态出现后也有可能产生股价小幅上涨（实际是主力制造的多头陷阱），或者处于长期的横向整理走势，致使股票较长一段时间缺少交易机会。而无论哪种形态都是极强的转势信号，因此在高位连续异常放量时应果断卖出手中的股票。

景兴纸业（002067）（图 6-18）在 2009 年 8 月 4 日连续出现高位双大量的走势后股价直线下杀，短期跌幅达 27%。

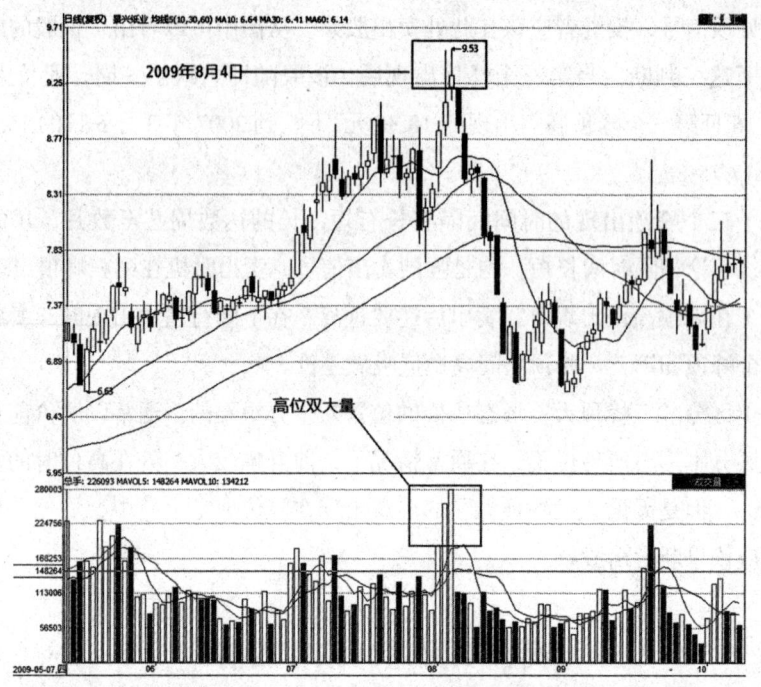

图 6-18 景兴纸业（002067）2009 年 8 月 4 日连续出现高位双大量后的走势图

兄弟剃平头，股票不能留

"兄弟剃平头"指股价到高位后，先后相继出现两对平顶 K 线。该形态是由两组平顶线组合起来的图线，所以卖出信号更为强烈。该形态一旦出现，表明投资者对当时的股价产生了疑虑，做多谨慎，所以股价出现了两次平顶走势。后市只有通过回档整理才有可能重拾升势，回档的幅度，一般与前期升幅的大小有关。

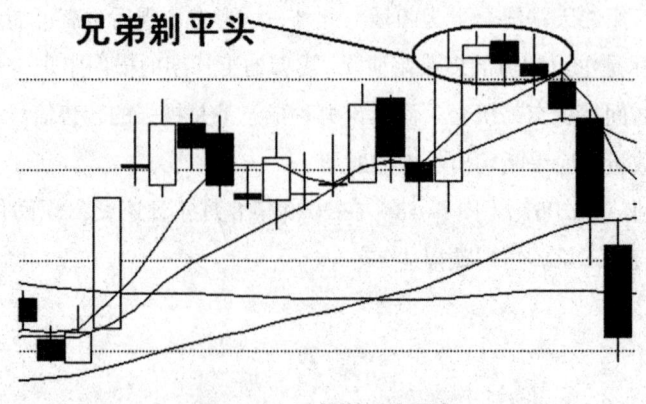

图 6-19 兄弟剃平头形态

图 6-19 为典型的"兄弟剃平头"形态，第一组平顶线由一根大阳线和一个上影小阳线组成，第二组平顶线由两条阴线组成。该形态形成后股价迅速进行了一个回档。

以安信信托（600816）为例，图 6-20 为该股在 2001 年 7 月 16 日～2001 年 10 月 22 日的走势图，图中显示了一个经典的"兄弟剃平头"形态。第一组平顶线的最高价为 10.31 元，而第二组平顶线的最高价为 10.30 元。两组平顶线都形成了大体同值的平头顶线，第一组的值略高于第二组的值。此形态形成后，显示出该股已经上升乏力，应择机卖出。后市的走势验证了我们的判断，连续几天阴跌，2001 年 10 月 22 日股价跌到了 8.40 元，跌幅达到了 16.25%。

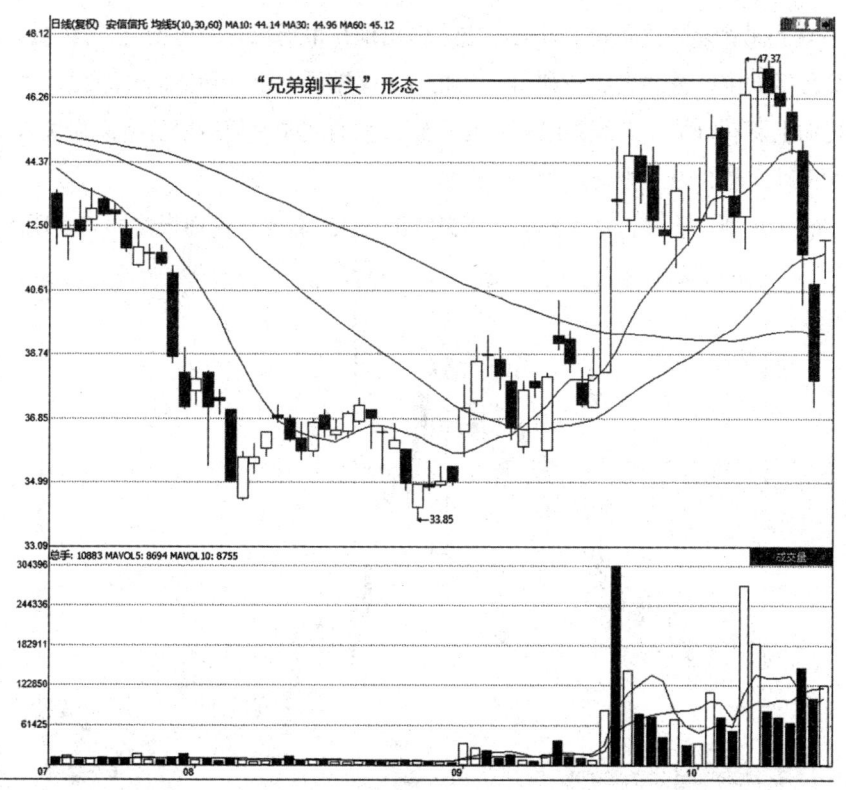

图 6-20 安信信托（600816）2001 年 7 月 16 日～2001 年 10 月 22 日的走势图

观察"兄弟剃平头"形态时，需要注意：

（1）"兄弟剃平头"形态，要求"兄"比"弟"高，即第一组平顶线应高于第二组平顶线，否则就不能作为后市走势的判断依据。

（2）"兄弟剃平头"形态，多出现在顶部，该形态出现后，股价或多或少会有一跌，遇上此形态，卖出要果断，最好清仓离场，不留尾巴。

（3）"兄弟剃平头"形态，有时也出现在下降行情的下降途中，其卖出信号与顶部的卖出信号一样强烈，不要认为股价已下跌了一段就万事大吉，放松了警惕。

三线下山，后市不乐观

股价高位时，移动均线5日、10日、30日三线都勾头向下走到了一起，且5日线和10日线分别向下死叉30日均线，是典型见顶信号，表明短中长线均不看好后市。

在实战中，该形态出现在股价上升初、中期时，投资者不必恐慌，股价在经历小幅下探后会重新回到上升通道中。但出现在市场拉升的末期时，"天量天价"往往已经发生，主力也已获利出局，此时由于抛压沉重，趋势已经恶化，多头无力再向上驱动行情。三线相继死叉是一轮大跌的序曲，随后股价将面临疾风骤雨般的下跌之势，因此投资者要尽快离场。

（1）出现在上升行情末期时，下跌空间较大；出现在整理行情的波段顶部时，

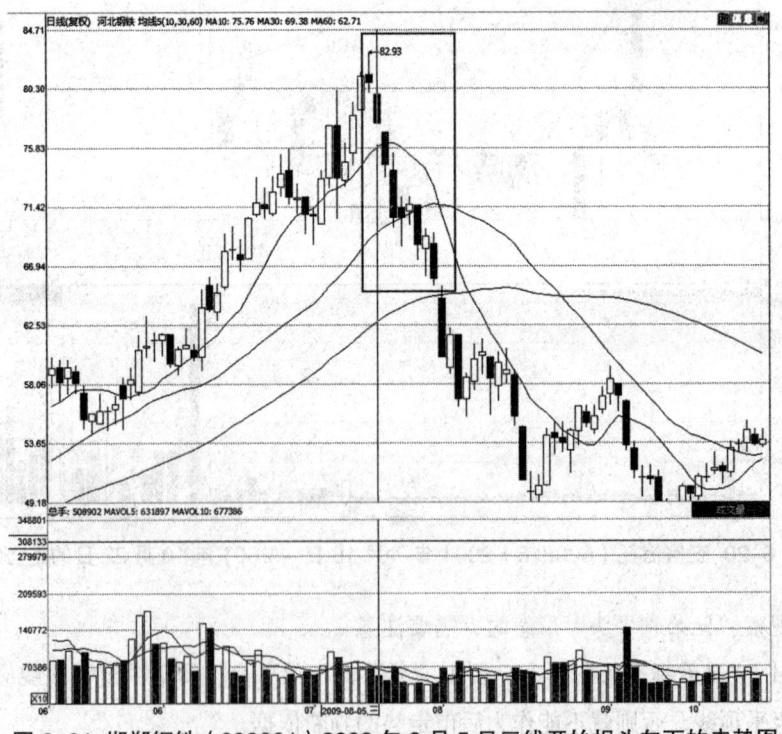

图6-21 邯郸钢铁（600001）2009年8月5日三线开始拐头向下的走势图

是短线高抛低吸做差价的好机会，当然新手免谈。

（2）三线必须靠得很近，扭在一起（图6-21）本形态才成立，且靠得越近有效性越高，其中有一条隔得较远时则非本形态。

邯郸钢铁（600001）（图6-21）在2009年8月5日三线开始拐头向下，先出现5日均线下穿10日均线，继而10日均线下穿30日均线，股价在短时间内大跌37%。

三线死同叉，卖出股票不拖拉

"三线死同叉"指的是："5日移动平均线死叉10日移动平均线""5日均量线（VOL：成交量指标）死叉10日均量线""DIF线死叉MACD线"。该形态从三种不同角度客观地分析市场动向，为投资者研判行情恶化提供行之有效的逃顶依据，属于大跌之前的最佳卖点。

在实战中，"5日均线死叉10日均线"，从趋势转化的角度分析，下档承接无力，股价只有通过下跌方式寻找新的支撑；"5日均量线死叉10日均量线"，从上涨缺乏量能配合角度昭示下降的必然；而"DIF线死叉MACD线"，则从股价顶背离的角度显示弱势状态。

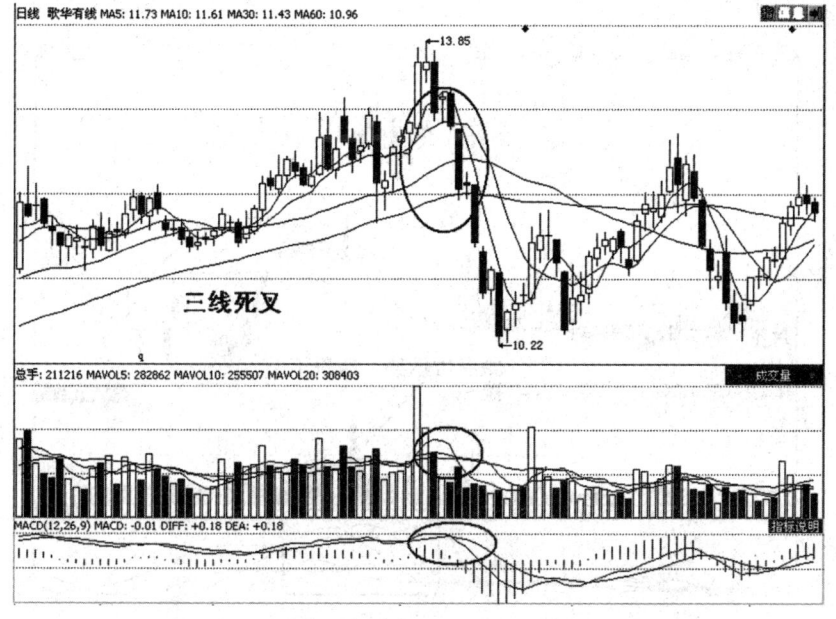

图6-22 歌华有线（600037）2009年7 9月走势图

当股价处于高位区域时，出现三种图线在同一天或间隔一两天的时间里死叉走势，可断定趋势已经彻底转变，此时卖出股票虽然已错过相对高点，但可以躲过随之而来更为凶猛的下跌行情。

歌华有线（600037）（图6-22）在2009年8月11日三线相继走出死叉形态，股价在短短一周时间里下跌19%。

CR高位扭成团，卖出股票不商量

"CR"属于量能指标，用于测量市场人气热度和价格动能以及显示股价压力带和支撑带，是辅助布林线的不足从而进一步判断买卖时机较为有效的补充指标，此形态在高位出现扭团时，是明确的股价见顶信号。

在实战中，投资者需了解其形态的特征及使用方法，方能灵活地运用到日常的操作之中。在"CR"的量能指标中，M1、M2、M3（相对应的是5日、10日、20日）分别代表移动平均线的天数。当"CR"大于300时，属于严重超买信号；而当股价处于高价区"CR"由上至下贯穿三条移动平均线并伴随较大的成交量时，代表上升趋势将发生反转，此时应果断离场。

大华股份（002236）（图6-23）在2009年7月24日"CR"在高位缠绕后，股价直线下挫。

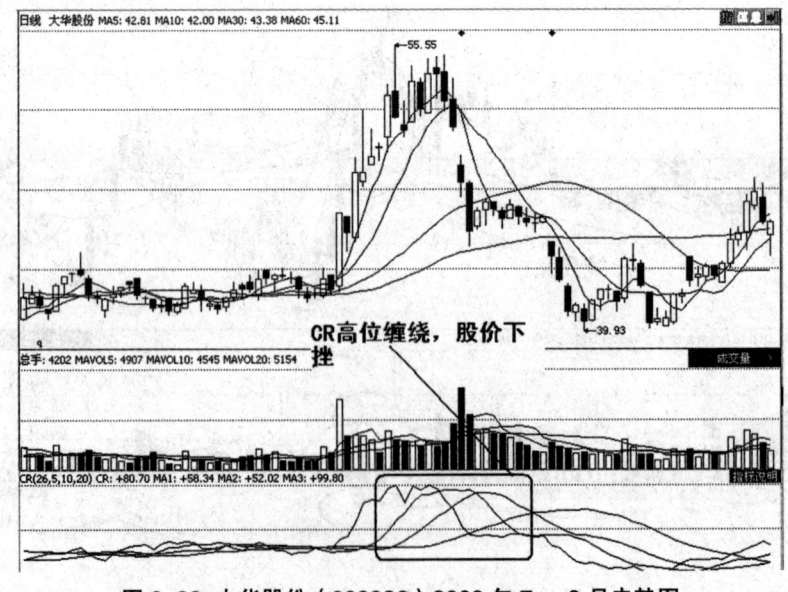

图6-23 大华股份（002236）2009年7　9月走势图

第三节
几种必买经典形态

大阳过平台

股价经过一段时间的上涨后，主力吸够了筹码，构筑平台进行整理，同时清洗浮筹。在平台整理结束，一波拉升开始时，主力常用一条带量大阳线冲过平台。带量大阳线一方面可以冲破平台高点的阻力，说明突破有效，另一方面主力也用它作出上攻态势，吸引市场注意力，让市场为其拉升出力。如图6-24所示。

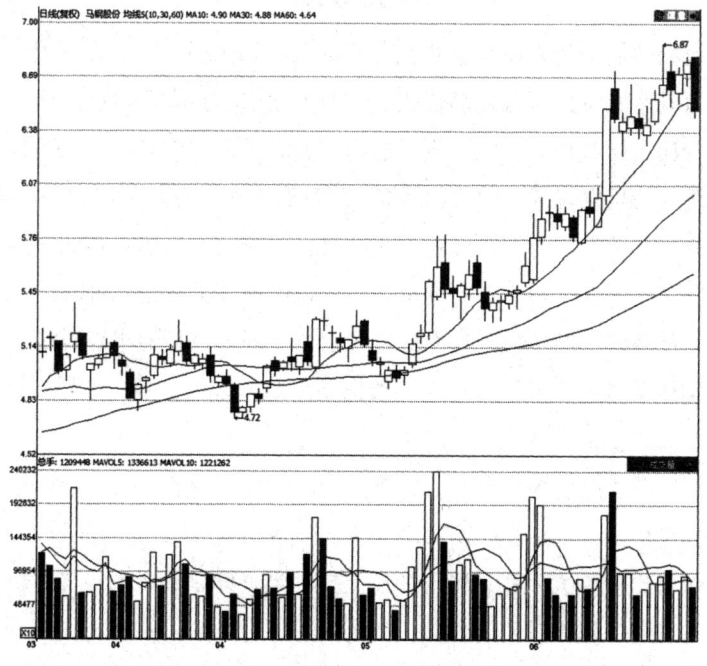

图6-24 放量冲破平台高点形态

（1）股价经过一段时间的上升后，构筑平台，平台构筑时间越长，上涨空间越大。

（2）经过平台整理后，筹码大部分集中在平台区域，这里也是主力的主要成本区。

（3）在构筑平台时，成交量慢慢减小，成交相对清淡，说明浮筹基本清洗完毕。

（4）股价缓慢地向平台的高点运行，某一日一条带量大阳线突破平台的高点。

（5）此时，均线系统多头排列，股价位于略微向上的20日线上方，与20日均线乖离率不大。

（6）MACD已出现红柱，但红柱不长。

（7）大阳线出现当日，成交量突破5日均量线，并有逐日放大趋势，MACD红柱加长。

（8）大阳线出现当日即是最佳买入日，在5日均线走平并有向下转头趋势时卖出。

新高加速

股价缓慢地创出新高后，前期所有的买入者都赢利了，上方再无套牢盘需要解放。主力既然愿意把所有人都解放了，他当然也不会去套自己，而且一小点的涨幅也不会让主力有动力去解放所有的套牢者，所以主力必然志在高远，股价可以看高一线。一旦发现某股股价创新高，而且有加速上扬趋势时，应该立即买入，这样的股票没有上方压力需要应对，往往快速大幅上扬。如图6-25所示。

（1）股价在缓慢上移中不断创出新高，把前期套牢者全部解放。

（2）下部筹码不断上移，在原筹码峰上方不断形成新的小筹码峰。

（3）均线系统向上发散，短期均线的斜率越来越大，股价紧贴陡峭上扬的5日均线上行。

（4）成交量不一定明显放大，这是主力控盘良好的表现。

（5）MACD的红柱加长，DEA和DIF同时平缓向上。

（6）某日出现中大阳线，股价加速上扬。当日即是买入的最佳时机，在5日均线走平并有向下趋势时卖出。

（7）这种股票大多封涨停较早，在早盘就要特别注意。

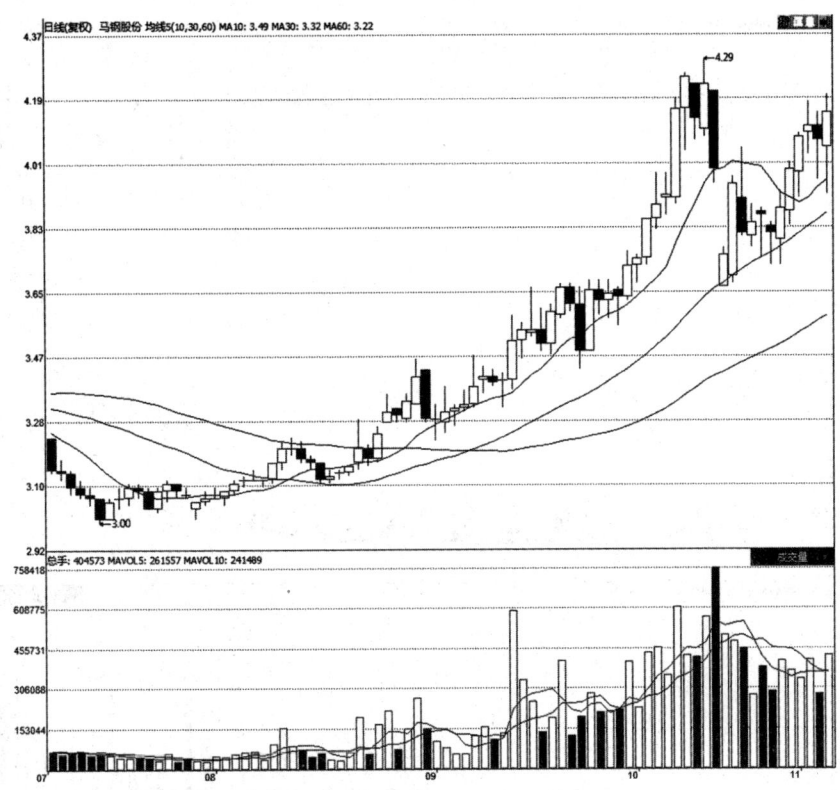

图 6-25 创新高后加速上涨

缩至地量又遇支撑

股价在上升一段时间后，常常缩量整理，在此过程中，主力停止买入或用少量筹码打压，以此清理浮筹，造成成交量急速缩小，当缩至地量（或相对于前期较小的成交量）时，表明浮筹已基本清理完毕，如此时正好遇到支撑（其实是主力故意不去击破支撑位），出现阳线，成交量同时放大，则是主力再次拉升展开。如图 6-26 所示。

（1）前期该股小幅上涨后回调，K 线慢慢变成小阴小阳线。

（2）成交量逐渐萎缩到地量。

（3）在成交量萎缩到地量过程中，股价慢慢向 20 日（也可以是 30 日或 60 日）均线靠近，但仍在其上方。此时 20 日均线处于上涨或由慢慢下跌转头走平过程中。

（4）在股价向 20 日均线靠近过程中，MACD 仍为红柱，或虽曾出现过绿柱，但非常短，时间不超过 3 天。

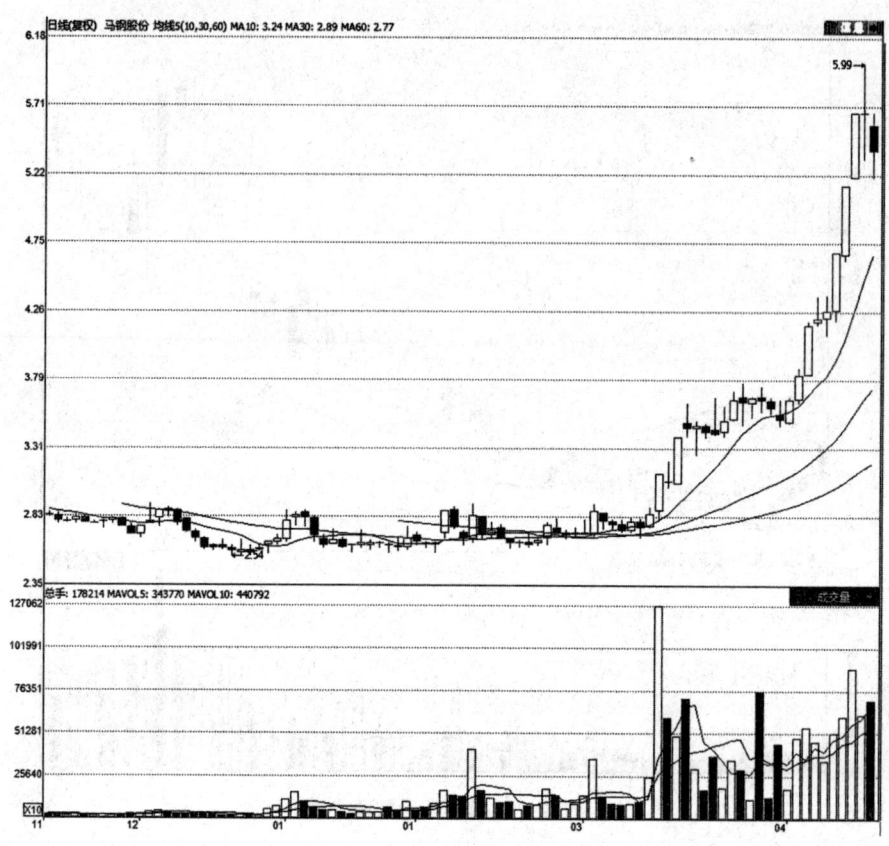

图 6-26 地量遇支撑后上攻形态

（5）某一日出现阳线，5日均线带量上扬（量比稍大更好），成交量超过5日均量线，MACD红柱加长或开始出现红柱，当日即为最佳买入日。

小阴小阳波段初期

上升波段初期的波段孕育阶段，常以多条小阴小阳K线完成，此时以小阳线居多，成交量比较小，股价在一个狭小的区域内波动。根据波段运行规律，波段孕育成功后，波段的成长和加速阶段很快就要来临，股价将加速上扬。我们可以在波段孕育成功时介入，以享受波段成长和加速阶段的波段涨幅。如图6-27所示。

（1）股价以小阴小阳K线在一个狭小的区域内波动，并缓慢爬升。

（2）均线系统多头排列，20日均线向上翘头，股价处于20日均线上方。

（3）成交量较小，但处于温和放量阶段，5日和10日均量线同时上扬。

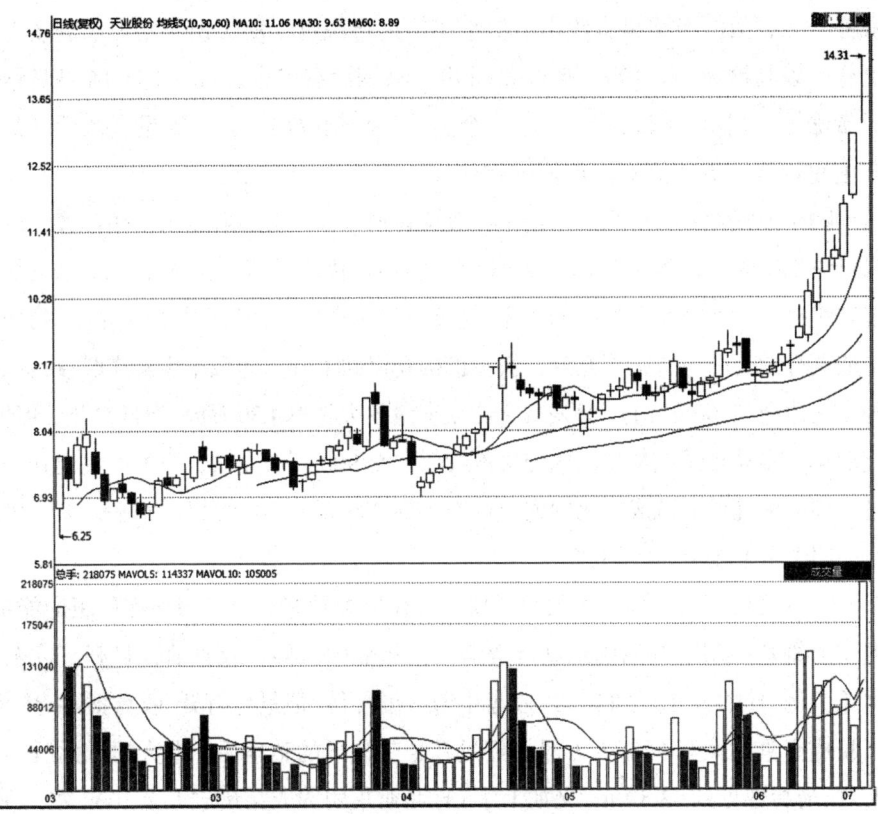

图 6-27 小阴小阳爬升后加速上扬

（4）MACD 出现红柱，红柱较短，但有加长趋势。

（5）股价位于筹码密集峰的上沿。

（6）出现中大阳线或股价超过近期高点即可买入，持有至 5 日均线走平并有转头向下趋势时卖出。

会涨的日 K 线图形分析

2007 年以来，流入股市的资金明显增多，市场中庄股的活跃程度也明显提高。虽然庄股操盘手法千变万化，但万变不离其宗"吸筹——拉升——派发"，于是判断主力何时吸筹就显得相当重要了。我们观察必涨的日 K 线以下面几种形态为主：

（1）长阳十字星组合。指某只股票某日在低位放量收出一根长阳线（多为涨停）后，第二个交易日收出一根十字星进行洗盘，那么说明主力已进场大幅建仓。以马钢为例，1999 年 1、2 月份，马钢没有多少表现，3 月 16 日马钢放天量涨停，收出一根长阳线，第二个交易日马钢收出一根十字星，此后马钢展开上攻行情，最高价曾上到 6 元上方。

（2）连收大阳、中阳线。指某只股票在低位连续放量收出大、中阳线，主力强行收集筹码。这类股票有一较大特征是启动前跌回原形或跌幅较深。当大盘出现转机时，主力为了节省建仓时间，连续放量拉高建仓。如果行情由于来得突然，个股调整的时间、空间不充分，众多机构仓促间上阵，为数不少的庄股就是以这种方式建仓。2000 年 1 月 5 日诚成文化成交量放大至 194.39 万股，当日封至涨停板，此后 4 个交易日诚成文化的成交量连续放大至 900 万股左右，主力大幅建仓，经过一周的整理后，诚成文化的成交量缩小到 200 万 ~ 300 万股的水平，但该股此后一路缩量上攻至 30 元上方。

（3）放量不封涨停。指某只股票在低位明显放量，具备封住涨停板的能量，但主力刻意控制上升幅度或进行洗盘，就算盘中涨停，收盘前也打开。以东大阿派为例，1999 年 12 月 15 日该股盘中曾一度涨停，但最后打开，收盘报 31.85 元，当日成交量放大至 518.65 万股。经过几个交易日的整理后，东大阿派此后逐波上攻，最高曾见到 53.59 元。又如 1 月 5 日北亚集团的成交量放大至 1032.77 万股，换手率接近 10%，但该股盘中涨停后，收盘前大幅回落，仅收出长上影的小阳线，主力边吸筹边震荡洗盘的特征表露无遗，此后该股一路上攻至 26 元。

（4）低开阳线。指某只股票某日大幅低开后，迅速走强，股价迅速回升到上一个交易日的收盘价附近，显示主力借低开阳线画图。1999 年 12 月 27 日东方电子借职工股大量上市流通，开盘时大幅低开至 14.50 元，不过该股很快回升到前一个交易日的收盘价 16.00 元附近，说明主力利用职工股上市的利空刻意制造一个短时间的空头陷阱，以达到洗盘、吸纳低价筹码的目的。1999 年 12 月 8 日，东新电碳（当时名为 ST 东碳）大幅低开至 9.01 元，不过该股很快走强，当日收出一根中阳，此后该股一路走高，2 月 15 日曾一度见到 19.08 元。

第四节
看盘识顶技巧

如何识别真正的顶部

常态下的顶部主要有单顶、双顶和多重顶三种形式。

如果没有基本面上的突然加压，一般情况下，形成单顶的可能性不大。而形成双顶和多重顶的情况倒是常见，这是因为在一轮多头行情催逼下，由于惯性思维的影响，人们总以为股指会在很短时间内重拾升势，再创新高，也往往会认为每一次反弹，都是探寻底部成功的标志，于是这种心理很容易被市场主力利用，使得主力在不断给市场留下还能再创新高的幻想中边拉边撤，普通中小投资者也就在不断抢反弹中，层层吃套，越陷越深。所以股市常说，顶部不是一个点，而是一个区域，道理就在这里。

那么怎样识别真正的顶部呢？中国的股市顶部的形成主要受两个因素的影响，一个是政策因素，一个是技术因素。前者很容易导致急跌，而后者却可以持续很长一段时间。

投资者一般可以从以下几方面寻找阶段性顶部的形态特征。

1. 技术指标分析

一是布林线开口逐渐变小，说明股价的涨跌幅度逐渐变小，多头力量不再强悍，短期盘势将会选择突破方向，而且开口越小，盘面的突变性就越强；二是 SAR 指标发出卖出信号；三是 5 日均线死叉 10 日均线，并击穿 25 日均线、30 日均线，中线多头趋淡；四是盘中反弹乏力，MACD 红线消失绿头时隐时现；五是短线指标 KDJ 和 RSI 从高位钝化状态回落到 50 附近甚至更下面。

2. 多空力量变化

市场在经过一段买方力量强于卖方力量的升势之后，多头趋弱或仅能维持原来的购买力量，使涨势缓和，而空头力量却不断加强，最后双方力量均衡，此时股价会保持没有涨跌的静止状态。如果卖方力量超过买方，股价就会回落，开始也许只是慢慢改变，跌势不明显，但后期则由空方完全掌握主动，跌势转急，调整市道来临，此时的成交量多表现为自左向右逐渐变小，说明市场人心趋于谨慎，操作上出现保守倾向。

升势即将见顶时的特征

市场上的获利筹码随着上升波的延续会越来越多，获利回吐性的抛盘就会不断增加，在顶部形成之前，这种回吐所造成的股价回档的幅度是有限的。因此，一个升势的维持，成交量的逐渐增长是很重要的，一旦成交量跟不上去，则越来越多的获利盘就会被抛出，于是造成股价的回档整理。当这种回档在一定限度之内时，投资大众的心态仍能保持"逢低吸纳"的状态，如果股价出现较大的跌幅，就会唤醒一部分投资者的风险意识，使之产生获利平仓、落袋为安的想法，而这种想法又势必导致股价的进一步受压，从而唤醒更多的投资者。如此循环，大众心态得以转变，大市即会见顶。因此，时刻保持清醒，冷静地看待股价的波动，有助于及时看到即将见顶的征兆，从而避开风险，保住赢利。下面介绍一下升势即将见顶时的市场特征：

（1）一线股表现呆滞、垃圾股轮番跳升。这一迹象是预示升势即将见顶的最早出现的征兆，起初一般一线绩优股原地踏步，稍后才会出现一线股价表现沉重，有欲支乏力、摇摇欲坠之态。而与此同时，三、四线股却会轮流大幅跳升，给人一种鸡犬升天的感觉。这一市场特征出现时，虽然意味着升势即将见顶，但也不见得会很快见顶，垃圾股轮跳会持续一段时间，在这段时间里，大市仍然会艰难地上升。

（2）日 K 线图上出现较大的阴线。在升势之中，市场上人气很旺，大家都不惜追高买入，一旦股价有回落稍显便宜，理所当然地会被抢购的入市者承接住，因此，升势在延续过程当中一般不会出现大的阴线。如果有一天走出一条大大的阴线，说明市场上的人心有变，买与卖的力量正在形成新的对比。所以，大阴线的出现预示着市场已好景不长了。

（3）股价大幅上下振荡，升势的顶部在多空双方的正规力量遭遇的区域。看多者买入勇气未减，看空者忙于大量出货，因此必然造成股价上下剧烈波动，并且这种波动的高点和低点都不断降低。这种状态制造了许多很好的短线机会，但是，由于是在顶部区域，这类短线的风险性也应当重视。

（4）重大位被打穿。一般来说，这里指的重大位是总升幅回落 38.2% 处的价位，只要这个重要位置被击穿，甚至只要日 K 线的下影线穿过此位，就足以说明市场上投资大众的信心已被动摇。因此，在大升特升之后，只要股价有力量向下穿透支撑位，往往意味着走势已经出现问题了。

（5）成交量减少。成交量减少也是股价近顶的明显表现，不过升势中的第二浪及第四浪调整也会出现成交量的大幅度减小，因此，成交量下降不是判断顶部形成的可靠依据。

（6）市场舆论出现较严重的分歧。市场舆论是投资者信心的反映，如果在对市场的信心上产生严重分歧，升势很难长时间维持下去，因此，舆论的严重分歧也是大市处于顶部区域的一大特征。

典型的顶部特征——三死叉见顶

股价在长期上涨后开始进入头部，而后股价缓慢下跌。有时会同时出现 5 日、10 日均价线，5 日、10 日均量线和 MACD 的死亡交叉点，这是股价见顶回落的信号。有时会伴随出现两阴夹一阳空方炮、断头铡刀和 MACD 下穿零位线等图形。如图 6-28 所示。

（1）当股价长期上升后人气沸腾，股价出现滞涨进入高位震荡。随着主力的缓慢派发，股价终于开始回落。

（2）刚开始的价格回落可能是缓慢的，但这种走势最终会造成股价加速滑跌。

（3）股价滑跌时，5 日、10 日均价线，5 日、10 日均量线和 MACD 自然发生死亡交叉。

（4）随着股价的下跌，顶部买入的人已有亏损，这种亏损效应传播后会带动更多人卖出该股，于是股价再度下跌。当出现三死叉后应坚决卖出股票，或等待股价反弹到 10 日均线附近时逢高派发。

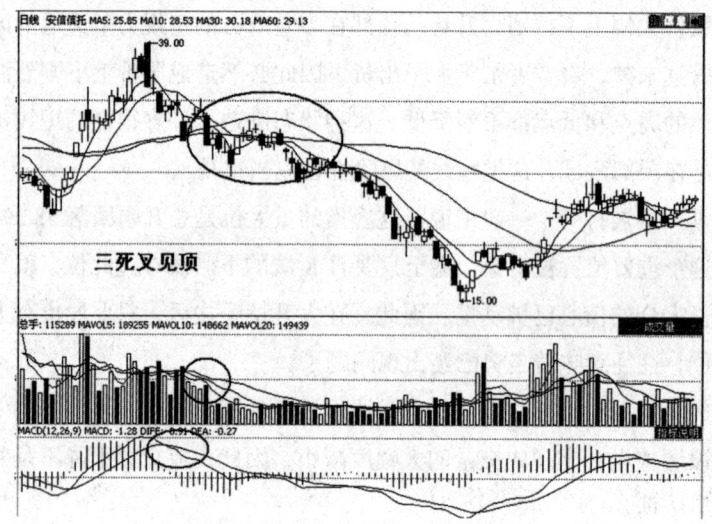

图 6-28 三死叉见顶形态

什么时候逃顶

究竟什么时候该获利了结，这是很多投资者最为关注也最为疑惑的问题。投资大师常常告诫众人，要在见顶前离场，宁可把后面的一段利润和风险让给其他人，切不可做把从底到顶所有利润吃透的美梦。也有不少交易大师虽然同意只吃中间那段利润的观点，但他们却强调不要对距离顶部还有多远，何时会到顶部等问题去妄加猜测，只需等待顶部确认，反转信号出现后再离场也不算晚。

虽然都强调只吃当中一段利润，但一个是在见顶前，一个却是在见顶后逃离，大师们矛盾的说法让股民们也不知道如何是好。

其实，如果弄明白了这些大师的立场、背景，就该知道矛盾出现的原因。投资大师一般类似大型机构的掌舵人，买卖的对象几乎以股票为主。股票虽是主流市场，规模庞大，但是对于那些上百亿乃至上千亿的基金，流动性始终是个问题，要轻易抛售手中大量持股，并不容易。所以，在尚未见顶，交易活跃，市道疯狂的时候离场，无疑要容易得多，一旦遇上成交锐减阴跌不断的熊市，想抛都找不着多少接盘。至于交易大师就不同了，他们一般都纵横于期货市场，期货市场比起股市，不仅规模更为庞大，而且因为大量套期保值的对冲大户存在，无论涨跌总有买入者，所以做一个趋势交易者待见顶后离场，相对要容易得多。

那么小散户该听谁的呢？很简单，想想几近跌停的市道，如果散户投资者有把握将手中股票在跌停前抛光，而且是船小掉头快的规模，那么等见顶后再逃也未尝不可。

在实战中如何逃顶

逃得了大顶才能赚大钱，那么，在实战中，如何逃顶呢？

首先，某只股票的股价从高位下来后，如果连续三天未收复5日均线，稳妥的做法是，在尚未严重"损手断脚"的情况下，早退出来为妙。再如某只股票的股价破20日、60日均线或号称生命线的120日均线（半年线）、250日均线（年线）时，一般尚有8%~15%左右的跌幅，还是先退出来观望较好。当然，如果资金不急着用的话，死顶也未尝不可，但请充分估计未来方方面面可能发生的变数。

其次，如日线图上留下从上至下十分突然的大阴线并跌破重要平台时，不管第二天是否有反弹，或是收出十字星时，都应该出掉手中的货。还有在遇重大利好当天不准备卖掉的话，第二天高开卖出或许能获取较多收益，但也并存着一定的风险。

再次，在遇到重大节日前一个星期左右，开始调整手中的筹码，乃至清空股票，静待观望。遇政策面通过相关媒体明示或暗示要出整顿"金牌"告示后，应战略性地渐渐撤离股市。如果市场大底形成后，个股方面通常会有30%~50%左右的涨幅。记着，不要贪心，别听专家们胡言乱语说什么还能有38.2%、50%、61.8%等蛊惑人心的话，见好就收。

同时，在国际、周边国家的社会政治、经济形势趋向恶劣的情况出现时，早做退市准备。同样，国家出现同样问题或情况不明朗时，能出多少就出多少，而且，资金不要在股市上停留。如果同类（行业、流通股数接近、地域板块、发行时间上相近等情况下）股票中某只有影响的股票率先大跌的话，其他股票很难独善其身，手里有类似股票的话，先出来再说。股价反弹未达前期高点或成交无量达前期高点时，不宜留着该只股票。

雪崩式股票什么时候出来都是对的。大市持续下跌中，手中持有的股票不跌或微跌，一定要打起精神来，不要太过侥幸，先出来为好，像此类股票总有补跌赶底的时候。

贪心不足是逃顶的大忌，要学会见好就收，保持良好的心态。

如何防止高位被套以及解套策略

证券市场潮起潮落，在各种因素的综合刺激下，股价经常会产生巨幅波动，出乎投资者的预料，套牢也就成了每个投资者都需要面对的问题。

事先预防高位套牢远比事后绞尽脑汁解套好。投资者在买入股票前一定要三思而后行：为什么买入这只股票？买入这只股票预期它升多高就出手？买入这只股票如不升反跌，跌多少准备认赔离局？对这些问题经过全面评估后，再决定自己投入资金的多寡，并做好充分准备，这样投资股票才是理智的，即使被套也不会恐慌，而是能坦然面对，冷静处理。

不少投资者极容易受市场情绪影响，盲目跟风追涨，这时十有八九会成为高位套牢族。

因此，预防高位套牢，投资者必须注意这些问题：

第一，不要在大涨之后买入，不要在上升较长时间后成交量突然放出巨量时买入。

第二，不要在长期上升之后，市场公布早已预期的重大利好消息之后买入。

第三，不要在上升一段时间后，日 K 线出现十字星之后或出现了 3 个向上跳高缺口后买入。

投资者在面对这些情况的时候，应该保持独立思考的能力，不要被市场情绪左右。

即使不慎"被套"了，投资者也不必恐慌。市场中谁没被套牢过呢？关键是如何解套。

（1）以快刀斩乱麻的方式停损了结，即将所持股票全盘卖出，以免股价继续下跌而遭受更大的损失。采取这种解套策略主要适合于以投机为目的的短期投资者，或者是持有劣质股票的投资者。因为处于跌势的空头市场中，持有品质较差的股票的时间越长，给投资者带来的损失也将越大。

（2）弃弱择强，换股操作，即忍痛将手中弱势股抛出，换进市场中刚刚发动的强势股，以期通过涨升的强势股的获利，来弥补其套牢所受的损失。这种解套策略适合在发现所持股已为明显弱势股，短期内难有翻身机会时采用。

（3）采用拨档子的方式进行操作，即先停损了结，然后在较低的价位时予以补进，以减轻或轧平上档解套的损失。

（4）采取向下摊平的操作方法，即随股价下挫幅度扩增反而加码买进，从而摊低购股成本，以待股价回升获利。但采取此项做法，必须以确认整体投资环境尚未变坏，股市并无由多头市场转入空头市场的情况发生为前提，否则，极易陷入窘境。

（5）采取以不变应万变的"不卖不赔"方法。在股票被套牢后，只要尚未脱手，就不能认定投资者已亏血本。如果手中所持股票均为品质良好的绩优股，且整体投资环境尚未恶化，股市走势仍未脱离多头市场，则大可不必为一时套牢而惊慌失措，此时应采取的方法不是将套牢股票卖出，而是持有股票以不变应万变，静待股价回升解套之时。

第五节
看盘抄底技巧

短期、中期、长期底部的形成

短期、中期、长期底部是如何形成的呢？这是一个过程。

短期底部是指股价经过一段不长时间的连续下跌之后因导致短期技术指标超卖，从而出现股价反弹的转折点；中期底部是由于股价经过长期下跌之后借助于利好题材所产生的历时较长、升幅可观的弹升行情的转折点；而长期底部则是指弱势行情完全结束，多头行情重新到来的转折点。以上三种不同层次的底部行情特征和个股表现都不大相同，下面我们分别予以叙述。

1. 短期底部

短期底部以 V 型居多，发生行情转折的当天经常在日 K 线图上走出较为明显的下影线，在探到底部之前，常常会出现 2 ~ 3 根比较大的阴线，也就是说，每一次加速下跌都会探及一个短期底部。在短期底部前几天的加速下跌之中，一、二、三线股的跌幅相差不大。短期底部之后，将是一个历时很短的反弹，这一反弹的时间跨度多则三五天，少则只有一天，反弹的高度在多数情况下很难超过加速下跌开始时的起点。在反弹行情中，以低价位的三线股表现最好，而一线优质股则波幅不大。

2. 中期底部

中期底部各种形态出现的可能性都有，其中 W 型底和头肩底出现的概率稍大些。中期底部一般是在跌势持续时间较长（10 周以上）、跌幅较深（下跌 30%以上）之后才会出现，在到达中期底部之前往往有一段颇具规模的加速下跌。中期底部的出现，一般不需要宏观上基本因素的改变，但却往往需要消息面的配合。最典型的情况是先由重大利空消息促成见底之前的加速下跌，然后再由于利好消息的出现，配合市场形成反转。在见底之前的加速下跌中，往往优质股的跌幅较大，股价见底期间，优质股的成交量会率先放大。中期底部之后，会走出一个历时较长（一至数周）、升幅较高的上升行情，这段上升行情中间会出现回调整理。大体来讲升势可分为三段：第一段由低位斩仓者的补货盘为主要推动力，个股方面优质股表现最好；第二段由炒题材的建仓盘推动；二线股轮番表现的机会比较多；第三段是靠投机性炒作推动的，小盘低价股表现得会更活跃一些。在中期底部之后的升势发展过程中，会有相当多的市场人士把这一行情当做新一轮多头市场的开始，而这种想法的存在正是能够走成中级行情而不仅仅是反弹的重要原因。

3. 长期底部

长期底部是熊市与牛市的交界点，长期底部的形成有两个重要前提。其一是导致长期弱势形成的宏观基本面利空因素正在改变过程当中。无论宏观基本面利空的消除速度快慢，最终的结果必须是彻底地消除。其次是在一个低股价水平的基础上投资者的信心开始恢复。长期底部之后的升势可能是由某种利好题材引发的，但利好题材仅仅是起一个引发的作用而已，绝对不是出现多头行情的全部原因，也就是说，市场须存在出现多头行情的内在因素，才有走多头行情的可能性，而这种内在因素必须是宏观经济环境和宏观金融环境的根本改善。长期底部的形成一般有简单形态和复杂形态两种。所谓简单形态是指双重底或圆弧形底，这两种底部的成交量都很小，市场表现淡静冷清；而复杂形态是指规律性不强的上下振荡。长期底部走成 V 型底或小 W 型底的可能性不大，见底之后将是新一轮的多头市场循环。由以上分析可以看出。作为股市上的投资者应当十分重视中期底部与长期底部的形成。一旦看准中长期底部出现，可以下大注去搏，而对于短期底部，可以不予理睬。即使确实有兴趣进行短线投机，也应严格控制入货总量，并坚决按照止损纪律进行操作，那种逢底便抄，几乎天天都在抄底的投资者必然损失惨重。

底部确认的标准是什么

技术方面的三大条件：

（1）各种技术指标必须向上突破下降趋势线，由于各阶段其下降趋势线均有所不同，一般以 25 日平均线为准。

（2）从形态上看，以前的最低底部都会是参考点。如果在一年内有几次都是在某一最低位置反弹上升的，那么该位置即可认为是一处中期的底部。

（3）在 KDJ、RSI 的周线已成多头排列时，6 日均量连续 3 日迅增。

底部的确认从三个方面考虑。

①技术面。技术线指标已严重超跌，走势上也出现有利于多方的形态。

②基本面。中国股市有一通例，即当政治及经济消息未明朗前常易跌难涨，年底收紧银根之类，银行利率下调，新股上市之前等消息都可能使股市再跌一个台阶，反之涨易跌难。

③其他因素。由于资金短缺，如果年关已近，大量机构准备收金回府，只逢高出货，不进场拉高，使得整个市场心理上看淡，使得"底部"建立是个长期的过程。

判断市场走出底部的窍门

准确判断出市场底部的前提是要有几个量化指标。投资者可从下面几点仔细观察和分析来判断市场开始走出底部。

1. 有地量出现

因为地量出现是调整到位的先兆，表明做空能量接近衰竭。而对地量观察的重点则是上海市场。

2. 两市成交额达到 1500 亿

地量出现后应密切观察市场每日的成交额是否逐渐回升，也就是是否出现放量。有关人士认为，出现放量的标准是两市成交额达到 1500 亿元，因为这意味市场重新开始变得活跃。

3. 两市成交额连续三天保持 1500 亿

如果市场真的出现转机，那么放量必将是持续性的。因此成交不能有不均衡现象出现，即放量后下一个交易日缩量不能超过 40%。如果缩量过快，则表明多方做多意愿不坚决，还需进一步观察。两市成交额能否连续三天保持 1500 亿的意义就在于此。而当沪市单日成交额连续出现 1500 亿以上时，则说明已有短期热点出现，应密切关注大盘走势的变化，这是分析大盘能否走出底部最为关键的地方。

4. 有两个热点板块出现

如果两市成交额连续保持在 1500 亿，就要观察是否有热点出现。市场要走出底部需要两个热点板块，如果盘中只有一个热点板块，将使大盘的上涨动力不足，持续性差甚至影响有限。

5. 至少有一个龙头股出现

如果有龙头股出现将会拉动大盘形成大的突破，而龙头股一定产生于热点板块。

6. 周 K 线连续两周站稳 5 周均线

例如 2003 年 1 月或 11 月两波行情，周 K 线都连续两周在 5 周均线上。而 2004 年 7 月 16 日收盘时虽然 K 线上到 5 周均线上，但 7 月 23 日收盘时又重新将其击穿，所以只有当周 K 线上穿 5 周均线并且站稳两周时间才能作为判断大盘走出底部的依据。

投资者要注意将上述要点结合起来分析，不要遗漏任何一项。例如：2004 年 7 月 19 日两市出现放量，但由于周 K 线没有连续两周站稳 5 周均线，也没有热点板块和龙头股出现，因此尽管短期放量，市场仍没有出现转机。

抄底需遵循什么原则

抄底需要遵循"四到位"与"四突破"的投资原则。

"四到位"指的是：

1. 成交量的萎缩到位

成交量随着大盘的回落而急速萎缩，并不时出现地量。但值得注意的是，地量不能决定股市一定调整到位。如果股指继续下跌，而成交量在创出地量后开始缓慢地温和放量，成交量与股价之间形成明显的底背离走势时，才能说明成交量调整到位。

2. 股指的调整到位

在强势市场中股指调整是否到位，可以通过波浪理论或黄金分割率进行测算。但在弱势调整中，只能通过观察市场做空能量进行估算。当作空动能趋于衰竭的情况下，指数就会到达跌无可跌的地步。

3. 技术指标的超卖到位

这是根据多种指标在同一时期中在月线、周线、日线上同时发生底背离进行综合研判的。

4. 热点的冷却到位

这里所指的热点是指前期的主流热点，热点板块的基本调整到位，将会起到稳定市场重心的作用。前期主流板块的成功探底，也有助于调整行情的早日结束。

"四到位"说明股指在底部区域基本止跌企稳，这时，投资者可以少量试探性建仓。

但如果投资者打算重仓介入，还需要等待底部彻底构筑完成后，上升趋势被正式确认时，也就是股指完成"四突破"之际，才可以战略性建仓。

"四突破"指的是：

1. 指数对均线系统的突破

这里的均线系统是指大盘的 5 日、10 日、20 日、60 日等多条移动平均线，当指数突破这些均线系统的时候，投资者可以重点关注和选择一些优质的个股。

2. 成交量对均线系统的突破

由于成交量与指数之间有不同的运动特性，因此，对成交量的均线系统的设置不能照搬指数或股价的均线设置。对成交量的均线设置为三条，分别是 6 日、12 日、24 日移动平均成交量。当成交量突破这些均线系统的压制时，可以积极介入个股的炒作。

3. 热点的突破

形成突破的热点不需要一定是前期的主流热点，如果是新兴的热点板块突破也未尝不可，但热点必须符合以下几方面特点：具有一定市场号召力和资金凝聚力，并且能有效激发和带动市场人气；热点行情具有向纵深发展的动能和可持续上涨的潜力；热点板块具有便于大规模主流资金进出的流通容量；热点行情具有持续时间长，不会过早分化和频繁切换等特点。

4. 技术指标的突破

中期底部的研判，重点参考以下技术指标的突破走势：随机指标的 K 值、D 值均小于 20 时形成的黄金交叉突破走势；趋向指标 DMI 中的 +DI 向上突破 −DI；

相对强弱指标 RSI 指标的短期线 RSI 在 20 以下的水平，由下往上突破长期的 RSI；威廉变异离散量 WVAD 指标的 5 天均线由下往上突破 21 天 WVAD 均线。

底部换股的正确思路

换股是一种主动性策略，运用得当的话，可以有效降低成本，增加获利机会。但换股也是风险较大的投资手法，一旦操作失误就会赔了夫人又折兵。所以投资者在换股时要非常慎重，实际应用中要掌握换股的正确思路。

（1）要准确研判市场整体趋势发展方向，以及热点的轮换和分化现象，不要漫无目标地随意追涨杀跌，而要做到有的放矢。只有认清趋势并确认股指运行于上涨趋势中，而打算换入的股票价格离底部区域不远时，才适宜使用换股策略。在大盘处于下跌通道中，如果手中持有套牢的股，应该采取坐等和斩仓方式，切不可急于换股，只有等到股指确认企稳，才能考虑换股。

（2）要选股准确，就是要密切关注并选择主流热点板块个股。换股时需要注意留强换弱，投资者要根据行情的市场特点和个股的表现情况，卖出手中持有的非主流热点的个股，买入目前属于主流热点板块的强势个股；卖出手中持有的弱势股，把握时机，逢低买入前期明显有增量资金介入，近期能在大盘强势整理期间保持缩量抗跌的强势股，才能取得跑赢大盘的收益。

（3）要注意个股的成交量。当个股成交量过度放大，入驻其中的主力获利丰厚时，个股往往容易见顶回落，这时往往不适宜换股。当个股成交量过小时，有的甚至一天成交仅数十或数百手时，一些资金较大的投资者不能急于换股，因为市场中根本没有足够的买盘或卖盘接手。

（4）不宜过于频繁。即使投资者对大盘后市发展方向有肯定的把握，也绝不能频繁换股，最有效的换股是一次成功的。多次换股是非常错误的操作行为，说明投资者存在选股思路紊乱、实施操作轻率等问题，这是很容易失误的。而且，多次换股还会增加交易税费，抬高持仓成本，缩小未来的获利空间。

别把下跌中的腰部当底部

很多交易者在"抄底"上的失误往往出现在股价的中部，即往往把股价下跌中的腰部当作了底部。由此可见，如何理解并识别"腰部"，已成为交易者必须具备的能力。一般来说，"腰部"是由以下原因造成的：

（1）由于基金掌控的品种无法形成真正的"联合坐庄"，在大盘不好时就无法控制住股价的跌势，而一些基金一旦认为大盘仍无法扭转熊市状态，就会出现调整品种和减仓的动作。如此，曾经的股价底部就成为如今的股价腰部。

（2）当主力不愿在顶部继续支撑时，就会暗中派发筹码并控制交易节奏，导致股价缓慢降至某一低位后好像止跌回升。而事实上，如果大盘有向好的趋势，主力会借反弹出货；如果大盘继续下跌，则主力会快速出局。如此，现在股价的底部就会成为股价的腰部。

（3）由于主力急于出局，就会先快速打压股价，把其他交易者套在高位而无法与之竞争出货。而后在低位制造一波反弹行情，使交易者认为股价开始止跌回升，等交易者大量抢反弹的时候，主力则趁机完成了派发工作。如此，现在的底部也就会成为将来的腰部。

那么怎样才能区分腰部和底部？一般来说，有三种判断的标准：

（1）如果能判断出熊市来临或熊市正在进行中，则"底部"一说不成立，可能遥遥无期。

（2）如果没有经过放量下跌的过程，要想出现底部也是不现实的，因为卖压还没有释放。

（3）如果个股从顶部急跌，若连续跌幅没有达到40%，则真正的反弹难以出现；但即使反弹出现，也仅仅只是反弹而不是反转，股价底部尚在下面。

"海底捞月"，抄底机会不放过

在股票见底时，大多数会出现比较明显的特征：

（1）K线形态：锤子线、十字星、T字星、长下影线，这几种形态代表的意思差不多。当股票开盘急跌，下跌到一定程度时，由于低位有强大的买盘承接，股价一步步推高，在收盘时已经跌幅不大或已经收阳，尾盘可以选择适当价位快速买入，次日开始一般都能走出一波行情，如2010年7月2日铜峰电子（600237），东方电气（600875）就是这种图形，以跌破下影线作为止损位。这几种形态是比较明显的见底信号，比较难把握的是大阴线或中阴线见底的个股。

（2）技术指标：由于跌幅巨大，技术指标会在低位钝化，可以运用KDJ、RSI、WR判断底部，K值一般要在10以下，6日RSI在10以下，WR值在100时一般也就是当天的最低价。当然也要结合其他因素来判断，如当时大盘环境点位等，要灵活应用，不要墨守成规，具体个股具体分析，切勿当教条来看待。

（3）成交量：有的股票在底部量能会萎缩得厉害，往往会以小阴线筑底反弹，这种股票反弹比较没力，如果带量下跌收大或中阴线，但没有跌停，这样的股票反弹比较有力，需要有一定经验才能做。

（4）大单：如果在低位有大单在压盘，盘中却时有大单主动性买入，那么就说明有主力对倒或在压盘吸货，或者有新主力进来，这个时候不能再害怕，应该意识到这是个机会，可以开始进行跟踪了。

（5）比价和历史走势：对其历史走势要认真研究，根据形态利用各种工具测算底部价格，再接近历史低位或历史新低时就要密切注意了。

把握好了底部的形态特征，选好抄底个股后，在什么时间和价位进行抄底是成功的关键。以下提供一些重要的最佳介入时机的技术特征：

（1）最后一跌大阴线：目标个股一旦跌破平台，下跌时间在6天以上，期间可能会出现阴阳交错的K线组合。如果再出现一条带量大阴线，累计跌幅超过20%，次日红盘开盘，量比放大，开盘三线一浪高过一浪，就可以马上买进，反弹正式开始了。

（2）跳空的阴线：开始是几条小阴线，接着就是出现连续2条或2条以上跳空阴线，这是空方加速赶底的信号，是空方衰竭缺口，可看作是买进信号，反弹有望展开。

（3）出现跳空十字星：股票在大跌过程中，出现了跳空十字星，这是见底的信号，收盘或在次日可以买进，跌破下影线出局。

（4）最后包容线：股票连续下跌后，出现了1条或2条以上小阳线，紧接着就出现包容小阳线的大阴线，虽然比较吓人，但却是最后一跌，因为浮筹基本已经出逃，股价会反弹。

（5）孕线：有一定跌幅后，在一条大阴线后出现完全包容在大阴线后的小阴线，显示空方已经没有力量再进行杀跌，有望出现转盘。如果次日大盘好转就会出现反弹，如2007年8月3日的华光股份（600475）就属于这种情况。

但是，需投资者注意的是，不是任何个股都可以进去抄底的。有的股票因主力彻底离场或基本面恶化，是不适合进去抄底的。适合的品种有：

（1）主力选择：基金重仓股是抄底的最佳选择。主力资金链没有问题，个股基本面也没有出现问题，是抄底的必要条件。基金在投资之前都会进行充分的研究和论证，所以对公司的基本面了解较为深刻，由它把关的个股比较令人放心。而且基金的操盘手法比较单调，具有明显的追涨杀跌痕迹，只要跌出了价值就会有资金进行回补，只要对它的手法有一定了解就可以进场抄基金重仓股的底。

（2）行业前景看好且有一定的业绩保证：那么多股票破位，要想在沙砾中找到珍珠，就需要具备一定的眼光才能有所收获。电子元器件、稀有资源、有色金属、数字电视、煤炭、环保、通信等行业的个股就比较具备投资价值，如果其中的绩优股出现破位情况，在分析历史走势的基础上，运用技术分析一般可以抄到它的短期底部或大底。农业、汽配、钢铁、食品、商业、地产、外贸、汽车等行业的抄底价值就没有上述那么大，所以即使抄底也应该选择行业看好的来抄。

（3）抄绩优行业龙头股：当一个好的板块整体出现回调时，本着擒贼先擒王的原则买入其中的龙头个股，或者业绩最好的个股。比如有一个投资者曾去抄铜峰电子（600237），收盘前抓住主力对倒洗盘之机于 7.09 元介入，次日曾一度涨停，之后以 7.90 元抛售，收益率有 10 点以上。抄底原因主要是基于它的价格已经是上市以来的新低和优良业绩作出的准确判断。7 元是铜峰电子那几年的最低价，而且之前也公布了业绩，曾探底 7 元但支撑强劲，说明有资金看好它的投资价值。

（4）横向对比和联想抄底：当一个行业或板块出现某只龙头强势股时，就可以看它整个板块其他个股的表现是否同步，如果出现背道而驰的走势，在充分研究的基础上可以介入。如有段时间，整个煤炭能源板块在兖州煤业（600188）的带领下走出一浪强劲的上攻行情，而同板块的 *ST 山焦（600740）却在加速赶底，后者以前的走势在煤炭中是最强的，股价也是最高的，现在却成了最差的一个，股价比前者低得多，在了解其公司基本面没有出现重大问题的情况下如果果断介入，将走出一波十分强劲的反弹行情，获利丰厚。

（5）股性活跃：这点十分重要，股性活跃的个股才更具备抄底价值，那些一年没有几根大阳线的个股就不要去做了。

（6）流通盘大小：盘小的个股在反弹时有较强的爆发力，盘大的个股则由于弱市很难有起色。

（7）主力手法：一定要对主力手法有所了解、有所研究，不要仓促上阵，打没把握的仗。

最后，在抄底的时候，我们需要特别注意以下几点：

（1）回避老庄跳水股。

（2）不要满仓操作。

（3）不要一次性买入。

（4）不要太贪婪，适可而止。

（5）速战速决，不可恋战。

（6）套牢了不要急于补仓。

第六节
寻找盘中短线套利机会

巧用补仓套利

与其他补仓法的操作目的不同，补仓套利的应用目的不是解套，而是利用被套筹码的有利条件，频繁实施操作、获取短线利润，降低套牢成本，为将来的顺利解套打下基础。

当投资者由于失误导致第一次买入被套牢后，投资者只要判断该股即将出现短线涨升行情，则无论在任何时间或任何价位都可以补仓买进；等到股价上涨之后，则不需要考虑是否已经解套，只要补仓的股票有获利空间就立即卖出。

某位投资者以 20 元的价格买进 1000 股，等到股价跌到 10 元时，这位投资者在 10 元补仓买进 1000 股，平均成本价为 15 元。如果这时市道低迷，股价很难从 10 元立即上涨到 15 元。那么，这位投资者可以将补仓的 1000 股在 11 元价位卖出，先获取少部分利润，如果反复操作多次，投资者的套牢成本就会大幅度降低，从而为将来的顺利解套打下基础。

中国股市的投资交易实施"T+1"制度，即买进的股票必须到第二天才能卖出，但对短线套利补仓法来说则不存在这种限制。例如投资者以 20 元的价格买进 1000 股，等到股价跌到 10 元时，投资者补仓买进 1000 股，在买进的当天，如果股价出现上涨，投资者就可以将原来的 20 元成本的 1000 股卖出，以当天在 10 元买进的 1000 股充当原有的套牢筹码，顺利实现盘中"T+0"的便利操作。

这种补仓法完全建立在对短线行情的正确研判上，由于可以利用原来的筹码实施"T+0"操作，投资者的补仓操作具有一定的优势条件。

利用补仓套利比较适合于第一次买进的股票已经被深度套牢，而以投资者的资金即使补仓也与成本价相去甚远的时候使用。短线套利补仓法对投资者的操作水平有较高的要求，适合于具有一定短线操作经验和投资技巧，并且能适时盯盘的职业投资者。

捕捉反弹的套利契机

反弹是指在股价下跌的过程中，由于跌速太快，而受到买方反击，股价暂时回升的现象。反弹不是人人都能抢的，但对操盘高手而言，不能抢反弹却是一项重大的"缺陷"。那么，哪些特征预示着大盘即将反弹呢？

1. 成交量创新低

量能极度萎缩，成交量仅相当于前期高点时期的 1/3 甚至 1/4，这表明空方抛压正进入尾声。这是最重要且最真实的多空转换指标。

2. 人气散淡，开户数锐减

这表明市场跌幅巨大，亏钱效应明显，人气极度悲观，新人不敢入市。

3. 指数受压并远离短中期均线

即指数已远离 5 天、10 天、20 天、30 天、60 天均线之下，5 天乖离率达 3 ～ 5，10 天乖离率达 5 ～ 8。

4. 绩优股和高价股补跌

这表明连中长线投资者也被气势汹汹的跌势所吓倒，对价值投资理念都不敢坚持，只求落袋为安，因其他股早已跌得惨不忍睹，唯绩优股和高价股尚有收回资金的机会，这通常是最后下跌阶段。

5. 夸大利空

当市场在连续暴跌后，还在普遍地畏惧甚至夸大利空的作用，对利多麻木，甚至将利多也误读为利空。

6. 技术指标严重超卖

如 KDJ 和 RSI 指标在 20 以下，甚至钝化，ADR（10 天上涨家数之和除以10 天下跌家数之和）达 0.8 ～ 0.3。

7. 大盘权重股跳水，指数加速下跌

在连续缩量暴跌后，做空主力难以在低位补回筹码，反弹力量自然不足。唯有通过打压大盘权重股，连破百点整数关，造成指数快速下跌，尤其是杀尾盘，无量假破底，制造恐惧走势，才能彻底击溃多头信心和最后心理防线，迫使多杀多。这通常是到达波段底部前的最后一次诱空。

8. 前期惨烈下跌的品种止跌企稳

在 2007 年 "5·30" 以后的一个月，有 50% 的股票一个月下跌 30% ～ 40%，其中部分股票下跌超过 50%，这大部分是低价股、ST 股和前期被暴炒的题材股。当这些股票不再创新低，并有企稳迹象时，也就表明大盘波段底部即将到来了。

9. 管理层暖风频吹

解铃还须系铃人，被政策"调控"下去的市场，最终还是要靠政策来拯救。一些有影响的人士和中央级别的媒体往往会在此时发表看好股市的言论，或者相关部门出台一些实质性利好消息，这时投资者应该要有足够的敏感，不要被熊市思维左右，这样才能准确地把握住反弹甚至可能是反转的来临。

捕捉到了以上特征后，我们怎么把握好抢反弹的时机呢？牢记下面的这些原则，对投资者抢反弹一定大有裨益。

第一，对买入时机的把握。抢反弹过早，容易造成套牢；抢反弹过迟，往往会错过稍纵即逝的买入价位，从而失去机会。抢反弹应坚持不追高的操作原则，因为抢反弹具有不确定性的风险因素，盲目追高容易使自己陷入被动的境地，逢低买入一些暴跌过后的超跌股，可以使自己掌握进出自由的主动权。

第二，卖出的技巧。许多投资者常常被反弹疾风骤雨式的拉升迷惑，以为是新一轮行情启动了，历史上虽然有过反弹最终演化为反转的先例，但出现的概率很小，往往需要市场环境的多方面因素配合才行。绝大多数报复性反弹会在某一重要位置遇阻回落，当反弹接近阻力位时，要提高警惕，踏空的投资者不能随意追涨，获利的投资者要及时获利了结。

第三，抢反弹时在选股方面也很重要，不能选择有投资价值但股性迟钝的蓝筹类个股或低价的大盘指标股，要注意选择流通盘较小、股性活跃的投机类个股。同时，不能选择成交量过于稀少的冷门股，以免流通性太差导致操作失误。当发现个股有短线投机的时机后，应该留意一下成交量，若成交量放大，表明主力已

经出动，这时跟进胜算较大。

第四，不宜满仓操作。在弱市中抢反弹，要根据市场环境因素，选择适当的资金投入比例，贸然重仓或满仓参与反弹，是不合时宜的，一旦研判失误，将损失巨大。

第五，趋势不明时不参与反弹。当股市下跌趋势已经形成或运行于标准的下跌趋势通道中时，投资者不宜抢反弹，此时抢反弹，无异于火中取栗，得不偿失。

第六，要设置具体的止损价位，做好止损的心理准备。反弹并非市场已经完全转强，在参与反弹时应该坚持安全第一、赢利第二的原则，一定要设置止损位，当股价到达预定价位时应立即果断卖出。

第七，估算风险收益比率。参与反弹之前，要估算风险收益比率，当个股反弹的风险远远大于收益时，不能轻易抢反弹，只有在预期收益远大于风险的前提下，才适合于抢反弹。

在主力被套自救中发现套利机会

和散户一样，主力炒作被套也是常有的事。捕捉被套主力的自救机会是重要短线机会。虽然介入此类个股有一定的风险，把握的难度也较大，但如何把握仍值得探讨。

主力被套有的是因为基本面改变，有的是因为对大盘趋势判断失误，有的是因为成本控制不当造成资金困难，有的是因为合伙方临时变卦等。主力被套的筹码成本有高有低，有的是大量获利盘被套在高位，因为出货空间不够而无法出货或不愿出货；有的是在建仓期被套住；有的是在刚开始拉升时被套住。对于不同原因的被套，主力所采用的自救方法也不同。最常见和最简单的做法是低位摊平，这种方法一般都能见效，前提是需要有超过原来坐庄预计的资金量，这种卷土重来的庄股来势凶狠，在盘口上可以看出来。

在建仓期被套，主力不会维持股价，而是会主动向下砸盘，希望带出割肉盘，倒做差价，以求建仓的成本更低。

对获利盘在高位被套，如果资金充足，被套主力经常会演变成长庄，在一个箱体内高抛低吸，最后可能成本极低，当然这需要很大的耐心。这种庄股一旦跳水出货，不是三个跌停板就能止跌的，根本不可能有反弹。

现在最常用的自救做法是上市公司包装法，不管主力是不是被套都可以实施。长期被套的老庄经常使用这种策略。这种策略的实质是从根本上改变上市公司的状况，常用手法是资产注入、利润注入、主业转向、兼并和改名称等。对主力来讲，这种做法可以达到市场底部抬高和吸引买盘轻松推高的目的，对上市公司来讲也多了些实质性的转变，比无中生有的捏造题材要稳妥得多。其中的运作方法变化多端，很难弄清楚谁是谁非，但最终主力和上市公司都是大赢家。例如，某上市公司9月份收购一企业85%的股权，能分享该企业全年利润，形成本年度利润增长点，这其中可能就有主力给该企业原股东的补贴资金。所以有些上市公司买来的优质资产，到第二年业绩可能并不如意，等过几年大家淡忘这事了，再卖掉了事。有的上市公司紧跟潮流改名称，先是流行"科技"概念，后是流行"农业"概念。有的上市公司和母公司玩"对倒放量"的把戏，美其名曰"实质性扶植"。有的上市公司自身已经形同虚设，却还托管别的企业，每年赚几百上千万的托管费。

总之，对于上市公司方面的各种消息，我们一定要结合当时的股价走势来判断，不要妄加推断，不要主观想象。当然不是说所有的上市公司都和主力是一丘之貉，大多数的上市公司还是踏踏实实为股东谋福利的。

如何在套利中止赢、止损

在股市中，当股价上涨时，很多投资者总想着等涨一涨再卖，而当股价下跌时，又想着股价还会涨回去。前者是希望把全部利润赚到手，把股票卖一个最高价；后者则属于心存侥幸，不懂得少输当赢、少赔不赚的道理。这两种心态都是不对的，都是一个"贪"字在作祟，最后导致由赚变亏，由小亏变成巨亏。

在股市中没有常胜将军，被套总是难免的，但绝不能让一次失误致命，因为还要反击。此时，怎样对付套牢就显示出投资者不同的操作水平。

一般说来，老股民总是在买进股票的时候就制定一个止损点，即当他买进股票后价格不涨反跌，跌到一定的幅度时，他就以低于买进的价格停损卖出，以避免价格继续下跌给自己造成更大的损失；而新股民由于缺乏风险意识，一旦被套往往将短线变长线，造成愈套愈深、难以自拔的局面，有的甚至还逆势而为，盲目摊平，后果更是不堪设想。老股民由于及时止损，就可以化被动为主动，抓住下一个市场机会，迅速恢复元气并使资金增值；相反，新股民由于资金被沉淀，不得不眼睁睁地看着一个个机会溜走。与被套后的无可奈何相比，很多人获利后的不知所措和盲目乐观同样是一个致命的错误。由于市场行为包容和消化一切，因此没有任何一个趋势会永远走下去。大涨之后必有下跌，如不及时获利出局往往会"竹篮打水一场空"，但贪婪却使得很多股民迟迟不肯卖出手中获利的股票。

因此，如何在尽量多赚钱的情况下卖出股票以保障账面利润，自然也成为投资者操作中的一个难题，而合理设置赢利出货点将使这一难题迎刃而解。既然停损和设置赢利点出货如此重要，那么，投资者在实际操作中应如何掌握要领呢？

（1）停损原则是：一次赚的要够赔三次的。因此，在选错股票时，必须防止股价下跌对既得利润和本金的侵蚀，还必须将该方法与形态分析相结合，在市场趋于活跃（成交量温和放大、市场热点不断涌现）的情况下择股操作，以尽量降低出错的概率。

（2）设置赢利点出货原则是：设定目标位而不是跟着行情走，即当选对上涨股时在预定目标位果断获利了结，落袋为安，不受盘面趋势所左右。

以上两条原则在操作中必须结合运用，并且主要是针对短线操作，投资者可根据自身特点和当时市场的实际情况对目标位加以修正。

一般说来，赢利超过 20%，必须止赢卖出，以下特殊情况例外：

（1）重大利好题材持续燃烧，明显持续向好的。

（2）市场特别强势，个股明显向好的。

亏损超过 10%，必须止损卖出，以下情况例外：

（1）个股莫名其妙暴跌，不要当时卖出，等待反弹出局。

（2）大盘莫名其妙暴跌，大面积跌停的。

小资金短线套利技巧

中小投资者买了股票最希望的就是在次日大涨或涨停，以此来获取短线差价套利。一般说来，次日会大涨或涨停的短线个股有下面几种特征：

（1）次日大盘大涨。这种判断的依据主要有：第二天开盘前市场出现重大利好，市场单日下跌 7% 以上或者 PSY 指标跌破 18，头天大盘出现初步的价涨量增。上述情况将会导致很多个股涨停或大涨，其中流通盘小于 5000 万股（盘小，一般抛压比较轻），日 K 线组合较好（最好符合一些经典的上攻或欲涨图形），5 日、10 日、30 日均线呈多头排列或准多头排列，技术指标呈强势的个股就非常容易涨停；其中符合利好政策并符合上面技术特征的个股涨幅大、持续上涨时间长。

（2）某个股突然有特大利好并为较多的市场人士知道，股价还未有上涨反应，这样的个股次日在市场强烈的抢买下往往很快就涨停。对这样的个股必须消息灵通和反应快，特别是对于一些突发性的利好。

（3）在大盘强势背景下，周四、周五连续两天价涨量增，在下个周一容易大涨。

一般来说，要选出好股，特别是选出次日将涨停或大涨的短线黑马是非常难的，但注意一些诀窍，平时广泛、深入地收集个股的信息，对有消息的个股再进行深入、细致地调研。经过这样挑选出来的个股，往往会成为短线黑马，次日往往大涨。

第七章

盘口主力行为：吃定庄家，看穿主力

第一节
主力操盘手法发生了什么新变化

利好打压进仓

利用消息帮涨助跌历来是主力手中的一张王牌，通过沪深股市多年的实践，主力在消息的配合下出货和进货的手法已经达到了炉火纯青的地步。股市不胜枚举的实例似乎向投资者反复证明——利好出尽即利空、利空出尽成利好的铁律定式。然而，投资者如果对这个问题结合目前的市场背景和盘面具体走势进行深入的研究，就会发现主力在这一"杀手"的运用上已经更上一层楼，甚至还逆市而动发掘出更为灵活、收发自如的"鬼手妖刀"——利好打压进仓。

1. 朦胧美与超现实浪漫

沪深股市由于诸多历史原因和传统理念的左右，向来有爱炒朦胧的习惯。一般某一题材消息在朦胧状态时会受到市场大众的追逐，而一旦消息明朗化后，股市大盘或个股就会朝原来相反的方向运行。过去，市场主力经常利用朦胧消息和概念的无限诱惑力去激起市场投资大众的超现实浪漫情怀。他们利用自己的优势和各种娴熟的手法放大利好、夸大利空，调控市场的心理，诱发利好时无限浪漫的追涨狂潮和利空时毫无节制的杀跌寒流，在波澜起伏中完成出货和进仓。这也许就是利多出货、利空进仓的精髓之处，也是超现实浪漫悲剧的症结所在。

2. 鬼手妖刀与利好打压进仓

股市是动态的，而左右市场变化的因素也错综复杂。股市亦如棋局日日更新，因此主力的炒作手法也绝不会墨守成规。进入新千年后，他们的变化可以用日新月异来形容。首先，由于管理层加强监管力度，提倡长线投资、抑制短线投机，同时强调信息披露的规范和公正，客观上加大了消息利用的难度，主力被迫延长了个股炒作的周期，在手法上也必须根据变化更加诡异。再者，经过多年的历练，目前，投资者对"利好出货、利空进仓"的定式已经很熟悉，因而在日趋激烈的股市博弈中这种略显老套的手法已经威力不再，必须增加新的内涵。于是主力就根据市场的具体情况，打乱了过去的思维定式，放出了"鬼手妖刀"——利好打压进仓！让广大投资者如堕雾里，不及反应。比如2001年底，由于股市大幅下挫，成交极度低迷，在这样清淡的市场氛围中，主力已经没有办法骗得更多的低价筹码。这时，国家降低印花税的利好出台，为他们提供了一个天赐良机，就在消息公布的当天，主力迅速拔高后一路打压，放量收阴，致使众多中小投资者在迷茫中放弃了手里有价值的低价筹码。这为日后行情再起、主力的再度拉升打下了坚实的基础。

3. 大局观和破解妖刀秘诀

在如此复杂多变的股市博弈中，我们怎样识别主力手法上的变化，找到取胜的妙招呢？其实，良好的大局观是基础和关键。首先，我们必须对目前的市场背景有一个全面的认识，理智地坚定长线投资理念，不要为短线的局部得失所动。比如，当很多股票已经跌入了具有投资价值的低价圈，我们就不应该再无限夸大利空因素，而是应该放眼远望，看到经济发展向好的必然，择股介入。第二，判断大盘的趋势，应该特别清醒地认识大盘或个股的当前涨跌的内在原因和将来的发展前景。第三，判断大盘或股价目前的位置形态和历史高低点，研究透主力筹码的成本。如果与主力成本相去不远，则不要理会短线的小小波动，大胆持有。第四，研究消息公布前后盘面的细微变化。如果消息公布前大盘或个股没有明显的急速走高和大幅度的拉升，而消息公布后盘中也没有非常明显的大单和放量出货痕迹，则可以坚决持仓。第五，严格区分短线主力和长线主力。一般大中盘股票和一些三线股短线行为较多，小盘控盘主力中长线机会大。在此基础上我们应该忽略短线的机会，看轻局部得失，减少操作失误。第六，深入研究基本面，不熟悉的情况下坚决不参与。做到知己知彼，百战不殆。第七，判断整个市场的心理反应。如果市场普遍反应激烈，我们则要以反向方式去操作；如果反应一般，我们则应该顺势而为。第八，结合盘面热点的变化，研究同类个股的技术形态和细微差别，然后对症下药。

主力操盘新型诱多手法

买入股票等候上升获利，这仅仅是整个操作过程中的一个步骤。实际上，一个投资者要保持长期稳定获利，除了要高准确率地选到好股票之外，还要学习回避风险的方法技能。实战中我们要面对的风险可分为两大类：

第一，选错买入目标，股价下跌造成账面损失，这是目标风险。

第二，操作错误或者失误造成的损失风险，这是操作风险。

操作风险中包括系统性风险和非系统性风险。系统性风险是指个人力量难以回避的风险，如战争、地震、天灾等不可预知的因素而导致市场下跌的风险。非系统性风险可以理解为市场波动风险，如个人操作错误或者失误造成的风险等。选股操作，在操作之前，我们很难准确预测买入后的持股风险，因为这是后面发生的事情，我们虽然会通过各种各样的方法去评估，但仍然很难预知和控制。选股是我们操作的第一步，在选择目标时，可以尽量避免或排除由于错误选择所带来的风险，这在一定程度上可以提高我们操作的成功率。

在决定操作买入股票时，我们需要做的第一件事就是回避选股风险。实施买入操作前应对目标股票作认真周密的分析和评估，除了对目标股票预期的升幅分析外，更重要的是要对选股失败后的风险情况作充分的分析和评估。真正的高手，并不是只看目标股票可能会上升到什么价格、能带来多少预期盈利，他们同时还会考虑买入目标股票的亏损几率、损失幅度等。

实践中，目标股票持仓多少与对目标股票的风险评估是紧密相关的。风险评估的结果如果偏高，那么仓位就要降低，反之亦适用。

在选股过程中，我们必须回避主力正在减仓出货阶段的个股。一般情况下，主力正在减仓出货阶段的个股面临短期或波段下跌的概率远比其他股票高。做到这一点，就要熟悉主力的出货手法，掌握主力出货的分析技巧，才能在选股时排除属于主力出货阶段的股票，在一定程度上回避选错股所带来的买入损失风险。

下面给大家介绍几种近年来才经常出现的新型机构诱多派发出货手法。

1. 主力分时"造假"

主力在卖盘某一价位挂上数量巨大的卖单，通过此操作可以引起投资者对该股的注意，这是第一步。如图 7-1 所示。

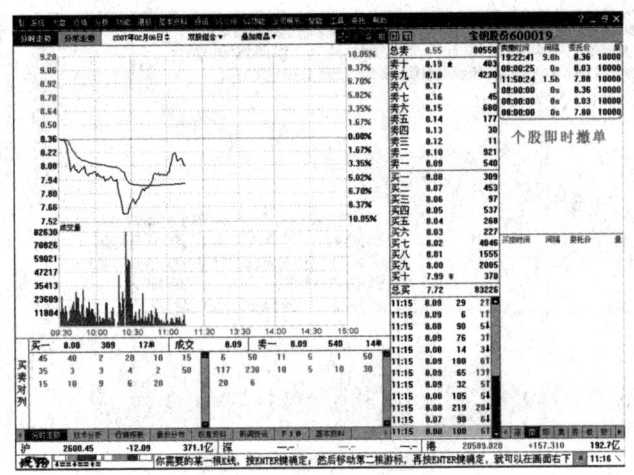

图 7-1 主力分时"造假"

2. 主力对倒出货

主力在盘中挂上连续性的买单制造出一种资金入市抢盘的盘口，不懂看盘者以为是真正有大资金在大量买入从而跟风跟进。主力通过这样的方式引诱跟风盘接货达到减仓派发的目的。如图 7-2 所示。

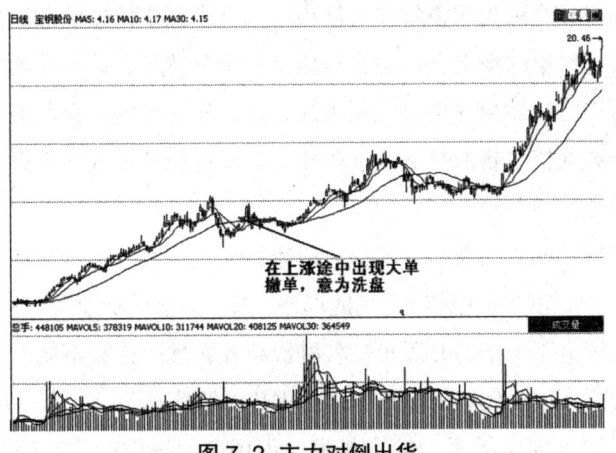

图 7-2 主力对倒出货

3. 主力欲盖弥彰

盘中主力用巨量的卖单挂着，故意暴露身份。从日 K 线上看似乎前景美好，实际上是主力欲盖弥彰。这种盘口巨单压顶实际上透漏给看盘者的是有大机构在该股里面而不是压力。这是主力做盘想要的效果。如图 7-3 所示。

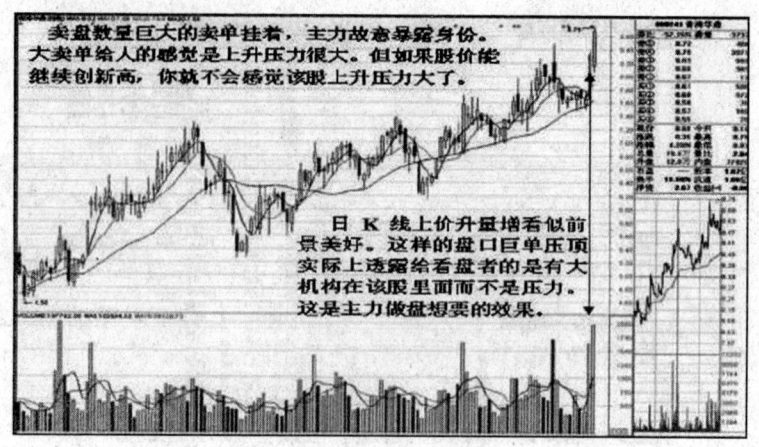

图7-3 主力欲盖弥彰

主力轮炒手法揭秘

主力轮炒有一项重要的特性，那就是当可以炒作的股票越来越少时，即表示接近多头市场的尾声了，至少应该有一次大的调整。

主力做多或做空可以从盘面上看出征兆，比如大盘以轮涨的方式出现时，主力做多的心态明显，因为轮番炒作可使市场人气不至于快速消散，且能抑制空头的打压，在人气聚集的情况下，空头打压不但十分费劲，而且易被轧空。轮炒的手法也易于掩护已被炒高的个股顺利出局，因为轮炒可使指数不因个别股票出货而下跌，使指数保持上扬的势头，这样比起全面性拉升，要省事得多，也不会引起投资者的戒心。

主力采用轮炒的方式做多，不但可以维持人气不散，更可令资金易于周转而灵活运用，指数因轮炒而呈连续上扬的形态，整个大盘的成交量也因轮炒而不减，使得投资者的资金不至于离开股市。各种股票在轮炒中排有不同次序，从而形成领先大势的股票、跟随大势的股票和落后大势的股票等。

那么，散户如何跟随主力的步伐呢？市场主力操作股票一般以下列法则为依据：

一是市场人气状态决定股价的涨跌。

二是供求关系的变化是股价变动的依据。

三是股价的操作必须灵活，不能一味地做多或做空。

四是必须有能力控制筹码。

五是操作必须理性，对散户心理了解必须透彻。

市场主力操作股价并不是件轻松的事，因为资金大，又需要考虑散户的心态、大盘的走向等，而散户的行动比主力灵活得多，这就为散户赚钱创造了条件。散户的最佳选股策略是选择那些主力吸货完成刚刚开始拉升的股票，然后在主力出货之前或刚出货时卖出。要做到这些，必须注意跟随主力。

散户捕捉主力行踪的方法不外乎两种，其一是从成交量分析，从走势看出主力意图。要做到这一点，必须加强看盘功夫的锻炼，全面掌握各种技术分析方法。关于如何从盘面看出主力的行动，说起来是十分丰富的话题，但无论如何，散户应该先掌握基本技术分析方法，在此基础上，再练些套路，这些套路可以是主力操盘的常见手法，比如洗盘、拉抬等。练好了套路并非就天下无敌了，应该再向更高的境界冲击。有时你会被主力的花招陷阱迷惑，或者你明明知道庄家在洗盘，却还是因为害怕而抛出股票，这时你面对的问题已不是技术上的了，而是心理上的。关键在于功力不够，信心不够。这时即使你掌握了花拳绣腿，仍然敌不过凶悍主力的简单招数。这时你到了战胜主力的第二个境界：即如何加强自己的内功修炼。

散户捕捉主力行踪的另一种方法，是从主力制造的种种市场气氛中看出主力的真实意图，即从市场气氛与庄股实际走势的反差之中发现问题。在主力吸货时，常常会有痕迹，那还有什么疑问呢？在主力出货的时候，往往当天各种股评都会推出该股，似乎一定要在今天买入才能甘心，但该股当天竟冲高回落，成交量巨大，那不是主力出货又是什么呢？

散户平时要加强对个股的基本分析及炒作题材分析，借以找出可以被主力介入的个股。除了注意关注上市公司的各种信息之外，更需多注意筹码归向分析，追踪盘面浮筹有多少。如果发现浮筹日益减少，应密切注意。

散户介入每只股票之前，必须考虑风险与报酬的比例，必须注意到介入该股的价位与长期底部的距离、乖离率的大小等因素。散户跟随主力时选择理想的底部介入才是最佳和最安全的策略。毕竟股价要大涨，必须要有健全而完整的底部图形，筹码安全性高，将来上升的阻力才会小。底部结构不理想的个股，很难有好的表现。投资者千万不要忽视一个完整的底部图形，更不要无视它的威力。嘲弄或不信任完美图形的人，无异与市场作对，逆行情的操作是会受到重创的。

几乎所有的坚实底部，在它的低点或是平台部位都会出现成交量剧减的局面，这种现象表示卖压已经耗尽，持股者不再愿意杀低。如果此后成交量再一路放大且股价上涨，那就表示有一股新的力量介入，主力进场做多的意图表现无遗，投资者可以大胆跟进，利润必远大于风险。

总的来说，散户操作股票的几大要点是：判断大势、选中好股票、不断换股以应付轮炒。

其中，判断大势并不难，选股才是制胜的关键，而应付轮炒则是使自己资本迅速扩充的好办法。但是选对股票不一定能赚钱，如果投资者只知道何时买进而不知何时卖出，就会和大多数人一样，眼睁睁地看着股票大涨，又眼睁睁地看着它跌回去，所有的利润都如过眼烟云，白忙一场。长抱着股票未必是一种高明的操作方式，如果死抱着一只毫无希望的股票，是根本不可能赚钱的。

当市场的主要趋势发生改变，投资者必须察觉到这种变化，绝不能忽视它而盲目乐观，死抱股票，主力的操作也有着阶段性和节奏感，一旦目标达到，主力会毫不犹豫地出货，这是趋势反转的开始。所以，散户跟随主力必须要准确判断主力出货的时机，这才是胜利的最后保证。

在股市中要迅速赚大钱就必须追踪盯紧主力，涨时应重势，而不必考虑其业绩如何，股票是没有定数的，高了可以更高，低了可以再低。股价只有涨跌之分，这是股票操作的基本常识，不能以为垃圾股就不会成为黑马。事实上，股票业绩的好坏不是静止不变的，垃圾股也可能因为经营改善而成为绩优股，绩优股也可能经营失败成为垃圾股，这就是股票的魅力所在。一切事情都有可能发生，股票炒的是明天而不是今天。

所以，散户要记住以下几个方面：

第一，股价与业绩并非有绝对的关系，多空双方力量的消长与筹码供求关系的变化才是决定股价的根本原因。

第二，主力介入的个股，其波动幅度必然比没有主力介入的个股大，而投资者的选股策略是要抓住这些股票。获利的可能性愈大，其风险也就愈大。

第三，选股应特别注意筹码供求强烈不平衡的股票，筹码锁定程度高的股票在起涨点出现放量时应特别关注。

第四，主力吸货主要表现在成交量上，由成交量的变化能看出主力操作的心态、主力的动向等。对于从事技术分析的投资者来讲，这是一件相当重要的事。

第五，参与买卖的人的评价越不一致，成交量越大；而投资大众的评价趋于一致时，成交量反而减少。

第六，股市有潮起潮落，而影响股市的多种因素中，有除权除息的因素，往往股市之高潮就出现在这些时间里。

主力如何操作不同类型的股票

衡量一只股票盘子的大小有两个标准，第一是股票流通盘的大小，第二是股票流通市值的多少。

从炒作规模上考虑，一只股票盘子大小不仅决定于流通盘的多少，也决定于股价。比较合理地度量一只股票盘子大小的指标应该是该股的流通市值，也就是股价乘以流通盘。比如，一只流通盘2亿的股票，股价3元，另一只流通盘4千万的股票，股价20元，哪一个盘子更大？哪一个炒起来占用的资金多？当然是后者，前者流通市值为6亿，而后者流通市值为8亿。如果以主力炒作需要备下总流通市值70%的资金计算，则做前一只股的主力需要4.2亿元，后一只股票需要5.6亿元。也就是说，做盘子大的股票要求主力更有实力。

以总流通市值衡量，股票盘子大小是变化的。比如，前面那只股票，如果价格由3元涨到了6元，则6亿元的盘子变成了12亿，盘子变大。如果主力有4.2亿元，他先以3亿元在3元附近收集了1亿股，占总盘子的50%，还剩下1.2亿元，按当时股价相当于流通盘的20%，占外面未锁定流通盘的40%。主力把这部分资金用于控盘，也就是用1.2亿元控3亿元的未锁定盘子。如果以控盘资金和未锁定盘子的比例作为度量控盘能力的指标，则此时的控盘能力为40%。以后主力一路把股价拉上去，假设在拉抬过程中他进进出出，一路不赔不赚，到股价6元时他还有1.2亿元的控盘资金。此时外面未锁定的流通市值已上升到6亿元，主力的控盘资金占未锁定市值比例下降到20%，主力控盘能力下降。

可见，在拉抬过程中，主力的控盘能力是逐渐下降的，这也是限制主力炒作目标位的一个因素。如果有资金，哪个主力不知道炒得越高越好呢？就算炒上去待不住，出货时再回吐很大一段空间，也还是拉高一些开出更大的空间更划算。但拉多高是要受主力实力限制的，如果主力的实力不足，控盘资金少，则随着上涨，当控盘能力下降到一定程度后就不敢再往上炒了。所以，要炒多高的上限决定于主力有多少控盘资金，控盘资金充裕则炒得高，控盘资金不足则炒得低。

随着拉抬主力的控盘能力下降，这时主力可以利用临时贷款补充控盘能力，或者卖掉一部分建仓股票补充控盘能力。此时，留下的未锁定筹码越多，则为了补充控盘能力，需要借的钱或卖的股票就越多。

极端情况是绝对绩优股的通吃炒作和绩差股的短炒。前者锁定筹码极多，外面留下的市值很少，即使股价翻上几倍，也不用补充太多资金，稍微卖掉一些股票就可以保持控盘能力了。这就成了边上涨边出货，边出货边增加控盘能力打开上涨空间。所以，边上涨边出货不仅是一种出货手法，有时还是炒作必需的。

绩差股短炒把大量的市值留在外面，随着上涨，主力无法通过卖股票维持控盘能力，只有通过贷款。但大量短期贷款风险很大，所以，这种主力炒作时上涨空间的上限是一开始就决定了的，缺乏进一步向上打开的能力。所以，通吃手法炒作往往可以把股价炒得很高，经常以翻几倍计；而绩差股的上涨空间则有限，涨百分之几十就差不多了。

股票流通盘的大小对股票走势的特性有影响。比如，在同样市值下，高价小盘股和低价大盘股的股性还是有区别的。

在业绩相同的情况下，流通盘小的股票会比盘子大的股票定价高。这是因为股价由市场供求关系决定，股票的供应量就是股票的数量，股票的需求量就是市场上想买这只股的资金量。

针对一只股票，每个投资人都有一个自己愿意接受的价位，也就是说愿意在这个位置上持有该股票。设想把每个价位上愿意持有的人数和资金量进行统计，则可以形成一个柱状图，愿意在高价持有的一般只是少数人，大部分人对一个适中的价位可以接受，还有人只愿意接受极低的价格。市场价格的决定机制是这样的，从出价最高的人开始向下数，一直到需要等于供应量，这个价格就是市场价。市场的交易过程就是在寻找这个价格。所以，在需求量分布相同的情况下，小盘股的价格会高于大盘股的价格。

为什么有的主力喜欢炒绩差股

股票的炒作特点决定于股票的性质。和绩优股相比，绩差股由于业绩差，市场形象不好，看好的人不多，进货容易出货难。炒作绩差股的关键是出货。而绩优股由于业绩好，市场形象佳，看好的人多，低位建仓不容易，但出货不难。绩优股炒作的关键是进货。

绩优股由于看好的人多，预期价位高，抛压不重，主力可以在高位从容派发。而绩差股由于市场对其预期不高，价位低才是合理的；买盘不多，只能靠快速推高来吸引市场的目光，短暂冲高后，抛压加大，在高位的时间不长。

所以绩差股的炒作必须是快进、快炒，急拉猛抬，快速派发。绩差股平时没有主力长期驻守，没有长期投资价值，随时可以跌一轮，主力不会一直拿着绩差股；而且主力在炒作绩差股时一般是要尽量少收集，只要能炒得起来，能少收集一些尽量少收集一些，所以也不需要预先建仓。另外，绩差股有容易收集的特点，随时开始收集都不晚，主力也没有必要很早就抢着收集。

行情一旦展开，主力觉得有机可乘，随时可以调入资金开始快速收集，而且必须快速收集，因为，炒绩差股必须借势，大势一旦变坏，就要马上撤出来，给他的炒作时间是较短的，必须快速收集。

由于绩差股在高位站不稳，炒高全凭一鼓作气冲上去；也由于主力不能收集太多的筹码，控盘能力不够，所以，要靠急拉猛抬，造成上升的冲力，带动起跟风者，借这种冲力，把股价炒上去。炒上去后不能像绩优股那样在高位站稳从容出货，所以，一定要快速出货。

绩差股出货就是一场比到底主力的手快还是散户的反应快的比赛。主力要抢在散户看出自己出货动作之前把大部分货出掉。第一种办法是少建仓，快速拉起来一点就立刻跑掉，仓位少，出得快，涨幅不大。如果投入资金较多，建仓较多，出货变得复杂，就要做复杂的计划。在上升途中，就要开始出货；在顶部能出多少就出多少，出不了就向下砸盘出货，这样把追涨盘和抄底盘全部套住。由于要做好砸盘出货的准备，所以，在拉升时一定要拉出较高的空间。但主力自己从一开始就没有打算要这么多利，在拉抬过程中要增加持股成本，在顶部逃不掉时就要杀跌出货，杀跌要损失空间。里外一算，主力在中间能拼出总幅度的 1/3 的获利来就满意了。

绩差股炒作大量消耗空间资源，但主力自己的获利则不太高。

为什么有的主力喜欢炒绩差股呢？炒绩差股的好处就是快，由于减少了收集和收集后等待机会的时间，炒作过程紧凑，收集、拉抬、派发一气呵成。如果以收集 10 天，拉抬 10 天，派发 10 天计算，主力可以在 6 周内完成完整的一轮炒作；如果主力手快，时间还可以更短。所以，如果以单位时间资金产生的利润率来计算，炒绩差股获利是较高的。所以，炒绩差股是一种短炒行为，就算投入资金较多，空间较大，也还是要短炒。短炒的特点是愿意牺牲利润换取时间，以追求最大利润率。

主力喜欢光顾哪些新股

主力普遍有喜新厌旧的习气。历史上曾有段时期达到逢新必炒的地步。其实主力对新股并不是来者不拒，而是有比较严格的条件。若不符合主力的"择新条件"，是难以得到主力的青睐的。一般来说，主力喜爱的新股具有以下特征：

（1）行业独特。新股大多属概念式炒作，因而是否属于朝阳行业的个股便成了主力是否介入的关键。特别是一批行业独特、市场占有率高的成长股迅速成为市场"新贵"。投资者选股时，应重点研究其行业状况及发展前景。

（2）关注发行中签率和上市换手率。若中签率低，表明市场看好的人众多，主力收集筹码困难，此股无论有多好的题材，也难以有较佳的表现。

（3）重点关注少数民族地区的上市公司。由于这些地区上市公司较少，当地政府为树立形象，常会推出一些利好配合，在物以稀为贵的情况下，主力也乐于炒作此类股票，使少数民族概念股股性十分活跃。

（4）关注量价关系。一般来说，有庄介入的个股上市当日都会保持低调，常常会出现高开低走的局面，甚至上市几天内连创新低。这是主力为了清洗筹码或压低吸纳更多的筹码，甚至不惜尾市故意打压。

（5）盘子适中。通常市场资金面不是很充裕，流通盘太大的个股常难有大的作为。

第二节
不同主力的操盘手法

券商操盘的股票特征

券商是"集合理财"这种理财产品的发起人和管理人，是集合客户的资产，并按照集合理财计划进行投资管理的专业投资者。券商在股市中的行为特点和公募基金基本相似，多采用组合配置、长期持股的方式；在选股方式上，两者有一定区别，基金更偏大盘蓝筹股，而券商多喜欢中小盘绩优股。由于购买券商理财产品的投资者一般不会像基民那样进行频繁的申购与赎回，所以，券商对所重仓的个股往往有更强的控盘能力。

券商分为综合类券商和经纪类券商。综合类券商包揽证券全部业务，既可做一级证券市场，也可做二级市场，但最重要的还是自营业务；而经纪类券商则仅仅局限于二级市场的经纪业务。无论哪类券商，经纪业务收入都是其主导性的收益来源之一。

券商操盘的股票主要特点如下：

（1）操作时间短。股市上将券商主力称之为"过江龙"。券商主力入市资金的来源主要是短期拆借和挪用股民的资金，因此，股市操作时间最多只有两三个月。

（2）成交活跃、量能均匀。一般而言，庄股都是股性比较活跃的个股，这主要体现在两个方面：一方面是量能的活跃，参与的散户密集，换手率较为积极；另一方面则是反映在价格上，也就是成交价位较多，即时成交价格变动频繁，这也表明券商主力在吸货和洗盘。

（3）专业能力强。券商主力通过长年累月的经验积累，对市场行情了如指掌，对股市常用的技术分析工具了如指掌，其专业水平自然比一般的散户高出许多。

（4）坐庄目的多种多样。有的券商主力是为了弥补低迷市道交易费收入的不足，而去坐庄获利；有的券商主力是为了完成全年创利指标而大举坐庄；有的券商主力是接受上级指令而入市护盘；还有的券商主力则为了完成承销配股的任务，而去维护某只个股的市场形象。

（5）流通盘大、参与性强。庄股的流通盘有大有小，小到几百万股，大到十几亿股不等，这关键取决于主力的资金实力大小。券商主力一般会选择流通盘较大的个股，这与坐庄过程中的跟风盘也有关系。另外，券商主力在让散户跟风时，会展示自己的特点，一般情况下，总选择在当天行情下跌的过程中逆势而为：一方面可在低迷行情中产生营业部的成交量的保障，另一方面是制造市场热点吸引更多的跟风盘出现。在大多数的情况下，券商坐庄都会选择与大盘呈现反向运行。

上市公司操盘的股票特征

上市公司主力就是自己炒作本公司股票的上市公司。如果上市公司炒作其他公司的股票，就不属于上市公司主力。那么，怎么判断上市公司是否炒自己的股票呢？可以这样推测：如果该公司股票在下跌市道里跌幅小于同类股票，则可能表明上市公司护盘；若公司有职工股上市或配股价较高，此时股价如果相对坚挺，则可能是上市公司坐庄。如图7-4所示。

上市公司操盘的股票特征如下：

（1）抗跌性强。上市公司坐庄的股票，在大盘下跌的过程中通常比同行业其他个股的下跌幅度小，主要是由于主力的护盘行为所致，但此时一般也不会有上涨的表现。如果在盘整市道或上升市道中有主力吸货的迹象，则将有利好消息出台。

（2）会做亏本生意。为维护公司形象，上市公司主力会出来护盘。识别上市公司主力，主要是看过去该股是否出现过下跌幅度比同类、同板块股少的情况。若下跌得少，则表明该公司有自己坐庄的习惯。这种股票在盘整市道或上升市道里，散户若发现主力在收集，可能将有利好消息公布，可以考虑跟进。

（3）根据需要，制作消息、编造题材，随心所欲。比如公司放出风声，年报有高比例送股，散户得到消息后纷纷跟进，主力则趁机大量派发，当货已出尽，公司通过股东大会否决分配议案，结果散户竹篮打水一场空，主力却笑看云起。

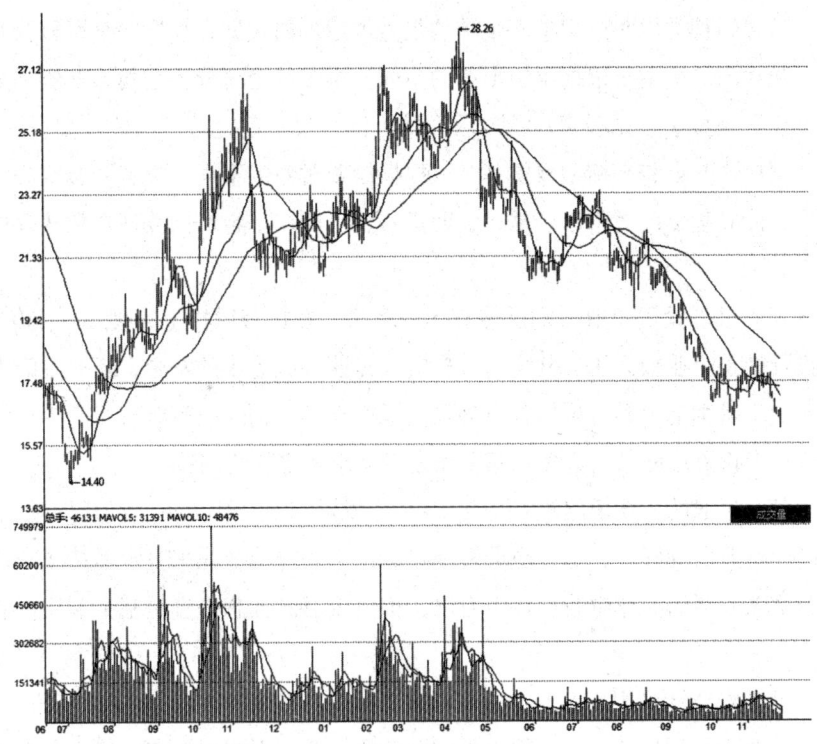

图 7-4 上市公司控盘的股票

基金的选股策略

我们平常所说的基金，一般是说公募基金。公募基金（Public Offering of Fund）是受政府主管部门监管的，向不特定投资者公开发行受益凭证的证券投资基金。公募型股票基金的主要特点体现在其买卖行为是围绕着基民的申购与赎回进行的，当基民申购多时则加大持股力度，反之则进行减仓应付基民的赎回。公募基金的特点是可以享受市场整体的回报，而且基金的规模越大，其获取市场平均利润的可能越大。

基金无疑是市场中最大的主力。证券投资基金进入市场以来，他们的投资理念、选股标准以及由此产生的资金动向等都对市场产生了重要影响。在机构资金的队伍进一步壮大，机构时代来临的时候，基金的选股策略出现了什么样的发展？

以基金的资金规模相对于沪深股市流通股本而言，基金无疑是市场中最大的主力。基金的投资理念、选股标准以及由此产生的资金动向等都将对市场产生重要影响。

377

基金的种类繁多，根据基金单位是否可增加或赎回，投资基金可分为开放式基金和封闭式基金；根据组织形态的不同，投资基金可分为公司型投资基金和契约型投资基金；根据投资风险与收益的不同，投资基金可分为成长型投资基金、收入型投资基金和平衡型投资基金；根据投资对象的不同，投资基金可分为股票基金、债券基金、货币市场基金、期货基金、期权基金、指数基金和认股权证基金等。

其中可以投资于股市的基金有100多只，在投资风格上表现出一定的差异，有投资中小企业板为主的基金，有投资大盘蓝筹股为主的基金，还有专门投资小盘股的小盘基金等等。虽然各自的投资风格和具体的选股策略有所不同，但是在一些重点投资思路上，大多数基金还是表现出一定的趋同性。

基金选股的主流思路重点是强调：价值投资和安全性第一，价值投资是主线。对同一行业内的股票，基金也会根据业绩预期的增减变化来决定增持或减持。从基金增减股票的操作中我们可以看出，价值投资的理念一直是基金最注重的投资理念之一。

投资安全性是根本。基金的资金性质决定了其必须特别重视投资的安全性，表现在选股方面是基金往往偏重于防御型的股票。因为很多基金管理人不愿意为了追求高收益而铤而走险或标新立异，而是愿意追求相对稳定的收益。这种情况固然有利于基金的投资安全，但另一方面也导致了基金的投资过于保守，在趋势研判和投资品种的选择方面表现出较大的趋同性。在最近股市处于低迷时期，以及上市公司业绩增长前景存在一些不确定性因素的时候，基金采取防御性的投资策略是正确的。但是，如果市场趋势彻底转变之后，基金就需要适当改变保守的投资思维。

近年来，基金的投资理念日趋成熟，已经从过去注重单一公司的基本面分析，转变为加大对整个行业的基本面和整个市场宏观基本面的分析力度，通过对上市公司、行业和市场整体的综合分析，来正确选择投资对象。

在市场因素方面，基金主要是选择低价蓝筹股和行业龙头股。

1. 低价蓝筹股

在经过长期的调整行情之后，市场中大约有6成的股票处于严重超跌中，而基金重仓持有的个股中有不少个股的累计涨幅较大，已经从当初的价值发现阶段步入目前的价值高估阶段，这类大幅走高的个股已经逐渐失去持续上涨的动力，对于一些获利较大的重仓股，基金采取了收割式减持操作，并且将目光转移到价格较低和值得长期投资的价值类个股中，其中也包括一些经过深幅调整的指标类蓝筹股。

2. 行业龙头股

市场走势方面，行业龙头股的走势往往强于同一板块的其他股票，基金不仅仅看重资源类和消费类个股，更加注重医药、采掘、房地产等行业中有代表性的股票，这就造成了基金持股高度集中现象的产生，往往一只龙头股中有多家基金驻扎。相信随着大型蓝筹股的增多，基金选择范围扩大以后，这种现象会逐渐淡化。但是，行业龙头股仍始终是基金的重点选择对象。

私募和游资的选股思路和操盘手法

游资操盘的思路和基金操盘的思路有些不一样，游资的选股思路和操盘手法大致有以下几个特点：

1. 预判市场心理

游资的选股理念和散户不一样，散户希望选到今天买进明天就开始连续涨停的股票，而游资选的股票涨不涨完全由自己决定，但游资必须考虑的是涨起来后怎样全身而退。就是说，游资选的股票必须是拉起来后有人会跟风的股票。游资和基金不一样，因为游资资金少，万一没人跟进，游资是不可能像他们那样做股东的，只能斩仓出局。所以，游资在选股的时候就会把主要精力放在对市场心理的预判上。说实话，在这上面投入的精力远大于对技术面和基本面的研究。但是能让散户跟风买入的股票必然在它的基本面和股价的关系上、在后市的题材上有自己的特点，所以除了市场心理外，游资也注重基本面与股价关系的分析，而且总是提前研究最近可能出现的重大题材，并对选出的题材进行排序，最终确定攻击的目标。

2. 专买公认危险的股票

私募选股的另一个特点有些奇怪，就是选择的股票往往是大家公认的十分危险的股票，而看似安全的股票往往很少涉足。这是由于两个原因：一是看似安全的股票大多被公募基金重兵把守，不容游资置喙；二是只有危险的股票才不容易在游资建仓的时候被散户朋友察觉，因为游资没有能力操纵大盘来掩饰建仓。所以，游资就只能选择旁人最意想不到的股票来进行攻击了。比如之前的灾后重建股，大家以为复牌后多半是大跌，但是情况却完全相反，有的甚至连拉几个涨停。看似危险的地方，实际上却异常安全，这是游资多年操作的体会。

3. 不碰高度控盘股

前面讲到，游资选股的理念不是买进后会涨，而是拉高后有人接盘，这就需要庞大的"跟风者"，只有这样才能够在出货时顺利逃出。而如果这只股已经有机构资金在高度控盘，那出现的跟风买盘将会很少，相反还有可能遭到控盘机构的暗算，所以，筹码集中度过高，或者已经被大机构做底仓的股票，游资通常避而远之。

4. 兵贵神速

私募在股市中其实是最弱势的群体：和机构比，游资在资金实力上是弱者；和散户比，游资在灵活性和资金成本上是弱者。正是这种弱者的地位要求游资在操作前期绝对保密，而操作过程又只能兵贵神速：在市场还没有反应过来的时候游资就应完成建仓、拉升、出货等一系列动作；当大家发现私募在做哪只股票的时候通常也就是游资已经赚得盆满钵满打算出货的时候（更多的情况下，是私募故意让市场发现自己在哪只股票里的）。此外游资还创造了"不论盈亏第二天坚决卖出"的手法，因为涨停的股票第二个交易日一般会延续良好的势头，因此出货并不困难。即使出现亏损，也会坚决卖出，因此损失也不会很大，而且成功率极高。还创造了跌停出货等手法，利用散户们在买入后就遇到跌停不会立即止损的心理来为游资锁仓。这些手法虽然很不人道，但游资也是没办法，市场就是这样残酷。

5. 制造热点，八方出击

在弱市的时候，散户总是感叹一天一个热点，有时甚至一天内出现几个市场热点，难以把握，更多的投资者是买进去了就跌，卖出来了就涨，这些应该都是私募和游资在作祟。这也是没有办法的办法，因为私募的所有费用都只能来自股市，所以基金可以为了回避风险而偃旗息鼓，但私募和游资却不能倒下去，而要多次上演速战速决的经典案例。

归根到底，最主要的一点就是：对大众的投资心理有超强的把握能力才是游资获利的法宝。

第三节
从盘口看懂主力如何建仓

主力如何建仓

股市中，主力的地位相当重要。作为中小投资者，必须关注主力的动向。随庄而动，才能不错过绝佳机会。如何判断股票有主力进场？由以下几点现象可以判断：

（1）委托卖出笔数大于成交笔数，大于委托买进笔数，且价格在上涨。

（2）股价大幅下跌后，进入横向整理的同时，股价间断性地出现宽幅震荡。当股价处于低位区域时，如果多次出现大手笔买单，而股价并未出现明显上涨。

（3）虽然近阶段股价既冲不过箱顶，又跌不破箱底，但是在分时走势图上经常出现忽上忽下的宽幅震荡，委买、委卖价格差距非常大，给人一种飘忽不定的感觉。

（4）近期每笔成交数已经达到或超过市场平均每笔成交股数的1倍以上。例如，市场上个股平均每笔成交为600股左右，而该股近期每笔成交股数超过了1200股。

（5）小盘股中，经常出现100手以上买盘；中盘股中，经常出现300手以上买盘；大盘股中，经常出现500手以上买盘；超大盘股中，经常出现1000手以上买盘。

（6）在3～5个月内，换手率累计超过200%。近期的"换手率"高于前一阶段"换手率"80%以上，且这种"换手率"呈增加趋势。

（7）在原先成交极度萎缩的情况下，从某天起，成交量出现"量中平"或"量大平"的现象。股价在低位整理时出现"逐渐放量"。

（8）股价尾盘跳水，但第二天出现低开高走。股价在低位盘整时，经常出现小"十字线"或类似小"十字线"的K线。

（9）在5分钟走势图下经常出现一连串小阳线，日K线走势形成缩量上升走势。

（10）虽遇利空打击，但股价不跌反涨，或虽有小幅无量回调，但第二天便收出大阳线。

（11）大盘急跌它盘跌，大盘下跌它横盘，大盘横盘它微升。在大盘反弹时，该股的反弹力度明显超过大盘，且它的成交量出现明显增加。

（12）当大盘创新高，出现价量背离情况时，该股却没有出现价量背离。股价比同类股的价格要坚挺。

（13）大盘两三次探底，一个底比一个底低，该股却一个底比一个底高。股价每次回落的幅度明显小于大盘。

以上信号如果同时出现5个，说明该股有主力进驻的可能性达六成；如果同时出现8个，说明该股有主力进驻的可能性达七成；如果同时出现11个，说明该股有主力进驻的可能性达八成。投资者可在实践中加以验证。

在进行了一系列前期准备工作之后，特别是在锁定了目标股的时候，主力就会选择适当的时机开始建仓，也就是进入了实质性操作阶段。

首先要说明，一只股票在不同时期，主力是不同的，甚至在同一时候，也可以有多个主力。这些情况必然会导致走势难以分析，所以这里以长庄为主进行介绍，因为长线庄各个操盘步骤历时均较长，上涨幅度也较大，是跟庄的主要对象。永远记住，长庄只买低价，不会追高。做一次长线庄，就像打一个大战役。它们在建仓时最在乎的是价位，其次是数量，最后才是时间。筹码结构不合适的股票根本不予考虑。主力开始建仓时，股价离最近的一个成交密集区下缘已经很远了，一般在30%以上。

让我们来看看南岭民爆（002096）主力是如何建仓的：

打开南岭民爆（002096）（图7-5）的K线图，看到该股自2006年12月22日上市以来形成近乎完美的通道式长期上涨趋势，如果我们从成交量去看，发现在这个上涨过程中换手非常高，在上市半年多里，几乎平均每个月换手都达到100%，可以这样说，在这半年里南岭民爆（002096）都没有非常强的主力在里面，所以筹码一直处于发散的状态。主力要轻易获取筹码是什么时候？就是散户最愿意抛股票的时候，公司有什么利空消息或者大家都不看好市场纷纷抛售出来的时候，如果成交量放大且股价不跌为最显眼的主力介入的迹象，经过主力介入的股票在没有拉升之前通常都会出现明显缩量，在外浮动的股票数量减少，那么我们找到的最明显的建仓迹象为 2007 年 5 月 31 日～6 月 1 日这三天。这三天处于股市大跌时期，总成交量达到 588 万股，合计换手率达到 39%，由于当时虽然垃圾股大跌，但是市场资金还很活跃，在一些高价股里还有不少各类资金在买进，所以推测大致有其中的三成成交量为主力机构所为，所以这一阶段主力机构吸收筹码不足 200 万股，平均成本在 26 元以上。

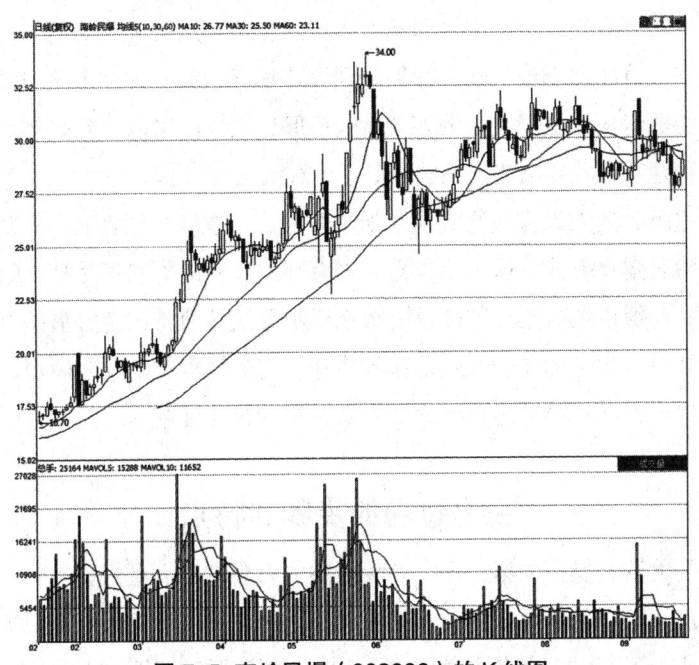

图 7-5　南岭民爆（002096）的 K 线图

主力建仓的时间一般都会长达数月，甚至更长的时间，下面介绍的是主力几种主要的建仓方式。

（1）单边上涨建仓：这种建仓过程，同时也是股价不断上涨的过程。这种建仓方式一般运用在大势逐渐转好的情况下，或者是主力预感到大势即将转好。有的时候上市公司隐藏着重大利好的情况下，而市场上中小投资者还没有察觉到，主力也会采取这种逼空方式建仓。这种单边上涨建仓方式，主力会不断让市场跟风者赚点小钱，同时又引诱市场投资者不断跟进，通过这种手法，在不断收集筹码的同时，又不断地降低持仓成本。

（2）单边下跌建仓：这种建仓过程基本上就是目标股不断下跌的过程。主力在初期利用手中的少量筹码，在市场上不断地打压股价，有时甚至造成大跌的走势，然后在低位更多地吸筹。随着股价的不断下跌，主力手中的筹码也越来越多，当股价止跌企稳的时候，就是主力建仓结束的时候。在这种单边下跌的建仓方式中，主力一般会借助于大势的调整，同时也常常会制造和利用上市公司的利空消息，以便更加轻松地迫使中小散户斩仓割肉，收集较多的恐慌性杀跌盘。

（3）横盘建仓：横盘建仓一般是价位偏低的状态，特别是低位横盘建仓多见。股价横盘的方式有高、中、低三种基本形式。主力利用资金和筹码的优势，很长一段时期把股价压在低位不涨，如果碰到大势很好，盘中许多个股都是连涨，则绝大部分持股者便无法忍受，大多会斩仓换股，主力就可以达到收集筹码建仓的目的。这种建仓方式在大势走牛的情况下，往往效果不错。

除此之外，还有许多建仓方式，如二重底、三重底、圆弧底、V型底建仓方式，还有隐蔽建仓方式，这主要是指主力有很大比例的筹码不是从二级市场获得的，而是从一级市场收集，这样投资者就根本无法从股价的走势形态上看出任何迹象。另外一种常见的建仓方式是新股建仓，它的特点是建仓时间短，收集筹码速度比较快，也比较容易达到控盘所需要的筹码数量目标。

主力建仓的步骤和特点

建仓是大资金操作的第一步，一般来讲主力会参考大盘位置、介入时机、筹码分布、自有资金量的大小、目标股的后续题材及涨升空间等周密安排，因为资金量较大，为了不引起过多注意，建仓也有计划性及时间性。水准较高的主力能够在接近底部区域时开始大规模建仓，对大盘后市的发展胸有成竹，能够适当领先市场一步，这也是大资金操作获得成功的重要因素之一。

主力建仓也可以分两大类：被动性建仓和主动性建仓。这其实也是和资金的性质息息相关的。

1. 被动性建仓

采取这种方式建仓主要是因为前期坐庄失败而被套或者因为配股、增发新股承销失败而被迫吞下较大筹码，或者因历史遗留问题在一级市场已收购了较多筹码。

此类建仓主力进取性一般不太强，但爆发力却很大，在大势向好时，可能成为暴利性获利品种，也就注定此类股票持续性将不会太长，主力一战而胜、功成则退的意愿也较急迫。如渤海集团主力因配股失败，被迫吃进绝大部分获配股，后在当年8月1日"三大救市政策"的刺激下，当日就从3元多暴涨至6元多，真是一鸣惊人！

2. 主动性建仓

（1）平台式建仓。主力在离大盘底部一个台阶时开始进行收集，目标股逐步脱离了大盘的下跌，成交量温和放出，来回上下震荡构筑了一个平台。如在大牛市中，主力也会利用高位平台建仓。此类建仓方式为各主力最常用的收集手法，因为筹码成本较低，风险相应也较小，收集时间越长成为大牛股的概率越大。如沧州化工构筑了一个长达一年的大平台，后一口气从7元多冲上30元。

（2）大盘反弹中建仓。主力在大市见底前数月的反弹中，大量吃进筹码，逐步控制了该股的走势。后市按主力喜好不同，有的随大盘再次回落，起到洗盘的效果。有的直接维持住强势，完全与大盘脱离，超强股可能还会逐步走高，因为大盘探底时暴跌的气氛也将使持有的散户在恐惧中交出筹码。

（3）缓慢推进式建仓。主力逐步推高吸货，K线组合为小阳中阳跟小阴中阴，但维持一上升通道；时间可以是大市即将见底前，也可以是大盘转势后，该类股票后面一般会有潜在的题材。

（4）暴风骤雨式建仓。这种操盘风格非常凶悍，股价狂升狂降，可以说玩的就是心跳。其中一种是快速拉高建仓式，采用此法的都是前期连续暴跌阴跌的冷门股或超跌股。底部筹码已经沉淀，靠缓慢吸纳根本吸不到什么筹码，主力只有采用连拉几根长阳线，使被套牢的筹码认为短线涨幅已大而纷纷沽售，这样主力可以在短期内吃到大量筹码。

2002年初的深深房A（000029）从1999年的16元严重超跌到年初的4元左右，主力开始拔高建仓，连续拉升，统吃割肉盘获利盘，再一鼓作气拉升至11元，达到快速建仓、快速拉升、快速出货的效果。

还有一种是连续打压快速建仓式，此法主要用在大盘恐慌性暴跌或个股出现重大利空而引发连续暴跌时，引发恐慌性杀跌盘或止损盘而主力快速统吃、快速建仓、快速洗盘、再快速拉升。如东方电子（000682）1999年12月27日因内部职工股上市流通的利空引发其连续暴跌，在上市流通当日大幅跳空低开后，巨量换手，当天反转，走出一轮大行情。

综上所述，主力建仓时，也正是散户们斩仓或获小利离场时。在主力进货初期时，主力总会尽力隐藏进货动作并散布利空传闻，制造恐慌情绪，或利用大盘大跌打压股价，打穿一个又一个重要技术位置，以影响原持股者的信心而迫使其在低位抛出筹码，以便于机构吸到便宜货。在主力进货的后期，由于低位筹码已被主力掌握较多，主力将会控制住股价，使股价小范围上升诱使获利者或无耐心的套牢者抛出，再通过建仓完成后的洗盘，为后面股价的拉升铺好道路。

三招精确计算主力持仓量

股价的涨跌，在一定程度上是由该股筹码的分布状况以及介入资金量的大小决定的：动用的资金量越大、筹码越集中，走势便较为稳定，不易受大盘所左右；动用的资金量越小、筹码分散在大多数散户手中，股价走势涨难跌易，难有大的作为，如何估算主力持仓数量呢？主要通过以下三个方法求和平均来判断：

（1）通过实战的摸索，在判断主力持仓量上可通过即时成交的内外盘统计进行测算，公式一如下：

当日主力买入量 =（外盘 ×1/2+ 内盘 ×1/10）/2

然后将若干天进行累加，至少换手达到 100% 以上才可以。所取时间一般以60 ~ 120 个交易日为宜，因为一个波段主力的建仓周期通常在 55 天左右。该公式需要投资者每日对目标个股不厌其烦地作出统计分析，经过长时间实证统计，准确率极高，误差率通常小于 10%。

（2）对底部周期明显的个股，是将底部周期内每天的成交量乘以底部运行时间，即可大致估算出主力的持仓量，主力持仓量=底部周期 × 主动性买入量（忽略散户的买入量）。底部周期越长，主力持仓量越大；主动性买入量越大，主力吸货越多。因此，若投资者观察到底部长期横盘整理的个股，通常为资金默默吸纳，主力为了降低进货成本所以高抛低吸并且不断清洗短线客，但仍有一小部分长线资金介入。因此，这段时期主力吸到的货，至多也只达到总成交量的 1/3 ~ 1/4左右。所以忽略散户的买入量的主动性买入量可以结算为：总成交量 ×1/3 或总成交量 ×1/4。公式二如下：

主力持仓量=阶段总成交量 ×1/3 或 1/4

为谨慎起见，可以确认较低量。

（3）在低位出现成交活跃、换手率较高，而股价涨幅不大（设定标准为阶段涨幅小于 50%，最好为小于 30%）的个股，通常为主力吸货。此间换手率越大，主力吸筹越充分，投资者可重点关注"价"暂时落后于"量"的个股。是换手率以 50% 为基数，每经过倍数阶段如 2、3、4 等，股价走势就进入新的阶段，也预示着主力持仓发生变化，利用换手率计算主力持仓的公式三：

个股流通盘 ×（个股某段时期换手率—同期大盘换手率）；

计算结果除以 3，此公式的实战意义是主力资金以超越大盘换手率的买入量（即平均买入量）的数额通常为先知先觉资金的介入，一般适用于长期下跌的冷门股。因此，主力一旦对冷门股持续吸纳，我们就能相对容易地测算出主力手中的持仓量。

最后，为了确保计算的准确性，将以上三个公式的结果进行求和平均，最后得出的就是主力的持仓数量。

总公式如下：

准确主力持仓量 =（公式一 + 公式二 + 公式三）/3

主力建仓时的技术特点及盘面特征

一般说来，主力经常制造一些非实质性的利空题材，或趁大盘走弱之机借势打压股价，制造空头陷阱，以此完成建仓。我们可以通过一系列的技术特征和盘面特征来观察主力是否在建仓。

1. 技术特征

（1）经常有大笔卖单挂留，但随即会迅速撤掉，或者所挂的卖单手数越来越少。

（2）往往先跌破某一技术支撑位（如某条短期均线），但股价却未下跌多少。分时成交常出现无量空跌的现象。

（3）在本阶段末期，一般成交量会温和放大，但股价却未大涨或只是小幅上涨。

（4）技术指标经常出现"底背离"。

2. 运用手法

（1）在低位筑平台吸货。

（2）利用打压吸货，这类手法较为常见。

（3）拉高吸货（或边拉边吸）。一般主力实力雄厚或作风凶悍，很可能是利好消息已经走漏，担心其他资金在低位抢筹码。

3. 盘面特征

（1）日 K 线经常在低位拉小十字星，或者小阴阳实体方块。

（2）K 线组合在低位出现圆弧底、W 底、头肩底、三重底、U 形底、V 形底等。

如何判断主力建仓已接近尾声

"股价涨不涨，关键看主力炒不炒"是沪深股市最大的特点。主力什么时候最有炒作激情？主力在吃了一肚子廉价筹码后最有激情。因此，散户跟庄炒股若能准确判断主力的持仓情况，盯牢一只建仓完毕的庄股，在其即将拉升时介入，必将收获一份财富剧增的惊喜。这里面的关键是如何发现主力已经将筹码锁定。

一般具备了下述特征之一，就可初步判断主力筹码锁定，建仓已进入尾声：

（1）股价先在低位筑一个平台，然后再缓缓盘出底部，均线由互相缠绕逐渐转为多头排列，特别是若有一根放量长阳突破盘整区，更加可确认建仓期完成，即将进入下个阶段。

（2）放很小的量就能拉出长阳或封死涨停。如果主力用很少的资金就能轻松地拉出涨停，那就说明主力筹码收集工作已近尾声，具备了控盘能力，可以随心所欲地控盘。

（3）K 线走势我行我素，不理会大盘而走出独立行情。有的股票，大盘涨它不涨，大盘跌它不跌。这种情况通常表明大部分筹码已落入主力囊中。当大势向下，有浮筹砸盘，主力便把筹码接住，封死下跌空间，以防廉价筹码被别人抢去；当大势向上或企稳，有游资抢盘，但主力由于种种原因此时仍不想发动行情，于是便有凶狠砸盘出现，封住股价的上涨空间，不让短线热钱打乱炒作计划。股票的 K 线形态是横向盘整，或沿均线小幅震荡盘升。

（4）K 线走势起伏不定，而分时走势图剧烈震荡，成交量极度萎缩。主力到了收集末期，为了洗掉获利盘，消磨散户持股信心，便用少量筹码作图。从日 K 线上看，股价起伏不定，一会到了浪尖，一会到了谷底，但股价总是冲不破箱顶也跌不破箱底，而分时走势图上更是大幅震荡。委买、委卖之间价格差距非常大，有时相差几分，有时相差几毛，给人一种莫名其妙、飘忽不定的感觉。成交量也极不规则，有时几分钟才成交一笔，有时候十几分钟才成交一笔，分时走势图画出横线或竖线，形成矩形，成交量也极度萎缩。上档抛压极轻，下档支撑有力，浮动筹码极少。

（5）遇利空打击股价不跌反涨，或当天虽然有小幅无量回调，但第二天便收出大阳，股价迅速恢复到原来的位置。突发性利空袭来，主力措手不及，散户筹码可以抛了就跑，而主力却只能兜着。于是盘面可以看到利空袭击当日，开盘后抛盘很多而接盘更多，不久抛盘减少，股价企稳。由于害怕散户捡到便宜筹码，第二日股价又被主力早早地拉升到原位。

（6）关注新上市的个股，特别是首日换手率。新股上市首日成交量大，若主力有意将其作为坐庄目标，一般都会利用上市首日大肆吸纳，迅速完成大部分的建仓任务。

投资者需注意，主力建仓完成并不等于会立刻拉升，主力拉抬通常会借大盘走强的东风，已完成建仓的主力通常采取沿某一价位反复盘整的姿态等待拉抬时机，中线投资者可关注。

主力建仓手法之一——区间波动建仓方式

区间波动建仓方式是主力们经常使用的建仓方式，它的技术形态非常容易识别，但由于投资者耐心的问题，却总是将这种走势忽略。区间波动建仓，顾名思义，指的就是在一个较小的区间范围内不断地悄然买入股票。

由于主力可以利用资金优势，所以对股价的波动有巨大的影响，通过人为地在当前价位上放上数量较大的抛盘，从而压制住股价的上涨，当投资者发现股价在近期总是涨不上去的时候，慢慢地就会失去耐心，从而将手中的股票在低位卖给主力。区间波动建仓方式对主力最大的好处就是：建仓成本可以得到有效的控制，因为主力的建仓区间就在这个波动范围之中，所以，买入的股票价格基本都是趋于一致的。主力采用这种方式进行建仓对投资者来说，最大好处就是：主力的持仓成本可以很容易地判断出来，知道了主力的持仓成本在哪里，也就可以准确地计算出主力获得多少收益，从而为决策主力出货与否提供重要的参考。

不过，对于投资者操作而言，在主力建仓的区间内，是不会有太大的盈利机会出现的，往往股价涨幅不大，便会被主力打压下去，这是为了有效控制建仓成本而进行打压操作。但是，一旦股价短线下跌了一定幅度，主力又会将股价拉上来，这是为了怕有较多的投资者在低位买入。所以，在这个区间之内，股价波动的幅度都非常小。只有在主力建仓完毕后，股价突破了这个区间时，真正的上涨行情才会随之到来。

这种区间波动建仓方式其实在盘中很容易识辨出来，当然叫法不同，学习了这个方法之后，如果在盘中遇到这种情况，就知道如何处理自己手中的股票了，炒股不仅仅需要技术，更重要的是必须要有心境，所谓守得云开就是这个道理，不要眼中看到别人的股票大涨就耐不住性子，抛了自己的，去追别人的，结果做了抬轿子的，小有收益尚可，但往往是每次都会发现自己的股票，刚一抛就涨，而这追进去的，一追就跌，这便是其中的道理。

主力建仓手法之二——温和上涨建仓方式

主力巨量资金的介入，势必会改变股价下跌时的内在性质。原本股价在下跌的过程中，抛盘的数量是很多的，同时，由于买盘数量很少，因此成交量在下跌的过程中始终会保持着低迷的状态。而当主力资金介入以后，随着买盘数量的增多，股价的下跌走势便随之停止了，同时，成交量也开始变大。这种变化在初期时投资者是很难看出来的，只有经过一段时间的延续以后，投资者才可以准确地分析出来。

如果主力在建仓的时候指数的大环境非常好，那么主力就必须抓紧时间进行建仓，牛市来临的时候，必然会有众多的资金纷纷入场进行抢筹，哪只股票还处于低位，那么就会有很多资金涌向这只股票。所以，一旦形成这种走势，对早先入场建仓的主力来讲就会有很大的威胁，直接影响他们的获利。所以，在这种情况下，主力就不能再采用区间震荡的建仓方式，否则辛辛苦苦震出的股票会让其他主力资金全部买走。因此，在这种牛市的背影下，采用温和上涨的建仓方式是最适宜的。

2007年12月份，哈高科（600095）（图7-6）的股价走势，这个连续小阳就是温和上涨建仓最经典的表现形式。当然除了哈高科（600095）之外，还有很多股票都是这样的，现在把这种外在的表现形式理论化来解释，这样以后大家就可以套用这个理论了。

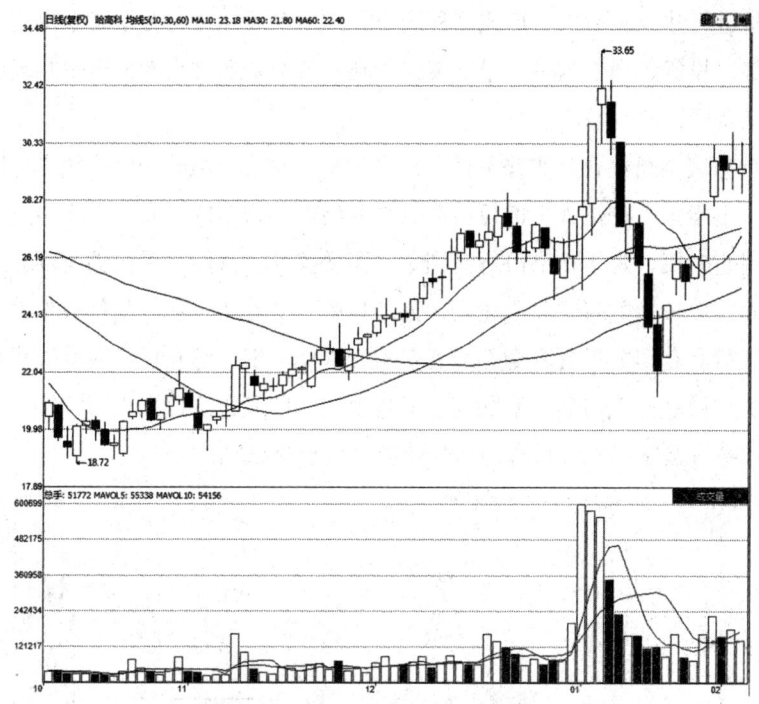

图7-6 哈高科（600095）温和上涨建仓图形

当指数跌到底部的时候，随着指数由熊转牛，资金便开始积极建仓了，随着成交量的不断放大，股价的上升趋势不断地延伸。这种量价配合非常正常，资金的介入导致了买盘的增多，买盘增多必然会对股价的波动起到强大的推动作用，从而导致股价上升趋势形成。虽然股价的上升趋势不断延续，但是我们可以看到，在上涨的初期主力建仓的过程中，上涨的力度却并不太大。虽然主力采取了温和拉高建仓的手法，但依然希望股价不要涨得太快、太高，否则将会导致持仓成本的提高。

通过温和上涨建仓，虽然主力的持仓成本有所提高，但可以最大限度摆脱其他巨资的介入，因为股价上升趋势的形成，向其他资金发出了我已入场的建仓信号，除非不得已，其他的资金是不会入场进行抢筹操作的，否则只会两败俱伤。

主力建仓手法之三——急速拉高建仓方式

急速拉高建仓方式在牛市行情中经常见到，采用这种拉高建仓方式的主力往往资金实力非常雄厚，有足够多的资金承接下所有的抛盘。由于主力不计成本地推高股价进行建仓，所以，形成这种建仓方式的个股往往会在短线上出现迅猛的上涨走势，投资者操作这些个股，资金的利用效率是非常高的，短短几天的时间便可以获得巨大的收益。

进行急速拉高建仓其实并不是主力愿意的，而是行情的变化迫使主力这样运作股价。由于主力在指数牛市行情形成之前出现了判断的失误，从而错过了底部最好的建仓时机，为了在牛市行情到来时实现盈利，只能以最快的速度完成建仓操作。而想以较短的时间完成建仓，无疑只有一个方法，那就是将股价大力度地推高，让所有套牢的投资者全部解套卖出，这样一来，建仓操作便可以顺利地进行下去了。虽然持仓成本大幅提高，但是由于后期股价可以出现持续性的上涨行情，所以持仓成本的抬高可以通过快速拉高股价来抵消。

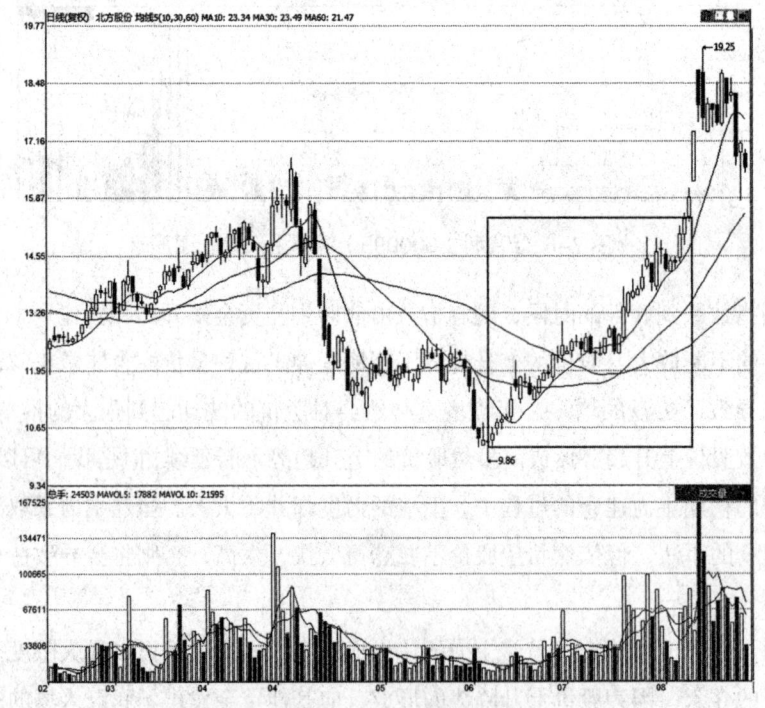

图 7-7 北方股份（600262）急速拉高建仓方式

北方股份（600262）的股价在图 7-7 中出现了一轮长时间的上涨走势，如果没有主力在盘中积极地运作，强势上涨行情又怎么可能出现呢？指数的行情再牛，主力如果不发力，股价也是不会上涨太多的。

投资者在实战操作的时候，不能等到股价走牛以后才入场进行操作，必须要有一种方法可以在上涨行情的起点处就能判断出这只股必然会走牛。这个方法就是看主力如何进行建仓！当北方股份的股价跌到了底部以后，成交量便出现了急速放大的迹象，成交量的放大说明资金在这个区间内大量的介入。在买盘不断介入的情况下，股价在同期出现了凌厉的上涨走势。量能的巨幅放大配合着大阳线的不断出现，说明此时主力结合指数的牛市行情展开了急速拉高建仓操作。

采用急速拉高建仓方式将会使持仓成本比很多普通投资者还要高，持仓成本的提高必然会决定主力后期的拉高方式。建仓紧急，上涨行情也必然会是非常快速的，这也就是为什么北方股价可以在后期连续出现涨停板的原因了。想知道股价后期如何上涨，只需要对主力的建仓手法进行分析便可以了。

主力建仓手法之四——打压建仓方式

通常情况下，一只股票在主力出货后都会有几波大的下跌，而这时就具备了主力再次建仓的条件。主力在选择建仓手法时通常会选择打压建仓的方法，因为这样可以降低自己的成本。

主力在进行打压建仓时，通常在见大底以前开始收集，然后用手中的筹码打低股价，造成大幅度的下跌走势，给投资者造成一种巨大的压力，从而让他们因恐慌而卖出手中的股票，这样一来主力不仅可以买到较多的筹码，同时还可以用较低的价格来顺利地完成建仓操作。

但是，打压建仓并不能随意使用，如果指数形成了牛市格局，并且保持着强势上涨走势，主力采用打压的方式进行建仓，只会给投资者以逢低买入的机会。所以主力压低建仓只能在指数下跌或是牛市形成过程中的调整区间内进行。如果指数不配合下跌，就不能够给投资者造成恐慌。

例如，图7-8是某股的股价下跌到了真正的底部以后，在成交量放大的情况下，股价出现了短线缓慢的上涨走势，此时量价的配合向投资者发出了主力正在建仓的信号。在这种情况下，投资者所要做的就是选择恰当的位置进行操作，或是等主力建仓完毕以后在突破点买入。

在通常情况下，巨量的抛盘纷纷出现与主力资金的不断买入使得成交量在打压的低点形成了近期的巨量。巨大的成交量说明主力利用这种方式顺利地买到了股票。打压建仓工作完成以后，股价便再度形成了上升的趋势，无法看破股价下跌原因的投资者就会上主力的当。但是，只要投资者认清了放量下跌的性质以后，在打压的底部不但不应当卖出股票，反而应当积极地随主力一起进行建仓操作。

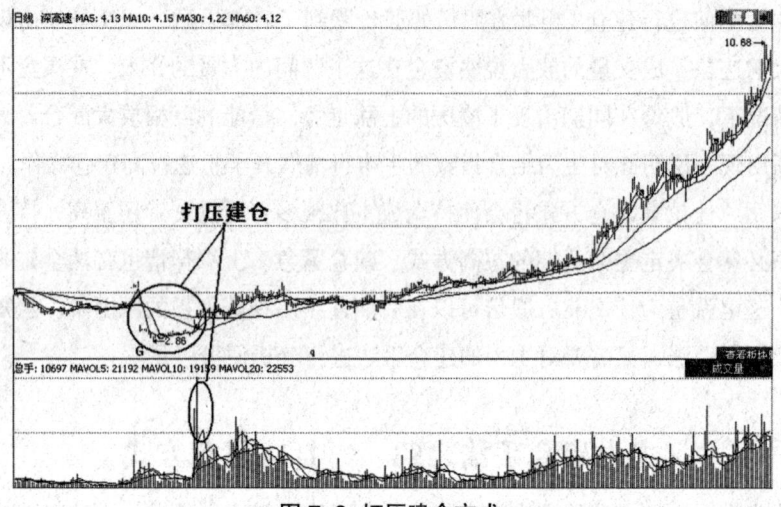

图 7-8 打压建仓方式

主力建仓手法之五——分时建仓方式

在分析主力是否在建仓的时候，投资者除了要对 K 线图进行仔细分析以外，对盘中的分时走势也必须要进行仔细的研究。因为分时走势是 K 线图的基本单位，主力在操盘上所做的手脚在分时图中体现得更加明确，所以，想要知道主力到底是如何建仓的，以及盘中建仓时的持仓成本是什么位置，通过对分时图的走势进行分析便可以知道结果了。

在分时图中分析主力是否在进行建仓操作，主要是从量价的配合入手进行。一般来讲，普通投资者无论如何积极的操作，都不可能在同一时间内大量的介入，并且无论普通投资者如何操作，都很难将股价打下去或是抬高上去。因此，一旦投资者发现盘中出现了连续放量的迹象时，便可以认定这是主力的建仓行为了。

在盘中进行分析的时候，绝对不能只见到一天的放量走势就断定这是主力的建仓行为，投资者必须要对近期的走势进行连续的分析。只有分时图中成交量总是不断连续地放大，才可以证明主力建仓操作的持续性，只有主力进行了持续性的建仓操作，后期股价上涨的概率才会大大增加。

主力在分时图中进行建仓的时候，各种各样的操盘手法均可以运用，或打压建仓，或区间震荡式建仓，或是拉高建仓等。无论主力采用哪种方式进行建仓，其技术特征的核心是不会改变的，那就是成交量的放大。

山东黄金（600547）在 2010 年 9 月 21 日分时建仓方式（如图 7-9）。

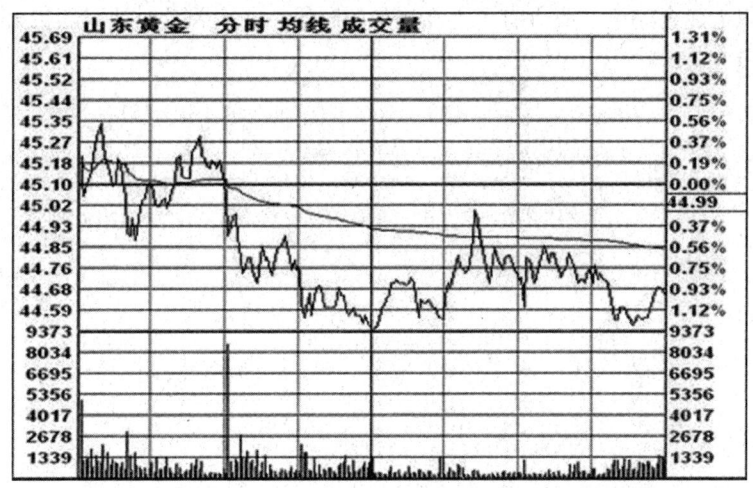

图 7-9 山东黄金（600547）2010 年 9 月 21 日分时建仓方式

山东黄金在盘中出现下跌的走势，在下跌的过程中成交量始终保持着非常低迷的状态，这说明在这一波动过程中参与的投资者是非常少的，由于抛盘很少，但是股价却出现了较大幅度的下跌，所以可以确认，这种走势便是主力的刻意打压行为，其目的就是在低位可以买入较多数量的股票，从后面的走势即可以看出（如图 7-10）。

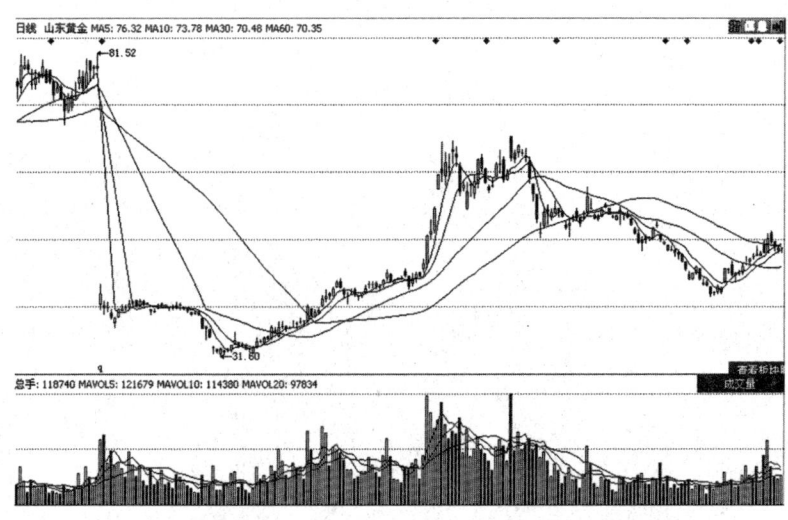

图 7-10 山东黄金（600547）2010 年 9 月 21 日后的走势图

盘中主力完成了打压建仓操作以后，便快速地将股价推了上去，这是因为主力担心股价长时间停留在低位会给其他投资者留下低点买入的机会。因此，在我们发现主力建仓完毕，股价有了上涨迹象的时候，一定要及时地跟随主力一起入场做多！

第四节
从盘口看懂主力如何拉升

主力会选择何时拉升

股票一旦盘实了底部后，就意味着主力吸完了筹码，紧接下来就是拉升战了。在发动拉升战前，投资者常看到股票会突然放量拉升几天，然后陷入死寂，这是主力资金的侦察战试盘，再然后散户投资者才会看到激烈的资金对流（拉升）。这其中，资金对流方式是怎么样的？主力和散户双方的心理怎样？股票进入拉升前，主力会先用部分资金进行试盘，看看多空双方力量如何。这时候，盘面看到的成交方式是这样的：主力先行挂单，对敲买卖，推高股价，这个过程中产生的量，基本是主力用自身筹码和自身资金在进行活动。如果大多数人采取的是把筹码换成资金，那盘面抛压将很沉重，资金一旦向散户手中流动，主力就会很被动，就像军队没有了后援。所以，当盘面出现抛压沉重状况时，主力有两种选择：

1. 快速拉高封上涨停板

其目的是虚造声势拉抬股价，以减轻抛压（接着几天会让股价慢慢滑落，好让短线客跟进，这样才能达到股票阶段性价格的平衡，为以后拉升减压）。这时候图形上呈现的是某天股票拉涨停后又恢复下跌，而量能则处于缩量状态。

2. 快速拉高而当天又快速滑落

其目的是当天快速收回自身筹码和资金，以保证仓位上的平衡（接着几天任由股价飘摇下跌，让其他人进行筹码资金的对流，主力继续实施底部折磨战术）。图形上呈现长阴巨量或长上影巨量，而其中的资金流动主要是散户对散户，也有部分介入的做多力量是短线客，出局的部分是对该股绝望的套牢者。主力资金侦察战中，主力主要是保存实力，观察多空双方力量有多悬殊，其最大同盟者是长期套牢该股票的投资者，而敌人是那些持股心态不好的投资者。但是谁也无法与主力在底部共舞，主要原因是大多数投资者没有耐心和恒心忍受这种底部折磨。主力资金拉升战中，主力利用侦察战观察盘面多次后，基本已知道整个盘面形势，在清楚了大概有多少筹码是不流动的以后，也就明白了有多少力量会和他进行财富争夺。拉升前，主力将仓位基本部署完毕，也可以说，接下来的股票走势图基本已先期画好，只有在遇到大异动时才会修改方案。筹码是武器，资金是兵，激烈快速的筹码资金对流——拉升战宣告展开。拉升战方式：快速拉升。主力挂单对敲拉高，每天摆出目空一切的架势，快速拉高价格，制造短线赢利的效应，吸引更多短线客进出买卖，让短线客和短线客之间进行筹码和资金的对流。在这当中，主力的主要任务是用自身资金和筹码对流，让筹码在股价上涨中升值，而短线客的频繁买卖可以省去主力资金的消耗并解除上涨时获利盘的压力。每天股票高涨幅、封涨停是拉升战的主要手法，主力力求一气呵成，快速拉高股价远离成本区，其中或是放量拉升，或是缩量拉升。

放量拉升的原因有两种：

（1）主要成交来自短线客对短线客的对流筹码互换，让短线客为主力做活广告，吸引一批短线客进场。

（2）主力大手笔对敲自己的筹码，虚造市场热钱的运动方向，吸引短线客目光。

缩量拉升代表筹码锁定性非常牢固，整个股票群体一边倒，主力几乎可以将整个盘一锅端，在这一致看好的前提下，对敲几笔就可以把股价拉高。

通常主力只要选择合适、技巧得法，不用花费太多资金就可以事半功倍地将股价拉抬上去。例如，主力可以趁大市飙升的时候，顺势拉升股价。如实力不是很强的主力常常如此，因为借势拉升可以吸引一定的跟风盘进场，起到帮助主力拉抬的作用。但是强悍的主力却常常喜欢凭借其实力逆势而为。通常情况下，一个资金实力比较雄厚的主力控制的流通筹码都在50%以上，而且往往还掌握了该股不为人知的重大利好题材。主力对该股后市信心十足，所以并不刻意追求顺势而为，反倒愿意选择在大盘不好的时候突然发力，因为逆势上涨的股票更能够吸引市场的注意，并通过利好题材的陆续公布，逐渐积聚市场人气，从而使市场对该股的未来发展及其股价的上涨空间展开想象。这样，主力就可以在一片欣欣向荣的市场气氛中实现高位派货出局。

主力拉升一般有几个基本原则：一是拉升速度要快，有时整个升幅只有几根大阳线就告完成，因为快速拉升可以产生"暴利"效应，能更好地吸引场外资金的介入，同时又使股价迅速脱离主力成本区域；二是拉升要准备好理由，因为主力拉高股价的目的是让市场接受其股价的变化，最终说服散户投资者在拉高后的价位上接走主力的筹码。所以，主力通常都喜欢借助某些利好消息来拉高，甚至编造出某些消息来说服市场，从而使自己的拉升行为变得更加容易。比如，许多垃圾股就常常喜欢编造出一些真假难辨的重组传闻。

主力拉升的形态特征

不管主力采取何种方式拉升，在其运作的过程中，总是会留下一些较为明显的特征。我们可以从下面几方面去观察：

1. 均线系统

由于主力的拉升是一种股价上涨的趋势，所以，均线系统呈现典型的多头排列。5 日、10 日均线上升角度陡峭，一般都在 45 度以上。收盘价在 3 日均线上运行的具有短期黑马的性质；收盘价站在 5 日均线之上的具有牛股的特性；5 日、10 日、30 日、60 日均线呈有序多头排列，股价向上运行，在这一段时期中，股价往往表现为主升浪，短、中期升幅可观。

2. 成交量系统

成交量持续稳步放大，呈现价升量增、价跌量缩的特点，价量配合良好，在这段时期内，成交量整体上保持活跃状态，市场投资者积极参与，人气旺盛。

3. K 线系统

在拉升阶段中，主力经常在中高价区连拉中、长阳线，阳线的数量多于阴线的数量，阳线的涨幅实体大于阴线的跌幅实体。日 K 线经常连续收阳，股价时常跳空高开，并且不轻易补缺口，日 K 线形态中常出现红三兵、上升三部曲、大阳K 线等。

另外两个关键的因素是：拉升的时间和空间。在主力坐庄的各个阶段中，其中拉升的时间是最短的。主力拉升时间的长短取决于主力的实力和操盘风格，以及大势的情况和市场的氛围。一般短线拉升行情在 1 ~ 2 周；中线拉升行情在 1 个月左右；长庄在 3 个月左右，也有少数大牛股的升势时间可能超过 1 年以上。

从另外一个角度来看，一般底部横盘结束以后的拉升时间在 10 ~ 30 天，以震荡方式上行的个股拉升的时间约为 2 个月左右。股票拉升的空间取决于目标股的炒作题材、市场人气、股价定位、技术形态、主力成本、筹码分布、股本大小、主力获利的目标等各种因素。其中，主力的意志和实力是最具有决定性的。股价拉升的幅度最少也要达到 30%，否则的话就没有获利空间；一般情况下是 50% 以上，幅度较大的可超过 100%。一只庄股的整体涨幅在 100% 以上是常见的事情，有的甚至会翻几番。

主力"拉升"时的操作策略

主力拉升需要等待合适的时机，庄股相互之间也在观望，对同一板块的其他股票的动向十分关注。如果选择的时机不当，往往事倍功半，出师不利会打乱整个布局方案。有些主力总是喜欢在大盘指数无所作为时跳出来表演。因为主力十分需要跟风盘的追捧，不能吸引跟风盘就意味着主力要自己举重。在大盘无热点的情况下，使自己成为热点就能吸引大量的短线资金。还有些强庄股也喜欢这么做。另外有少数恶庄股专门在大盘跌的时候大涨，大盘走稳之后出货，但大部分的主力总是选择在大盘处于上升趋势或即将开始上升的时候启动拉升，这种现象有助于我们判断大盘趋势。由于庄股从启动到目标位需要拉升多次，也就是常说的有几个波段，在每个波段中主力的操作方法都有所不同。

1.拉离建仓成本区，形成上升第一浪

在日 K 线图上表现为股价从长期潜伏的底部突起，在周 K 线上形成旗杆，价升量增，周成交量一般可以达到前 5 周平均成交量的 5 倍以上，这一步是所有的主力都要做的。由于股价长期低迷、股性呆滞，此时在初起的 1 ~ 2 个小时少有跟风盘，上面挂出的抛盘反而不少，主力所要做的只是连续买入，吃掉所有挡路的抛盘。这时的主力是最好的，一往无前、视死如归。

第一浪的上升高度在起始阶段投资人是很难预料的，主力对第一波的目标高度很多时候是随机决定的，长期躺底的股票在小荷露出尖尖角的时候，非常容易吸引跟人买盘，在随后的时间内，主力只需要在关键时刻点拨一下，如当天均价

位、30 和 60 分钟超买点、整数位、中长期均线处，等等。有时为了放大成交量
或吸引市场的注意或显示实力，主力经常用大手笔对敲，即先挂出几千或几万手
的卖盘，几分钟后一笔或几笔买入。

当股价涨幅达到 20% 左右时，小道消息便开始登台亮相，有关该股的传闻
在随后几天里会不绝于耳。这时投资者总是会听到相互矛盾的或不确定的消息。
信不信由你，股价还在上升，仿佛在告诉你那是千真万确的好消息和赚钱机会。

独庄股和多庄股的第一波拉升高度往往是有区别的。独庄股很简单，计划怎
么做就怎么做，只要没有意外情况一般都能达到目标，常常还会超额完成。脱离
成本区的目标价位是从底部上升 25% ~ 35%，此时主力的持仓量增加了，最多
时可能是流通股数的 60% 以上。多庄股的情况就复杂一些，消耗体力打冲锋的
事要轮流上，短期升幅太大说不定会出叛徒，在这种相互牵制的情况下，第一波
的幅度会低一点。有时在启动阶段连出天量，股价以很陡的角度上升，这可能是
多个主力在抢筹码，以后会逐步调整为独庄股，最后的主力的成本价很高，经常
成为恶庄或强庄。

2. 主力后续资金到位，舆论沸腾，人心思涨的时候，便可启动第三浪

这个阶段的主力操作方式和拉升期有点相似，只不过根据自己的持仓情况决
定拉升的斜率。仓位重的拉升斜率陡峭，仓位轻的平坦些，这时主力所考虑的是
要拉出以后的出货空间。

由于我们对第三浪的高度和五浪结构十分熟悉，主力根本不用担心没有跟
风者，也不需要刻意制造消息，只要再发扬光大就可以了，前期的消息和想象
力将在这个阶段充分消化。主力只需要顺势而为，照教科书做图形就是了，由
于筹码被大量锁定，盘面十分轻巧，K 线组合流畅无比。所以我们经常看到缩
量走第三浪的图形。主力有时为了表现自己，经常玩些逆势走高和顶风作案的
把戏。主力此时最害怕的是基本面突变和其他比自己更有优势的个股崛起，使
自己在跟风资金面前失宠。随着大盘扩容，个股数量激增和质量优化，一些原
来的长庄股失宠，成为冷门股，为了出货而不得不另出高招，这就属于生产自
救范畴了。

此刻主力和上市公司的紧密联系达到了顶峰，真正实质性的东西现在可以出
笼了，有的上市公司募集资金投资项目突变，有的财务数据大起大落，有的送配

股方案定局，有的重大合同签约等，都和主力有关。

从盘面来观察，通常上升行情开始时一定会有极强烈的买进信号告诉你可以大胆进场了，这个强烈的买进信号是放巨量拉长阳线。如果在盘整的行情中突然出现开盘跌停、收盘涨停，往往代表着大行情可能开始，尤其是连续几天放巨量拉长红，便代表强烈的上攻欲望。

通常多头行情开始时，股价呈现大涨小回的走势，往往是涨 3 天，回档整理 1 天；再涨 3 天，再回档整理 1 ~ 2 天；再涨 3 天，再回档整理 2 ~ 3 天；一路涨上去，一直涨到成交量已放大为底部起涨点的 4 倍，或股价已上涨 1 倍时方才可能结束。在多头市场里，个股行情起点成交量均不大，随着指数上升而扩大，直至不能再扩大时，股价指数便开始下跌，也就是最高成交量对应着最高股价指数。有时股价指数虽然继续上升，成交量却无法再放大，上升行情极可能在数日内结束，与"先见量，后见价"相印证。投资人只要在 3 个月之中做一波真正的多头行情就足矣了。

拉升行情的特点是换手积极，股价上涨时成交量持续放大，并沿着 5 日移动平均线上行；当股价下跌时，成交量过度萎缩，能够在 10 日或 30 日移动平均线处明显止跌回稳，当成交量创新纪录直至无法再扩大，股价收大阴放大量时，上升行情才结束。

主力拉升手法之一——盘中拉高手法

主力的拉升我们可以从日 K 线图中找到信号，但仅从日 K 线图中来进行分析还是不够的，也是不及时的，我们还必须将其细化到当天分时图中，通过对当天分时图的分析，我们就能进一步并且在第一时间抓住主力拉升时的种种迹象，从而在第一时间抢占先机，把握市场主动权。因此，在洞察日 K 线的基础上，依据分时图买卖股票，可捕捉到几乎最佳的买卖点位，取得出奇制胜的效果。同样，读懂并掌握分时图的买卖技巧，这在后期主力出货时同样能把握主动权，抢占先机，在第一时间完成出货。

一般来讲，主力在盘中拉升股价时往往采用急速拉高、缓慢拉高、波段拉高和震荡式拉高的手法，但无论其使用何种拉升手法，都必须有量的配合，没有量的配合就无法推动股价的上涨。当然，主力绝对控盘的股票及短期内市场一致看好的股票在短期暴涨时会出现缩量上涨的情况，那是因为市场筹码被高度锁定，这在日 K 线图中不易看出来，但在分时图上依然可看出有量的配合。

北方国际（000065）2008 年 12 月 24 日最后震仓结束，后用 5 天的小阴小阳小量将股价控制在一个小平台上，说明拉升之前抛盘枯竭。（图 7-11）

2009 年 1 月 5 日当天股价小幅高开，随后小幅回探，未破前一交易日的收盘价 6.01 元，最低探至 6.04 元后即采用集中放量、快速拉升的手法将股价快速拉升至 6.31 元，随后小幅回落并再创新高至 6.35 元，后一直在均价线上方运行。下午开盘后股价小幅回落震仓，未有大量抛出，随后股价重新回到均价线上方运行，尾盘再次集中放量，收于 6.35 元。1 月 6 日该股小幅低开 0.09 元，随后一路震荡放量上攻，股价全天都运行在均价线上方，走势稳健，盘中有两次出现集中放量。

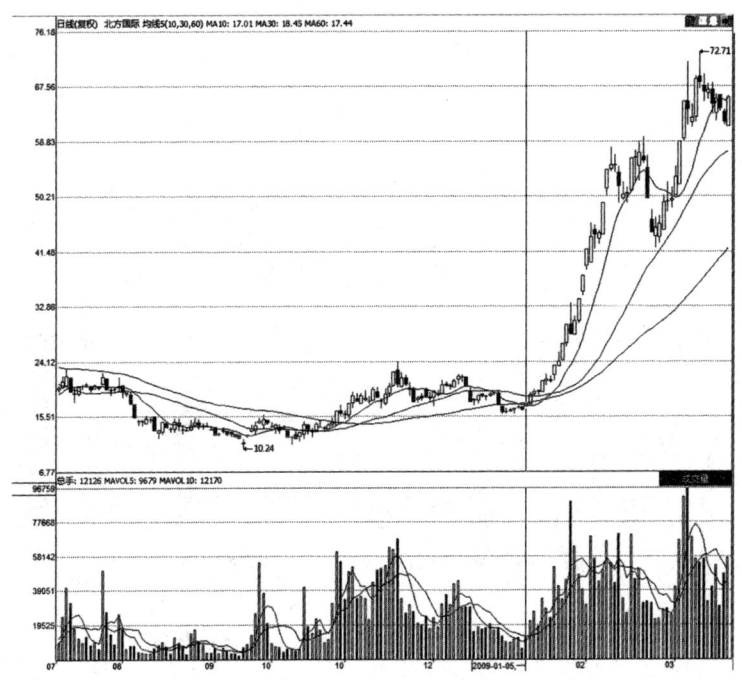

图 7-11 北方国际（000065）2009 年 1 月 5 日拉升前的 K 线图

主力拉升手法之二——放量对倒拉升

在牛市行情到来的时候，并不是所有主力都有机会与时间对目标股进行高度控盘，由于种种原因（如主力对后市的判断原因、资金原因、上市公司的原因、政策的助涨助跌原因、题材原因等等），总有一些主力错过了进行连续建仓的时机。当牛市行情到来的时候，这些主力虽完成了建仓，但其持仓量并未达到高度控盘的状况，在这种情况下主力只能采取对倒拉高的手法来将股价由低位拉到高位了。其运作手法是拉高股价时在盘中自买自卖，亦即对倒或称对敲，将股价推高。这种方法的另一好处是能吸引跟风盘来共同推高股价，同时也节约了主力的资金。

图7-12为浪潮软件（600756）利用放量对倒的手法，在2009年4月的短短12个交易日中，将股价从6元多拉到17.88元。

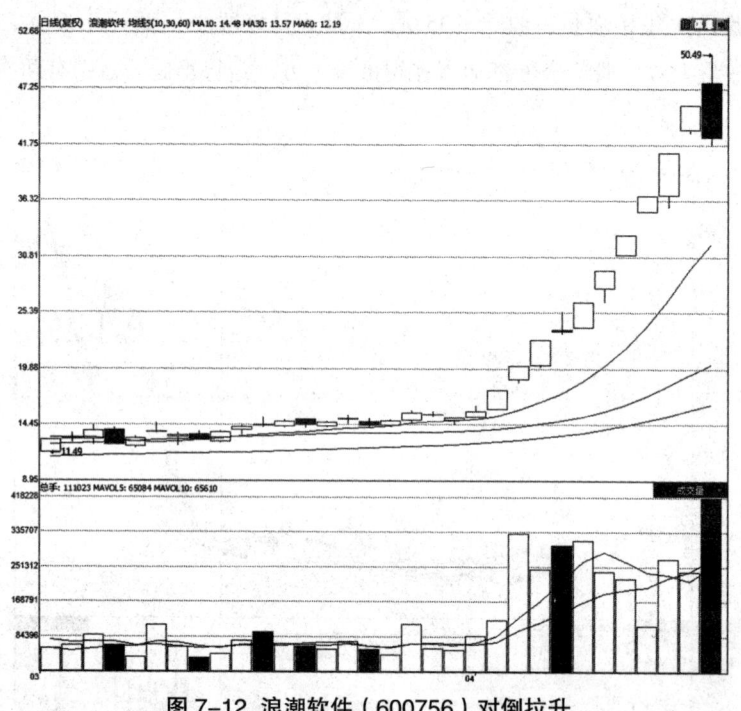

图 7-12 浪潮软件（600756）对倒拉升

主力拉升手法之三——攻击波形

攻击波是指当日股价在盘中拉升的过程中出现持续有力的波动特征。因为这一特征而形成的即时波形就是我们常说的"攻击波"。攻击波有两种形式，一种是脉冲波，另一种则是冲击型攻击波，均是由主力机构在盘中拉升过程中因持续稳定性密集大笔资金买入或通过对敲手段拉抬股价所引发的攻击性结果。

表现在盘面上，主力机构主动性投入巨资形成巨大买盘拉升股价所形成的即时走势，我们称之为攻击波形。攻击波形一般出现在股价拉升阶段初期、中期和盘头阶段的初期时最具有操作价值，而在股价拉升阶段的末期和盘头阶段的中后期，盘中跟进风险较大。

主力利用资金猛烈攻击，根据时间规律和每日投入资金量的大小，按照滚动操作原则，有步骤、有节奏地推高股价。此时，可见即时图中，随着股价进二退一、进三退二的节奏，盘中不断创出新高，成交量亦有序地在不断放大，此种攻击走势非常有力，对股价趋势的促动力极强。

（1）攻击波形一般分为脉冲波形和冲击型波形两种。脉冲波形是主力高度控盘的结果。其波形呈呆滞状的脉冲走势，波动较小，曲线结构不平整，这是主力利用不大的资金缓慢推升股价而产生的股价形态。这种波形一般会出现在中长线主力高度控盘的品种之中。如图 7-13：

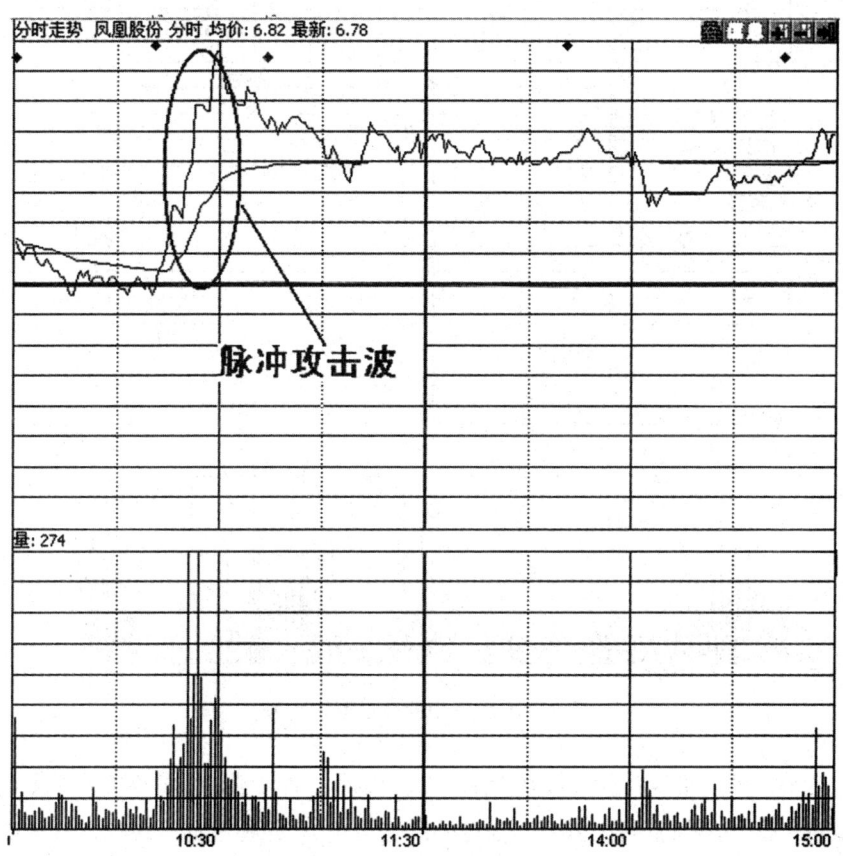

图 7-13 拉升中的脉冲击波

（2）拉升阶段的冲击型攻击波形与建仓阶段的本质区别在于，拉升阶段主力的主要目的不是建仓吸筹，而是利用资金滚动式操盘，不断冲击新高，因而形成冲击波形状态。这种波形主要是为了吸引盘中跟风资金来积极推进，与主力共同创造股价价升量增的完美技术形态，为后市拉高出货打下良好的市场基础。

（3）冲击型攻击波在形状上与脉冲型攻击波形的不同点在于，冲击型攻击波因资金快速冲击的特点而在盘口上留下尖角形的波形结构，波度陡峭而急促，波长较短，量峰值较大，量峰具有明显的波浪形态，股价攻击放量的规律性和时间节奏均把握极好；而脉冲型波形则没有明显的尖角形，波度比较平缓，波形较长，节奏不流畅，量峰结构较单一，较少出现具有波浪形的量峰。如图7-14：

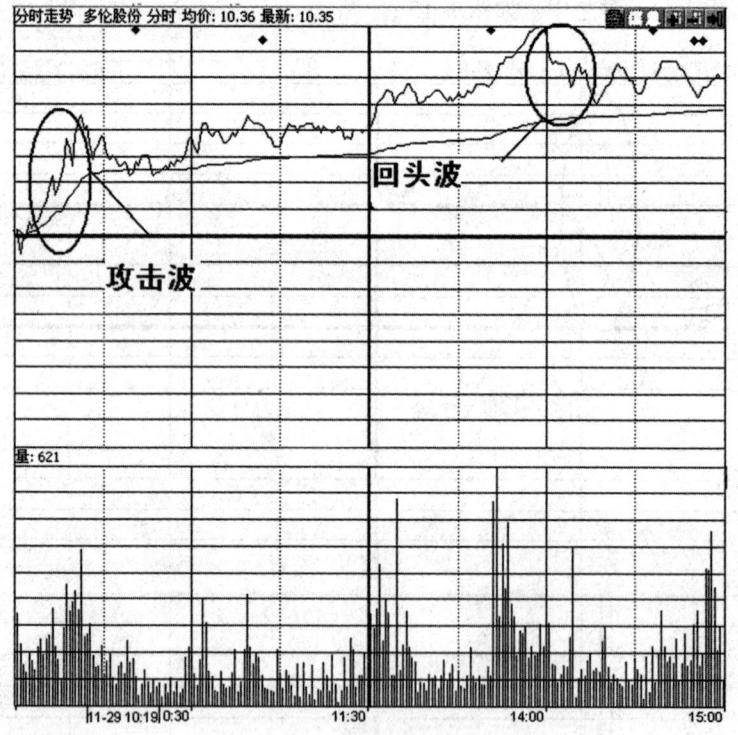

图7-14 拉升中的冲击型攻击波

当攻击波形出现在股价拉升阶段的初、中期，临盘应在每段攻击波形低点及时买进（即每波创新高之后的调低点是最佳买点），此种波形出现时，短中线机会巨大。

当攻击波形出现在股价盘头阶段的初期，主力利用少量资金继续滚动操作，并有继续创新高的动能，因此，临盘可以中仓或轻仓短线参与主力最后拉高出货的攻击行情。但操作速度一定要快，期望值不宜太高，临盘一旦股价出现下跌迹象，则及时出局。

当攻击波形出现在股价拉升阶段的末期，临盘则应以观望为主，主力利用此种走势有推高出货的嫌疑，股价即将见顶。一般情况下，主力在早中盘用攻击波形拉高股价，午盘后则采用回头波形出货，形成见顶特征，因此，短中线风险极大。

当攻击波形出现在股价盘头阶段中后期和下跌阶段，此为主力诱多出货的主要特征，后市仍将继续大幅下跌，临盘以观望为主，短中线风险巨大。

主力拉升手法之四——回头波形

回头波是指当日股价在盘中拉升的过程中遭遇打压而出现回落下调的波动特征。因这一波动特征而形成的即时波形就是我们常说的"回头波"。回头波的形成是主力机构在盘中拉升过程中，通过在五档卖盘位置挂出大单或特大单阻止股价上涨而出现的打压性结果。因而，回头波也是股价阶段性见顶和回调洗盘的信号。如图 7-15 所示。

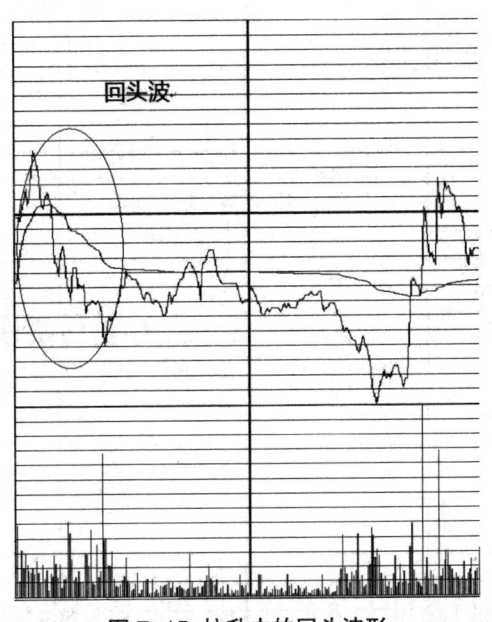

图 7-15 拉升中的回头波形

股价运行至一个阶段并产生一定幅度的利润空间后，主力通常会进行盘整洗盘动作，以调节过热的技术指标。同时，由于跟风买进的中小投资者过多，造成股价在后续拉升过程中将遭遇较大的压力。为保证操盘计划的顺利实施，此时主力通常会在当天早盘冲高之后，采用在盘中挂大卖单打压股价的方法，从而使其掉头向下，形成回头波形。这种波形的出现，通常预示阶段性调整已经展开。

回头波形是股价进入洗盘调整状态的重要技术信号，也是股价即将展开盘跌走势的重要特征，因此，临盘具有重大的实战操盘价值。

回头波形一般出现在早上开盘 30 分钟内，上午 11:00 和下午 13:30 左右，出现概率较大的时间段基本分布在早上和上午这两个阶段（如图 7-16）。主力运用的操盘手法通常如下：

（1）在早上开盘后采用攻击波形推高股价，量能配合较好，在拉升初中期量能表现有规律，形成较好的量峰结构，但在股价最后拉升段量能表现比较凌乱，而且量峰开始萎缩。

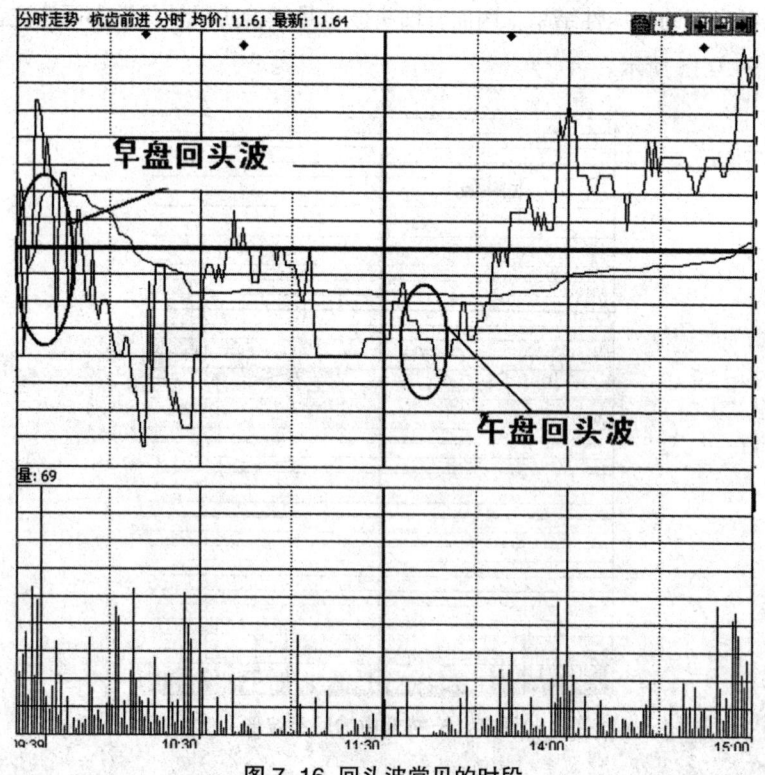

图 7-16 回头波常见的时段

（2）在上午和下午的盘中交易过程中，主力先是用攻击波推高股价，然后在盘口卖一至卖五位置挂大卖单开始阻止股价上升，随即股价出现冲高受阻状态而震荡回落。股价攻击时，量峰呈纵向和横向放大特征，但在最后拉升阶段，量峰开始萎缩。

当回头波形出现在股价拉升的初中期，临盘应在回调到 10 日均线时及时买进。此种波形出现时，短中线等待抄底的机会巨大。

当回头波形出现在股价拉升阶段的末期，主力在盘中疯狂打压出货，股价已经见顶。因此，短中线风险极大，宜持币观望。

当回头波形出现在股价盘头阶段中后期，主力通过早盘诱多之后展开疯狂打压出货，股市仍将继续大幅下跌，临盘以观望为主，短中线风险巨大。

主力拉升手法之五——洗盘波形

洗盘波形是指当日股价在盘中震荡盘升过程中，突然出现向下打压的波动特征。因这一波动特征而形成的即时波形就是我们常说的"洗盘波"。洗盘波的形成是主力机构在盘中通过对敲手段调控股价操盘的结果。通常情况下，洗盘波是主力在盘中骗线洗盘并调节短期技术指标的重要特征。如图 7-17 所示。

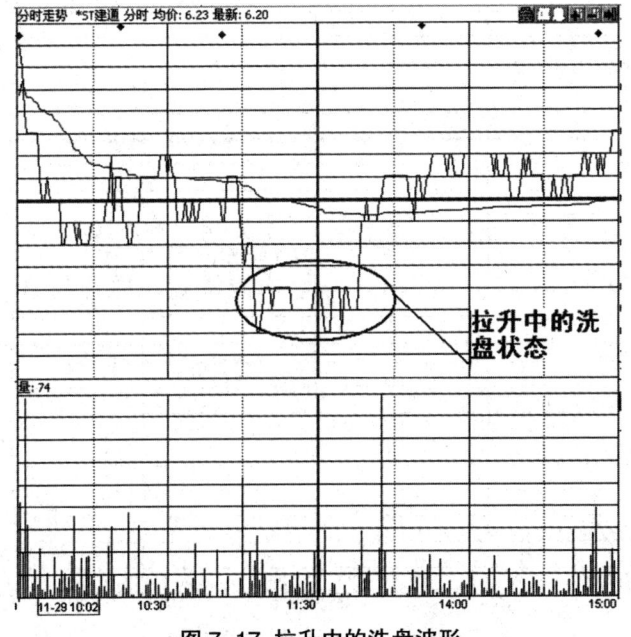

图 7-17 拉升中的洗盘波形

与回头波不同的是，洗盘波虽然也是一种洗盘手段，但洗盘波出现后不会导致股价进入阶段性调整，反而会仍然按照上涨趋势持续展开盘升。洗盘波出现的当天，不会出现大跌，而是有涨有跌，反复震荡整理。洗盘波出现之后数日，股价仍会持续升高。

股价在盘中快速运行时，通常为了调节短线分时系统技术指标及赶走跟风盘的需要，此时主力会采用盘中洗盘的操盘手法。

反映在即时图中，当天股价会突然莫名低开低走，股价无量下跌，导致跟风性的投资者因恐惧股价下跌而在盘中抛出筹码进行止损。

主力在早盘和中盘洗盘完毕后，通常会在收盘前逐步拉升股价，使其再次回复到上升形态。如图 7-18 所示。

有时主力会在早盘、中盘、午盘或尾盘时采用突然洗盘的操盘手法，盘口上会出现大单打压，而下跌不放量的走势形态，这都是主力洗盘的重要特征。如图 7-19 所示。

洗盘波形出现时，当天成交量基本为萎缩状态，量比值在 1 倍以内，股价涨

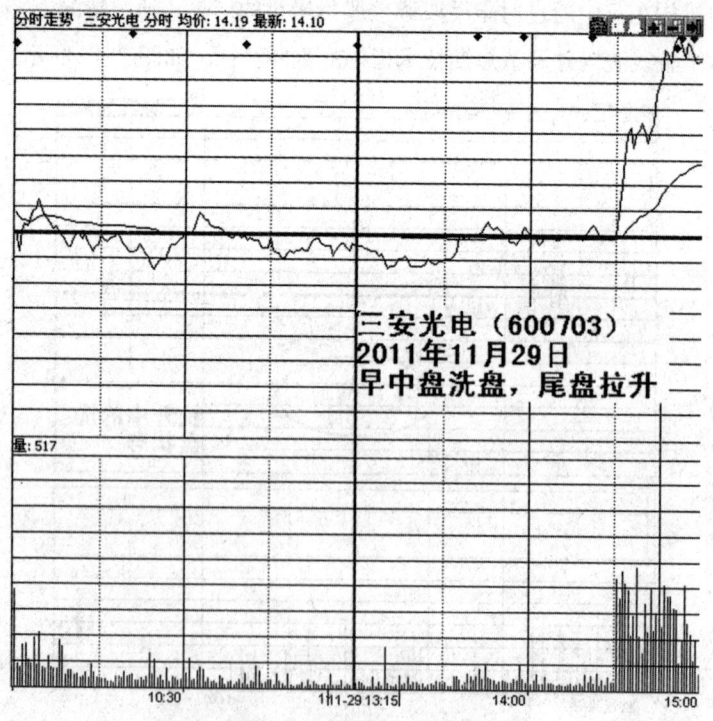

图 7-18 早中盘洗盘，尾盘拉升

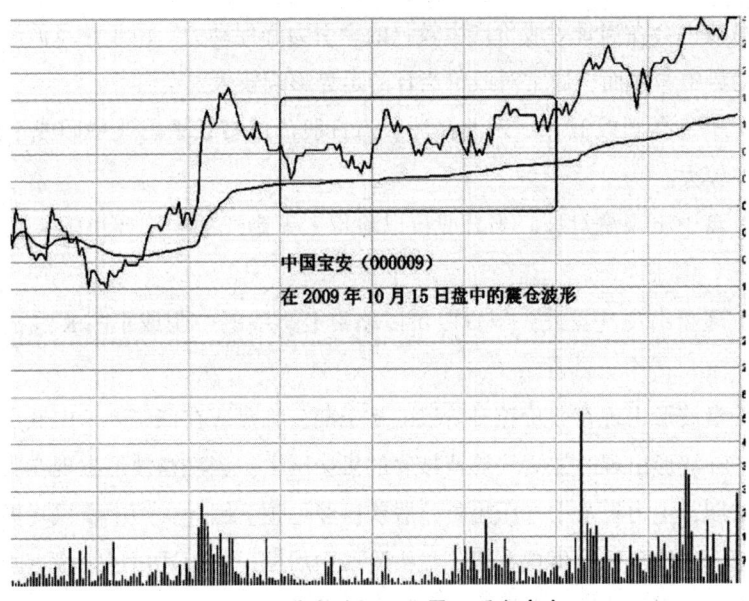

中国宝安（000009）
在2009年10月15日盘中的震仓波形

图7-19 洗盘波打压无量，后有高点

跌幅度在5%以内，高低空间振幅在10%以内。

和回头波一样，根据股价的运行规律与不同阶段的发展趋势，洗盘波形出现时所表达的盘面特征反映了各种主力操盘行为的意图，因此，我们可以从以下几个方面来进行判断。

其一，股价在突破30日均线的拉升阶段初中期，盘中出现洗盘波形，临盘观察股价在盘中洗盘打压时的放量特征，如缩量打压，则表明主力控盘态势稳定，调整幅度不会太深；如放量打压，则表示主力有阶段性滚动操作嫌疑，盘中筹码松动，股价下挫力度较大，次日还会产生调整行情。

其二，当股价经过一轮较大波段的拉升期之后，熊市涨幅30%以上，牛市涨幅60%以上，盘中出现洗盘波形，则是股价出现重大见顶的信号。临盘观察股价在盘中洗盘打压时的放量特征，如缩量打压，则表明主力盘中出货量不大，调整幅度不会太深，后市股价还有高点可寻；如放量打压，则表示主力大规模出货以套牢跟风盘和盘中散户，股价下挫力度较大，再创新高能力已经完全消失。

其三，当股价在大涨之后阶段性高价区横盘整理末期，盘中出现洗盘波形，均是主力震荡出货的重要特征。临盘观察股价在回头打压时的放量特征，如缩量打压，则表明主力缓缓出货；如放量打压，则表示主力大规模出货，股价下挫力度较大，后市下跌趋势将无法逆转。

洗盘波也会在当日对股价产生较强的牵引力和促动力。由于洗盘波经常出现在上涨趋势中，因而，通常对股价当日的走势影响较大。

（1）早盘高开或低开出现洗盘波。当日股价以带长下影线中阳或小阳K线报收概率较大。

（2）盘中出现洗盘波。当日股价以略带上下影线的中阳或小阳K线报收概率较大。

（3）尾盘出现洗盘波。当日股价以略带上影线的中阴或小阴K线报收概率较大。

当洗盘波形出现在股价拉升阶段的初中期，临盘应在回调到盘中低点时及时买进。此种波形出现时，短线等待抄底的机会巨大。当洗盘波形出现在股价拉升阶段的末期，主力在盘中打压出货，股价已经见顶。因此，短中线风险极大，宜持币观望。当洗盘波形出现在股价盘头阶段中后期，主力通过反复洗盘剧烈波动疯狂出货，后市仍将继续大幅下跌，临盘以观望为主，短中线风险巨大。

第五节
从盘口看懂主力如何洗盘

主力洗盘的目的

（1）对计划之外的筹码进行换手，把先期持股者赶下马，防止其获利太多，中途抛货砸盘，最终威胁或影响主力的操作计划，如使主力付出太多拉升成本或影响顺利出货。（这种操作从吸货、拉升至出货初期一直在进行，主要表现在波浪的2与4回调波中。）

（2）在不同的阶段不断地更换持币者入场，以垫高其持股成本，进一步减少主力后市拉升股价的压力。通过反复洗盘，提高平均持仓成本，亦有助于主力在高位抛货离场，防止主力刚一出现抛货迹象，就把散户投资者吓跑，以便日后在高位从容派发。

（3）在洗盘过程中高抛低吸，主力可以收取一部分差价，以弥补其在拉升阶段所付出的较高的交易成本。这样，既可增加其日后拉股价的资本，增强信心，又可让市场弄不清主力的成本，辨不清以后主力出货的位置。（这种波段操作为现在市场主力操作的主流，投资者可多加以注意以及运用。）

（4）调整资金比例，如果主力在底部吃进筹码比例比较大，没留足够的拉升力量，可利用洗盘之始的较高价位出货，还原出拉升力量。（有时既达到减仓的目的，又达到洗盘的效果，投资者可以从量变中找到痕迹进行捕捉。）

（5）调整仓位结构，如果主力持有多只股票的筹码，可以通过洗盘调整所持股票的持仓比例，分出主次，使其更能显示板块效应。（有时超级主力在波段操作中，在几只股波段高位出局，让市场自然进行洗盘，而把出来的资金放进另几只洗盘完了的股票进行拉升，当到相对高位时又回撤到原来出局的洗盘快结束的股票中，充分利用资金。）

（6）等时机进一步成熟，有的利用洗盘继续吸货，也有主力等待大势或板块的配合。（洗盘等势与借势型，一般此时大盘不是太好，所以借大盘把一些不坚定的分子赶出去。）

（7）使原来想高抛低吸的人晕头转向。一些自作聪明的人往往低抛高追，许多人在低位踏空后，便到高位追涨，成了主力的抬轿夫。（主力在相对高位作出很有规律的波动，当散户以为把握规律时，再反常运行，让洗出来的踏空。）

一般主力的目的主要就是以上几点，洗盘常常跌破一些支撑位置，也有通过特意修改普通指标如 KDJ、MACD 等指标达到洗盘目的。大家可多体会、推敲，如此能更好地通过成本分析准确地判断出主力在这个阶段的真正操作意图。

总之，主力在操作中，会用不同的办法进行洗盘，从而让不同类型的散户操作的品种按主力的意图进出，从而达到主力操盘成功的目的。在这场角力中，主力是在暗处，而散户是在明处，散户只有在对市场的充分了解下，才能对股票的冷暖有充分的了解，从而破解主力的意图。

主力洗盘的两要素

在主力的洗盘过程中，洗盘的时间和空间是两个关键的因素。

洗盘讲究的是节奏，如果时间太短，难以较好处理浮筹，达到预期的效果；如果时间太长，则难以吸引新的投资者追高跟风。一般来说，洗盘时间的长短，与市场的氛围、主力的实力、操盘的风格等各种因素有关。就形态价位来说，底部洗盘时间较长，持续数月乃至一两年都是常见的情况；拉升过程中的洗盘常常是一两周或数周；在大势偏好的情况下，快速洗盘往往只需要两三天或三五天。

洗盘的空间是指主力洗盘过程中股价震荡的幅度。在底部区域，往往股价会回落到前期的低点附近，形态上是多次探底和构筑多重底的味道；脱离底部之后的洗盘，股价回调的幅度通常可以用技术分析，如拉升高度的 1/3、1/2、黄金分割等；经过整理后的快速拉升，洗盘幅度一般都在 10% 以内；有时候，以大幅震荡方式进行边洗边拉的洗盘，或者碰到了大势短期的异常波动，其洗盘的最大幅度可达到 50% 左右。

主力洗盘时的盘面特征

主力为了清洗浮筹，以减少日后拉升的抛压和降低拉升成本，常常要洗盘，所以投资者就有必要了解一下主力洗盘时的盘面特征。

1. 先大阳后大阴

在洗盘之后，股价就会进入最具有爆发力的阶段——拉升阶段。主力为了确保拉升的安全性，常常会先试探大盘。某只股票会突然一改往日下跌态势，放量上攻，一些投资者会盲目跟进，但次日该股却高开之后一路打压，最终被阴线吞掉，形成"穿头破脚"的形态。跟进的投资者全部被套牢，短线筹码纷纷出逃。经过试盘后，主力如果觉得时机成熟，便会开始拉升；如果时机不成熟，主力会进一步洗盘，然后才会进入拉升。这里大阳线主要是试探市场短线获利筹码以及解套盘的压力如何，大阴线主要是试探短线止损盘的打压力度。这样一拉一打，主力对拉升的阻力就有了初步的了解。

所以，出现先大阳后大阴的组合后，投资者不要急于介入，要观察后两日该股的走势，并密切关注盘中动向，一旦主力启动，便及时跟进。一般情况下，出现这种组合后，主力洗盘不会超过两周，如果做中线投资，不计眼前得失，投资者可在第二天逢低介入。

2. 先跌停后涨停

如果在大盘的连续整体下跌走势中，某只股票却走势稳健，整体上强于大盘，缩量整理。突然有一天大盘受利空影响，跳空下挫，此后几日很快止跌，该股表现却十分异常，先是无量跌停，次日无量涨停，股价仍维持在利空前的位置。这说明主力在操控这只股票，只不过是借利空洗盘而已，但由于持股者对这只股票充满信心，或已了解主力意图，坚决持仓，才导致这种情况出现。缩量跌停后再涨停也说明主力的成本区较高，不愿在下方盘整，所以才又将股价拉至原来的水平。通常情况下，股价第二次平开后一路走高，一些胆小的投资者往往会逢高出逃，主力在某种程度上也达到了洗盘的目的。出现这种组合要坚决介入，要坚定信心，不要因为主力炒作而出逃，因为这种股票正常情况下都有翻番的能力。

投资者应该注意的是，这主要指跌停及涨停时成交量较小的情况，本条件必须是在盘整阶段适用。

3.低价缩量两颗星

股价在底部经历了一段低迷时间，成交量也极度萎缩，随后主力进场，股价进入复苏期，伴随成交量逐步放大，股价也缓缓上升到一个高度，但离底部区域并不远。之后股价又进了一个新的盘整期，成交量也渐渐缩小至启动前的成交量，这是主力拿到筹码后洗盘并暗中继续吸筹的举动。此时一切似乎都归于平静，但也往往预示着暴风雨就要来临。伴随着成交量的放大，股价再一次震荡上行或连拉数根小阳线，各条均线开始呈多头排列趋势，投资者应该密切关注。随后股价又再度盘整两天，成交量较前几日递减，日K线收出两颗小阴星或小阳星，这意味着主力在大幅拉抬前做最后的洗盘工作。这两颗小星线就像总攻前发出的两颗信号弹。多方将展开一轮凶猛的进攻，投资者如果能及时发现此信号，跟进后将获利丰厚。

4.三阴洗盘

股价以历史低位缓慢攀升，低迷的格局开始打破，成交量趋于活跃，而且均线系统发散向上，多头排列明显。在关键价位股价却连收三条阴线，但股价未跌破5日均线或10日均线。第4日该股股价止跌收阳，甚至收出力度很大、几乎能覆盖前面三根小阴线的大阳线，成交量也同步明显放大，这表明主力洗盘已告结束，将继续其拉升阶段，这时短线投资者可果断跟进。

判断三阴洗盘时应注意：三阴洗盘与缩量两颗星，虽有相似之处，但运用条件却不同。三阴洗盘时，成交量可以放大也可以缩小。如果说是拉升洗盘，通常情况下成交量放量收三根阴线，一般是小阴线，也可以是小阴星，如果出现小阴星时也同样适用。

5.T形小阴线

当股价陷入盘局，成交量逐渐萎缩，中短期均线渐渐靠拢并呈粘连状态。此时，中短线持股者投资成本已经非常接近，短线获利盘基本清理干净，抛压也很轻，主力将股价再拉上一个台阶的时机已成熟。此后，股价小幅上扬了2～3个交易日，并成功突破各条中短期均线，呈现上攻形态。但是，隔日股价却并未上行，反而在盘中重新跌破各条常用均线，尾市收盘时股价略有拉高。最终日K线收出了一个带一小段下影的小阴线，即T形小阴线，成交量也有所萎缩。主力此举只不过是为了动摇那些看线跟庄者的信心，反而给有经验的投资者提供了一个及时跟进的良机。稳健的投资者可等此信号出现的第二天，日 K 线即将再收阳线的收盘前跟进，并在短线获利后及时抛出。

投资者遇到这种形态应该注意：一是股价在震荡整理过程中，成交量会极度萎缩；二是 T 形小阴线出现在连续几日小幅上扬之后，并且，当日成交量略有萎缩；三是均线系统有形成多头排列的趋势；四是出现信号当日虽以阴线报收，收盘价刚好站在多条常用均线之上。

6. 跳空放量小阴线

股价在刚刚脱离底部区域之后，又经历了一段横盘整理。当成交量再次萎缩到接近前期地量，显示盘中浮动筹码已清洗得比较干净，主力会趁机将股价迅速拉离其成本区域。此后股价开始上扬，并且，有一天突然跳空开盘，股价在巨大买盘推动下迅速拉升。随后，在短线获利盘的打压下，最终以小阴线报收，但收盘价仍较前一日收盘价为高，并留下一个跳空缺口。

此信号中日 K 线虽然是小阴线，但巨大成交量及留下的跳空缺口，却预示着低位买盘力量强劲，多方会乘胜追击，股价有望继续攀升。

此信号一般出现在低价区，股价连续 2 ~ 3 个交易日上扬之后，成交量较前几个交易日要大，短线获利筹码已被清理出局。并且均线已呈多头排列，通常尾市收盘都留有缺口，第二天买盘强劲，稳健的投资者可在收盘前 5 分钟判断收阳时大胆介入。

投资者应该注意的是：如果该信号出现在高价区，则极有可能是骗局，投资者应及时减仓，退场观望。

7. 穿头破脚阳线

此信号在各个股价区域都可能出现。股价在某个狭窄的价格区间震荡反复，一般需要 3 ~ 4 个交易周。在这期间会有成交量极度萎缩的情况出现，意味着股价经过一段时期的震荡之后，心态不稳的短线投资者已失去耐心而被清理出局，剩下的只有主力和心态稳定的中长线持股者。主力将股价向上拉抬时不会再遇到强大的短线获利抛压。突然有一日，股价跳低开盘，当少部分惊慌失措的筹码抛出之后，股价开始在大量买盘推动下逐步攀升，最终以接近全日最高价收市，并站在多条中短期均线之上。日 K 线收出了一根穿头破脚的大阳线，这显示多方进攻将全面展开。

投资者应该注意的是：此信号出现在低位时的横盘整理可信度较高，通常整理的时间至少是 2 个交易周以上。此信号出现前中期均线在上，短期均线在下，但短期均线已经开始掉头向上并且即将向上交叉中期均线，出现信号的第二天如果 K 线收阴，则这种情况不成立，投资者应该及时离场。短线获利目标不能定得太高，涨幅达 8% ~ 10% 左右应考虑抛出。

主力洗盘时盘口 K 线特征

很多散户可能都遇到过这样的情况：持有一只股票很长时间了，别的股票都大涨，可它依然"纹丝不动"，于是斩仓离场，然而刚刚斩仓，股价却疯涨起来，似乎就差我们手中这一股，你不抛他就不涨。这种痛苦相信不少人都经历过，而且大都不止一次。其实，这种现象并不是偶然的，因为就算主力吸饱了筹码也不可能一味地盲目拉高股价，股价无回档地大幅上升会使得短线客无惊无险地大赚主力的钱，这在逻辑上是不可能成立的，也是投下了巨资的主力无法容忍的，于是就有了洗盘的产生。洗盘的主要目的在于抬高其他投资者的平均持股成本，把跟风客赶下马去，以减少进一步拉升股价的压力。同时，在实际的高抛低吸中，主力也可兼收一段差价，以弥补其在拉升阶段付出的较高成本。

既然主力洗盘是为了吓出信心不足的散户筹码，主力必然会制造出疲弱的盘面假象，甚至凶狠地跳水式打压，让人产生一切都完了的错觉，这样才会让他们在惊恐中抛出手中持股。有意思的是，在关键的技术位，主力往往会护盘，这是为什么呢？答案很简单，主力要让另一批看好后市的人持股，以达到抬高平均持股成本的目的。

我们可以从盘口和 K 线中发现主力是否在洗盘。主力洗盘时的盘口特征是：

（1）股价在主力打压下快速走低，但在下方获得支撑，缓缓盘上。

（2）下跌时成交量无法持续放大，在重要支撑位会缩量盘稳，而上升途中成交缓缓放大。

（3）股价始终维持在 10 日均线之上，即使跌破也并不引起大幅下跌，而是在均线上缩量盘整，并迅速返回均线之上。

（4）整个洗盘过程中几乎没有利好传闻，偶尔还有利空消息，大部分投资者对后市持怀疑态度。

（5）盘面浮筹越来越少，成交量呈递减趋势，最终向上突破并放量，表明洗盘完成，新的升涨就在眼前。

洗盘阶段K线图所显示的几个特征：

（1）大幅震荡，阴线阳线夹杂排列，市势不定。

（2）成交量较无规则，但有递减趋势。

（3）常常出现带上下影线的十字星。

（4）股价一般维持在主力持股成本的区域之上。若投资者无法判断，可关注10日均线，非短线客则可关注30日均线。

（5）按K线组合的理论分析，洗盘过程即整理过程，所以图形上也都大体显示为三角形整理、旗形整理和矩形整理等形态。

那么，投资者应该怎样积极地应对主力的洗盘行为呢？关键是保持一个良好的心态。尤其当股票从底部刚刚拉起，市场中一般心态还停留在空头思维之中时，切不可因一些短期震荡便被洗盘出局，而应该以一种"以不变应万变"的心态坚定持股，未达目标，不轻易做空。而对于一些大幅下跌的打压洗盘方式，则可根据成交量来判断，没有出现太大的成交量则不可轻易出局。

洗盘结束有什么信号

洗盘是坐庄过程中的必经环节，能够识别主力意图的投资者完全可在主力洗盘时趋利避害：在股价出现一定涨幅之后先行退出，等待洗盘结束之后再大举介入。此时短线风险已经释放，买价亦较便宜，且洗盘结束之后往往意味着新一轮拉升的开始，达到买入即涨的效果。但是，洗盘结束时有什么信号呢？

（1）下降通道扭转。有些主力洗盘时采用小幅盘跌的方式，在大盘创新高的过程中该股却不断收阴，构筑一条平缓的下降通道，股价在通道内慢慢下滑，某天出现一根阳线，股价下滑的势头被扭转，慢慢站稳脚跟，表明洗盘已近尾声。

（2）缩量之后再放量。部分主力洗盘时将股价控制在相对狭窄的区域内反复震荡整理，放任股价随波逐流，成交量跟前期相比明显萎缩，某天成交量突然重新放大，表明沉睡的主力已开始苏醒，此时即可跟进。

（3）回落后构筑小平台，均线由持续下行转向平走，再慢慢转身向上。洗盘都表现为股价向下调整，导致技术形态转坏，均线系统发出卖出信号，但股价跌至一定位置后明显受到支撑，每天收盘都在相近的位置，洗盘接近结束时均线均有抬头迹象。要判断是否是主力洗盘，重要的是判断前期高点是否是头部，这需要从累计涨幅、股价的相对位置以及经验等各方面来综合判断。

主力洗盘的手法之一——打压洗盘手法

这种洗盘方法，适用于流通盘较小的绩差类个股。由于购买小盘绩差类个股的散户投资者和小资金持有者，绝大多数是抱着投机的心理入市的，所以这类个股的安全性就要差一些。这些散户投资者和小资金持有者常常一脚门里，一脚门外，时刻准备逃跑。而看好该股的新多头由于此类个股基本面较差，大多都不愿意追高买入，常常等待逢低吸纳的良机。鉴于持筹者不稳定的心态和新多头的意愿，作为控盘主力，他们往往利用散户对个股运作方向的不确定性，控盘打压股价，促进和激化股价快速下跌，充分营造市场环境背景转换所形成的空头氛围，强化散户投资者和小资金持有者的悲观情绪，加大其持有筹码的不稳定性，同时也激发持筹者在实际操作过程中的卖出冲动。主力通过控盘快速打压，使用心理诱导的战术，促进市场筹码快速转化，达到洗盘的目的。

打压洗盘方法的好处在于"快"和"狠"，采用时间较短，而洗盘的效果较好。

如图 7-20，西北轴承（000595），主力利用公司亏损，借大盘下跌洗盘。

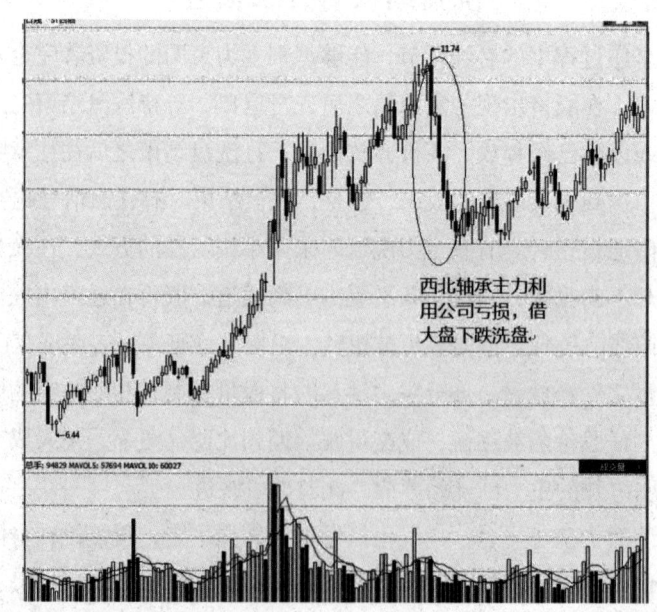

西北轴承主力利用公司亏损，借大盘下跌洗盘。

图 7-20 西北轴承（000595），主力利用公司亏损，借大盘下跌洗盘

主力洗盘的手法之二——横盘洗盘手法

横盘又称盘整，横盘是指股价在一段时间内波动幅度小，无明显的上涨或下降趋势，股价呈牛皮整理，该阶段的行情振幅小，方向不易把握，是投资者最迷惑的时候。横盘不仅仅出现在头部或底部，也会出现在上涨或下跌途中，根据横盘出现在股价运动的不同阶段，我们可将其分为：上涨中的横盘、下跌中横盘、高位横盘、低位横盘4种情形。

此类洗盘方法适用于大盘绩优白马类个股。正是由于这种具有投资性的个股大家都虎视眈眈地盯着的缘故，所以作为主力，绝对不能采用打压的形式洗盘。因为这类个股业绩优良，发展前景看好，散户投资者和小资金持有者的心态稳定。如果采用打压洗盘，散户投资者和小资金持有者不但不会抛售原有的筹码，反而还会采用逢低买进的方法摊平和降低持仓成本，而其他的场外投资机构也会抢走打压筹码。这样很容易造成主力的打压筹码流失严重，形成肉包子打狗，有去无回的局面。

采用横向整理洗盘的主力实力是较弱的，往往保持一定幅度的震荡，在震荡中不断以低吸高抛赚取差价以摊低成本和维持日常的开支。实力较强的主力，往往将股价震幅控制在很窄的范围内，使其走势极其沉闷。这种横向整理洗盘的方法，主要侧重于通过长期的牛皮沉闷走势来打击和消磨散户投资者和小资金持有者的投资热情和考验他们的信心毅力。

这种洗盘方法是所有洗盘方法里耗时最长的一种。一般的大盘绩优股的中级洗盘，往往要耗时 3 ~ 6 个月，有时甚至一年不等。在这漫长的等待中，面对大盘的跌宕起伏和其他个股的活跃，绝大多数的投资者都会忍不住寂寞与孤单，纷纷换股操作，选择追涨杀跌的操作方法。横盘整理的形态在 K 线上的表现常常是一条横线或者长期的平台，从成交量上来看，在平台整理的过程中成交量呈递减的状态。也就是说，在平台上没有或很少有成交量放出。成交清淡，成交价格也极度不活跃。为什么会出现这种情况呢？其内在的机理就是：当股价上升到敏感价位、浮码涌动或市场背景有所转换的时候，主力适时抛出一部分筹码，打压住股价的升势；当股价下跌时，主力用一部分资金顶住获利抛盘，强制股价形成平台整理的格局，在这个阶段内，成交量稍显活跃，一旦平台整理格局形成，成交量就会迅速地萎缩下来。主力一般会让散户投资者和小资金持有者所持筹码在平台内充分自由换手，只是在大势不好股价下滑的情况下，适时控制股价下跌的冲动。此阶段内由于主力活动极少，成交量是清淡的。

成交量的迅速减少，也进一步说明了场内的浮动筹码经过充分换手后日趋稳定。随着新增资金的陆续入场，成交量也逐步呈放大状态，股价也开始缓缓上扬。此阶段的成交量和第一阶段强制股价进入平台时的成交量遥相呼应，形成漂亮的圆弧底形态，预示着股价即将突破平台，形成新一轮的升势。

图 7-21 是登海种业（002041）这只绩优股经过 4 个多月的横盘整理后爆发的图形。

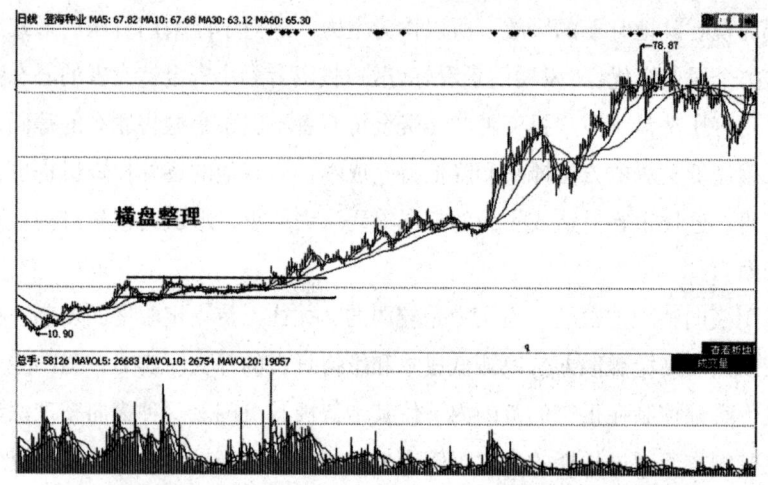

图 7-21 登海种业（002041）经过 4 个多月的横盘整理后爆发

主力洗盘的手法之三——旗形整理手法

顾名思义，旗形整理的图形就像一面挂在旗杆顶上的旗帜，由于其倾斜的方向不同，又可分为上升旗形和下降旗形。也经常被人们称为平行四边形。这种情况大多数是股价在上升到相当的幅度后，主力开始控盘打压股价，但股价下滑不多后主力开始护盘或者新庄入驻，股价又开始上行。由于股价已经有一定的涨幅，往往出现跟风盘不太踊跃的现象，当上行高度高于或低于前期高点时，股价再度回落，如此反复，把股价的高点和高点连接以后形成向上或向下的一条直线，把低点和低点连接后也形成向上或向下的一条直线，两条直线保持平行，形成向上或向下倾斜的箱体。这种整理洗盘形态，如果出现在上升途中，一般预示着涨升行情进入了中后期；如果出现在下跌途中，经常暗示下跌行情才刚刚开始。如图7-22，是白云山 A（000522）旗形整理洗盘 K 线图。

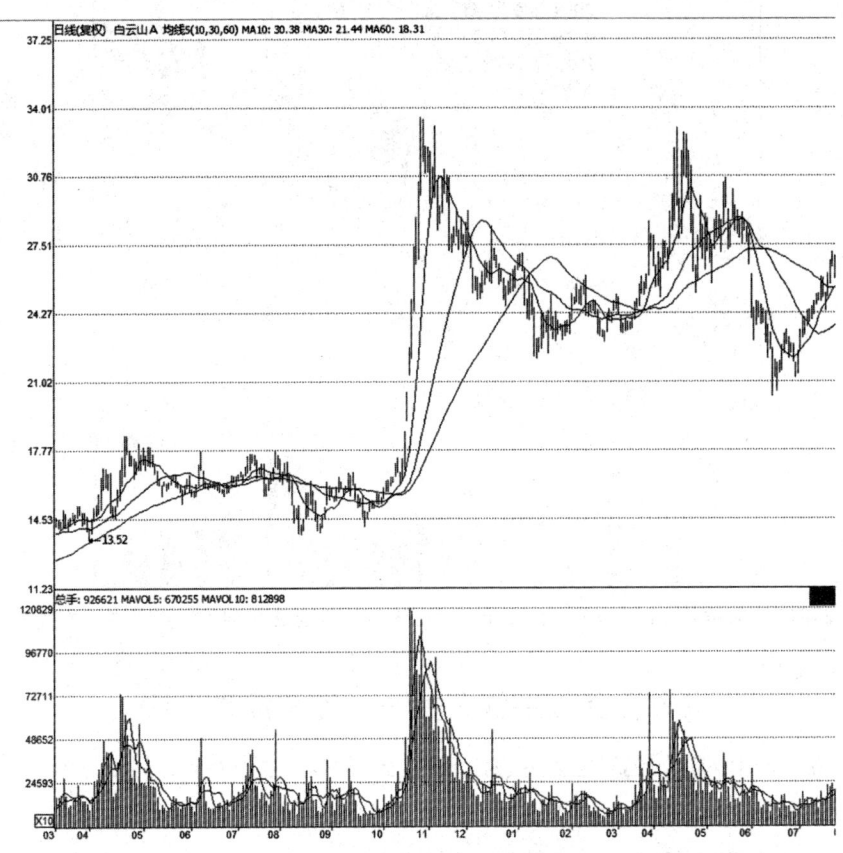

图 7-22 白云山 A（000522）旗形整理洗盘 K 线图

主力洗盘的手法之四——短线暴跌洗盘手法

主力采用短线暴跌洗盘的目的是将在低位买入股票的投资者吓出来，让他们在相对高位将股票卖给新入场的普通投资者，从而抬高普通投资者的持仓成本。主力在低位买入的筹码却并未抛出，现实交易中也确实有大量投资者在大盘及个股短线暴跌的过程中卖出了股票，又有不少投资者在相对低位抢反弹买入了股票，但这个"相对低位"仍比主力的平均持筹成本要高，这部分投资者在日后主力拉抬股价的过程中客观上也帮主力锁定了筹码。

图 7-23 为北方国际（000065）2009 年 2 月 25 日 ~ 3 月 2 日利用短线暴跌的方式进行洗盘。

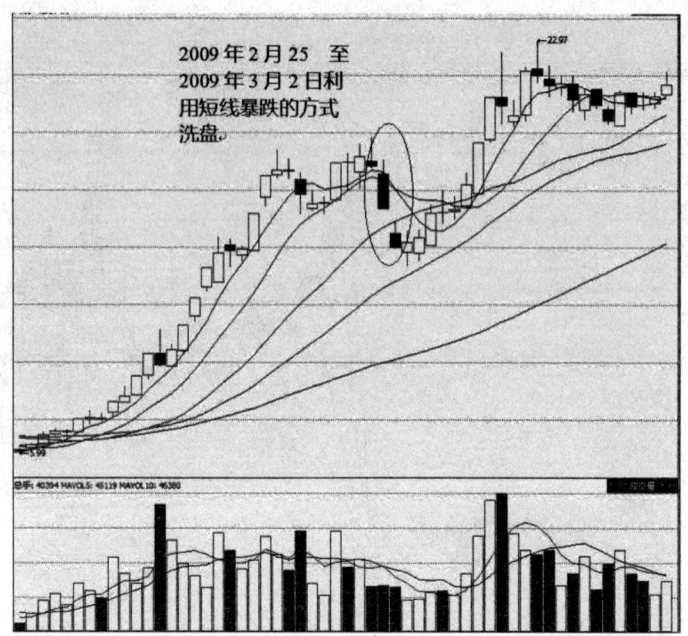

图 7-23 北方国际（000065）2009 年 2 月 25 日 ~ 3 月 2 日利用短线暴跌的方式洗盘

主力洗盘的手法之五——滞涨洗盘手法

滞涨洗盘的目的仍然是主力想让普通投资者卖出手中筹码，只不过操作手法略有不同，一种是吓出投资者手中的筹码，一种是磨出投资者手中的筹码；在价位上一种是卖在相对高位，一种是卖在相对低位。

滞涨洗盘手法分为放量滞涨洗盘和缩量滞涨洗盘两种，放量滞涨洗盘是主力利用股价有一定涨幅后，在一定位置放量高换手，但股价不涨，让投资者认为换手高量大股价不涨是主力在出货，从而卖出手中股票。如图 7-24 为包钢稀土（600111）2009 年 2 月 11 日 ~ 3 月 9 日的走势图，是典型的滞涨洗盘，之后股价涨幅巨大。

主力洗盘的手法之六——边拉边洗手法

这种洗盘方式最显著的标志是在日 K 线上没有标志，这也是区别于其他洗盘方法的一个显著特征。这种洗盘方法往往受客观条件制约，常常出现在单边上扬的行情中，主力把拉升和洗盘的艺术融为一体。这种洗盘方法就是主力每次都

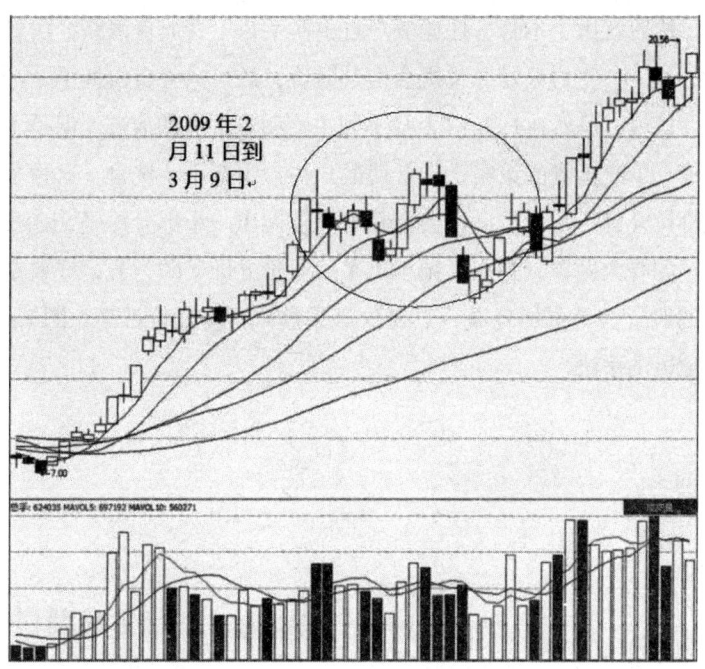

图 7-24 包钢稀土（600111）2009 年 2 月 11 日～3 月 9 日滞涨洗盘

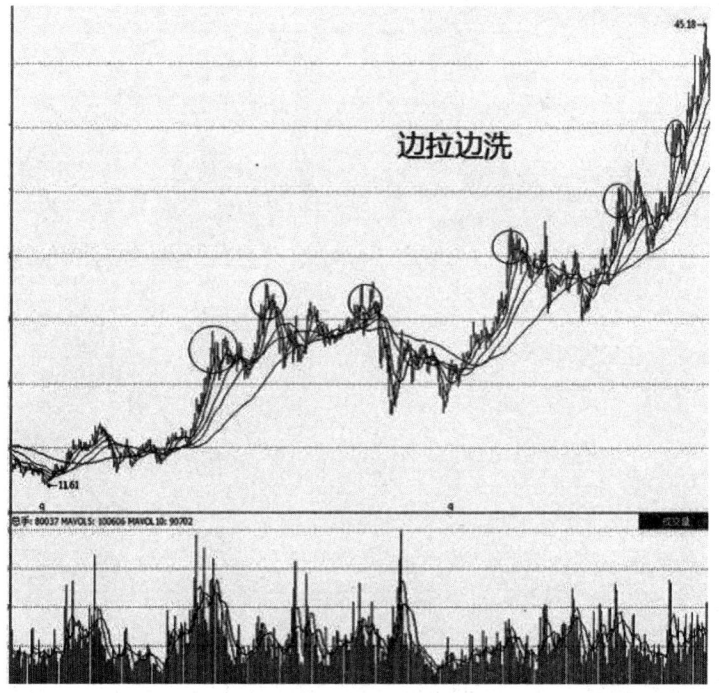

图 7-25 某股典型的边拉边洗手法

推高股价，然后就撒手不管，任凭散户自由换手，不管股价涨跌，次日或者隔天再次推高股价……主力只管寻找机会推升股价，散户只管自由换手……这是边拉边洗的一大景观。虽然在日K线上找不到主力明显洗盘的痕迹，但是主力采取的是化整为零，少吃多餐的策略，常常使散户在盘中换手、洗盘。这种主力洗盘时一般在股价拉升到一定价位后，会在相对高位抛出一小部分筹码，在相对低位则无大抛单。如有大抛单，则在大抛单出来后股价立即转跌为升，或放量止跌。主力洗盘后的股价上升更加轻灵，只要少量买盘即可将股价推高。图7-25是某股典型的边拉边洗手法。

第六节
从盘口看懂主力如何出货

主力何时出货

股价被炒高后，主力总要为如何把手中股票卖出，将账面利润转变成实际收益而绞尽脑汁。主力们总是极力掩盖其出货的手段，但是不管主力怎样掩盖，总会露出蛛丝马迹。主力出货的前兆，主要有以下 6 种情况：

1. 目标达到

投资者准备买进一只股票，最好的方法就是把加倍和取整的方法联合起来用，当用几种不同的方法预测目标位都是某一个点位的时候，那么在这个点位上就要准备出货。当然，还可以用其他各种技术分析方法来预测。故当股价与预测的目标位接近的时候，就是主力可能出货的时候了。

2. 放量不涨

不管在什么情况下，只要是放量不涨，就基本可确认是主力准备出货。

杉杉股份（600884），某年 11 月 17 日的成交量是 3 万股，随后几日分别是 20 万股、9 万股、22 万股，24 日突然成交 96 万股，这就是放量不涨的例子，应确认主力在出货。尽管第二天股价根本没有跌下来，且成交量也只有 17 万股，但随后股价大跌 15 元，从 28 元多跌到 13 元才重新走强。

3. 该涨不涨

在形态、技术、基本面都支持股票上涨的情况下，股价却该涨不涨，这就是主力要出货的前兆。

（1）形态上要求上涨，结果不涨的情况。

（2）技术上要求上涨，但不涨的情况。

（3）公布了预期的利好消息，基本面要求上涨，但股价不涨，也是出货的前兆。

4. 利多消息增多

报刊上、电视上、广播电台里，推荐该股的消息多了起来，这时候主力就要准备出货了。股票上涨的过程中，媒体上一般见不到多少推荐消息，但是，如果媒体的宣传开始增加，就说明主力要出货了。

5. 传言增多

投资者正在关注一只股票，突然有位朋友给他传来某某"内幕"消息，而另一位朋友也给他说起了该"内幕"消息，这就是主力出货的前兆。

6. 板块群涨

当某一板块被市场大多数人看好，报纸吹、专家捧、散户追，同一板块的个股群起疯涨，此时往往就是板块行情寿终正寝的时刻。2000年2月份网络股鸡犬升天，6月又大跃进，最终暴涨的结果只能是暴跌。

如果有了以上这些征兆，一旦股价跌破关键价位，不管成交量是不是放大，都应该考虑可能是主力出货。因为对很多主力来说，出货的早期是不需要成交量的。在这个到处是陷阱的股市里，提防吃到主力"最后的晚餐"的诀窍是眼不红、嘴不贪、手不痒、心不急。

主力出货的盘口表现

出货的盘口表现只要不受情绪影响一般比较容易识别。主力运用得最多的是高开盘，集合竞价量很大，但股价难以保持前日的强劲势头上冲，掉头向下，放量跌破均价，虽然盘中有大笔接单，但股价走势明显受制于均价的反压，前一日收盘价处也没有丝毫抵抗力，均价下行的速度与股价基本保持一致，是主力集中出货造成的。这里要注意识别洗盘时下跌与出货时下跌，洗盘时会出现大幅跳水，而出货则不然；前者会在下跌时与均价产生较大距离，且均价对股价有明显的牵制作用，而后者表现为放量盘跌，均价对股价反压力甚大。

主力的出货位置和出货细节都是不限定的，有一定获利后，大盘向上时，会有减仓行为。在涨幅超过 50% 后，所有股票都应高度警惕。单日换手超过 10%，至少是减仓行为；在出货过程中在一些关键点位，虽有大单护盘，但主力不会多花一分钱去成交。出货时的护盘，可以保障股价不会大幅下跌，把货出到好的价位。在出货过程中，一般会有消息面的配合。

在股价上升至较高位置，在买 1、买 2、买 3 挂有巨量买单，待筹码出得差不多时，突然撤掉巨量买单，并开始全线抛空，股价迅速下跌。

出货的拉升。开盘就拉，不给机会，对敲没了，多在开盘不久，然后慢慢跌，至尾盘又拉。或经常尾盘拉，次日早盘跌。很少盘中拉。对敲则卖多，买少，量一直放大。拉升成骗局，出货主基调。

盘头，下跌阶段。成交量和升幅已不匹配，对敲诱多，小单快拉，大单砸跟风。利润完成后，对敲没了，只有往下扔，没人买时，撤单或小攻一下，跟风一足，出货为主。

股价升幅已大且处于高价区时，出现下托板，但价滞量增，诱多出货；若上压板较多且上涨无量时，预示顶部即将出现，股价将要下跌。

出货，压单，市况好跟风多；小单吃，压单不断增加；偶尔有几笔大抛单；跟风不足时，会有几笔大买单敲掉压单吸引跟风盘。

出货，出现托单不会升多高；不断有抛盘；抛单到托盘处就减少；持续一段时间；偶尔出现几笔大买单激发人气。

真出货，高开大成交量，随后放量跌破均价，虽有大单接盘，但反抽无力，反压前日收盘没抵抗力，均价与股价同步下行，放量盘跌。

凶狠出货，前日走好，次日大幅度低开放量特征。低开 3% ~ 5%，全日小震荡，均价与股价缠绕，股价回抽前日收盘无力。目的是，前日跟风无获利产生惜售，抛压轻免去护盘麻烦。不抱幻想，走为上策。

出货量，维持一阶段缩量下跌，重心下移，理应有个向上诱多。

下有托板，而出现大量隐形内盘，为主力出货迹象。

外盘大于内盘，股价不上涨，警惕主力出货。

内盘大于外盘，价跌量增，连续两天，是明眼人最后一次卖出的机会。

连续打出几笔大买单，而后一直以低于买单的价格卖出，在成交的同时高挂小额买单，看到的是大买单推动股价上涨，其实正是主力出货。

委买盘是三位数大买单，委卖盘则是两位数小卖单，出货。

盯紧均价线，大买单，而分时均线往下掉，假买盘，真卖盘。

经过高位对敲洗盘后，再次巨量上攻，盘面上出现在卖2或卖3上成交较大手笔，而卖2、卖3上没有大卖单，而成交之后，原来买1或买2甚至是买3上的买单已不见或减小。所谓"吃上家喂下家"，吃主力事先挂好的卖单，而喂跟风买家。

梅开二度再对敲。出货一段时间后，有一定下跌幅度，抛盘开始减轻，成交量明显萎缩。较大手笔连续对敲拉抬股价，但这时的主力已不再卖力，较大买卖盘总是突然出现又突然消失，目的只是适当抬高股价，以便手中最后筹码卖个好价。

涨跌停板。放巨量涨停，十之八九是出货。开盘跌停，如不是出货，股价会立刻复原，如果在跌停板上还能从容进货，绝对是出货。

盘口异动。本来走得很稳，突然一笔大单砸低5%，然后立刻又复原，然后再次下砸，甚至砸得更低，把下档所有买盘都打掉，打压出货变异。

买盘大手笔挂单，股价并未上涨，如不涨反跌，且成交量并没有大笔成交，意味大单已撤，诱多出货。

卖盘大手笔挂单，2万股以内且密度小，可能大户所为。卖盘数量大且密度也大，主力所为。大卖单抛压下连续下跌，出货。

直线对敲。在早盘或盘中，突然拉高，分时线直线上扬，股价上蹿，瞬间上涨达3%～5%以上，主力控筹不深或出货尾期，无心恋战，直线拉出高度向下出货，能出多少就出多少。当分时线与均价乖离2%以上时随时打单出局，持币者不可介入。

主力出货的盘口语言有小单出货法、多卖少买、大幅度砸低股价后出货、先吃后吐、跌停板开盘出货、涨停板出货、飘带式出货等。

主力出货的盘面特征

主力出货时盘面通常会呈现出以下几种现象：

1. 跳空放量大阴线

一只股票在连续拔高之后，已经接近主力的目标价位，这时候如果有重大利好消息出台，这只股票会跳空高开，继续冲高，甚至涨停，但涨停板被不断打开，在强大的卖压下节节退守，最终会以大阴线报收。之后，股价一路下跌，随后进入漫长的调整期。

2. 穿头破脚大阴线

这种形态通常是，第一天出现一根大阳线，第二天出现一根大阴线将第一根大阳线实体全部吃掉。这种图形出现在高位，是提示卖出的信号，在第三天股价将要收阴时投资者便可以确认。

3. 白三兵

这种形态由三根中阴线组成，每一根阴线的开盘价都切入上一根阴线，上下影线越短越好。这种图形如果出现在高位，表明大势可能要反转或股价要下跌，投资者应该减仓出场。

4. 孕线

这种形态是由两根K线组成，但与低位时也有所不同。第一天出现一根阳线，第二天无论出现一根阴线或阳线，都会被昨日的阳线包含，也就是第二根线的最高点、最低点均没有超过第一根阳线的最高点与最低点。这种图形往往是转市的开始，所以投资者在这时应该考虑卖出股票。

孕线形态也会变形，所以投资者应注意。只要出现孕线，不论两根K线是阴线还是阳线，都是一种反转信号，在底部可以伺机买进，在高位可以逢高出货。

5. 乌云盖顶

这种形态是由两根K线组合而成的，通常是第一天出现一根阳线，第二天出现一根阴线，这根阴线实体切入前天阳线实体50%以上，成交量相对比较大。

这种形态出现在相对高位时，表明空方的势力比较强大，股价随时都有可能反转，投资者应该及时退出。

6. 岛形反转

这种形态如果出现在高位，标志着中级以上的调整行情开始。股价处在上涨的最后阶段，多方力量消耗殆尽，在做最后一搏，因此股价向上跳空，高开高走，但很快股价在空方的打压下向下跳空，在上方留下一孤零零的小岛形态。

出现这种形态后，投资者即使割肉也要坚决减仓，因为，大的调整行情来势汹汹，并且回调幅度极深，如果投资者动作迟缓，很可能会被套牢，从而受到重大损失。

主力出货手法之一——杀跌式出货手法

在主力众多的出货手法中，"杀跌式出货"是其中最凶狠、歹毒的出货方式，需引起投资者高度警惕。因为一旦主力采用了这种出货方法，股价短期内必将出现大幅度的快速下跌，给来不及逃走的投资者造成巨大损失，同时也给其造成巨大的心理压力。

"杀跌式出货"手法多在大盘处于疲软状态，投资者对后市普遍看淡的情况下使用。其特点是持续快速地抛出大笔筹码，从而在很短的时间内引起股价快速下跌。有时连拉数根阴线，对股票本身造成极其恶劣的市场影响，短时间内难以重聚人气。主力之所以采用这种方式出货，是因为前期股价已有巨大涨幅，由于主力获利丰厚，即使股价快速下跌后主力仍然有巨大的收益。采取这种方式出货可迅速落袋，减少随后可能的风险，缺点是出货时必须有大量买盘，否则无法使用这种方法出货。由于出货手法简单迅速，即使出掉部分股票，但由于出货过程中股价下跌幅度较大，主力获利程度也相应减少，且由于出货手法太过简单明显，

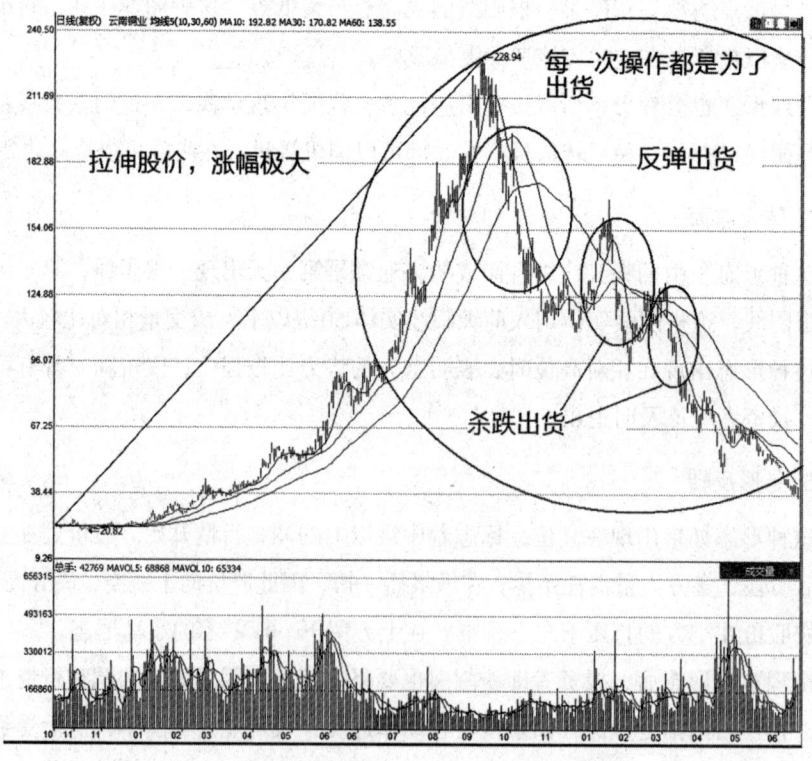

图 7-26 云南铜业（000878）的出货图

买盘不敢接盘，因此主力能出掉的货也不会太多。通常这类股票在经过一段时间的下跌后会有一个反弹，目的是让投资者再次跟风买入主力抛出的股票，实现出货目的。因此，投资者对这类股票不宜过早介入抢反弹，应静观其底部调整的情况，伺机而动，否则就有吃套的可能。

云南铜业（000878）在经过前期大幅拉升后，主力获利巨大，由于对后市极度看空，再不出货将不堪设想，2007年10月，主力开始了他的出货操作，股价在短短2个多月的时间里从98元跌至47元多，跌幅极大。在经过一段时期下跌后，主力又随大盘发起了一波反弹，从图中我们可以看到，这波反弹股价从47元多反弹到71元多，从这波反弹中我们可以看出，主力仍然在借反弹出货。因此，投资者如想在反弹中操作，应快进快出，不可贪利。因为既然主力已开始出货，那么反弹后股价仍将下跌。如图7-26所示。

主力出货手法之二——涨停出货手法

主力在出货的时候最喜欢的就是有人接盘，但是如果主力在出货时总是习惯采用拉高出货、震荡出货、打压出货之类的出货手法，会很容易被聪明的投资者发现，从而影响其出货。于是，在不断地实践操盘中，狡猾的主力便摸索出了一套更为隐蔽的出货方法，即利用股价的涨停来进行出货。

在所有操作手法当中，涨停出货最为隐蔽。一般来讲，当某只股票形成涨停走势的时候，必然会吸引大量的投资者进场进行操作，巨大的买盘为主力的出货提供了极好的卖出机会。此时主力会在买盘上故意放上几万、几十万甚至上百万的自己的买单，用来吸引跟风盘。等追涨的人买进时，自己再吃掉一些，最后让股价封住涨停，并在涨停板上放上大量甚至巨量的买盘，吸引其他投资者急忙挂单买进。根据盘中情况，再把自己的买单逐步撤掉，放在最下面，然后再将自己的股票逐步卖出。投资者要分清主力是否在利用涨停板出货，除了要对股票的K线图等情况进行详细的分析以外，还必须对分时图的波动变化进行详细的分析。因为在很多时候通过对分时图的波动变化，投资者就可以很轻松地判断出主力是否在出货。

例如，北方国际（000065）在出货前股价也有较大的涨幅，2009年2月11日，北方国际开盘后股价迅速拔高，面对这种快速上冲的走势，投资者必然会积极地进行参与，于是在股价的上涨过程中，成交量出现了密集的放大迹象。由于投资者买盘踊跃，给主力出货创造了机会，于是主力乘机抛出手中的筹码。由于主力的抛压加上股价短时间上涨过快，导致股价的快速回落，成交量也明显萎缩，说明在股价下跌的过程中投资者参与的热情明显降低。成交量的萎缩给主力出货带来了不便，那么如何才能再度吸引投资者进场操作呢？只要让股票再次形成强势上涨，便可吸引更多的投资者进场操作了。于是主力便有意控制着股价在均价线上方作强势整理，让投资者感觉股价是由于短时间上攻过快引起的正常整理，整理后股价仍会强势上攻。主力正是利用散户的这种心态来进行出货操作的。果然，经过在均价线上方的强势整理后，股价再次放量拉高，然后再次作强势整理，以吸引更多的买盘。由于投资者有了第一次的"经验"，在股价整理的时候不断有人买入，加上主力有意拉高股价吸引投资者，于是股价便很快封于涨停。通过下图我们可以看到，股价在接近涨停的时候成交量再一次密集放大，并创下了盘中的最大量，这说明主力的出货效果是非常不错的。当股价封于涨停后，如果主力不想出货，在涨停板上的成交量应越来越小，但是，股价涨停之后，成交量却时有放大迹象，这说明主力在偷偷出货。量能不敢放大的原因可能是主力手中持筹较多，怕放量出货引起市场恐慌，给主力以后的出货带来麻烦，同时也预示着股价后期仍有高点，从换手看，主力后期会反复震荡拉高出货。图 7-27 所示为北方国际 2009 年 2 月 11 日主力利用涨停出货的分时图。

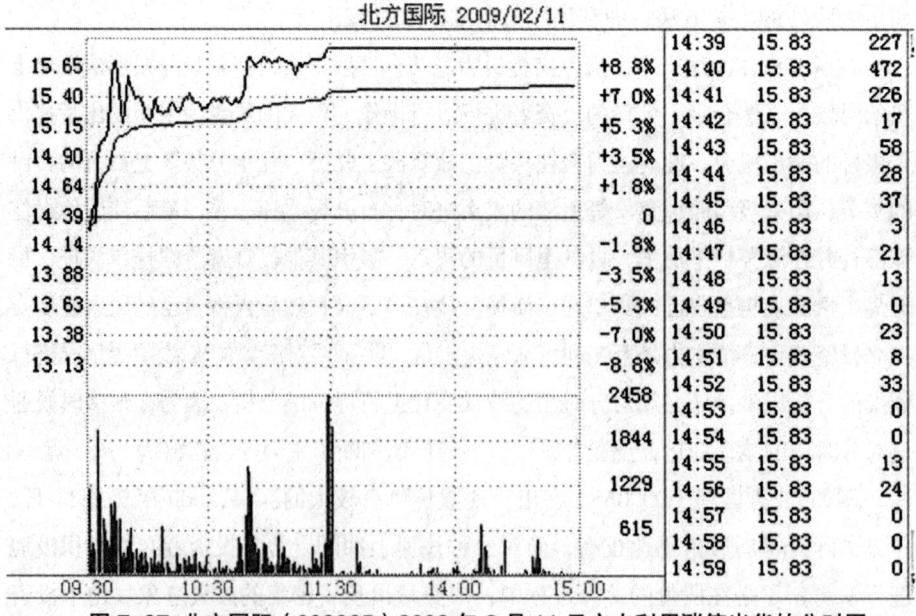

图 7-27 北方国际（000065）2009 年 2 月 11 日主力利用涨停出货的分时图

主力出货手法之三——震荡出货手法

震荡出货，在分时走势图上呈现股价规则的波动状态，上涨时股价顺利上扬，没有太多明显的回档，股价下跌时则小幅震荡盘下，从时间上看则是急涨和缓跌。显而易见，拉升时，盘内主力是主要的推动者，下跌时则是主力将筹码分散给市场投资者，主力用尽量少的资金量将股价拉起以吸引投资者的参与。而随着人们地不断成熟，更多的人会选择回调时买进，而主力正好趁机小心翼翼地不断卖出，于是股价在分时走势上显出较有规则的上涨和下跌节奏。但仅在分时走势上进行反复的震荡出货，不一定会有很大的效用吸引市场投资者，主力在做这种操作时，会事先在日 K 线上构造非常好的向上趋势的图形，让投资者从整体判断到细节的观察都有很好的连续性，才能最大程度地发挥在分时走势营造的氛围，以期获得投资者的参与。运用这种出货手法，一般情况下股价已到了出货的后期，从资金成本考虑，主力为了节省资金，股价拉升高度必然有限。而且主力会在整个上升形态形成之初采用这手法，以希望因股价短期还没有太大升幅而获得更多投资者介入，对短线而言，这种股票会有较好的上涨机会，部分筹码应该有小幅获利的机会，但整体会因为主力出货的本质而升幅有限。

例如，东泰控股(000506)(图 7-28)，该股几个交易日出现小幅震荡盘上格局，成交量明显放大，从整个形态上分析，局部走势显示股价正处强势，但综合分析

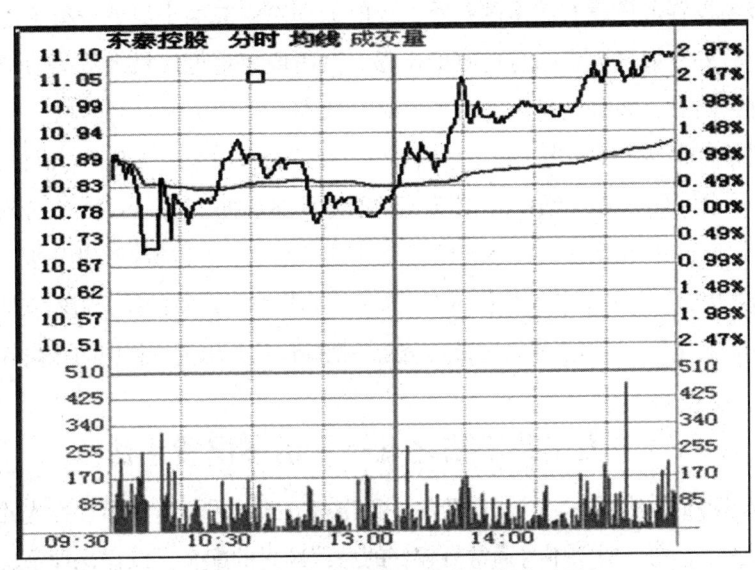

图 7-28 东泰控股，震荡出货分时图

前期股价的走势，以及一系列的利好不断出现，该股可以说炒作已经非常充分，主力想要离场的意愿早在盘面显现。当天，该股分时走势上出现比较明显的急涨缓跌的特点，股价在下跌时非常谨慎，并有较小抛单持续出现，主力想要派发的意愿比较强烈。

出货时从日K线的形态上也会反映出反复波动的特征，分时走势上是同样的道理，对于投资者来说，看到股价有规律地波动并不重要，重要的是知道每一种波动形态体现出的盘中主力的真正意图。

主力出货手法之四——拉高回落式出货手法

强庄股因为筹码已大幅度集中的特点，出货时盘面表现的本质特征比较单一，但也正是这个原因，股价走势的盘面形式随大势变化的随意性较大，因此在分时走势及K线形态中有较多的形态的灵活性，但无论表现形式多么繁杂，其出货行为的本质不会改变。

强庄股的出货通常选择拉高的手法，杀跌的手段只是在万不得已的时候选用，而且有一个共性，即往往在大盘刚刚止跌后不久就开始了有计划的拉高出货。这是因为，这类股票因为筹码集中，只要自己不抛售，股价受到的实际上行压力不大，只要大盘不跌，就不会过多地影响拉高行为，而且在大盘止跌初期，市场投资者还没有太多的头绪，此时能异军突起的个股就会得到更广泛的关注。另外，如果大盘一旦能真的走强，这类股票更可以借大势的力量大面积地派发，当然，如果大盘再度沉寂，对股票本身也没有太大的影响。

判断出股票想要出货，并不意味着股价可能会很快大幅下跌，有时恰好相反，股价可能会涨得更快、更猛烈，因为成功的出货都是通过拉高出局的。而对于投资者而言，通过分时走势及K线组合形态判断出股票是否在出货就尤为重要，不仅可以依据其出货的本质有效地抵抗风险，而且还可以利用出货的拉升过程获取最快和最大的市场收益，而这里最为关键的是始终把握住拉升出货过程中的涨跌节奏。

主力出货手法之五——诱多出货手法

诱多出货手法是主力较为隐蔽的一种出货方式，采用这种出货方式的股票一般为强庄股，而且股票本身通常有较好的后续题材的配合。以往这种手法多出现在短线强庄股上，现在这种手法有向短中线波段操作上扩散的趋势。其特点是股价前期都有过不小的涨幅或者说是经过一波拉升，在接近阶段性顶部时股价快速拉升，同时量能较前期拉升时有明显放大或经过前期大幅拉升后股价作平台整理，但平台整理时量能并没有缩小；然后再度拉升，但量能较前期拉升时有明显放大，但股价却没有相应的涨幅。出现这种情况时，股票投资者一定要提高警惕，严密跟踪，因为此时主力随时都可能出货。

北斗星通（002151），该股票于2008年11月份开始吸货，2009年2月吸货完毕。然后挖了一个4元钱的小坑（诱空），接着股价开始向上拉升，短短两个交易周，股价从最低16.3元拉至最高25.68元。随后股价进入短线震荡，在震荡中已在少量出货。为了吸引买盘，主力于4月上中旬连拉，其走势特征较温和，之后以一种缓慢的下跌速率来麻痹投资者的警惕性，接着连拉4个跳空涨停，股价从4月9日的最低22.80元涨到4月17日的34.99元，仅用了6个交易日。从图上我们可以看到，从4月14日开始，主力即已在进行阶段性出货操作，至4月17日图穷匕首见，该股主力已出脱了不少筹码。在随后的平台震荡中，主力继续在出脱手中筹码，只不过由于买盘的减少其成交量也相对减少。该股在经过震荡后仍又有一波向上的小行情，其股价会上摸并超过前高，但其性质仍然是拉高出货。图7-29为北斗星通（002151）诱多出货图。

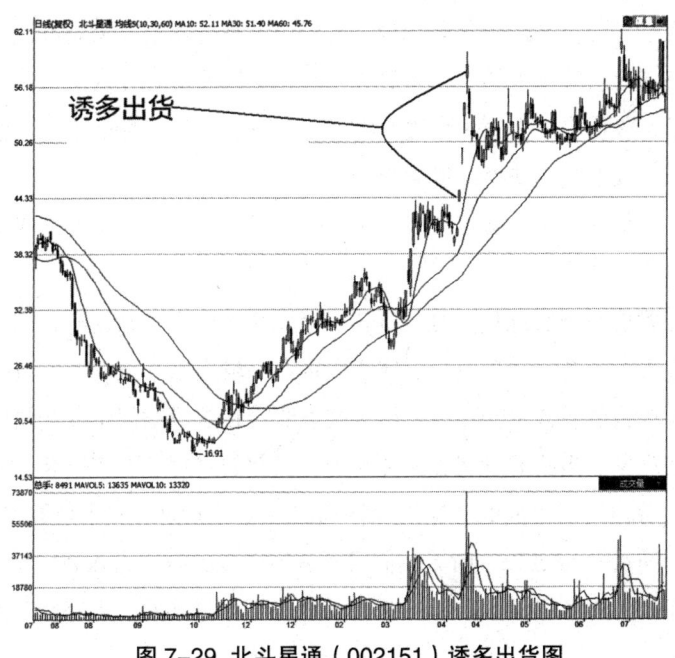

图7-29 北斗星通（002151）诱多出货图

第七节
实战看盘跟庄技巧

通过成交量寻找主力

股市里经常流行的一句话就是，"成交量无法骗人"。这句话有一定道理。成交量是主力无法藏身的盘口数据，主力可以利用股价走势对技术指标进行精心"绘制"，但由于主力的进出量大，如以散户通常的每笔成交量操作，其进出周期过长将延误战机，导致坐庄失败。所以，如果平均每笔成交量突然放大，肯定是主力所为。

主力在吸筹、拉高、出货等阶段，可以用多种技术指标蒙骗股民，但千蒙万蒙，成交量是无法蒙骗人的。因为股价要涨，必须有主动性的买盘积极介入，即买的人多了，股价自然上升；反之，大家都争先恐后地不惜赔本卖，股价就会下跌。这在成交量上能反映得比较清楚。

所以，股价一上升，必定有成交量配合，说明主力在大量购入股票，散户此时应紧紧跟上。

（1）当股价呈现底部状态时，若"每笔成交"出现大幅上升，则表明该股开始有大资金关注；若"每笔成交"连续数日在一较高水平波动而股价并未出现较明显的上升，更说明大资金正在默默吸纳该股。在这段时间里成交量倒未必出现大幅增加的现象。当我们发现了这种在价位底部的"每笔成交"和股价及成交量出现明显"背驰"的个股时，应予以特别关注。一般而言，当个股"每笔成交"超过大市平均水平50%以上时，我们可以认为该股已有主力入驻。

（2）机构主力入庄某股后，不获利一般是不会出局的。入庄后，无论股价是继续横盘还是呈现"慢牛"式的爬升，其间该股的"每笔成交"较主力吸纳时是有所减少还是持平，也无论成交量有所增加还是萎缩，只要股价未见大幅放量拉升，都说明主力仍在盘中。特别是在清淡市道中，主力为引起散户注意，还往往用"对敲"来制造一定的成交假象，甚至有时还不惜用"对敲"来打压洗盘，若如此，"每笔成交"应仍维持在一相对较高的水平。此时用其来判断主力是否还在场内，十分灵验。

（3）若股价放量大阳拉升，但"每笔成交"并未创新高时，应特别提高警惕，因为这说明主力可能要派发离场了。而当股价及成交量创下新高但"每笔成交"出现明显萎缩，也就是出现"背驰"时，跟庄者切不可恋战，要坚决清仓离场，哪怕股价再升一程。

因此，我们可以得出一个简单的投资总结：当"每笔成交"与其他价量指标出现明显"背驰"时，应特别引起我们的注意。同时，我们应注意"每笔成交金额"（股价 × 每笔成交），因为10元/股的每笔成交显然比5元/股的主力实力强劲。

武钢股份（图7-30）。某年6月以来，该股成交量非常小，一直维持在4000 ~ 6000手左右，价格大体在4元。当年10月21日，成交量突然放大到8800手，第二天再放大到3万手，第三天放大到7万手。显然主力利用武钢股份的整体上市概念开始行动，是有备而来的，此后，成交量每天都逐级放大，股价开始上升，此时散户应该建仓了。到第二年2月，该股价涨到8元左右，比4元上升了100%。

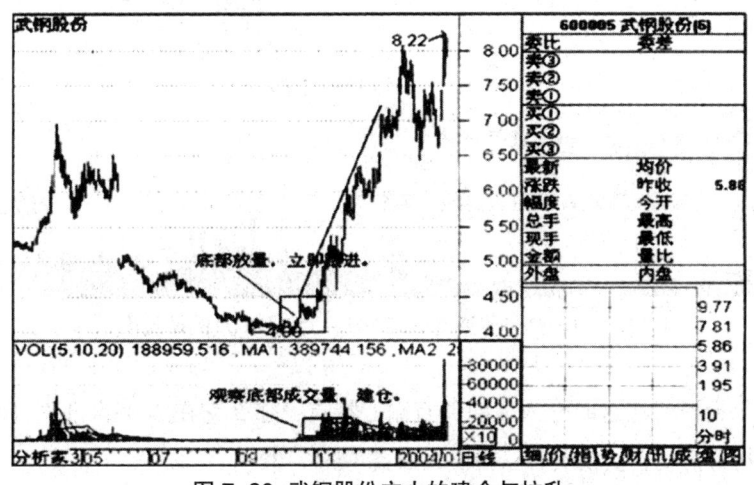

图 7-30 武钢股份主力的建仓与拉升

所以，股民一旦发现长期横盘中有放量的个股，可考虑跟上，与庄共舞。但要提醒股民的是：股市有涨有跌，主力迟早出货也是必然的，庄舞不可能总跳个没完没了，我们需要提前撤出舞池，把那首舞会中常用的最后一曲《友谊地久天长》的美妙旋律留给主力。

把握时机介入强庄股

有主力主持大局的股票一旦爆发起来，一定会给及时介入的投资者带来丰厚的利润。因此投资者一定要把握获利机会，及时介入强庄股。

图 7-31 是某只股票在 2005 年 9 ~ 11 月的 K 线图，从图中可以看出，这只股票在 2005 年 9 月份后走出了独立于大盘外的逆势上扬行情。因为这只股票是一只流通盘，只有 4406 万种小盘股，所以主力控盘能力很强，主力牢牢地控制着该股的开盘价与收盘价，同时盘中经常出现大幅打压的迹象，在日 K 线上表现为长长的下影线。从 2006 年 9 月中旬到 11 月初，该股在日 K 线上除了 6 根阴线外，其他的都是阳线，这表现出主力控盘能力的强大。

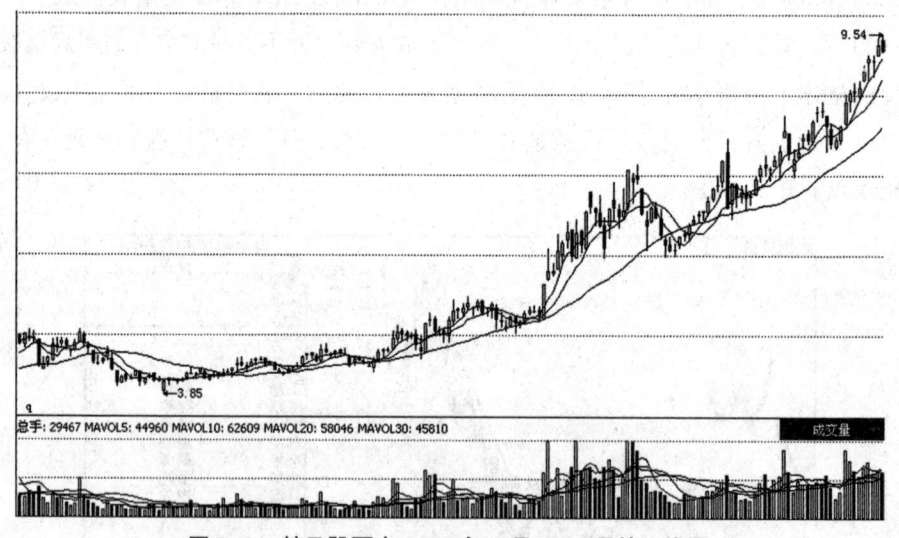

图 7-31 某只股票在 2005 年 9 月 ~ 11 月的 K 线图

如果投资者在这时介入该股并且耐心持有，那么它在 2006 年 1 月爆发出的大幅上扬行情就会让投资者获得巨大收益（图 7-32）。

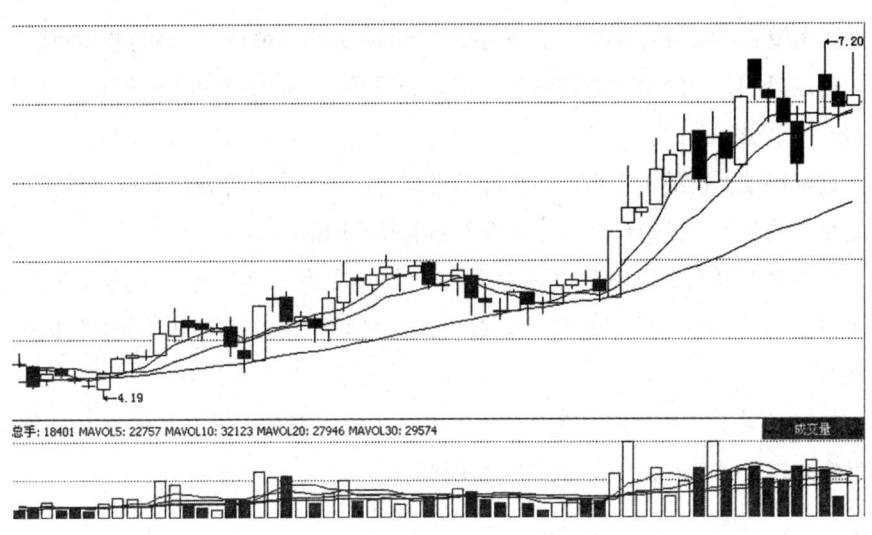

图 7-32 2006 年 1 月爆发出大幅上扬行情

图 7-33 是某股在 2005 年 10 月中旬后的走势。

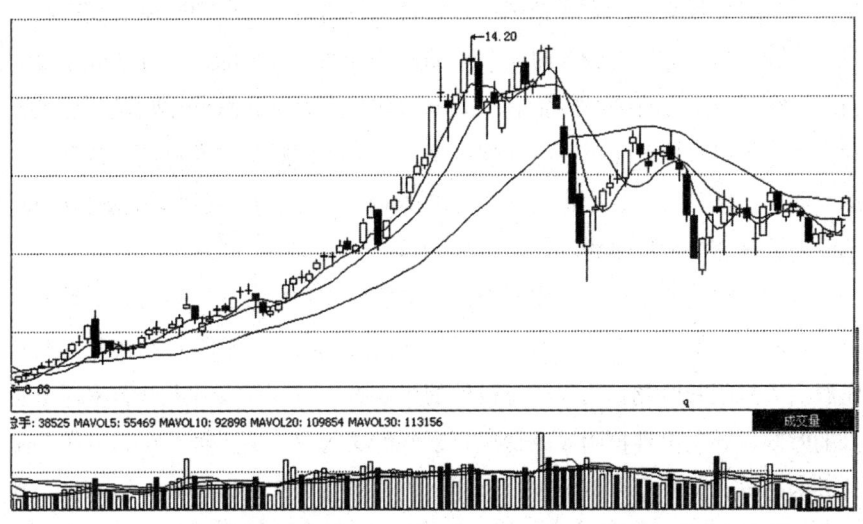

图 7-33 某股在 2005 年 10 月中旬后的走势图

该股在 2005 年 10 月中旬以后连续拉出 21 根阳线，而且都是沿着 5 日移动平均线稳步上扬的，股价也随着从 3.53 元启动后翻了一番。在该股上涨期间，上市公司几次刊登澄清公告，表示"本公司的重组工作市场传言较多，对此项工作本公司正处于第二个认证阶段，至今尚未签署任何有关资产重组的协议，敬请公司股东及未来投资者在买卖本公司股票之时，务必谨慎行事，注意投资风险"。

但该股却并不因澄清公告的刊登而上涨缓慢，反而屡屡冲击涨停板，这说明主力操作手法的强悍。

这种持续上扬的走势却让不少投资者减仓出场，尤其是操作理念谨慎的投资者更是不敢介入，害怕自己一介入就要遇上股价回落。

投资者只要仔细思考一下就能明白，如果主力不是具备强大的资金实力，不是对上市公司相当了解，又怎么敢于让这只股票成为市场中万众瞩目的强势股呢？

所以，对于这类有主力重仓介入、连续走强的股票，投资者可以大胆介入，而且介入越及时越好，从而保证自己获利丰厚。

如何在拉升的庄股中获取利益

对于短线投资者来说，最理想的获利方式是从正在拉升的庄股中获取短线的收益。而且只要投资者能看懂技术图形，就能轻易地从庄股中赚取短线的收益。拉升的庄股是指一些经过较长时间盘整的庄股开始逐步上涨，并且形成一定的上升斜率。这类股票出现后，投资者只要能跟住主力就很容易获得收益。这主要是因为主力为了将股价升至远离其成本区域，常会利用朦胧的题材进入拉升。但面对这类股票，众多的中小投资者一般不敢轻易跟进，认为这类股票上涨幅度较大，害怕介入后被套牢无法出场。

其实，投资者在实战中一定要介入有上升斜率的庄股，因为只有这种股票才会有较佳的短线机会，在介入时可以选择两大类股票：一种是具有较陡上升斜率的庄股当天拉阴线回调，这往往是极佳的买入点。特别是在其上升斜率还未明显陡升的时候，一旦出现拉阴线的情况更是好的买入点。另一种，在某只庄股刚开始拉升的时候，陡升斜率刚出现，这往往也是极佳的买入点，而短线的机会常会比尚未形成较陡的时候要大。投资者对进入拉升阶段的庄股一定要关注其日K线的情况，如果在持续上涨过程中出现大阴线，应该在第二天获利出局。

从以上内容可以看出，庄股在拉升或者其他场合常会给短线投资者带来较大的获利机会，但对庄股的介入一定要注意控制风险，否则，如果在高位被套牢，那么在主力出局后投资者就很难有解套的机会。

下跌中的庄股如何进行短线操作

下跌中的庄股可分为以下几种情况：

1. 超跌庄股

除少部分庄股会在技术形态上表现出具有较强的抗跌性以外，大部分庄股都会选择与大盘共进退，有所不同的是，强庄股往往会在大盘暴跌时，跌幅超过大盘，当大盘止跌企稳后，这类股票又往往会走出凶悍的上攻走势。这类主力往往会充分利用大盘下跌的过程对浮筹进行震荡清洗，从而较轻松地拓展自己上升的空间。

因此，对超跌的庄股应该结合两方面情况进行短线操作。其一是观察其杀跌的凶悍程度与拉升的力度，一旦发现前期曾经持续下跌的庄股形成上升通道以后，应迅速介入，从中获取短线利润。其二是观察其下跌过程中成交量的情况，不少强庄股在暴跌过程中成交量却不会减少，这类超跌庄股只要不缩量，短线机会就会增加。

2. 连续阴跌庄股

有时某些庄股会连续收出 5 根以上的阴线。如果不是因为大盘的连续多日阴跌而出现这种走势，那么该股一定存在短线机会。特别是那些收多根阴线，但股价基本上没有下跌或下跌幅度非常之小的个股，要么是主力在画图骗线，要么是主力为了显示实力以引起市场的关注。

对于这种股票，首先投资者可以认定有庄，而且是大庄；其次，筹码高度锁定，主力已经到了可以随意画线、作图的地步；第三，后市一旦拉升，行情会较凶悍，涨幅会非常可观。对于这类股票，可在放量创出新高时短线介入，通常短线收益会较大。

3. 收光头阴线庄股

在股市中，有些股票在开盘时往往放量高开 5% 以上，但在开盘后，股价很快又回落至上一个交易日收盘价附近。有的个股竟然能够在较短的时间内不断重复这种走势。

出现这种走势，可能是以下几种原因造成的。

其一是主力画图。收出一根光头的阴线，把前期走势较好的图形完全破坏，把那些当天没有看盘、仅仅参考日 K 线组合做出决策的投资者以及部分不坚定的投资者赶出局，从而减轻拉升时的抛压。

其二是一些在前一天收市后得知有关利空消息的人，不计代价地在出货。

其三是利好出尽成利空，成为某些人的出货良机。

对于这种个股，首先应分析出现这种走势的原因。如果是因为当天公布利好消息，就应根据量价关系进行分析。如股价处于相对高位，且在收阴线的当天，股价逐步盘跌，成交量为前期的 2 倍以上，则主力出货的可能性较大。

投资者对处于高位的庄股应坚决卖出，而对处于低位的庄股则可持股待涨。

跟庄如何把握买卖点

散户跟庄有三部曲：在主力拉升时买进，在主力洗盘时守仓，在主力出货前卖出。在这三部曲中，最基本的是第一部，介入时机的选择；最关键的是第三部，卖出时机的选择。散户跟庄买入需要把握以下几点：

（1）不要指望买在最低点，也不要在行情发动前买入。不要指望能买在最低点，主要原因是你没法判断这个底部是不是真的底部，很多主力在吸筹阶段盘出一个底来，还可以再盘下去，再探一个底。很多机构就是通过这样的盘底方式来完成建仓，然后拉高，最后再突破。所以，跟庄的原则是能够确认主力开始上拉之后再介入，而此时股价一般都有 10% ~ 20% 左右的涨幅。如果是长期做一只股票，波段性操作的时候，能够判断出股票的底部，那就可以选择合适的时机在底部买进。

（2）不要一次性重仓买进。任何时候、任何股票都不要一次性地重仓介入。如果资金量较大，比如在 20 万以上，应该先少量试探一下，先买 2 万元试一试，待证明判断正确之后再逐渐增加。少量试探是做股票的一个原则，它可以防止你由于思路跟不上，盲目地陷进去。另外，分批介入还因为大部分的短线操作都不可能一下子买到最低价，许多股票在大幅度上涨前会有"二次下探"过程。如果投资者是从少量试探到重仓介入，就可以避免"二次下探"造成的被动局面。

（3）不要害怕股票的价高。投资者在买股时常常认为涨幅大的庄股风险也大，不适宜参与；而涨幅小涨得慢的个股后劲足，安全性高。这实际上是一种误区。股票涨幅大并不意味着风险就一定大，有的股能一涨再涨，原先自己不敢买的"顶部"最后被证明是"腰部"，而自认为是安全的股价却始终原地踏步甚至下跌。判断某只股票值不值得参与，关键是看在目前价位主力有无出局的迹象，看在目前价位股票还有无上涨可能，而不是看它涨了多少。如果一只股票出现缩量涨升，很难说它已经没有上涨空间了。

而散户跟庄卖出需要把握以下几点：

（1）持股要短中结合。所谓的短中结合是指有些品种具备中线潜力的时候就要大胆做中线，同时应该有一小部分仓位不断地做短线，以试探这只股票的活性如何，也验证自己对这只股票的市场感觉。

（2）不要按照猜测的主力拉升目标操作。你可以猜测主力拉升的目标价位，但没有必要严格按照这个目标位操作。主力的拉升目标是坐庄的最高机密，外人无法得知。虽然我们可以从许多方面推测主力的最低拉升目标，但这仅仅是猜测而已。且不说主力会不会完全按照我们推测的标准来制定目标，即使制定了也有可能根据具体情况而修改，因为主力也要见风使舵。因此，跟庄卖出的关键是自己要有一个赢利标准，如果到了这个标准，你必须卖出，而不管这只股还能不能够继续上涨。因为坐庄的是别人，投资者不可能知道主力到底要把股价拉到什么点位。

许多股民总是幻想着如何在最低价买进，如何在最高价卖出，如果做不到，即使赚了钱也高兴不起来，好像吃了多大的亏。这表面上看是在追求完美，实际上是人的贪婪本性在干扰自己。最高点和最低点都是可遇不可求的，事后才知道。而且试图在最高点卖出是十分危险的，因为在拉高到目标位后，主力随时可能出货。而且，主力一般都选在散户最麻痹的时候出货。

成功的主力都是在人们认为他最不可能出货的时候出货。如果股民过分相信主力的拉升目标，选择的抛售点位过高，就会错过抛售良机。因此，跟庄的一大忌讳就是"一跟到底"。

赶在主力出局前逃跑

主力出局与建仓一样，是在一定的价格区间内进行的，将股票在最高价位出局是理想境界，实际操作中能成功是运气，能够在主力派发时的高位区域适时退出就应该心满意足了。要想寻找到合适的卖点，就要把握"主力走，我也走"的原则。如果将主力当作敌人的话，这一点与毛主席的游击战术是相悖的。游击战讲究"敌退我进"，而跟庄到了高位时，散户投资者必须是"敌退我退"。而主力派发与建仓一样，伴随有大的成交量出现，盘口也会有迹可寻。在具体操作中，采用以下办法可以将股价出在相对高价位。

1. 适可而止

估算主力可能拉升的目标位，到达目标位附近（±10%）时结合盘面变化，一旦发现主力的筹码出现松动迹象，就坚决出局，一去不回头，不管日后还能升多少，也不再贪恋。赚到手的是钱，有资金可以再去寻找下一只目标股。最终保留胜利果实，同时也保留了一颗平常心。

2. 分批减仓

这一点与建仓是一样的，稳健的投资者可采用这种方法。当跟进的庄股已经有一大段升幅后，你随时都可以减少仓位，把账面利润转化为实际投资回报。

3. 设止赢点持有

就像有些短线投资者设止损点一样，中线跟庄的投资者在主力拉升后已有获利时，可以通过设定止赢点来确定卖点，当然止赢点不是随便设的。主力洗盘的极限位一般是成本区，拉升的第一目标位是脱离成本区 30%～50%，散户投资者可以将第一止赢点设在其成本区 20% 上方。日后，伴随股价的拉升，可以不断地调整止赢点的位置，比如上升通道下轨线、30 日均线，或根据庄股的个性灵活掌握。

跟庄失败时，及时止损

股民在跟庄时，谁也不能保证每次都胜利归来。由于种种原因，一旦跟庄失败，主力出逃，散户的收益由盈转平，再由平转亏时，要承认失败，应及时止损，即使是铩羽而归，也比杀头而归、杀身而归强。因此学会跟庄，就要学会止损。跟庄一旦失败，胜利天平的另一筹码在你自己手中，及时止损，反向抄底，乃是获利的另一法宝。

对于好容易才跟上的庄股，大多数股民当然想一跟到底了。但你需要明白的是：任何人都没有本事可跟庄到底，而且也没必要跟庄到底。如果能挣到 20% 甚至更高一些就可以收手了！太贪反而易套。在实践中没有人能从低点跟庄，高点出庄，如果你能在 1/3 处跟进，在 80%～90% 处走人，就是胜利，甚至在 50% 处撤退都是胜利。因为散户投资者既然无法在最高点出局，那么在次高点走人，见好就收，避开高处不胜寒的环境就是最好的选择。

在卖股票的那一刻，散户投资者无法知道股票会上涨到哪个价位。其实也没必要知道，散户投资者只要了解自己已经赚了，就应该感到庆幸。

当然，散户投资者可以分析主力的招法，尽量判断股价可能升到哪个最高点，但这是一项极其复杂的超高级技术，要有超人的勇气，冒极大的风险，一般人很难把握。而散户们都是普通大众，是一群小麻雀，随时都有被主力吃掉的可能。所以普通股民还是慎重点好。

最后需要一提的是，散户投资者可以有跟庄到底的战略策划，但更应该有"没必要"跟庄到底的战术方案，这样才能在次高点出货，战胜主力。否则，散户投资者可能真的会跟庄到"底"，落个牢牢被套的下场，那是很不值得的。

第八节
从盘口识破主力骗术之看盘技巧

空头陷阱

所谓"空头陷阱"，就是主力通过打压股指、股价，佯装"空头行情"，引诱散户恐慌性抛货，自己趁机入货。空头陷阱通常出现在指数或股价从高位区以高成交量跌至一个新的低位区，并造成向下突破的假象，使恐慌抛盘涌出后迅速回升至原先的密集成交区，并向上突破原压力线，使在低点卖出者踏空。如图 7-34 所示。

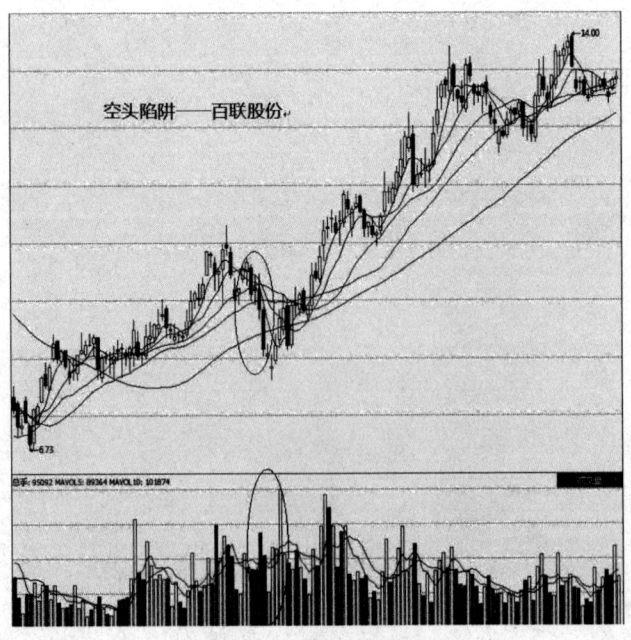

图 7-34 空头陷阱图形

空头陷阱不是空头市场，如果散户误把空头市场当做空头陷阱或把空头陷阱当空头市场，都会作出错误的决策。

一般情况下，在一个空头陷阱后的股价，几天内有一个涨幅为 10% ~ 20% 的中级波段，有时也可能是一个涨幅为 25% ~ 50% 的主要波段。其实，如果散户把眼睛擦亮的话，是可以识破主力设置的空头陷阱的。对于空头陷阱的判别主要是从消息面、技术面、成交量、形态和市场人气等方面进行综合分析研判。

1. 消息面分析

主力往往会利用宣传的优势，营造做空的氛围。当散户遇到市场利空不断时，要格外小心。因为，正是在各种利空消息满天飞的重磅轰炸下，主力才可以很方便地建仓。

2. 技术面分析

空头陷阱在 K 线组合上的特征往往是连续几根长阴线暴跌，贯穿各种强支撑位，有时甚至伴随向下跳空缺口，引发市场中的恐慌情绪。

3. 成交量分析

一般情况下，空头陷阱出现的概率较小。空头陷阱在成交量上的特征是随着股价的持续性下跌，量能始终处于不规则萎缩中，有时盘面上甚至会出现无量空跌或无量暴跌现象，盘中个股成交也十分不活跃。当股价跌到一定的低点时，如果此时成交量萎缩，股价开始反弹但仍冲不破阻力线的话，基本上就可以确认为是一个空头市场；相反，如果股价在成交量配合下冲破阻力线后继续上扬，此种情形可确认为是一个空头陷阱。

4. 形态分析

空头陷阱常常会故意引发技术形态的破位，让散户误以为后市下跌空间巨大，而纷纷抛出手中筹码，从而使主力可以在低位承接大量的廉价股票，这时往往是散户介入该类个股的良机所在。

5. 宏观基本面分析

散户需要了解从根本上影响大盘走强的政策面因素和宏观基本面因素，分析是否有实质性利空因素，如果在股市政策背景方面没有特别的实质性做空因素，而股价却持续性地暴跌，这时就比较容易形成空头陷阱。

6. 市场人气分析

由于股市长时间的下跌，会在市场中形成沉重的套牢盘，人气也在不断地被套中被消耗殆尽。然而市场人气极度低迷的时刻，恰恰说明股市离真正的底部已经为时不远。值得注意的是，在经历长期低迷后，指数大幅下跌的系统性风险往往已经很小，如果再过度看空后市，难免会陷入新的空头陷阱中。

多头陷阱

"多头陷阱"是主力利用资金、消息或其他手段操纵图表的技术形态，使其显现出多头排列的信号，诱使散户买入。具体来说就是某只股票在创新高后，在其密集成交区内，股价突破原有区域再创新高，随后忽然迅速跌破密集成交区的低点，结果使在高位买进的散户严重被套。

在多头主力的攻击下，股价突破箱顶再创新高，按一般的经典技术分析，当股价突破原来的阻力线而创新高后，其上升势头仍将延续。于是许多经验丰富的人便开始纷纷杀入股市大量买入。然而，股价在高位盘旋时间不长，即应声回落，并且跌破支撑线，高位买入股票的散户便落入主力的多头陷阱之中。

多头陷阱十有八九是主力刻意制造的，目的在于借突破形态引诱技术派追进，从而大量出货。也有少数多头陷阱是市场自发形成的，原因是市场中买卖力量发生了突变。但无论如何，多头陷阱形成的前前后后总有一些征兆，要判断"多头陷阱"，需要将盘面的信号与基本面的分析和宏观政策的变动结合起来。这里提出几点规避"多头陷阱"的方法。

1. 从图形上分析主力目前的持股状态

主力吸筹总是在悄无声息中进行的。当一只股票的股价徘徊在相对的低价，而成交量渐渐放大时就有主力吸筹的可能。主力卖少买多地反复操作，直到手中筹码的积累达到预定的目标。

在有些情况下，多位主力抢盘控盘，盘中价格上下震荡，以求吸收筹码，并降低持股成本。当股价节节上升且在高位成交量放大，盘中价格震荡起伏，说明主力出货的意愿已经很强烈了。此时如果再出现技术指标多头排列，在K线图上显示连拉阳线，散户就一定要当心，可能存在"多头陷阱"。因此，散户要注意观察盘面的进一步变化，而不要急于抢着购买股票。

2. 留一定时间和空间研判指标的变化

主力往往以资金、消息和其他手段操纵技术指标来掩盖自己的真实目的。从根本上来讲，这属于逆势而为，需要的成本很高。因此，主力只能在一时做出一段多头排列的技术指标。

散户在看盘时，不仅要看 5 分钟线、15 分钟线，更要看日线，特别是周线和月线。常见的主力设置的"多头陷阱"一般都在日线上，但是散户可以从周线图上发现卖的信号。此外，散户还可以通过能量潮 OBV 线图的成交量的变化趋向观察主力的意图。特别是 OBV 线图显示的卖出信号与 K 线图上的短期买入信号发生矛盾时，"多头陷阱"的阴谋就会暴露在光天化日之下。

骗线陷阱

在股市里，人人都想赚钱，散户想赚主力的钱，主力又想骗取散户的钱。主力骗线，目的是利用股价异动诱导散户作出错误的判断，使之上当受骗。

顾名思义，"骗线"就是主力设计出"美妙绝伦"或"惨不忍睹"的股票走势线路图，诱骗那些主要靠分析线路图来进行投资决策的散户掉进主力设置的陷阱里，从而方便主力高价出货，或低价进货。主力手法真真假假、虚虚实实，股市似进实退、欲涨先跌，特别是在撤退过程中经常采用各种骗线手法，以吸引跟风盘。下面试列出一些主力常用的骗线手法以便散户识别。

1. 收盘价骗线

收盘价是指某只股票在证券交易所一天交易活动结束前最后一笔交易的成交价格。如果当日没有成交，则采用最近一次的成交价格作为收盘价，因为收盘价是当日行情的标准，又是下一个交易日开盘价的依据，可据以预测未来证券市场行情；散户在分析行情时，一般采用收盘价作为计算依据。收盘价最易被主力调控。在一个正常的上升或下跌市道中，收盘价的升或跌，都属于正常的情况。如果出现一些反常情况，要特别小心研究判断，如散户看到某只股票某天一直是低开低走的，直到收市前 5 分钟，忽然巨额买单从天而降，一下子将股价拉升了 0.5 元甚至 1 元以上，第二天股价又恢复正常；也有些股票第二天仍能高开高走，这都是主力做收盘价。

尾市拔高做收盘价的目的在于让 K 线图更漂亮些，借以吸引跟风盘。还有一些主力尾市故意打压，将收盘价做得很低，以吸引部分短线抢反弹者，第二天股票一般会高开高走，随后几天一路下滑。主力以小利来迷惑短线客，自己则趁机在振荡中出逃。

2. 控尾市骗线

有些个股在交易日表现非常平稳，而在收市之前的几分钟主力突然袭击，连续数笔大单将股价迅速推高，这属于"拔苗助长"式的拉抬。这种情况说明主力并未打算进行持久战，而是刻意在日线图上制造出完美的技术图形。有时是该股已进入派发阶段，主力在盘中减仓之后，尾市再将股价拉高，一是避免走势图出现恶化，二是将股价推高，为次日继续派发拉出空间。

3. 假突破骗线

股价从阶段性高位回调，经过阶段性底部整理，某日突然放巨量上攻前期高点，此后，股价不升且小幅回调，成交量缩小，然后再放巨量给人股价必创新高之感，随后几天股价小幅上升或高位横盘；成交量未放大而萎缩，造成向上突破的假象。

一个整理形态的向上突破，常能吸引技术派人士纷纷跟进，例如有效突破三角形、旗形、箱形时常会出现一定的升幅，主力往往利用人们抢突破的心理制造骗线。当主力制造假突破的现象后，会将股价快速打压至新低点，做横盘整理走势，在横盘期间主力用少量筹码反复打压吸筹，横盘末期股价持续下跌面临跌破前期低点，诱使横盘期间跟进的散户"割肉"出局，主力完成低位骗线。

4. 进货骗钱

主力相中某只股票，可如果没有 50% 以上的账面赢利，主力是不会轻易下手的。于是选择什么样的时机入场，主力常会精心安排。显然在大盘处于上升阶段或顶部时，都不利于进货；而大市低迷且大盘已有筑底成功迹象时，进场时机最佳。如果股票质地不错，平时难以收集，经过持续下跌，持股者早已没了信心，主力只要用少量筹码趁势打压就会捞到大量"割肉"的底部筹码。

5. 假除权骗线

不少个股摆出填权的架势，股价在除权后亦短暂走强数天，但很快便一蹶不振。分析主力出货的几种方式，可以知道，除权后放量出货是一种极为隐蔽而且也易出完货的方式。主要原因在于，当股票在较高的价位时，主力若要出货的话常常会表现得极为明显，较难放量出局。

对于除权类个股能否填权，散户要把握大盘的走势。一般来说，大盘处于牛市时，主力多会顺势填权；而大盘走弱时，填权走势十有九假，此时的"假货"极多，散户投资买股时宜特别小心。

舆论、消息陷阱

利用不太明朗的消息或传闻制造舆论也是主力用来设置陷阱的一种手段。舆论在什么时候制造以及制造何种舆论，往往取决于主力操盘的需要。下面介绍几种舆论陷阱。

1. 底部吸筹时制造空头舆论

在大盘或个股趋势末期，主力为了让大量的套牢盘在底部"割肉"，以吸纳廉价筹码，往往制造空头舆论，大力营造悲观气氛，直到散户掉入其设置的空头陷阱为止。如 2006 年年底开始的一轮大牛市，散户纷纷建仓，主力为了吸到更多的筹码，2007 年年初出现了多次打压行情，接着大盘放量下跌，市场上谣言四起，很多散户抛出了底部筹码。

2. 在上升途中洗盘制造空头舆论

在大市或个股上升途中，为了减轻获利盘或解套盘的抛压，主力必须洗盘，这时候就会大造空头舆论，给市场一种行情已经结束的印象，一旦达到目的，主力就会迅速大幅拉升股价，让众多散户踏空。

3. 在顶部出货时制造多头舆论

主力出货时，借助舆论制造多头气氛，让散户坚定多头信念。散户多头信念越坚定，主力出货越容易。这些舆论主要有以下两个特征：

（1）高位利空不空，使市场以为大盘仍有上升空间；

（2）主力采用拉动部分股票的方法，出主流股票，盘中既有热门股票走软的现象，也有部分股票出现惊人的走势。

4. 在下跌途中制造多头舆论

股价或指数在下降途中的缩量平台整理会给市场以跌不下去的感觉，这时候，舆论也会渲染股指已经见底，让散户误认为是底部而积极买入。结果不久股指便跌破平台，且越跌越深，中途买入者全被套牢。如图7-35所示。2008年2月，沪指跌到4000点上方时，舆论四起，有人提出4000点是"中期底部"，是跌不破的，但当大量散户入场抄底之后，大盘越跌越深，短短2个月，跌破了3000点。

消息是主力设置陷阱常用的一种工具。股票市场每天都充斥着各种各样的消息，这些消息无论真实与否、准确与否，都可以成为引起股市动荡的重要因素。主力在坐庄过程中，为达到自己的某种目的，一般都会借助于利好或利空消息设置陷阱。在市场中有较多散户主要是依靠消息炒股，以消息来作为自己投资的依据。散户如何辨别消息的真假呢？

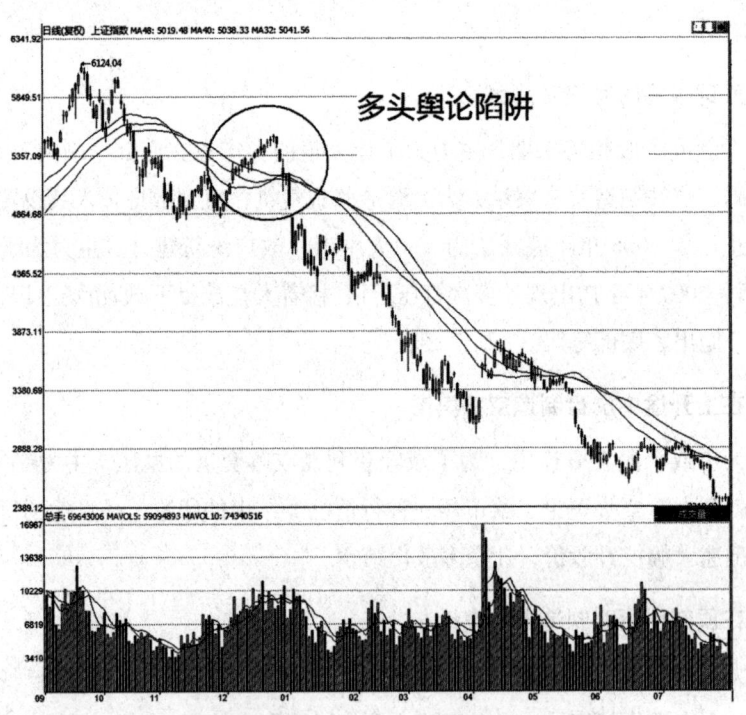

图7-35 2008年2月，大盘多头舆论陷阱

1. 当利好出现时，首先要看股价所处的位置

如果股价处于底部，极有可能是主力保密不严走漏了风声；如果股价已大幅拉高，八成是主力为了配合出货散布的假消息。散户在判断时可以参照成交量的变化以及股价在不同位置的形态变化。

2.有些消息可以在权威的媒体上得以证实

例如某年，山东铝业、焦作万方股价出现异常波动，传闻美国一家铝厂发生爆炸，致使世界铝的供给量大幅下降，影响铝的供求关系，给其他各国的铝业带来了机会。这种消息出现时，可以从相关的专业性杂志上得出结论，也可以直接从互联网上查询消息的来源，减少盲目性。

3.听到好消息时买进，消息被证实后迅速卖出

当散户无法确认消息真假时，可以在股市刚传出此类消息时立即少量买进，并密切关注，一旦有拉高放量出货的迹象，不论是否获利，应立即卖出，消息被证实时即使被浅套，也应"割肉"。

巧辨洗盘与变盘

股指遇阻回落，大盘出现调整。投资者中有人比较担心一些个股会出现变盘走势，也有人认为这是正常的洗盘过程。到底是洗盘还是变盘，结合股市的历史规律，可以通过以下几种特征进行综合研判和识别：

1.价格变动的识别特征

洗盘的目的是恐吓市场中的浮动筹码，所以其走势特征往往符合这一标准，即股价的跌势较凶狠，用快速、连续性的下跌和跌破重要支撑线等方法来达到洗盘的目的。而变盘的目的是清仓出货。

2.成交量的识别特征

洗盘的成交量特征是缩量，随着股价的破位下行，成交量持续不断地萎缩，常常能创出阶段性地量或极小量。变盘时成交量的特征则完全不同，变盘在股价出现滞涨现象时成交量较大，而且，在股价转入下跌走势后，成交量依然不见明显缩小。

3.K 线形态的识别特征

洗盘与变盘的 K 线特征区分，不是很明显。一般洗盘时的走势常常以长线实体的大阴线出现，而变盘的时候往往会在股价正式破位之前，出现一连串的小阳线，使得投资者对后市抱有期望。

4. 尾盘异动的识别特征

洗盘时一般在尾盘常常会出现异动，例如：股价本来全天走势非常正常，但临近尾盘时，却会突然遭遇巨大卖盘打压。变盘时尾盘出现异动的现象相对要少得多。

5. 持续时间的识别特征

上涨途中的洗盘持续时间不长，一般 5 ~ 12 个交易日就结束，因为时间过长的话，往往会被投资者识破，并且乘机大量建仓。而变盘的时候，股价即使超出这个时间段以后，仍然会表现为不温不火的震荡整理走势或缓慢阴跌走势。

6. 成交密集区的识别特征

洗盘还是变盘往往与成交密集区有一定的关系，当股价从底部区域启动不久，离低位成交密集区不远的位置，这时出现洗盘的概率较大。如果股价逼近上档套牢筹码的成交密集区时遇到阻力，那么，出现变盘的概率比较大。

诱多是怎么回事

诱多出货指的是在第一次出货股价调整成交量萎缩以后，主力人为将股价再次拉高，使投资者认为当前的位置并不是顶部，而只是一次短暂的调整，从而激发场外的买盘介入。通过股价的上涨，主力就可以顺利地完成再一次的出货操作。

随着主力资金出货的不断延续，在股价上涨到高位形成顶部以后，肯入场的投资者数量变得越来越少，这样成交量因为买盘的减少也会变得低迷起来。盘面的这种变化将对主力出货操作起到巨大的阻碍作用。在这种情况下，投资者看到股价上涨了一定幅度，在高位形成滞涨走势时都抱着一种谨慎的态度。要么有的投资者判断出来了顶部，要么有的投资者在等待股价调整一下以后再买，不管怎么样，像上涨过程中那样肯不顾一切买入股票的投资者明显减少了。

从图 7-36 中可以看到股价在见底以后，在成交量放大的推动下又展开了一轮连续的上涨走势。在股价上涨到一个新的高位以后，主力开始了新一轮的出货操作，在股价第一次形成顶部的时候，成交量变得越来越小，量能的不断萎缩说明主力在盘中的出货变得越来越难。如果没有投资者资金的大量介入，主力是不可能将手中的巨量筹码全部出清的，所以主力必须进行诱多出货。从图中可以看到，股价经过一段时间的震荡，随着股价不断的上涨，成交量开始温和放大，这只是说明了只要股价上涨，就会有资金介入。

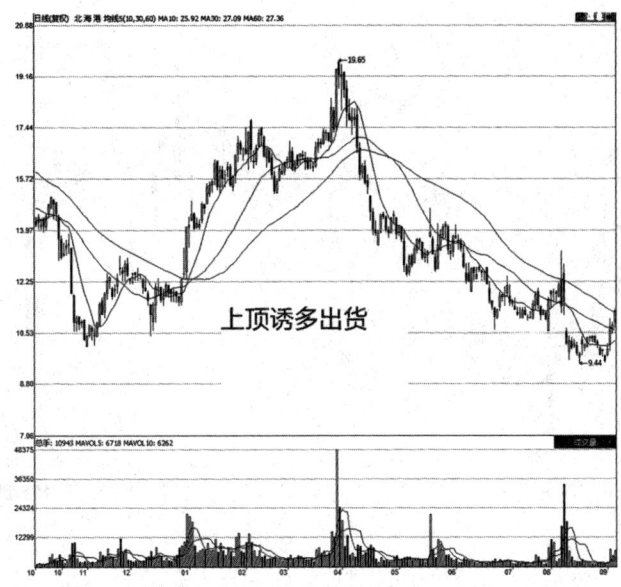

图7-36 000582 上顶诱多出货

随着一根涨停板突破大阳线的出现，成交量也出现了急剧增大，并且量能创下了近期的新高。这种量能仅从K线形态来看，涨停板出现以后股价的确有较明显的上涨延续信号。但是一旦结合成交量的变化进行分析便可以得知，这只是主力利用投资者追高心态而进行的一种反向操作以达到出清手中筹码的目的。

图7-37为紫光古汉（000590）的走势图。我们可以从该股的走势图中看到主力资金是如何进行诱多出货的。

紫光古汉的股价在下跌到底部以后，股价的上涨伴随着成交量的温和放大，并且始终保持在温和的波动状态。即使期间出现了调整的阴线，但是成交量仍然没有放大，这就说明主力资金并没有进行出货操作，所以在此区间股价的波动是安全的。经过一段时期的股价的连续上涨和成交量的持续放大，股价也出现了强劲的上涨走势，并且成交量也首次创下了盘中的最大量。从图中可以看到，虽然成交量放大，可是股价并没有收出较大的实体阳线，而是出现了冲高回落的走势，这种形态明显地表示了主力在进行出货的操作。因为如果是真的想做多的话，股价就不会冲高回落。随着股价的冲高回落，成交量便出现了快速萎缩的迹象，量能的快速萎缩使得主力根本没有办法进行连续性的出货。如果主力是向下打压股票的话，就会吓出更多的抛盘，只有上涨才可以稳住抛盘，并且将场外的资金吸引入场。

所以，在股价略做调整以后，主力便再度开始了持续性的上涨走势，伴随着

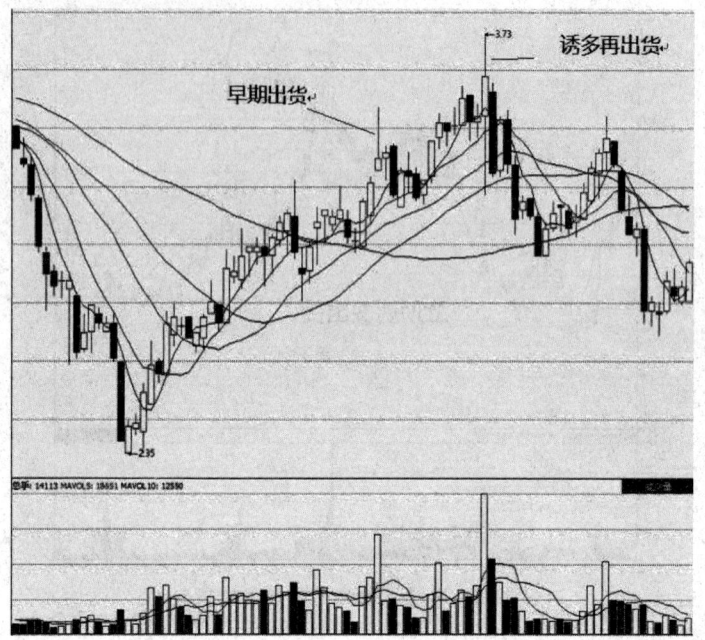

图 7-37 紫光古汉（000590）的走势图

股价不断的上涨成交量再次放大起来。在股价上涨到最高点的时候，成交量再度创下了盘中的最大量，此时，借助诱多式的上涨，主力就会将手中的剩余筹码清仓出局。如果投资者能够看透主力的这种出货手法，就可以根据自己的持仓情况来选择卖出点，以保证自己的收益不受损失。

需要注意的是：

（1）诱多出货的走势往往非常隐蔽，投资者如果仅从 K 线形态进行分析，将很难准确地看出主力的操作意图。但是结合成交量进行分析，主力的出货操作便一目了然了，因为如果主力想要出货，就必然会引发成交量的放大。

（2）当股价上涨到高位后，量价的配合却出现了变化，不管成交量是放大还是维持在原来上涨时的量能状态，股价都无法再形成持续性的上涨行情。这种走势就是典型的滞涨走势，在高位形成这种量价的变化便意味着顶部的到来，此时便是投资者的卖出点。

（3）对于形成反弹走势的个股来说，只要成交量没有急剧放大，那就表示主力资金并没有进行出货的操作。所以，在成交量温和放大，并且在上升趋势明显的时候，不适宜卖出股票，投资者可以在盘中坚持做多。

第八章

看盘的误区和坏习惯：为什么你炒股赚不到钱

第一节
规避看盘误区

别把眼睛全部放在大盘的短期波动上

大盘每天涨跌都牵动着无数投资者的心，有人为大盘上涨感到欢欣，有人为大盘下跌感到痛苦。但当投资者不再关心大盘每日涨跌时，反而会意识到投资实际上是一件简单而又快乐的事。投资的真正快乐来源于做一个不为大盘左右的坚定价值投资者，来源于寻找内在价值不断增长并值得长期投资的公司。

市场充满各种噪音，一只股票的价格不过是公司内在价值和市场噪音的叠加。与其去研究永远变化的、无规则的市场噪音，还不如静心研究公司的内在价值。当投资者找到一家内在价值不断增长的公司时，就不会再惧怕大盘的暴跌和股价的波动，因为无论大盘涨跌，股价最终会反映公司的内在价值。坚持价值投资并不意味着每一次投资都会成功，我们可能会选错投资的标的，但每次失败的教训都会让我们鉴别价值股的能力更进一步。

这里，先忽略大盘的短期波动，从内在价值的分析角度来看看如何投资。例如：从2010年9月底的市场结构特点来看，受PMI回升、地产汽车销售环比回升和美国再次刺激经济预期的支持，周期性行业大幅下跌的概率不大；受收入分配改革预期的支持，消费品仍是热点。但另一方面，当前的流动性又不支持上述周期性行业和金融地产大幅上升。因此，不管市场短期内向何方突破，双边波动的市场大格局不会改变。在这样的背景下，从结构方面看，中期判断消费品是最值得持有的品种，也是以不变应万变的方法。

这里还有另外一种情况，上涨趋势中的股票，可继续忽视短期波动。例如：

2010 年 9 月 10 日大盘下跌，第二天，大盘又拉回来了。大盘风险不大，跌也跌不了多少，但是涨也很难涨上去。至 9 月底之前，在 2550 到 2750 之间反复震荡波动。而那些比较滞涨的，正在攻破年线和半年线的上涨趋势中的股票，可以继续忽视短期波动，这些股票最多是跟大盘回落而暂时选择回落，洗掉浮筹而已，一旦大盘稍微稳定，这些股票就会飞快上涨了。所以，很多时候，不要以为自己聪明，比自己更聪明的大有人在。对于随着大盘暂时波动的滞涨股，要能够忍受股价的激烈波动，可以继续修忍辱功夫，继续耐心等待，要上去的终究会上去。

渴望洞悉未来是人类的天性，几乎每一位投资者都把预测、分析、判断大盘走势当做头等重要的大事。巴菲特曾经对他的合伙人说过这样一段话："我所做的不是要预测整个股市或商界的波动变化，如果你觉得我能做到这一点，或是认为这对于一个投资项目是必不可少的，那么你就不该参加到这个合伙企业中来。"要想真正理解巴菲特的话绝非易事。很多投资人总喜欢把投资失败归咎于不能成功逃顶和抄底，并翻遍技术分析书籍，试图找到预测大盘顶底的方法，但其实他们最终会意识到把投资建立在对大盘走势的预测上风险极大。

事实已经证明，没有任何分析方法能够每次都准确无误地预测大盘的顶部和底部，如果其中有某一次判断失误，而投资者又据此下了很大的投资赌注，那么最终的结果必然是损失惨重。

别混淆大盘指数与股价的关系

个股组成板块，板块组成大盘。大盘是由个股和板块组成的，个股和板块的涨跌会影响大盘的涨跌。同样，大盘的涨跌又会反过来作用于个股。因为当大盘涨的时候，投资者入市的积极性比较高，市场的资金供应就比较充裕，使得个股的资金供应也相对充裕，从而推动个股上涨。当大盘跌的时候，则反之。特别是在大盘见底或见顶，突然变盘的时候，大盘的涨跌对个股的影响更显著：当大盘见底的时候，绝大部分个股都会见底上涨；当大盘见顶的时候，绝大部分个股都会见顶下跌。在大盘下跌的时候买股票，亏钱的几率极大；在大盘上涨的时候买股票，赚钱就容易很多了。

有的股民认为来到市场中是为了赚钱的，不是为了猜每天指数涨跌的，不用管大盘怎么样，做好个股就行了。你要知道大盘是大环境，多数个股受制于大盘的变化，况且综合指数是由个股组成的，它能代表大多数个股的走势。虽然指数被几个权重股影响，有失真的现象，但是 98% 的个股的波动会依附于大盘的波动，当大盘变弱或者说走坏时，大部分个股都是要受到影响的。如果离开大盘谈个股，把个股游离于大盘之外，会有"只见树木，不见森林"之感，那样会使你一叶障目，不见泰山。

"轻大盘，重个股"不是说不管大盘的涨跌，而是相对个股来讲别把大盘看得太重，如果你理解成不管大盘，只去做个股，就违背了辩证法中事物是相互联系的观点。任何事物不会孤立的存在，个股怎么能独立于大盘之外，不受大盘的影响呢？只重个股就有点片面了，你走向了一个极端。

当然选时重要，选股更重要，就是说大盘的走势重要，选好个股更重要，因为牛市中有熊股，熊市中有牛股，所以散户想：如果能够在跌势中赚点钱，岂不更好？可是你再想一想，升势中你赚钱都不容易，想在跌势赢利是很难的，一般散户很难在逆市中选到好股，即使选到了也很难操作好。有句话说得好："牛市套牢是暂时的，熊市中赚钱是暂时的。"在一波行情中，有时你选错了股票，赚了指数没赚钱，就简单地认为大盘不重要，那是一个误区。很多人可能遇到过，在升势中刚把迟迟不涨的股票卖了，它就一飞冲天。不涨有不涨的原因，关键是你要分析好，判断准确，操作正确，个股与大盘的背离是有一定原因的，你要弄明白。

升势中上涨是主旋律，回调多是洗盘，还要继续涨，从趋势形成到转折，是有一定周期的，在这个过程中你可以不管大盘，因为上涨是主流，你可以放心地去操作个股。超级主力营造好的环境，个股主力岂能错过这个好机会，不借机大赚一把？它没涨是时机还不成熟，其表现可能与大盘的上涨背离，那是陷阱，升势中的个股十个下跌九个假，95% 的个股都要上涨，你精选个股就行，不用理会其与大盘的背离，其实个股拉高出货是几天的事情，你多数时间是耐心等待，没有大涨是时机未到，时机一到会涨的，主力会对大势做出比较正确的判断，大盘不到顶部区域，主力是不会出货的，要与主力比耐心。在跌势中情况就不一样了，有句话说"覆巢之下，焉得完卵"，你想大盘下跌，能有多少个股逃脱下跌的命运，你不能抱着侥幸的心理，一般散户还是别碰这个运气的好。在大盘跌势中，下跌是主旋律，上涨只是反弹，反弹结束下跌得更厉害，跌势中的股票十个突破九个是假，就是为了套牢你。许多散户经不住上涨的诱惑，控制不住自己想赚钱的欲望，买入后遭到套牢。跌势中 98% 的个股随大盘下跌，多数主力是不会逆市而动的，只有极个别高明的主力，借特别的题材逆市而动，你买的股很难说就一定在这2%之中，你看2001年6月到2002市初的下跌中有多少股逆市上涨，不过20几只，1300多只股票，它只占千分之几，有几个散户拿着它赚钱了？所谓的强势股也不一定持续强，有些强势股也可能借大盘的跌势顺势洗盘，有些强势股的下跌比较突然，从图形和指标看走得很好，在你无防备时突然下跌，让你难以出逃；有的还要进行补跌，你也不知道什么时候补跌，很难把握好。一般散户在跌势中尽量不要操作，能在跌势中赚钱的高手不过万分之几，不要去羡慕那些人。

如果在跌势中你要坚持这个观点，不断地操作是赔多赚少，所以千万不能盲目地在什么情况下都坚持。虽然还是个股让你赚钱，但千万不要忽视大盘对个股的影响，对一般散户来讲，最好是既看重大盘指数，又看重个股，二者兼顾，不可偏废。

别把大盘走势认同为个股走势

大盘与个股的走势，有的关联度高，几乎达到亦步亦趋的地步；有的关联度低，两者甚至是背道而驰。"走势关联度"直接反映了主力资金的流向和个股的强弱，成为我们选股时的重要依据。

（1）与大盘走势基本一致的个股，走势关联度高，涨跌空间与大盘不会偏离太大。把大盘与个股的走势图一对照，就会发现多数个股与大盘的走势是吻合的，大盘大涨，个股也大涨；大盘大跌，个股也难以独善其身。大盘与个股的关系，是"大河有水小河满，大河没水小河干"。这类个股缺乏集中性资金关照，走势只能随大流。在调整市道里，持股就比较被动，因为它难以抵抗大盘的系统性风险，而在上涨行情里，涨幅也无法超越大盘。因此，它并非最佳的投资选择。但若对大盘点位判断准确，在大盘跌至低位区时介入，要谋取市场平均利润并不难。

（2）走独立行情的个股，走势关联度低，往往有主力资金独立运作。这类个股大盘大涨时并未一哄而起，大盘跌时更是稳坐钓鱼台。走势图上，大盘如太阳下山走下坡路，这类个股却似行走在平坦的草原上，甚至不理会大盘的险恶环境，独立走上升通道。此类个股一般都有实力资金运作，走出类似于庄股的走势，在大盘跌时抗跌，在大盘涨时升势可能更持久，持股收益能够超越大盘，并能回避大盘下跌的系统性风险。参与此类个股，可无须看大盘的脸色，只要一路持股，往往能有意外的惊喜。如2010年下半年，大盘基本上以跌为主，但蓝筹股却走出独立行情，特别是以宝钢股份、南方航空、海螺水泥等为首的群体，逆市走出一波上升行情，显示主流资金大批集中在该板块。

（3）率先见底的板块，有望成为下轮行情的领涨者。在一轮中级调整市里，那些率先见底的板块或个股，无疑是市场中先知先觉的群体。不过，只有在大盘走出底部之后才能确认底部。此时不妨回过头来看看，哪些个股在大盘阴跌绵绵时就开始构筑上升通道，便可把其作为重要的备选品种。根据历史经验，在大盘见底前后第一个涨停的个股，更是行情的"启明星"，往往是领涨的龙头股。

（4）跌幅超越大盘的板块或个股，是被市场抛弃的群体。这类个股主要集中在 ST 股、小盘股及庄股上。对此类个股，投资者无疑应采取回避的策略。不过弱极会变强，在一轮调整市中跌幅最大的群体，一旦反弹起来也是极迅速的。不过参与时宜持短线思维。

大盘走势是所有个股走势的综合体现，代表了大部分个股。很多投资者会参考大盘的走势来决定如何操纵自己的个股，所以大盘走势影响个股走势。控盘的个股多数也会跟大盘一起走，原因有二，可以利用大盘好好地洗洗盘，为进一步上涨做好准备；大盘下跌时卖的人多，主力如果这时拉高：①抛盘重，②也会引起市场的注意，对自己将来进一步拉高不利。

大盘表示有代表性的股票的走势，这些股票所代表的是股市中的主要力量，意义重大。

其实个股走势和大盘没有多大关系，但是没有主力的个股，大盘不好时根本走不上去，卖的人太多了，有庄的个股如果没有什么特别的用心，也会顺市。股市的调整是正常的，没有只涨或者只跌的。个股如果一直涨也不可能，独立上涨的个股要不就是送股，要不就是业绩大增，要不就是有题材之类的。

别把大盘当做判断个股买卖的指标

大盘和个股的关系是错综复杂的，不能简单地一概而论，要根据具体情况具体分析。总的来说，大概是这样的：大盘变盘大幅上涨或大幅下跌的时候对于股票的涨跌影响很大，但是，我们也必须注意到，当大盘没有变盘，处于横盘状态的时候，大盘的作用就不怎么明显，也不怎么重要了。此外，大盘与个股的关系并非一一对应，因此我们不能将大盘当作判断个股买卖的指标。

影响股票涨跌的因素有很多，例如：政策的利空利多、大盘环境的好坏、主力资金的进出、个股基本面的重大变化、个股的历史走势的涨跌情况、个股所属板块整体的涨跌情况等，都是一般原因（间接原因），都要通过价值和供求关系这两个根本的法则来起作用。当然，股市的涨跌还有其他的原因，但是所有的原因都必将是通过价值法则和供求关系法则来影响股市的涨跌的。

个股基本面的重大变化：个股基本面的好坏在相当大的程度上决定了这只股票的价值。因此，个股的基本面是通过价值法则来影响股价的。当个股基本面出现重大的利空的时候，股价一般都会下跌；当个股基本面出现重大的利好的时候，股价一般都会上涨。当然，这都是一般的情况，特殊的情况还有，在高位的时候，主力发出利好配合出货，那样股价就会下跌了。那个时候，起主要作用的就是主力资金的流出，从而导致股价的下跌。因此，个股基本面的变化或者说个股的消息面对股价的具体影响，还必须结合技术面上个股处于的高低位置来仔细分析，以免上假消息的当。高位出利好，要小心；高位出利空，也要小心。低位出利好，可谨慎乐观；低位出利空，也不一定是利空。

个股买卖指标主要判断原则有以下几点：

（1）根据近期的入选涨跌第一榜的个股特征，来发现短线的市场机会与风险所在的板块，特别是一定要防止提示的风险。

（2）根据近期股票换手率的特征，来发现市场是否有新主力入场。一般情况下，原来的不活跃股与基本面好的个股成交量放大，说明主力进场积极；原来的活跃股与超跌股的成交量放大，说明是老主力在折腾。

（3）根据盘中成交买卖记录以及组合性的指标来发现新的潜力股，以及跟踪原有潜力股的动态变化进行潜力分析。

（4）每阶段需要跟踪一些具有明显机会的个股，对于这些个股的机会一定不能放过。明显机会主要体现于题材、量能、趋势之中。

别把技术分析方法神化

片面强求指标成功率、短线追涨停指标，也许成功率会很高，但它不总是实用。技术分析是大多数投资者，尤其是趋势投资者经常使用的，作为买卖决策最重要参考依据的分析方法。介绍各种技术分析方法的书籍多如牛毛，各种技术指标成百上千，令人眼花缭乱。但绝大多数指标只是换了一个不同的名称，原理大同小异。大体主要可分为：大势型、超买超卖型、趋势型、能量型、成交量型、均线型、图表型、路径型等几大类，当然还有种类繁多的特色指标。在运用过程中，容易出现以下几种常见的主要错误：

（1）着眼点较浅较短。即过于注意短期的走势，而忽略较大趋势的主导性和稳定性的问题，只是就当天的分时走势分析，最多仅仅看到近几天的 K 线组合情况，经常频繁做出趋势改变的判断，体现在实际操作的指导中，就会经常给人无所适从的感觉，不具备太大的实际指导意义。正确的分析方法应该是首先判断较长一段时间（一般在 10 天至 2 个月的范围内）的大趋势究竟是向上、向下，还是区间震荡，随后再分析较短期的走势。如：若判断 1 个月内的趋势是向上的，而最近几天却有较大跌幅，且离预期目标位还较远。那么，只要较大级别的趋势没有遭到破坏，就不应判断为止损离场，而应该是逢低买入才对。目光过于短浅，必然会频繁发出前后矛盾的趋势判断，因为此种分析法就是仅仅以最短期的走势作为分析对象的，而过于短期的市场走势具有极大的不确定性和方向改变的频繁性，判断的准确程度和指导作用自然就难以令人满意了。

（2）分析方法或指标选用不当。由于各种分析法和指标太多，除了极少数情况下，几乎同一周期参数的绝大部分指标及分析法的买卖信号或指向会一致外，大部分情况下，只要你选择的不同分析法或不同类指标的数量达到一定程度，各种指标之间往往会彼此不同步，甚至完全相反。因此，分析方法和技术指标也应该有优先主次顺序的明确原则，这个原则主要是应尽量多用绝对值类，少用相对值类的分析法和指标。即优先采用如移动平均线、趋势线、速度线、黄金分割线、斐波那契数列周期、江恩角度线及时间周期、K 线形态分析、量能分析、资金流向等，而尽可能少地运用那些多种多样的技术指标。在选择技术指标时不宜种类过多，而应是趋势型、超买超卖型、均线型、路径型大体均配，以保持较全面的分析。在现实中，大部分人却过分依赖于相对值类的各种技术指标和分析方法。

（3）运用时过于僵化。每种技术分析法都有它的不足之处，均有不同的使用条件和环境，股市的走势又波动频繁，变化无穷，若在特定的情况下，选择的分析方法或选取的指标参数不适合，由此推断出的结论的准确性自然也就大打折扣了。比如，一般股票书籍上大多对突破重要阻力位和支撑位的有效性，设立了两个判定条件，即突破 3 天和超越幅度在 3% 以上。但要根据具体情况，灵活应用才对，不能简单地生搬硬套。出现这种生搬硬套问题的原因主要是没有深刻理解突破重要阻力位和支撑位这一句中的"重要"二字的含义，这是针对较大的中长期趋势而论的，自然不能套用到目前较小的日常波动的走势预测分析中来了。

忽略基本面分析，而只进行单纯的技术分析。技术分析往往只有短期的效果，而基本面分析发掘的是上市公司内在的潜质，中长期阶段性的指导意义。避免用单一技术指标进行分析，每一个技术指标都有自己的优缺点。在进行技术分析的时候，要考虑多项技术指标的走势，同时结合具体走势进行分析理解。高水平的技术分析还要结合波浪理论、江恩循环论、经济周期等作为指导性分析工具。留意技术指标有较大的人为性。强庄股往往有反技术操作的特点，目的是将技术派人士尽数洗出或套住。成交量有重大意义，要密切关注。主力的每一个市场行为均与成交量有关，拉高建仓抢货，短线阶段性派发，阶段性反弹，打压吸筹，规模派发等主力行为都与成交量有直接联系。如果出现高位放量，往往是市场发生转变，应果断离场，而在低部放量抢货就应果断介入。

第二节
看盘必须克服的坏习惯

不做看盘前的必备功课

投资知识的盲点也是造成看盘失误的原因。这几年随着人们理财意识的提高，人们对于投资知识的需求也越来越旺盛。然而，很多人往往是知其然，而不知其所以然，对于很多理念、知识、技巧的理解停留在表面，这种片面的理解会带来很大的负面作用。

举个例子来说，投资者都听说过"不要把鸡蛋放在同一个篮子里"这句话。可是究竟如何来理解"鸡蛋"和"篮子"？一些人的做法是分别买了几只不同的股票，看上去也实现了不同"篮子"的配置，可是从根本上说，大部分资产完全集中在单一市场的单一产品上，所承受的系统性风险是完全一样的，因此，并不能从根本上起到分散风险的作用，也就丧失了资产配置的功能。有的人则把资产分进了众多的"篮子"里，这个买一点，那个买一点，风险的确被分散了，但由于缺乏因市场而动的部署和配置，投资组合的整体收益率也受到了影响，其实这也并没有达成资产配置的真正目的。

"眷恋过去"也是一个常见的盲区，尽管历史总是惊人的相似，但是金融投资最有意思的一点，并不在于投资者们能普遍捕捉到似曾相识的走势，恰恰在于每一次的意外与变化。因此，在股票、期货等投资上，投资者不能陷在以往的经验或数据里不能自拔。如果仅仅把历史业绩作为选择产品的依据，其实并不科学。投资界有句名言，"你无法从后视镜当中看见未来"，所针砭的就是这种情况。"眷恋过去"的另外一种表现是过于沉浸在过去的失败中，像 2008 年发生股灾，很多人在投资上出现了较大的损失，如果只把目光停留在过去，不仅对实际投资没有帮助，还会影响到投资的心态。

这里再举一个例子，当看到高送股时，投资者会是什么反应？下面分析一下高送股的市场意义。送股其实是数字游戏，股票的价格归根到底是由公司的内在价值决定的。如果苏宁电器（002024）到现在从来没有送过股的话，现在的股价应该是 550 多元 / 股，相应的每股净资产应该是 90 多元。也可以同花顺（300033）为例：2010 年 3 月 11 日的股价是 100 元 / 股，"十送十股"除权后现在的股价是 45 元多 / 股。送股其实就是一个短线的炒作题材而已，可能被主力利用，过去发现有的公司未来的成长性其实不好，但是也推出高送股，其实是与"主力"联手炒作，对大部分的散户而言其实是陷阱。

对主力的操盘方法没有一个系统的认识，炒股就像盲人摸象，毫无章法，运气好时也能赢两把，运气不好了就一败涂地。只有做好看盘前的必备工作，有一个良好的开始，才是走向胜利关键的一步。

盘面消息搏"朦胧"

盘面更多的时候，并不是清晰地上涨、下跌，也不能简单地定义为牛市、熊市。根据市场现有的信息，我们并不十分确定未来走势，而是处于一种朦胧状态。

如何快速看盘，识别朦胧，这里有 6 招：

第一招：快速阅读消息。消息一般分为三种，即政策面、行业消息和公司消息。现在的报纸太多，每一份证券报都是很厚一大沓，一一阅读太耗费时间，可以在网上看一些重大消息摘要来替代。

第二招：应战集合竞价。集合竞价决定开盘价，而开盘价在一定程度上决定了一天的交易涨跌幅度。所以，集合竞价成了想吸筹或是想派发的机构的必争之地。由于机构的席位可以直接挂入交易所，而我们需要通过证券公司的中介作用才能实行委托，事实上，我们要慢机构一个拍子。因此，我们有必要好好研究一下如何看集合竞价，如何利用"价格优先，时间优先"这个交易规则来获取胜利。具体来说，集合竞价中的盘面信息主要如下：

（1）高开：如果股价处于 K 线低位，高开是好事；如果股价处于 K 线高位，高开则多半是出货了。

（2）低开：如果股价处于 K 线低位，小心新的一波下跌；如果股价处于 K

线高位，低开则往往是跳水的象征。

（3）平开：没多大分析意义，主要看前一天涨跌情况。

（4）挂单踊跃：如果一只个股买卖盘挂单都特别大，则往往意味着该股将会出现异动。具体参考第1条。

（5）挂单稀疏：挂单稀疏的股，今天往往没戏。

（6）涨停价挂单：重大利好刺激或是机构发疯拉升，使得个股在集合竞价的时候就奔向涨停，这些个股如果要去追，就要看速度了。

（7）跌停价挂单：重大利空刺激或是机构发疯出货，使得个股在集合竞价的时候就奔向跌停，这些个股要想及时除掉，也是需要看速度的。尽量在早上9:15之前就尝试着挂单，很多机构和部分券商提供的交易账号可以在9:15之前挂单；

（8）有没有人打价格战：所谓价格优先，就是买的时候价格越高越好，卖的时候价格越低越好，我们在集合竞价的时候可以去观察，如果有人抢着买入，那么就看涨；如果有人抢着卖出，则看跌。

第三招：看开盘后5分钟。集合竞价决定了开盘价，而开盘后的5分钟决定了一天的主要基调。一般而言，开盘5分钟内上涨的，整个一天都会比较强势。尤其是高开之后迅速高走，往往意味着该股要冲击涨停。另外，开盘5分钟内下跌的，整个一天都会比较疲弱。尤其是低开之后迅速走低，往往意味着该股要打到跌停。股价处于低位方面：高开之后迅速下跌，有可能是机构在故意打压建仓；高开之后迅速上涨，则意味着将要大涨；低开之后迅速下跌，有可能会展开下一波下跌；低开之后迅速上涨，有可能是机构利用集合竞价在打压，该股值得介入。股价处于高位方面：高开之后迅速下跌，有可能是机构在出货；高开之后迅速上涨，则意味着可能会继续拉升；低开之后迅速下跌，需要小心了；低开之后迅速上涨，或许或来个梅开二度。

第四招：几个重要的时间点。

（1）9:30～10:00：由于开盘价和开盘后5分钟都在这个时间段，因此，这个时间段是非常重要的。描写人的词语中，有一个词语很有意思——"三月看老"，股市中其实也是如此，早盘半个小时的涨跌基本上预示着一天的涨跌。主力想要吸筹或者出货，第一个时间段是集合竞价时期，第二个时间段则是开盘后半个小时。因此，我们经常可以看到股票在开盘后的半个小时里交易十分踊跃，在这之后就开始走向平缓。

（2）13:00 ～ 13:30：到了中午，该出来的消息都出来了，经过中午一个半小时的休息，机构也再一次确立了自己的主基调；

（3）14:00 ～ 14:30：一天的最高价和最低价，往往在这个时候产生。

（4）14:50 ～ 15:00：这是买入强势股和卖出强势股的最后时机，也是机构表明自己是吸筹还是出货的最后时机。如果一天时间里股价走势一般，甚至是下跌，但尾盘 10 分钟突然大涨，这种情形值得多头关注；如果一天时间里股价趋走势强劲，但尾盘 10 分钟突然大跌，这种情形需要空头注意。

（5）收盘集合竞价：深市股票在尾盘 3 分钟也有集合竞价，其分析的意义和开盘前的集合竞价相似。

第五招：价格线与均价线。分时走势图中，价格线和均价线的分析方法，和 K 线联合均线的分析方法是基本一样的。

（1）均价线在股价下方，则对股价形成支撑。

（2）均价线在股价上方，则对股价形成压力。

（3）涨停形态：股价线一直处于均价线上方震荡，并且少于 3 次之内跌破均价线，则该股有冲击涨停的希望。

（4）跌停形态：股价线一直处于均价线下方震荡，并且少于 3 次之内冲破均价线，则该股有跌停的可能性。

（5）由弱转强：股价线上穿均价线之后，如果能再次回抽，成功踩住均价线，则开始看好。

（6）由弱转强：股价线下穿均价线之后，如果反弹到均价线位置而未能收复，则开始考虑卖出。

第六招：一些重要的盘口语言。

量比：量比是衡量相对成交量的指标。它是开市后平均每分钟的成交量与过去 5 个交易日平均每分钟成交量之比。量比在 0.8 ～ 1.5 之间是比较正常的，0.8 以下为缩量，1.5 ～ 2.5 表示温和放量，2.5 ～ 5 表示明显放量，5 ～ 10 为剧烈放量。低位放量值得乐观，高位放量需要小心。

换手率和 5 日换手：换手率是指今天的交易量与流通股之间的比率，换手率越大，表示成交量也就越大。和量比意义相似，低位放量比较乐观，高位放量需要小心。

外盘和内盘：外盘是主动性买入盘，内盘是主动性卖出盘。一般而言，外盘大于内盘是比较好的，表示今天买盘比卖盘要强劲一些。

买盘和卖盘：挂单是一门很大的学问，更多情况下需要自己的切身体会。挂单的位置和挂单的数量都不同，5 档行情和 10 档行情也不同。一般而言，在较高的卖出档位挂出大单，要么就是机构想压着价位建仓，要么就是意味着主力想集中出货；在较低的买入档位挂出大单，要么是机构想保护股价建仓，要么就是机构主力挂单进行诱多。配合撤单情况，我们可以看到更多的主力动向。

振幅：振幅从侧面反映了一只股票的强弱情况。

静态看盘，不知变通

影响股票涨跌的因素有很多，也许看似静态的局面，里面其实早已风起云涌。例如：底部由于大量收集筹码，盘口变得很轻，因此创了新高也能不放量。由于主力想建仓，但是害怕别人跟风，盘口经常做阴线，但重心却一直上行；由于主力想出货，但是害怕别人跟着出，所以经常做阳线，但是重心却一直下行。由于是洗盘，而并不想低位丢失很多筹码，因此洗盘要么重心下行不多，要么下行很多，但是是瞬间打压，等等诸多的情况。在这时，如果只是静态看盘，不知变通，只会成为股市牺牲品。要学会避免静态看盘，正确认识当前股市形势，我们可以从以下两方面动态地分析：

1. 从股票市场动态进行大盘分析

（1）利用消息面对大盘进行解盘。

每个阶段，行情无论涨跌都会受到一个明显的政策因素影响，这个政策的具体措施动向都会成为大盘涨跌的最直接动力。每阶段的影响度在大盘处于敏感期时更为有效，重要的是判断政策消息的真实意图，因为它会对大盘的短线走势起到方向性引导。个股的消息（如中报、年报）集中发布期以及大家对未来消息的预期也会提前影响大盘的现时走势。

（2）利用技术面对大盘进行解盘。

影响大盘技术面的第一级指标是成交量，沪深股市只有在比较大的成交量背景下才会出现连续的强市，否则持续走强的概率不大；影响大盘的第二级指标是中期均线（30 日均线、60 日均线），中期均线的方向以及与股价的位置比较，将会使得大盘的走势趋势明显化；影响大盘的第三级指标是周 KDJ 与 MACD 指标，在两个技术指标达到两个极端时，大盘的原有趋势走势会出现修正性回调或者加速原趋势。

（3）利用领头股对大盘进行解盘。

当大盘出现明显的涨跌时，每阶段都会有一个或者几个对市场影响较大的个股出现，其出现技术性的走势特征时也会对大盘的趋势起到修正与加速作用。有时也会是一个板块，其有效性更加明显。

（4）利用主力面对大盘进行解盘。

市场上最大的主力群体，比如说基金的整体运作方向会对大盘的走势起到重要作用，跟踪基金的运作方向，可以跟踪其重仓持有的个股整体表现。另外可以从涨跌靠前的个股幅度进行比较，可以发现做空做多的力量对比，有没有明显的涨跌热点也是判断大盘涨跌是否具备持续性的参考。一般情况下，主力的有意集体行动往往涨跌持续度较大，而技术性质的波动不具备持续性。

（5）分析交易总量。

如果股市交易总量很大，但指数不升，或开市走高，收市低收盘，这就给你危险信号了。留意一下：周围发生了什么事？中央银行是否要调整利率？周边国家是否有动乱？大市的转变通常有一个过程，它较单独股票转向来得慢。大市的转变可能需几天，也可能是几星期，重要的是感到危险时候，你必须采取行动。

（6）股市跌到底时所提供的信号。

当股市跌了很多，跌到大家都失去信心的时候，你会发现有一天股市狂升，可能升1%或2%，交易量很大，这往往是跌到底的信号，大户开始入场了。但这还不是进场的最佳时机，被下跌套牢的股民可能乘这个反弹卖股离场。如果在此之后，股票指数突破上一个波浪的最高点，你可以证实跌势基本结束，是进场的时机了。股市的运动不断重复，你要仔细研究过去的规律。拿份长期的综合指数走势图，研究过去发生的一切，随着时间的推移，你就能培养起对股票大市的感觉。

2. 从国内外的政治、经济动向分析大盘

（1）分析当前利率水平。从股票的理论价格公式中可以反映出利率水平与股价呈反比关系，实际表现也往往如此。当利率上升时，会引起几方面的变化，从而导致股价下降：一是公司借款成本增加，相应使利润减少；二是资金从股市流入银行，需求减少；三是投资者评估价值所用的折现率上升，股票价值因此会下降。反之则股价会上升。

（2）关注汇率变动。汇率变动对一国经济的影响是多方面的。汇率变动对股价的影响主要是针对那些从事进出口贸易的股份公司，它通过对营利状况的影响，进而反映到股价上。一般说，本国货币升值不利于出口却有利于进口，而贬值则正好相反。当某国汇率将要上涨，那么货币相对贬值国的资金就会向上升国转移，而其中部分资金进入股市，股市行情可能上涨。

（3）物价因素对大盘的影响。商品的价格是货币购买力的表现，所以物价水平被视为通货膨胀或通货紧缩的重要指标。一般而言，商品价格上升时，公司的产品能够以较高的价格水平售出，盈利相应增加，股价亦会上升。此外，由于物价上涨，股票也有一定的保值作用；也由于物价上涨，货币供应量增加，银根松弛，也会使社会游资进入股票市场，增大需求，导致股价上升。

（4）经济周期。经济周期的循环、波动与股价之间存在着紧密的联系。一般情况下，股价总是伴随着经济周期的变化而升降。在经济复苏阶段，投资逐步回升，资本周转开始加速，利润逐渐增加，股价呈上升趋势。在繁荣阶段，生产继续增加，设备的扩充、更新加速，就业机会不断增多，工资持续上升并引起消费上涨；同时企业盈利不断上升，投资活动趋于活跃，股价进入大幅度上升。在危机阶段，由于有支付能力的需求减少，造成整个社会的生产过剩，企业经营规模缩小，产量下降，失业人数迅速增加，企业盈利能力急剧下降，股价随之下跌；同时，由于危机到来，企业倒闭增加，投资者纷纷抛售股票，股价亦急剧下跌。在萧条阶段，生产严重过剩并处于停滞状态，商品价格低落且销售困难，而在危机阶段中残存的资本流入股票市场，股价不再继续下跌并渐趋于稳定状态。不难看出，股价不仅是伴随着经济周期的循环波动而起伏的，而且，其变动往往在经济循环变化之前出现。两者间相互依存的关系为：复苏阶段——股价回升；繁荣阶段——股价上升；危机阶段——股价下跌；萧条阶段——股价稳定。

（5）各种经济指标。社会主要经济指标的变动与股票走势的变化也有重要的关系。较重要的经济指标包括国民生产总值、工农业生产指数、经济成长率、货币供应量、对外贸易额等。因为这些指标都是综合指标，指标下降则表明国家经济不景气，大多数企业的经营状况也不会好，其发行的股票的价格也会下降；反之，指标上升，股价则容易上涨。

（6）从经济政策方面分析大盘。政府在财政政策、税收政策、产业政策、货币政策、外贸政策等方面的变化，会影响大盘变动。

从财政收支政策看，如果国家对某类企业实行税收优惠，那就意味着这些企业的盈利将相应增加，而这些企业发行的股票亦会受到重视，其价格容易上升。从财政支出政策看，当国家对某些行业或某类企业增加投入，就意味着这些行业、企业的生产将发展，同样会引起投资者的重视。此外，如产业政策的执行，政府对产品和劳务的限价，会导致相应股票价格下跌；税收制度的改变，如调高个人所得税，则会导致社会消费水平下降，引起商品滞销，乃至于影响公司盈利及股价下跌等等。

（7）政治因素。政治因素指能对经济因素发生直接或间接影响的政治方面的原因，如国际国内的政治形势、政治事件、外交关系、执政党的更替、领导人的更换等都会对股价产生巨大的影响。

患得患失

很多散户往往患得患失，容易犯以下几方面的毛病：

（1）喜欢抄底，尤其是处于历史低位的股票。看到自己的成本比别人都低，心里简直是乐开了花。却没有想到，一只股票既然已创出了历史新低，那么很可能还会有很多新低出现，甚至用不了几个月你的股票就被腰斩了。抄底抄底，最后抄死自己。

（2）不愿止损。与这个问题相关的文章很多，有的散户见一次止损后没几天股价又涨了回来，下次就抱有侥幸心理不再止损，这是不行的。"截断亏损，让利润奔跑"，确是至理名言。但话又说回来，如果你没有自己的赢利模式，你的结局也就是买入，止损，再买入，再止损。

（3）不敢追高，不敢追龙头股。许多散户都有恐高症，认为股价已经涨上去了，再去追涨被套住了怎么办？其实股价的涨跌与价位的高低并没有必然的联系，关键在于"势"，在上涨趋势形成后介入，安全性是很高的，而且短期内获利很大，核心问题在于如何判断上升趋势是否已经形成。这在不同的市场环境中有不同的标准，比如在大牛市中，放量创出新高的股票是好股票，而在弱市中，这往往是多头陷阱。对趋势的判断能力是衡量炒手水平的重要标准之一。不敢追龙头股，一只股票开始上涨时，我们不知道它是不是龙头，等大家知道它是龙头时，已经有一定的涨幅了。这时散户往往不敢再跟进，而是买一只涨幅很小的跟风股，以为可以稳健获利，没想到这跟风股涨时慢涨，跌时却领跌，结果弄了半天，什么也没捞到。其实在强市时，涨势越强的股票，跟风越多，上涨越是轻松，见顶后也会有相当时间的横盘，让你有足够的时间出局。当然，如果涨幅太大，自然不可贸然进场。

不愿放过每一个机会，看见大盘涨了一点就急忙杀入，根本不清楚自己能有几成胜算，结果一下又被套住了，其实这是由于水平低下，缺乏自信所致。如果你能有几套适用于不同环境市场的赢利模式，那么不管大盘涨、跌还是盘整，你都有稳健的获利办法，你就能从容不迫地等待上升趋势形成后再介入，把风险降到最低。

涨了就想追

一般说来，人们很容易受到短线个股暴涨的诱惑，特别当某只股票突然放量上涨后，容易成为短线投资者介入的对象。实际上，不少短线暴涨的个股中常会有主力的圈套，他们常采取以对倒盘的形式造成价量俱升的假象，当其他买盘介入后，他们会进行压盘出货。不少股民喜欢追涨，而且追涨时不看大盘和该股处于何种地位。这种盲目的操作常会造成短线亏损。一般而言，当发现有较大的涨幅出现时，还是应该选择良好的买点。这种买点常会在其出现暴涨途中的回档时形成，千万不可在个股出现暴涨或者涨幅较大的过程中追涨买入。

对一个操盘高手而言，既要仔细判别一些能迅速上涨的股票，与此同时，更要承受盘中诱惑的考验。一些短线炒作的失败之处就在于短线无法克制盘中所出现的诱惑。这类诱惑主要体现在以下几个方面：

（1）在大盘持续下跌过程中，盘中不时会出现一些价量配合极佳的股票形态，这类股票常会诱使短线客上当。由于股票市场 T+1 的交易制度，短线客一旦受到此种诱惑，常会当天即被深套。

（2）克制某股票出现大牛走势后的追涨行为。从理论上讲，一些强势特征极为明显的股票常会有持续上涨的能力，但有时却极易受到盘中的不正当诱惑，有的主力就是利用这种炒作心态发出诱盘。必须对此类股票有较大的抵御能力。

总之，若要在股市中暴富，必须从各方面对自己的意志进行艰苦的磨炼，这种磨炼的过程中需要有实践的积累和各种成功与失败的体验，届时才会真正形成超越常人的意志。若能达到这一水平，操盘的理想也就顺利实现了。

跌了就想割肉

一旦大盘处于暴跌的状态之中，常会引起人们的恐慌，不少人在相当长的一段时间里都会觉得难有赚钱的机会，特别是大盘处于暴跌的过程中，便会选择割肉离场。

大盘暴跌的机会不会很多，而个股的暴跌机会常会出现，每逢遇到上市公司出现利空或者主力出货时，不少投资者会不由自主地跟风杀跌，这种结果常会造成较大的亏损。实际上，当大盘或者个股出现暴跌时，也的确容易引发投资者的恐惧，不少主力则充分利用股民的心理在低位进行洗盘吸筹。

在具体的操作中，遇到大盘和个股的暴跌应该对不同的情况进行处理。从心理角度而言，一旦手中的股票出现暴跌，很可能产生恐惧心理，有的会感到十分紧张，怕股票仍会大幅下跌；有的则会感到十分痛苦，当账上的资金莫名其妙地减少时，心中产生难言的后悔之情。对不少投资者而言，进入股市的资金终究还是血汗钱。当这种情况产生后，如何克制这种恐惧，将会影响到是否能够反败为胜的问题。

当暴跌的事实发生后，应该面对现实，采取合理的止损措施，一方面可在其初次反弹的过程中止跌出局，另一方面也可进行必要的补仓，特别是当手中的股票出现连续暴跌后，千万不可将股票杀跌底部位置。